Karin Nohr
Der Musiker und sein Instrument

Karin Nohr

Der Musiker
und sein Instrument

Studien zu einer besonderen Form
der Bezogenheit

Psychosozial-Verlag

Bibliografische Information der Deutschen Nationalbibliothek
Die Deutsche Nationalbibliothek verzeichnet diese Publikation in der Deutschen
Nationalbibliografie; detaillierte bibliografische Daten sind im Internet über
<http://dnb.d-nb.de> abrufbar.

Neuauflage der Ausgabe von 1997 (edition diskord)
© 2010 Psychosozial-Verlag
E-Mail: info@psychosozial-verlag.de
www.psychosozial-verlag.de
Alle Rechte vorbehalten. Kein Teil des Werkes darf in irgendeiner Form (durch
Fotografie, Mikrofilm oder andere Verfahren) ohne schriftliche Genehmigung des
Verlages reproduziert oder unter Verwendung elektronischer Systeme verarbeitet,
vervielfältigt oder verbreitet werden.
Umschlagabbildung: Ausschnitt des Tympanons der Klosterkirche
Ste. Foy in Conques (Aveyron)
Umschlaggestaltung: Hanspeter Ludwig, Gießen
www.imaginary-art.net
ISBN 978-3-8379-2032-1

Inhalt

I. Annäherung an das Untersuchungsgebiet ... 7

    Ein erster Blick auf die Musiker-Instrumenten-Beziehung:
Der »Fall« Marina Zwetajewa ... 8
Anregungen aus dem »Fall« für das Forschungsvorhaben ... 12

II. Die Musiker-Instrumenten-Beziehung als Forschungsgegenstand ... 15

    Herkömmliche Gegenstände der Musikpsychologie ... 15
Der Instrumentalist in der musikpsychologischen Forschung - ein Überblick ... 17
Psychoanalyse und Musiker ... 27
Beitrag der vorgestellten Forschungen zum Aufbau eines theoriegeleiteten Vorverständnisses von der Musiker-Instrumenten-Beziehung ... 36

III. Auswertung von Instrumentalisten-Autobiographien: Methodik ... 40

    Differenzierung statt Generalisierung ... 40
Warum gerade Autobiographien? ... 41
Welche und wieviele Autobiographien? ... 43
Typen von Instrumentalisten-Autobiographien ... 48
Wie und in welchem Umfang behandeln die Musiker die Beziehung zu ihrem Instrument in ihren Autobiographien? ... 50
Beschreibung und Begründung des methodischen Vorgehens ... 56

IV. Vergleichende Auswertung von 41 Instrumentalisten-Autobiographien ... 63

    Liebe auf den ersten Ton? Wie Musiker zu ihren Instrumenten kommen ... 63
»Der Kauf einer Geige ist wie eine Heirat« - Das Instrument als Lebenspartner ... 85

Hintergründe der Musiker-Instrumenten-Beziehung	93
Prophezeiungen und Erfolgsverheißung	94
Elternopfer und Erfolgsverpflichtung	102
Leichtigkeit und Erfolgszuversicht	107
»Es kommt darauf an, eins mit dem Instrument zu werden« - Instrument und Körperbild	114
Subjektive Theorien der Instrumentalisten über die Beziehungen zu ihren Instrumenten	130
Die Überdeterminiertheit des Instruments	148
Typen der Musiker-Instrumenten-Beziehung	149

V. Ergebnisse: Vier Einzelfälle ... 162

Pablo Casals (Cellist; 1876 - 1973)	162
James Galway (Flötist; geb. 1939)	179
Gidon Kremer (Geiger; geb. 1947)	199
Jan I. Paderewski (Pianist; 1860 - 1941)	214
Die Einzelfälle als Kontrolle der vergleichenden Untersuchung	230

VI. Schlußbemerkung ... 237

Literaturverzeichnis ... 239

Anhang ... 251

I. Annäherung an das Untersuchungsgebiet

Will man erfahren, was ein Musiker seinem Instrument gegenüber empfindet, wie er es sieht, was es ihm bedeutet, kurz: was sich ihm alles in diesem Gegenstand symbolisch verdichtet, dann reicht es nicht, seinem Spiel zuzuhören, obwohl darin die Antwort - und mehr als das - auf diese Frage enthalten ist. Es reicht nicht, weil die »Sprache« der Musik zu vieldeutig ist, die Interpretation zu subjektiv wäre. Worte müssen also ersetzen, was der Musiker in Klang zu fassen gewohnt ist - aber welche Worte?

Da es sich bei dieser Frage um etwas Persönliches, ja Intimes und leicht Flüchtiges handelt, greift man gerne auf »aus dem Inneren« kommende, möglichst persönliche Dokumente zurück wie etwa Tagebücher, Autobiographien, Briefe. Ich habe mich für mein Vorhaben schließlich für Autobiographien entschieden und es vorgezogen, aus den eigenen Worten der Musiker abzuleiten, was aus ihnen abzuleiten möglich ist (vgl. Kap. III).

Das Wort ist aber eben gerade nicht das eigentliche Ausdrucksmedium des Musikers. So ist es als ein besonderer Glücksfall anzusehen, daß es eine Frau gibt, die erst Pianistin und dann Dichterin wurde, und daß diese musikalische Wortkünstlerin außerdem noch das Verhältnis zu ihrem Instrument auf eindringliche Weise zum Aussagezentrum einer Erzählung gemacht hat. Marina Zwetajewas literarische Erkundungen sollen daher den Auftakt zu meiner Untersuchung bilden.[1]

---

[1] Zwar ist die Musiker-Instrumenten-Beziehung ebenfalls Hauptthema in Patrick Süskinds bekanntem Einakter »Der Kontrabaß« (1984), der alle Facetten einer tragi-komischen Musiker-Instrumenten-Mesalliance in satirischer Überspitzung vorführt. Hier steht jedoch die Satire im Vordergrund; der Text um die Leiden des Bassisten mit seinem sperrigen Instrument ist hinreißend komisch, aber letztlich um der witzigen Effekte willen zu weit von der Realität entfernt, als daß er sich für eine Themenhinführung geeignet hätte.

Ein erster Blick auf die Musiker-Instrumenten-Beziehung: Der »Fall« Marina Zwetajewa

Marina Zwetajewa, die mit sechs Jahren ihre ersten Gedichte schrieb, gilt als eine der bedeutendsten russischen Lyrikerinnen des 20. Jahrhunderts. Im Pariser Exil beginnt sie 1933, autobiographische Prosa zu verfassen, darunter die Erzählung »Mutter und die Musik«. Der Text thematisiert den Konflikt zwischen innerer Berufung und äußerer Talentforcierung, denn bereits mit der Geburt Marinas steht für die Mutter, eine leidenschaftliche, aber auf Haushalt und Familie beschränkte Pianistin, fest: Wenn ihre Erstgeborene schon nicht der ersehnte Sohn Alexander ist, dann soll aus ihr »wenigstens« eine Pianistin werden.

»Die Mutter quälte mich mit der Musik« (S. 21), heißt es in der Erzählung, und:

> »Die Mutter überschwemmte uns mit Musik..., überflutete uns mit der ganzen Bitterkeit ihrer nichtverwirklichten Berufung, ihres nichtverwirklichten Lebens, überflutet uns mit Musik wie mit Blut, dem Blut einer zweiten Geburt... Von Geburt an hörte ich das Allerschönste, das man überhaupt hören kann...« (S. 24).

Die Mutter nimmt den Klavierunterricht Marinas - deren erstes Wort »Gamma« (Tonleiter) sie als Zeichen besonderer Musikalität wertet - in ihre eigenen Hände. Erfolge werden belobigt, Anzeichen von Desinteresse oder Ermüdung rufen heftige Enttäuschung hervor: »Nein, du liebst die Musik nicht, sagte meine Mutter verärgert (von Grund auf verärgert!) über mein schamlos ehrliches seliges Hochspringen von Hocker, auf dem ich zwei Stunden gesessen hatte« (S. 23). Das stimmt jedoch nicht. Marina sieht es so: »Die Musik - liebte ich. Nur meine Musik liebte ich nicht« (S. 23). Der Grund dafür:

> »Wie sollte ich mir nach der unerträglichen Magie dieser allabendlichen Ströme (dieser undinischen, erlköniglichen ›Perlenläufe‹) mein eigenes, ehrliches, trauriges, angestrengtes ›Spiel‹ - mit Zählen und Metronomschlägen - anhören wollen? Wie sollte ich es nicht verabscheuen?« (S. 24)

Bis zu ihrem sechsten Lebensjahr übt Marina täglich vier Stunden, zwei Stunden morgens, zwei abends. Danach beginnt der Unterricht auf einer Musikschule, und schließlich kommt die ca. 14jährige auf ein Konservatorium. In dieser Zeit stirbt ihre Mutter. Zwetajewa betont:

> »Hätte die Mutter länger gelebt, so hätte ich wahrscheinlich das Konservatorium beendet und wäre eine ordentliche Pianistin geworden - denn das Zeug dazu besaß ich. Doch

gab es das andere, das *Aufgetragene*, das mit der Musik nicht zu vergleichen war...«
(S. 45).

So hört Marina nach dem Tod der Mutter allmählich mit dem Klavierspiel auf. »Zu ihren Lebzeiten mühte ich mich, aus Furcht und um ihr Freude zu bereiten« (S. 44).

Zwetajewa beschreibt das Klavier aus der kindlichen Perspektive. »Mit dem Klavier ... freundete ich mich schnell an. Meine Hand erwies sich als erstaunlich spreizbar...« (S. 8). Die Mutter lobt ihre großen Hände und auch Füße, wobei in Marina der Wunsch entsteht, auch einmal mit den Füßen zu spielen, ein Gedanke, den sie jedoch schnell verwirft, denn »Das Klavier ist das ›Heiligtum‹, aufs Klavier legt man nichts, weder Füße noch Bücher« (S. 9). Die Noten liebt Marina nicht, empfindet sie wie Stolpersteine, die zwischen sie und die Töne gelegt werden, aber: »Die Tasten jedoch liebte ich, wegen ihrer Schwärze und Weiße..., einer Schwärze, die so offen, einer Weiße..., die so heimlich traurig ist« und wegen vieler anderer Vor- und Nachteile, die die kindliche Phantasie in ihnen entdeckt, und auch »weil diese Glätte der Tasten verräterisch ist, bei der ersten Berührung bereit, zu erklingen und einen zu verschlingen« (S. 15 f.). Aber das Klavier hat auch ganz andere Seiten: Da

> »werden die Tasten zu Zähnen, zu riesigen Zähnen in einem riesigen kalten Rachen, der bis zu den Ohren reicht. Und das Klavier ist es, das zum zähnefletschenden Spötter wird, nicht Andrjuschas Nachhilfelehrer...« (S. 17).

Das Pedal wird der kleinen Marina verboten; sie soll lernen, durch den Anschlag Pedalwirkung zu erzielen. Um so anziehender wirkt das Pedal auf sie: Er kommt ihr einerseits wie ein »Goldschuh« vor - andererseits wie »der Plattfuss von Aschenbrödel!« (S. 32), lockend, verboten. Ganz anders als ein anderes Accessoire, der Klavierhocker, »ein Ding ohne seinesgleichen und verhext« (S. 32 f.), ihr »Martersthul« (S. 32), »verlangte er doch als einziger, daß ich stillsaß, während er selber - sich drehte!« (S. 33).

Im übrigen betont Zwetajewa, daß das Klavier für sie keinesfalls ein einziger, unveränderlicher Gegenstand gewesen ist, sondern daß es in ihrer Kindheit - wie in »jeder spielenden Kindheit« - mindestens vier, wenn nicht fünf Klaviere gegeben habe:

> »Erstens das, an dem man sitzt (schmachtet und so selten brilliert!). Zweitens jenes..., an dem die Mutter sitzt, und das heißt: man ist stolz und genießt.... Das dritte und vielleicht längste Klavier ist jenes, unter dem man sitzt: das Klavier von unten, die

> Unterwasser-, die Unterklavierwelt. Submarin ist's ... wegen der Musik, die auf einen herabströmt... Das vierte Klavier ist jenes, über dem man steht: man schaut, und während man schaut, dringt man ein...Man schaut, und während man schaut, schaut man sich an...Und schon steigt aus dem tiefen Grund ein fünfjähriges wißbegieriges Gesicht auf, ohne ein Lächeln und selbst durch die Schwärze hindurch rosig... Das Klavier war mein erster Spiegel... Und schließlich das letzte Klavier, jenes, in das man hineinschaut: das Klavier von innen...Pandoras Klavier...Das Klavier der Festtage, der Kutschen und Rotunden..., das Klavier der mächtigen vierhändigen Wettkämpfe...« (S. 35 - 40).

Die Gestalt des Klaviers erinnert das Kind an ein »versteinertes Tierungeheuer« (S. 41); dem etwas älteren Mädchen kommt es wie »eine ältere Männergestalt aus den 1830er Jahren« vor, »wohlbeleibt«, doch »trotz des Umfang graziös«, oder auch wie ein Dirigent: »Tiefschwarz, schwebend, ohne Gesicht, weil man immer nur den Rücken sieht, und voller Charme.« Entferne man sich vom Klavier, sei es »elegant wie die Libelle im Flug«, doch aus der Nähe, beim Spielen, wie ein Gebirge:

> »und die einzige Möglichkeit, sich von ihnen (den Bergen, K. N.) zu befreien, ist: weggehen oder sie erklimmen. Erklimme das Klavier. Erklimme es mit den Händen. Wie die Mutter es erklommen hat« (S. 41 f.).

Soweit Marina Zwetajewas eigene Aussagen.

Marina entstammt einer Musikerfamilie, allerdings nur mütterlicherseits. Der Vater wird als vollkommen unmusikalisch geschildert. Ihre erste Lehrerin ist die Mutter, und der Wunsch der Mutter, aus der Tochter das zu machen, was sie selbst hat nicht verwirklichen können, ist unübersehbar. Marina ist außerordentlich konzentrationsfähig und bereit, viel zu geben, fleißig, unzweifelhaft talentiert und leidenschaftlich musikliebend. Warum wird aus ihr dennoch keine Pianistin?

Folgende Gründe gibt Zwetajewa selbst hierfür an: Zum einen den Ehrgeiz der Mutter, der so überbordend ist, daß er - zunächst stummen - Widerwillen gegen das Spielen hervorruft. So hält sie ihrer Mutter nachträglich vor, daß sie »nicht das forderte, was dem Maß meiner Kräfte und Fähigkeiten entsprach« (S. 21). Außerdem habe der Vater literarischen Interessen gelebt, so daß sich das Kind Marina zwei sehr unterschiedlichen »Blutströmen« ausgesetzt sieht: dem »melodischen, lyrischen« Blut der Mutter und dem »philologischen« des Vaters:

> »Nach einer solchen Mutter blieb mir nur eines übrig - Dichter zu werden. Um mich von ihrem Vermächtnis zu befreien, das mich sonst erstickt ... hätte« (S. 14) und: »Eine geborene Musikerin hätte sich überwunden. Ich aber war keine geborene Musikerin« (S. 24).

Jedoch erst nach dem Tod der Mutter kann Marina den so sehr vorgebahnten Weg der Pianistinnenkarriere verlassen. Der Verlust der Mutter noch während ihrer späteren Kindheit, die Identifikation mit dem Vater, der als Philologe das Reich der Worte repräsentiert und dadurch ein Gegengewicht zum mütterlich-mächtigen Reich der Musik bildet, und schließlich das starke Gefühl ihrer Berufung zur Dichterin »retten«, so wirkt es, Zwetajewa davor, als pianistische Wunscherfüllerin der Mutter zu leben.

Damit wäre grob der lebensgeschichtliche Hintergrund umrissen, vor dem sich die Beziehung der jungen Musikerin zu dem Instrument, auf dem sie ihre Erfolge erringen soll, herausbildet.

Das Klavier ist für sie ein mächtiges, vielgestaltiges Objekt mit hoch ambivalentem Aufforderungsgehalt: Für das kleine Kind je nach Standort und Stimmung ein Schiff, ein Ungeheuer, ein Gebirge. Für das Mädchen, das die Mutter beim Spielen betrachtet, auf Festen etwa, strahlt es faszinierende Eleganz aus, da erhöhen sich Mutter und Klavier gegenseitig; ja, das Klavier erlangt eine Aura von Heiligkeit. Für das Mädchen als Spielerin dagegen, das sich in der Rivalität mit der Mutter hoffnungslos unterlegen fühlt, kann es zum verschlingenden, zähnefletschenden Monster werden, zum schwer erklimmbaren Gebirge, das die unerreichbare Leistungsanforderung symbolisiert, zur unheilbringenden Pandora-Büchse. Dem etwas älteren Mädchen, das bereits auf dem Weg ist, eine tüchtige Pianistin zu werden, wird das Klavier ab und an auch schon zu einem begehrenswerten Objekt, zu einer Art Backfisch-Liebe, wenn sie in dem Instrument die Gestalt eines umschwärmten Dirigenten entdeckt. Schließlich sei noch auf die Spiegel-Funktion des Klaviers für die Spielerin hingewiesen. Bei Zwetajewa zunächst ganz wörtlich gemeint, kann man sich doch des Eindrucks nicht erwehren, daß das Klavier auch symbolisch zu einem spiegelnden Objekt wird, einem Alter Ego, das zurückgibt, was das Mädchen in es hineinblickt und -sehnt.

Bei all diesen sehr unterschiedlichen Bedeutungen dominiert als Grundzug die »Schwärze«, die den Schilderungen eine traurig-dunkle Gefühlstönung verleiht: Das Instrument ist über weite Strecken ein Folterinstrument, der Hocker ein Marterstuhl, der die Expansivität des Kindes so drastisch einschränkt. Die Klänge locken, aber in der Verlockung lauert ein Abgrund, die Gefahr, verschlungen zu werden, überströmt, mitgerissen ...

Es zeigt sich, daß das Klavier, dessen Klänge die zukünftige Pianistin quasi mit der Muttermilch einsaugt, unmittelbar in den Mutter-Tochter-Konflikt um Autonomie, in den Kampf um das Leben und Entwickeln des je »Eigenen« verstrickt ist. Die Gefahren, die von ihm drohen, sind eigentlich die übergroßen Wünsche der Mutter, mit denen sie das Kind zu ersticken droht. Die Verheißungen sind mit ödipalen Wünschen und Rivalitätsängsten verwoben: Wird »Aschenbrödel« mit seinem »PLATT-FUSS« je den »Goldschuh« der Mutter anziehen, wird sie der Mutter je den berühmten Dirigenten abspenstig machen können?

Das Klavier scheint also in seiner heterogenen Symbolik unlösbar einerseits mit Repräsentanzen des mütterlichen Primärobjekts, andererseits mit Selbstrepräsentanzen verbunden. Man könnte die Deutung wagen, es werde so zur Projektionsfläche des Ich-Ideals, jener Konfiguration des Über-Ich, das die introjizierten Gebote und Verheißungen der Primärobjekte im Sinne des »So sollst du sein!« (Freud, 1923) enthält. Damit könnte verständlich werden, wieso es einerseits einen idealisierten Gegenstand symbolisiert, mit einer Aura von Heiligkeit umgeben, gleichzeitig aber auch zur Verkörperung einer vernichtend kritischen Instanz (zum »zähnefletschenden Spötter«), vor der das Real-Selbst der sich mit der Mutter messenden Tochter nicht bestehen kann.

Anregungen aus dem »Fall« für das Forschungsvorhaben

In Marina Zwetajewas Überlegungen und Phantasien zu ihrem Instrument überwiegen problematische, konfliktreiche Seiten, was nicht verwunderlich ist, fühlt sich doch die Spielerin zu anderem berufen als zur Musikerin. Insofern in meinem Forschungsvorhaben Musiker untersucht werden, die zu den unbestrittenen Meistern ihres Fachs gehören, ist anzunehmen, daß sie ihrem Instrument ganz andere Seiten abgewinnen können. Dennoch scheint es mir möglich, dem »Fall« Zwetajewa eine ganze Reihe themenrelevanter Fragen zu entnehmen, denn die Autorin hält ausdrücklich und unmißverständlich fest, daß sie Pianistin geworden wäre, wäre ihre Mutter nicht gestorben. Solche Fragen sind:

1. Wenn - was anzunehmen ist - die meisten Musiker wie Zwetajewa zu ihren Instrumenten bereits im Kindesalter kommen, erhalten auch sie als eine Art unvermeidlicher Beigabe Eltern- oder Lehrerwünsche mit auf den Weg? Und wie beeinflußt diese »Beigabe« ihr Verhältnis zur Musik

und zu dem Instrument? Welche inneren und äußeren Prozesse spielen sich ab, bis sie das Instrument ganz zu dem »ihren« machen können?

2. Kommen die Musiker aber aus freien eigenen Stücken zu dem Instrument - warum gerade zu dem gewählten? Was sehen sie darin, was zieht sie daran an? Bestehen Zusammenhänge zwischen dem Selbstbild des Musikers und seiner Vorstellung von seinem Instrument? Führen bestimmte Selbstbilder (oder die Phantasien, die die Eltern von ihren Kindern, den zukünftigen Instrumentenspielern, haben) zur Auswahl bestimmter Instrumente bzw. zum Umsatteln von einem auf das andere? Gibt es »Rückwirkungen« vom Bild, das der Musiker im Verlaufe der Zeit von seinem Instrument entwickelt (und das auch beeinflußt wird durch Aussagen und Einstellungen anderer dazu), auf sein Selbstbild?

3. Welche Rolle spielen das Instrument bzw. der Erfolg mit dem Instrument bei dem intrapsychischen Ausgleich von Selbstwertschwankungen? Gibt es zum Beispiel Instrumente, die per se durch ihr besonderes »Image« (Schlagwort: erste Geige) Personen mit bestimmten Ich-Ideal-Konfigurationen ansprechen? Oder hängen mögliche Selbstwertaspekte weniger mit dem Instrument als solchem zusammen als vielmehr mit anderen Faktoren, wie zum Beispiel der Bestätigung und Stärkung durch Fortschritte beim Üben, Vorspielen etc.? Und fällt hierbei mehr die Selbst-Bestätigung als die Anerkennung durch andere oder beides ins Gewicht? Wieso gelingt einigen Spielern die Selbstbestätigung leichter, anderen schwerer?

4. Was ermöglicht das Instrument dem Musiker eigentlich? Dient es mehr einem fundamentalen Ausdrucksbedürfnis oder narzißtischen Zielen? Oder beidem? Lassen sich beispielsweise einige Instrumente von ihrer Art her eher in den Dienst der Selbstbestrafung als der Selbstverwirklichung stellen? Oder kann das mit jedem Instrument geschehen? Und wenn nicht so etwas Krasses wie Selbstbestrafung - finden sich Instrumente, die eher mit Libidinösem, solche, die eher mit Aggressivem und solche, die mit ganz anderem oder beidem besetzt werden?

5. Verhilft das Instrument zur narzißtischen Komplettierung? Und ist das so von Anfang an, oder entspringt dies einer Eigendynamik, die dadurch in Gang kommt, daß das Spielen einen immer größeren Raum im Leben des Musikers einnimmt? Kurzum: Haben Musiker gehäuft »narzißtische Probleme«, oder dienen ihnen vielmehr das Spielen und das Instrument zur Regulierung völlig normaler Selbstwertschwankungen wie anderen Menschen ihre beruflichen Erfolge?

6. Und schließlich: Welche Rolle kommt der Musiker-Instrumenten-Beziehung in der Gestaltung der alltäglichen Lebenswirklichkeit des Instrumentalisten zu? Zieht diese Beziehung alle Energie an sich, isoliert sie den Spieler, wie Zwetajewa es im Zusammenhang mit ihren Übequalen betont, laugt sie ihn aus, nagelt ihn auf Phantasiewelten fest, oder führt sie ihn mit anderen zusammen? Wenn letzteres - nur mit anderen Musikern? Wodurch wird sie zum Ärgernis, Hindernis für andere und anderes, wodurch zum Ausdruck vitaler Interessen und Vorlieben?

Die Reihe der Fragen ließe sich sicherlich noch fortsetzen, scheint aber ausreichend für einen ersten Blick auf ein recht komplexes Untersuchungsgebiet, das sowohl den psychischen Binnenraum (Phantasien über die eigene Person und das Instrument), die Gewordenheit (Verwobenheit der Instrumentalistenidentität mit der von Bezugspersonen) und das soziale Umfeld (Instrumentenbeziehung vs. andere Beziehungen) der Musiker umfaßt.

II. Die Musiker-Instrumenten-Beziehung als Forschungsgegenstand

Herkömmliche Gegenstände der Musikpsychologie

Betrachtet man die Inhaltsverzeichnisse älterer wie neuerer Überblickswerke zur Musikpsychologie[2] oder die der musikpsychologischen Zeitschriften[3], so muß man zu dem Schluß gelangen, Musik sei im wesentlichen eine Sache der Wahrnehmung. Untersuchungen zu der Frage, wie Tonhöhe, Tondifferenzen und Rhythmus perzipiert werden, machen das Gros musikpsychologischer Forschung aus. Darüber hinaus werden Bereiche wie Musikalität und ihre Entwicklung (schwerpunktmäßig finden sich hier Untersuchungen zum absoluten Gehör), soziale Bewertung und Funktion von Musik und ihre Rolle im Kulturbetrieb, neue Musik und ihre Rezeption, musikalische Kreativität und die therapeutischen Einsatzmöglichkeiten von Musik untersucht.

Den Besonderheiten musikalischen Schaffens, insbesondere denen des aktiven Musizierens werden erst in den neueren Musikpsychologien eigene, wenn auch meist recht kurze Kapitel oder Kapitelabschnitte gewidmet: z. B. in Deutsch (1982) schreibt Sloboda über »Musical Performance«, in de la Motte-Haber (1985) gibt es einen Abschnitt betitelt »Die Künstlerpersönlichkeit« und bei Bruhn u. a. (1985) ein Kapitel »Lernvorgänge beim Instrumentalspiel«.

Vereinzelt finden sich Aussagen zu Instrumentalisten noch etwa im Rahmen von Untersuchungen zu Lampenfieber, Wunderkindern oder Funktion und Wirkung musikalischer Früherziehung. Der von Sloboda (1988) unter dem vielversprechenden Titel »The Psychology of Performance« herausgegebene Sammelband ist einseitig kognitionspsychologisch orientiert und enthält i. w. Beiträge, die Modelle kognitiver Strategien beim Üben, beim Improvisieren, beim Zusammenspiel und Komponieren vorstellen.

Insofern Instrumentalisten Künstler sind, kommt die Kreativitätsforschung als Quelle von Denkanstößen in Betracht. Es ist allerdings

---

[2] Etwa von Seashore, 1919 und 1938, bis Bruhn u. a., 1985.
[3] Psychology of Music, seit 1973, Jahrbuch Musikpsychologie, seit 1984.

unübersehbar, daß die Kreativitätstheorien in der Nachfolge Guilfords (1950) weitgehend für wissenschaftliche oder schriftstellerisch-gestalterische Tätigkeit entwickelt worden sind. Musik wird selten berücksichtigt, und Instrumentalisten rücken fast nie in das Forscherblickfeld.

Der ausübende Musiker ist also, so läßt sich ohne Übertreibung feststellen, sofern er nicht als Wunderkind in Erscheinung tritt, eher ein Stiefkind der Forschung.

Die Gründe hierfür hängen sicher mit dem nomothetisch ausgerichteten Forschungsparadigma der akademischen Psychologie zusammen. Schließlich handelt es sich bei dem Erlebnisbereich »Musizieren« um ein äußerst komplexes Feld, in das sehr verschiedene Aspekte hineinspielen. Solche mehrere Wissenschaftssparten übergreifenden Felder sperren sich naturgemäß der traditionell auf quantitative Meßverfahren ausgerichteten Forschungsmethodik und werden daher, z. T. zum ausdrücklichen Bedauern der Musikpsychologen (z. B. Sloboda in Deutsch, 1982), vernachlässigt bzw. in solche Detailforschung atomisiert, daß die Ergebnisse wenig ergiebig bleiben. Schon in den Kindertagen musikpsychologischer Forschung beklagt Eggar (1920), wie »lifeless und tiresome« die Laborexperimente in einem an sich so lebendigen und aufregenden Gebiet anmuten!

Im folgenden werden wesentliche Ergebnisse und Ansätze der Grundlagenforschung kurz skizziert; der Überblick erhebt keinen Anspruch auf Vollständigkeit, soll aber einen Einblick in Schwerpunkte musikpsychologischer Forschungstätigkeit, soweit sie den Instrumentalisten, sein Instrument und sein Musizieren betrifft, vermitteln. Die Übersicht trägt dabei den Charakter des methodisch Heterogenen und des Interdisziplinären, da Beiträge aus z. T. weit voneinander entfernt liegenden Wissenschaftssparten zusammengetragen werden mußten.[4]

Aufgrund der Heterogenität der referierten Beiträge erschien es mir sinnvoller, auf eine zusammenfassende Wertung zu verzichten und stattdessen jeweils nach der Vorstellung einzelner Forschungsbeiträge über mögliche konkrete Folgerungen nachzudenken, die sich aus ihnen für das

---

[4] Unberücksichtigt bleiben hierbei die Didaktiken und Methodiken sowie Spielanleitungen für einzelne Instrumente, die natürlich Spezifika des jeweiligen Instruments und seiner besonderen Vermittlungsprobleme berühren, nicht aber die Gesamtheit des Beziehungsgefüges zwischen Musiker und Instrument zu erfassen versuchen.

Verständnis der Beziehungsphänomene zwischen Musiker und Instrument ziehen lassen.

Der Instrumentalist in der musikpsychologischen Forschung - ein Überblick

Die einzige größere empirische, *persönlichkeitspsychologisch* orientierte Studie zu ausübenden Musikern wurde von Kemp durchgeführt (Kemp, 1979). Die Auswertung ergab folgende Befunde: Musiker aller Altersstufen scheinen besonders intelligent zu sein; (vgl. aber anderslautende Ergebnisse z. B. bei Shuter-Dyson und Gabriel, 1981), dazu sind sie eher introvertiert und sensibel-phantasievoll. Alle Gruppen von Musikern sind auch in recht starker Weise angstanfällig. Bei der Gruppe der Berufsmusiker und der besonders begabten Musikstudenten fällt außerdem eine hohe innere Unabhängigkeit und ausgeprägte Subjektivität auf.

Bezogen auf unser Thema könnte man angesichts dieser Ergebnisse etwa folgende Fragen aufwerfen:
- Beeinflußt eine etwaige Neigung zur Introvertiertheit bei Instrumentalisten die Qualität der Bindung an das jeweilige Instrument? So könnte der »gemeinsame« Rückzug mit dem Instrument zum Üben »ins stille Kämmerlein« dem Musiker erlauben, bei tatsächlich eher wenigen sozialen Kontakten symbolisch Geselligkeitswünsche auszuleben.
- Stellt das Instrument eher einen angstverstärkenden oder einen angstreduzierenden Faktor im Erleben des Instrumentalisten dar? Wird das Instrument etwa als »unsicherer Geselle« erlebt, bei dem hier eine Saite, da eine Taste klemmen kann und das ständiger Wartung und Umsorgung bedarf, oder als ein beruhigendes, verläßliches Objekt, das den Spieler schon nicht im Stich läßt?
- Leistet das Instrument einen Beitrag zu dem Gefühl innerer Unabhängigkeit? Denkbar wäre ja, daß der Spieler sich zwar von dem Funktionieren des Instruments und seinem eigenen Funktionieren in Verbindung mit dem Instrument abhängig fühlt, aber auch das Erleben: »Gemeinsam sind wir unbesiegbar« kennt.

Im Anschluß an Piagets Stufenlehre der kindlichen Entwicklung sind von *entwicklungspsychologischer* Seite einige Versuche unternommen worden, die Herausbildung einzelner musikalischer Fähigkeiten (z. B. das absolutes Gehör) in die kognitiven Entwicklungsphasen einzuordnen (vgl.

den Überblick bei Shuter-Dyson und Gabriel, 1981). Die Ergebnisse sind allerdings überaus heterogen und widersprüchlich (vgl. Bruhn u. a., 1985, De la Motte-Haber, 1985); vor allem sind sie kaum verallgemeinerbar, weil jeweils nur sehr spezifische Parameter meist testtheoretisch untersucht werden.

Ergiebiger für das vorliegende Thema sind die Life-Span- und die Hochbegabtenforschung. Als Vertreterin der Life-Span-Forschung hat Manturzewska (1990) eine in ihrer Art bisher einzigartige Untersuchung durchgeführt. Mit 165 polnischen, z. T. international renommierten Berufsmusikern zwischen 21 und 89 Jahren, darunter auch Instrumentalisten, wurden in einer Zeitspanne von vier Jahren halbstandardisierte Interviews durchgeführt, die dazu dienten, die Entwicklungslinien eines Künstlerlebens zu zeichnen. Ein für die vorliegende Arbeit wichtiges Ergebnis der Untersuchung liegt darin, daß die Hinwendung zur Musik nur im Austausch mit einer nahen Bezugsperson vonstatten geht, die ihrerseits ein »strong interest for music« aufweist (Manturzewska, S. 132): »The child seems to ›share‹ the meaning of music with such a person« (ebenda). Die Forscherin nennt dieses Phänomen »musical dialogue«. Ein weiterer wichtiger Befund ist darin zu sehen, daß der Lehrer als menschliches und künstlerisches Vorbild von entscheidender Bedeutung für die zukünftigen Instrumentalisten ist. Manturzewska geht soweit zu sagen: »The future musician's personality develops within the ›master-student‹ relationship« (S. 134).

Fast noch aufschlußreicher ist ein Interviewprojekt der Begabtenforscherin Sosniak (1985), in dem sie 24 hochrangige amerikanische Pianisten zwischen dreißig und vierzig Jahren und deren Eltern befragt, um typische Muster im Entwicklungs- und Lernprozeß musikalisch Hochbegabter herauszufinden. Die von ihr ermittelten Entwicklungsetappen decken sich weitgehend mit denen Manturszewskas. Andere wichtige Ergebnisse sind: Das Durchschnittsalter, in dem die jungen Pianisten Klavier zu lernen beginnen, beträgt 5,7 Jahre. In 81% der Elternhäuser spielt Musik vom Lebensbeginn des Kindes, teilweise schon vorher, eine Rolle. Nur 19% der Eltern haben kein ausgeprägtes Interesse an Musik, doch auch diese Eltern sind der Ansicht, alle Kinder sollten ein Musikinstrument lernen (S. 22). Alle Pianisten betonen: »Music was a natural part of (our) ...lives almost from birth« (S. 24), indem ihre Eltern sie in den Schlaf singen, ihnen viel Musik vorspielen etc. Sosniak hebt hervor, daß die Kinder dabei Musik als »family activity« (S. 25) kennenlernen, als etwas, das auch den Eltern Spaß macht (vgl. hierzu Manturszewskas »musical dialogue«). Auch Sosniak betont die Bedeutsamkeit der Lehrerpersönlichkeit, wobei ihre Befunde nahelegen, daß der erste Lehrer hauptsächlich Wärme, Verständnis und Ermutigung ausstrahlt, der zweite dagegen zum musikalisch-menschlichen Identifikationsobjekt wird. Identitätsprägend ist das Gefühl der Besonderheit, das sich nach den ersten Auftritten der jungen Musiker herausbildet: Sie beginnen ihre Spiel als ein Mittel zu betrachten, Anerkennung zu erlangen. Klavierspielen wird Teil ihres Selbstbildes: »The children were labeled ›pianists‹, and they began to think of themselves as such« (S. 43). Meist in der Adoleszenz stellt sich eine wichtige Veränderung für alle ein: Es kommt ihnen zu Bewußtsein, daß sie Musik machen, indem sie Klavier spielen. Das Instrument wird nun dezidiert zum Ausdrucksmittel, technische Probleme werden ernsthaft bearbeitet, Spielen ist nicht mehr Mittel zum Zweck oder Freude am Meistern des Instruments. Ein anderer wichtiger Aspekt ist, daß das Spielen für die jungen Leute zu einer Gewohnheit wird, zu etwas Selbstverständlichem wie Essen, Schlafen und Zähne putzen (S. 51). Das alles spielt sich unter intensiver und extensiver Anteilnahme der Familie ab, die den Weg der Pianisten praktisch und emotional fördernd begleitet. Die Pianisten ihrerseits entwickeln das Gefühl, ihrer näheren Umgebung beweisen zu müssen, daß sie solche Förderung wert sind, was ihre Motivation stets neu speist (S. 55). Berufliche Alternativen werden nicht oder nicht mehr erwogen. (Ähnliche Ergebnisse finden sich bei Sloboda und Howe, 1991, sie differenzieren die Aussagen zum musikalischen »Dialogpartner« allerdings dahingehend, daß dieser nicht notwendigerweise selbst musikalisch aktiv sein muß.)

Rolle und Bedeutung des Instrumentenlehrers ist kürzlich auch von anderer Seite beleuchtet worden: Gustafson (1986) demonstriert die Störanfälligkeit der Lehrer-Schüler-Beziehung insbesondere durch projektive Abwehrmechanismen mithilfe von Videoaufnahmen von Geigenstunden.

Manturzewskas, Slobodas und Sosniaks Arbeiten regen für die vorliegende Untersuchung Fragen an wie:
- Inwiefern hat der für die Herausbildung der Instrumentalistenidentität offensichtlich nötige, bedeutungsvolle, stützende und musikliebende »Dialogpartner« Einfluß auf Wahl des Instruments und Qualität der späteren Instrumentenbeziehung?

- Welche Rolle kommt bei der Instrumentenfindung, bei eventuellem Instrumentenwechsel und bei der Ausprägung der Beziehung zum Instrument dem Einfluß der Lehrer zu?

Hochbegabtenforschung - die den Bezugsrahmen vor allem für Sosniaks und Slobodas Arbeiten abgibt - ist die moderne Fortführung der Wunderkindforschung (vgl. Howe, 1990a, 1990b). Sie ist deswegen von Interesse, weil die meisten der in die vorliegende Untersuchung einbezogenen Musiker Wunderkinder gewesen sind. Während die älteren Einzelfalluntersuchungen (v. a. Revesz, 1925; vgl. die Diskussion dieses Falls bei De la Motte-Haber, 1985, S. 391) dem Vererbungs- und Genieparadigma verpflichtet sind, das das besondere Talent als eine letztlich unhinterfragbare Elternmitgift oder Gottesgabe betrachtet, rückt man neuerdings (z. B. Goldsmith, 1990) hiervon ab. Goldsmith hat vielmehr herausgefunden, daß ein ungewöhnliches Talent sich nur im glücklichen Zusammentreffen einer Reihe von Faktoren entfalten kann: Das Kind müsse zwar ein Potential für ein Talent mitbringen, erhalte dies vielleicht durch Vererbung, vielleicht aber auch im Rahmen einer »transgenerational transmission« durch explizite und implizite Vermittlung der Familienwerte und Familiensicht auf die Welt. Die Kinder müssen weiterhin eine Fähigkeit zu ungewöhnlicher Motivation, zu Ausdauer und energischer Beharrlichkeit mitbringen, schließlich auch so etwas wie ein ungewöhnliches Selbstvertrauen in ihre eigenen Fähigkeiten, die jeglichen Zweifel an dem gewählten Weg ausschließt. Selbst wenn ein Kind alle diese Eigenschaften mitbringt, könne es sich jedoch ohne gezielte und spezifische Förderung durch die Eltern sowie ein günstiges kulturelles Umfeld nicht entwickeln, hieran lassen auch andere Forscher (z. B. Radford, 1990) keinen Zweifel. Die neuere Hochbegabtenforschung räumt mit dem Vorurteil, die Kunst der Wunderkinder sei auf »wundersame« Weise quasi anstrengungslos, auf, indem auf die Jahre und Jahre des Übens hingewiesen wird, die auch ein Wunderkind bis zur Meisterung schwierigster Probleme braucht (vgl. hierzu auch Ericsson et al., 1990). Unlängst (Meisner, 1993) ist auch im deutschsprachigen Raum ein Buch zum Thema »Wunderkinder« erschienen, dessen Verallgemeinerungen gegenüber jedoch Skepsis angebracht ist, da Meisners Porträts musikalisch Hochbegabter Ungenauigkeiten enthalten und er neben biologistischen Denkmodellen psychologische, wie etwa die einer »transgenerational transmission«, nicht reflektiert.[5]

---

[5] So schreibt Meisner etwa, daß die Wunderkinder von heute aufgrund der vielfältigeren sozialen Anregungen und Entfaltungsmöglichkeiten nicht mehr - wie früher fast immer -

Angeregt durch die Lebensläufe der musikalischen Wunderkinder, kann man sich im Zusammenhang des vorliegenden Themas die Frage stellen, ob sich unterschiedliche Beziehungsmuster zwischen Spieler und Instrument herausbilden, je nachdem, ob das Instrument den Spieler von den ersten Lebensjahren an begleitet oder ob der Musiker erst als Erwachsener, eventuell über den »Umweg« anderer Instrumente, zu ihm gekommen ist.

Die »*Lampenfieber*«-Forschung hat sich auf die Untersuchung von Zusammenhängen zwischen Angst und Leistungsfähigkeit bzw. die Wirkung von medikamentöser Beeinflussung des Lampenfiebers durch Beta-Blocker beschränkt. Ursachen wurden nicht ermittelt (vgl. Sloboda in Deutsch, a. a. O., S. 441). Andere, weniger behaviouristisch ausgerichtete Forschungen zu dem Thema lassen vermuten, daß die Zusammenhänge sehr komplex sind. So fand Hamann heraus (1982, 1983), daß Angst durchaus die Qualität des Instrumentalspiels erhöhen kann, allerdings nur, wenn der Instrumentalist bereits technisch sehr weit fortgeschritten ist. Leglar (1978) dagegen betont, daß Mißerfolgsängstlichkeit im Sinne einer self-fulfilling prophecy zu Leistungsabfall führe. Fernab der akademischen Psychologie liegt Ferenczis (1923) kurze und treffende Bemerkung zum Lampenfieber, in der er auf die Entzweiung des auftretenden Künstlers in den Vortragenden und dessen eigene kritische Selbstbeobachtungsinstanz hinweist, deren übermäßige Anforderungen eine verunsichernde, bremsend-hemmende Wirkung entfalten können.

Es könnte sinnvoll sein, das Phänomen des Lampenfiebers bei der Auswertung der Selbstbiographien unter der Fragestellung zu beachten, ob es eventuell auch mit Unsicherheiten dem Instrument gegenüber zusammenhängt.

Aus *musiksoziologischer* Sicht erscheinen mir die auf repräsentativen Umfragen zum Musikverhalten Jugendlicher basierenden, zum Teil aber

---

aus Elternhäusern stammen, in denen musiziert wird. Seine Belege dazu sind ungenau und daher irreführend, wie an einem Beispiel erläutert werden soll: Zwar ist Menuhins Vater, wie Meisner richtig schreibt, Mathematiker gewesen, doch liebte er die Geige und hatte als junger Mann kurzfristig Geigenunterricht genommen; die Mutter Menuhins war, was Meisner unterschlägt, eine gute Amateur-Pianistin, begleitete den Sohn bei ersten Auftritten und nahm außerdem jahrelang Cellounterricht. Vgl. Menuhin, 1979, S. 13 u. 39.

darüber hinausgehenden Forschungen Klausmeiers (1978) themenrelevant. Bei seiner Beschäftigung mit dem Instrumentalspiel unterscheidet Klausmeier zwischen der rein familial beeinflußten Motivation zum Spielen (und Singen) einerseits und die durch weitere Sozialisationsinstanzen bedingte andererseits. Beide könnten beeinflussen, welche Instrumente gewählt oder weggelegt werden, ob das Instrumentalspiel (von wem und wie lange und mit welcher Intensität) beibehalten wird und wie es zu anderen Aktivitäten der Jugendlichen steht.

Er unterscheidet eine Reihe von Einflußfaktoren bei der Motivation von Kindern, ein Instrument lernen zu wollen[6], und kommt zu dem Schluß, daß sowohl bei der Instrumentenwahl als auch bei der Frage nach Intensität, Dauer des Spiels bzw. bei Instrumentenwechsel »unbewußte Prozesse«, vor allem die Verhaltensweisen und Einstellungen der Eltern, von größerer Bedeutung sind als alle anderen Sozialisationseinflüsse. Er belegt dies durch weitere Befragungsergebnisse, zum Beispiel daß Väter ihre Töchter öfter zum Spielen anregen als Mütter ihre Söhne, und interpretiert diesen Befund damit,

»daß Mädchen häufiger mit Hilfe des (gemeinsamen, häuslichen, Anm. K. N.) Instrumentalspiels eine emotionale Brücke zur inzestuös geliebten Vaterfigur suchen als Jungen zur Mutterfigur« (S. 156).

Insgesamt »konnten wir einen stärkeren Einfluß des fremdgeschlechtlichen Elternteils« bei dem »Wunsch, sich durch Spiel auf irgendeinem Instrument auszudrücken, feststellen« (S. 157). Er faßt seine Forschungen so zusammen: »Denn Instrumentalspiel bedeutet gegenwärtig noch, unbewußte personale Ausdruckswünsche auf dem Instrument auszuleben...« (S. 174).

Diesen Interpretationen Klausmeiers wird bei der Auswertung der Instrumentalisten-Autobiographien besondere Beachtung geschenkt werden. Es stellt sich natürlich im Rahmen der hier angestrebten

---

[6] 1. Musizieren ist »spielen«. 2. Musizieren entspricht dem natürlichen Bewegungsbedürfnis. 3. Die Musizierbewegungen haben gestischen Charakter und kommen damit dem tief verwurzelten Ausdrucksbedürfnis des Kindes entgegen. 4. Das Musizieren begünstigt im Üben und Verbessern der eigenen Fertigkeiten die Abfuhr »neutralisierter Energie« (S. 110). 5. Das Instrument hat für den Spieler einen weitgehend unbewußten Symbolgehalt, der die ebenfalls unbewußte Verarbeitung meist ödipaler Probleme begünstigt.

Untersuchung die Frage, ob und in welcher Gewichtung die bei Klausmeier anhand von Laienbefragungen ermittelten Faktoren auch für Berufsmusiker eine Rolle spielen. Gerade die Annahme eines subjektiven Symbolgehalts, den das Instrument für den Spieler erlangen kann, könnte für die Erhellung der Musiker-Instrumenten-Beziehung von Bedeutung sein; ebenso sollte das möglicherweise unterschiedliche Gewicht der beiden Eltern bei der Entscheidung für ein Instrument und dessen emotionaler Besetzung berücksichtigt werden.

Der Überblick über themenrelevante musikwissenschaftliche Untersuchungen wäre unvollständig ohne die Erwähnung einiger Ergebnisse der *akademischen Kreativitätsforschung,* insofern sie sich auf den Instrumentalisten beziehen oder beziehen lassen.

Von den etwa bei Oerter (in Bruhn et al., 1985) oder Matussek (1967, 1979a und b) zusammengestellten, vielfältigen Schwerpunkten der »ständig expandierenden« Kreativitätsforschung (Matussek, 1979a, S. 45) sind für unsere Fragestellung folgende Bereiche von Interesse:
a) Kreativitätsdimensionen: Welche Charakteristika weist eine kreative Leistung auf?
b) Erlebniswelt des Kreativen: Wie fühlt sich der Mensch beim kreativen Tun?

Zu a: Welche Besonderheiten charakterisiert die künstlerische Leistung des Instrumentalisten?

Traditionell wird die Leistung des Instrumentalisten als »reproduzierend«, »nachschaffend« eingestuft (z. B. Revesz, 1946). Als ein Beispiel für andere sei die Einschätzung Albersheims (1983) zitiert:

»Doch steht die aufführungstechnische Aktivität des reproduzierenden Künstlers ebenso unter der stimulierenden Führung der ästhetischen Gesamtvorstellung des Werks wie die den Pinsel, den Meißel, die Schreibfeder usw. gebrauchende Hand des produzierenden Künstlers« (S. 29).

In dieser Formulierung verrät der Vergleich des Instruments mit einem Werkzeug und des Instrumentalisten mit einem ausführenden Körperteil eine unausgesprochene Abwertung des Instrumentalisten, des »nur reproduzierenden« Künstlers, der hier als Ausführungsorgan des wahrhaft schöpferischen, »produzierenden Künstlers« erscheint.

In dem Bemühen, fernab von solchen Wertungen die Kunst des Instrumentalisten in ihrer Besonderheit zu fassen, läßt sich das von Taylor

(1959) entworfene Ebenenmodell kreativer Leistungen heranziehen[7], das von Andreas (in Bruhn u. a., 1985) für den musikalischen Bereich weiter differenziert und enthierarchisiert worden ist. Musikalische Interpretation hohen Rangs kann bei Andreas auf einer Ebene mit kompositorischer oder improvisatorischer Kunst gefunden werden; alle drei Formen musikalischen Handelns hätten »objektive Valenz«, seien erneuernd und kulturell bedeutend. Auch er behält allerdings die Unterscheidung zwischen reproduktiv und produktiv bei, wobei die Improvisation, die er für den »wichtigsten Bereich musikalischer Kreativität« (S. 245) neben dem Komponieren hält, eine Mittelstellung zwischen Reproduktion und Produktion einnimmt.

Über den kreativen Prozeß selbst gibt es eine Fülle teilweise divergierender Aussagen und Denkmodelle. Berühmt geworden sind die Phasenmodelle Arnolds (1959), Maslows (1970) und Kris' (1952). Ich halte Matusseks Modell (1979 b) für am ehesten geeignet, die besondere Kunst des Instrumentalisten zu beschreiben[8], anders als Modelle, in denen Auffassungen von »Inspiration«, »Elaboration«, »Inkubation« und »Verifikation« eine jeweils unterschiedlich akzentuierte Rolle spielen (vgl. die Überblicke über die Konzepte bei Oerter in Bruhn et al., 1985, oder

---

[7] Er unterscheidet fünf Ebenen: die expressive, die produktive, die erfinderische, die erneuernde und die höchste (emergentive) Kreativität (vgl. auch Landau, 1969, S. 76). Auf der untersten Ebenfänden sich - bezogen auf den musikalischen Bereich - die ersten spontanen Gesänge und Klangerzeugungen des Kleinkinds; auf der obersten die Werke traditionsbildender Komponisten. Die künstlerische Leistung des Interpreten wäre auf der zweiten und dritten Stufe anzusiedeln - hier geht es um die Gestaltung mittels erworbener Fertigkeiten bzw. um überraschende, bestehende Hörgewohnheiten verändernde Interpretationen.

[8] Er stellt, basierend auf ihren Erkenntnissen, drei Schritte heraus, von denen er meint, sie bilden die »Grunderlebnisse des schöpferischen Akts« (S. 259): Die erste Phase sei geprägt von Unsicherheit, Angst, auch Unrast oder Unlust angesichts des vor dem Betreffenden liegenden kreativen Projekts. Während der kreative Mensch aber eine Art innerer Stärke auch angesichts von Ausgeliefertheit an die kreative Aufgabe empfinde, scheiterten die meisten Menschen bereits an dieser Hürde. In der zweiten Phase wachse die Sicherheit. Der Kreative ziehe sich von der Umwelt zurück, gehe ganz in seinem Projekt auf, schreite von Teillösung zu Teillösung. Störungen von außen werden als äußerst irritierend empfunden. Ist eine erste, befriedigende Lösung entwickelt, komme als dritter Schritt die Öffnung nach außen. Der Kreative will erste Reaktionen, will andere begeistern, sein Werk zeigen, dem er selbst liebend, aber selbstkritisch gegenübersteht. Matussek betont, daß die einzelnen Phasen zwischen Minuten und Jahren dauern können.

bei Rauchfleisch, 1986). Sich ein neues Musikstück zu erarbeiten, eine musikalische Vorstellung davon zu entwickeln und sie technisch-musikalisch vollendet zu realisieren, stellt ein höchst anspruchsvolles, komplexes Projekt dar, das Unruhe, Unsicherheit, aber auch Entdeckerlust herausfordern kann (Matusseks Phase eins). Das Üben, Bewältigen technischer Probleme, Ausprobieren und innere Abbilden bis hin zum Auswendiglernen kann Phase zwei bilden; es kann Jahre dauern, aber auch nur einen Tag (es gibt Künstler, die sich ein Konzert im Flugzeug erstmals im Notenbild ansehen, eine Vorstellung davon entwickeln und es am Abend auswendig vollendet vortragen können). Die Öffnung nach außen und die Fähigkeit zu selbstkritischer Betrachtung (Matusseks Phase drei) sind konstitutive Bestandteile musikinterpretatorischer Kunst.

Innerhalb der unterschiedlichen Phasen des kreativen Prozesses spielt sich im Künstler, darüber ist sich die Kreativitätsforschung weitgehend einig, ein inneres Oszillieren zwischen bewußten und vorbewußten Ebenen der subjektiven kognitiven Struktur ab (Andreas in Bruhn u. a., 1985). Ob man die Aufmerksamkeitsfluktuationen in ihrem Hin und Her zwischen Innerem und Äußerem nun mit Begriffen wie »stream of consciousness« (Aranosian, 1981/82) oder »Regression im Dienste des Ich« (Kris, 1952) zu fassen sucht - wesentliches Merkmal scheint die »grundsätzlich erhaltene Selbstkontrolle bei zeitweiligem Verzicht auf die Kontrollfunktionen« zu sein (Andreas, S. 247). Nach Kubie (1966) und anderenliegt hierin der wesentliche Unterschied zu dem Neurotiker: Während der Kreative frei und flexibel die Bewußtseinsebenen wechseln und sich angstfrei Vorstellungen hingeben könne, fühle sich der Neurotiker von vorbewußten Phantasien bedroht, ja überwältigt, und müsse sich daher starre, einschränkende Abgrenzungsmaßnahmen gegen seine inneren Impulse aufbauen (vgl. auch Matussek, 1979a).[9]

---

[9] Der Umstand, daß es auch unter Künstlern Neurotiker gibt, widerspricht diesen Befunden nicht, denn man kann mit Müller-Braunschweig (1974, 1977) von einem quasi-autonomen Bereich künstlerischer Kreativität (er nennt es das »kreative Subsystem«) ausgehen, innerhalb dessen diese erhöhte Sensibilität und das Changierenkönnen von verschiedenen Kontroll-, Denk- und Bewußtseinszuständen auch dann »funktioniert«, wenn andere Bereiche der Persönlichkeit durch neurotische Konflikte okkupiert sind oder wenn ich-strukturelle Defekte vorliegen mögen. (Mit diesen Bemerkungen soll das komplexe Feld »Neurose und Kunst« nur gestreift werden.)

Zu b) Wie fühlen sich Instrumentalisten während der Ausübung ihrer Kunst? Zur Beantwortung dieser Frage wird man differenzieren müssen, in welcher Phase kreativen Handelns der Spieler sich jeweils befindet - beim Einüben einer technisch schwierigen Stelle vermutlich anders als beim Vortrag eines lebenslang oft gespielten und geschätzten Stückes. Nach Maslow (1962) treten jedoch in jedem kreativen Prozeß, an welcher Stelle auch immer, sogenannte peak experiences auf; ihre Untersuchung ergab, daß sich schöpferische Menschen bei ihrer Arbeit häufig integrierter empfinden als sonst; gleichzeitig in sich ruhend und verbunden mit der Welt; anstrengungslos: »die Finger machen alles selbst«, frei, spontan, ausdruckskräftig; in den intensivsten Momenten erleben sie sich als verbunden mit einer höheren Macht, die sie mit Einfällen und Fähigkeiten »beschenkt« (nach Matussek, 1979b, S. 260).

Gabrielsson und Lindström (1993) haben die peak experiences für den Musikbereich neuerdings empirisch untersucht. Sie nennen die kreativen Glückszustände »strong experiences of music« (SEM). Ihr Forschungsprojekt wertet 800 Beschreibungen von Musikern und Musikliebhabern aus, in denen die »most intense« Musikerlebnisse, teils in Interviews, teils auf Fragebögen geschildert wurden.[10] Die Autoren fanden unter anderem folgende Kennzeichen der SEM heraus:

1. SEM werden auch körperlich empfunden; es kommt zu innerer Spannung, Zittern, Weinen, unwillkürlichen Bewegungen etc. 2. Akustische, visuelle und taktile Phänomene verschränken sich unauflöslich in der Wahrnehmung. Der Klang hüllt ein, wird gleichzeitig im Körperinneren und um den Körper herum empfunden, Töne können zu quasi-

---

[10] Als Beispiel sei eine der Schilderungen angeführt. Ein Pianist berichtet über sein SEM während der Schulzeit, kurz nachdem er mit einem Preludium aus dem »Wohltemperierten Klavier« eine Prüfung bestanden hat: »But one day when I was in school, alone in that big music hall, I sat down at the grand piano. I played the Prelude and the Fugue, and then I experienced a tremendously strong feeling that was perceptible both in my body and my head. It was as if I was charged with some kind of high tension, like ecstasy... everything focused on a single here and now. The music flowed as by itself. ... I interpreted it as if I was penetrated by the spirit of Bach... There were no doubts any more concerning how it should be played... I was filled by something that was like being intoxicated. ...What an incredibly happy experience! I could feel it everywhere, even at my ›hairtops‹, that it sounded fantastic... It is not possible to describe.... I staggered out afterwards. I can't remember how I felt afterwards...« (S. 127).

taktilen Empfindungen wie »Streicheln« werden. 3. Es kommt zu einer völligen Absorbiertheit im Hier und Jetzt, alles andere ist ausgeblendet, zu einer Art Verschmelzung mit der Musik bzw. dem Instrument, die Zeit steht still, der Raum wirkt anders, halluzinationsartige Visionen können erlebt werden, der Instrumentalist wächst über sich hinaus, ist im Zustand traumwandlerischer Sicherheit. 4. SEM werden als außergewöhnlich, nicht von dieser Welt beschrieben und erlangen transzentendal-religiösen Charakter. Die Personen fühlen sich heil, ganz, beglückt, erhoben und empfinden sich hinterher als geläutert, mit gewandelter Haltung, dankbar.

Diese Ergebnisse werfen für die anstehende Untersuchung vor allem interessante Fragen auf nach der Verbindung zwischen Instrumentalist und Körper-Ich:
- Findet, wie oben beschrieben, eine Art Verschmelzung mit dem Instrument statt?
- »Verschwindet« das Instrument für den Spieler in der völligen Konzentration auf die Musik?
- Wird das Instrument als hilfreiche Erweiterung des Ich oder als endlich überwundene »Barriere« zwischen dem Musiker und der rein geistigen Musik empfunden?

Die SEM-Forschung berührt aber auch Fragen der Motivation; wenn Instrumentalspiel solche Glücksmomente hervorrufen kann, dienen sie dann nicht als positive Antriebskraft, und wie wäre deren Bedeutsamkeit etwa im Vergleich zu familialen Einflußfaktoren zu gewichten?

Mit diesen Beiträgen aus der Kreativitätsforschung soll der Ausflug durch die empirische Forschung, soweit sie Instrumentalisten betrifft, in aller Vorläufigkeit als abgeschlossen betrachtet werden.

Psychoanalyse und Musiker

Die Beschäftigung mit Kunst und vor allem mit Künstlerpersönlichkeiten gehört von den Anfängen der psychoanalytischen Bewegung bis heute zu einem ihrer Interessens- und Forschungsschwerpunkte. Zu Beginn hatte das seinen Grund vor allem im Legitimationsdruck, unter dem die neue Denkrichtung stand: Gelang es, an hervorragenden Geistern wie Goethe oder Leonardo da Vinci etwa die Existenz und Wirkungsweise des Unbewußten, die Universalität des Ödipuskomplexes und der konflikthaft-dynamischen Natur des Seelenlebens nachzuweisen, würden diese damals so revolutionären Gedanken eher Eingang ins allgemeine und wissenschaftliche Denken finden, so die explizit ausgesprochene Hoffnung Freuds (S. Freud, 1930) und anderer der ersten Analytikergeneration (vgl. Gay, 1989).

Auch in jüngerer Zeit spielt die Auseinandersetzung mit den Künsten eine bedeutende Rolle innerhalb der Psychoanalyse, doch sind die Gründe hierfür andere geworden, und auch die Themen und Richtungen haben sich gewandelt (vgl. den Überblick bei Rauchfleisch, 1986). Durch die Abnahme des Legitimationsdrucks hat sich die analytische Kunsttheorie diversifizieren und differenzieren und eine Reihe von theoretischen Konzeptualisierungen vorlegen können, die auch für diese Arbeit von Interesse sind, wenngleich keine von ihnen speziell in Hinblick auf Musik oder Musiker entworfen worden ist. Cremerius (1971) hat in seiner Zusammenstellung aller von 1907 bis 1970 erschienenen psychoanalytisch-biographischen Veröffentlichungen festgestellt, daß sich 191 mit Schriftstellern, aber nur 13 mit Musikern beschäftigen!

Die große Attraktivität der »Wortkünstler« für die Analytiker und die Zurückhaltung bei Musikern kann man wohl nicht nur auf persönliche Vorlieben zurückführen. Ich möchte hierfür zwei Gründe annehmen, die mit »Autoritäts«- und »Sprachargument« umschrieben werden sollen: Zum einen könnte die persönliche Affinität Freuds zur Dichtkunst im Kontrast zu seiner besonderen Zurückhaltung in Sachen Musik bahnend für weitere Denkrichtungen gewirkt haben (Autoritätsargument), zum anderen könnte das Material der jeweiligen Künste eine Rolle für ihre Zugänglichkeit zur analytische Theoriebildung spielen (Sprachargument): Musik, die nicht-sprachliche »Sprache« (Adorno, 1978), scheint sich dem verbalen, diskursiv-analytischen Zugriff zu entziehen.

Gleichwohl sind in neuester Zeit Anzeichen dafür zu finden, daß die Beschäftigung mit musikalischen Phänomenen und Menschen mehr Eingang findet in analytisch-kunsttheoretisches Denken. Als solche Anzeichen werte ich etwa die Bücher Rauchfleischs (1986, 1990a und 1990b) oder den Sammelband mit dem programmatischen, wohl bewußt an Kris' berühmten Aufsatz (1952) erinnernden Titel »Psychoanalytic Explorations in Music« (1990) oder auch Ansätze für ein Aufgreifen analytischen Denkens in der akademischen Forschung (s. o., etwa Gustafson, 1986).

Welche Fragen wurden und werden nun, wenn überhaupt, von psychoanalytischer Seite aus speziell an Musiker gerichtet und welche

Antworten gefunden? Einen historischen Überblick über wichtige Publikationen zu geben, der Entwicklungslinien des psychoanalytischen Musik-Diskurses andeutet, wäre sicher angebracht, würde aber den Rahmen der Arbeit sprengen. Der Leser sei hierzu auf Rauchfleischs Buch »Mensch und Musik« verwiesen (1986). Hier sollen lediglich die eher spärlichen Aussagen zum Musizieren, zum Musikinstrument und zum Instrumentalisten zusammengetragen und daraufhin betrachtet werden, was sie für das Verständnis der Musiker-Instrumenten-Beziehung hergeben.

Musizieren wird von den triebpsychologisch ausgerichteten älteren Autoren zum einen als Onanieäquivalent gesehen[11], zum anderen als Triebsublimierung[12] und zum dritten als autoerotisch-narzißtische Libidoabfuhr betrachtet.[13] Noch Haisch (1953) faßt beispielsweise das Klavierspielen als eine »sexuelle Befriedigung ohne Beteiligung eines gegengeschlechtlichen Partners« (S. 85) auf.

Unter dem Einfluß ich- und objektpsychologischen Denkens (Kris, 1952, Hartmann, 1972) wird die Abwehrfunktion des Musizierens stärker in den Vordergrund gerückt, so z. B. von Racker (1951, 1965), der eine wichtige Funktion des Musizierens in der Abwehr gegen oral-sadistische Impulse und depressive Einbrüche sieht. Er setzt Musizieren von der Funktion her so gleich mit einem neurotischen Symptom, da es sowohl befriedige als auch abschirme. Die Regressionsmöglichkeiten, die das Musizieren verschaffe, werden in dieser Sichtweise nicht mehr wie vordem abgewertet, sondern als Prozesse »im Dienst des Ich« mit einer positiven Bedeutung versehen, wenn Racker - wie erstaunlicherweise schon Graf (1910) und mit neuem theoretischen Bezugsrahmen Kris (1952) für andere ausübende Künstler vermutet, daß Musiker beim Musizieren die Fähigkeit haben, den besonderen Glückszustand frühester Erlebniswelten in ihren »states of creative and also reproductive musical

---

[11] Ferenczi, 1921; Coriat, 1945; Ferenczi schildert kurz den Fall einer Musikerin, deren Ängste beim öffentlichen Auftreten er als Abwehr ihrer urwüchsigen »Exhibitionslust« (S. 80) deutet; ihre Hemmungen beim Klavierspielen ließen sich mit seiner »aktiven Technik« (die einschloß, daß ihm die Patientin während der Analyse-Sitzungen vorsang und vorspielte) als Abwehr unbewußter, mit den »Fingerübungen« assoziativ verknüpfter Onaniephantasien »entlarven« (S. 80).

[12] Graf, 1910; Michel, 1951; Germain, 1928, der die musikalischen Manifestationen weitgehend auf den »complexe flatuel«, S. 779, zurückführt.

[13] Pfeifer, 1923; Van der Chijs, 1926; Mosony, 1935; Montani, 1945; Michel, 1951.

inspiration« (Racker, 1965, S. 149) wiederherzustellen bzw. aufzusuchen. Objektbeziehungs- und Narzißmustheoretiker entwickeln die Auffassung, Musizieren stelle ein weitgehend regressives Geschehen dar, weiter. Musik erinnere an das »gute mütterliche Objekt« (Racker, 1951), und Musizieren wird zu einer identifikatorischen Teilhabe hieran, u. a. mit der Funktion, Enttäuschungen an der tatsächlichen Mutter und ihren späteren Stellvertretern so zu verarbeiten, daß Idealisierung möglich bleibt (Branfman, 1955; Racker, 1965). Ergänzend hierzu wird von manchen Autoren (Kohut, 1957; Walsh, 1974) der Standpunkt vertreten, Musizieren könne dazu dienen, strenge, bedrohlich-kritische innere Über-Ich-Introjekte zu »besänftigen«, gleichsam die Erinnyen in Eumeniden zu verwandeln.[14] Musizieren stärke so das Ich durch die Freude an den eigenen Fertigkeiten und trage zu einem gesunden Narzißmus bei (Kohut, 1957).

Die alte Auffassung, Musizieren sei eine Art »Selbstbefriedigung«, wird im Zuge dieser neuen Gedanken relativiert: Künstlern wird in ihrem künstlerischen Selbst, das vom privaten deutlich unterschieden wird, bei ihrem kreativen Tun ein besonderer Objektbezug zu den phantasierten und tatsächlichen Rezipienten der Kunstwerke attestiert. Das Kunstwerk erhält den Charakter einer Liebesgabe innerhalb dieser »Fast-Objektbeziehung«, der »collective alternate relationships«.[15] Musizieren gewährt also nicht mehr nur narzißtische Gratifikationen, sondern stellt eine Herausforderung an die höchsten, komplexesten Ich-Funktionen dar (Sterba, 1965).

Aus anderer Sicht wird die reparative Funktion des Musizierens betont, das frühe Objektverluste oder auch körperliche Behinderungen[16] oder die Zerreißproben der Pubertät (R. Klausmeier, 1973, 1976) bewältigen helfe. Ja, es wird im weiteren Sinne zu einer Art coping Mechanismus,

---

[14] So findet sich bei Kohut ein interessanter Gedanke zu einer akustischen Verfassung des Über-Ich: Das Über-Ich stelle nicht nur ein verinnerlichtes System der elterlichen Verbote und Normen dar, es habe auch eine Form, einen Klang; das Gewissen »spreche« mit einer scharfen, schneidenden oder einer humorvollen, versöhnlichen Stimme. Die tiefberuhigende, geradezu hypnotische Wirkung der Musik könne durch die Besänftigung der inneren Über-Ich-Introjekte zustandekomme. Die Stimme des Gewissens ver wandele sich von einer abweisenden zu einer sanften, liebevollen Stimme. Diese Gedanken stellen eine Differenzierung der Ansichten Rackers über die Musik als eines guten inneren Objekts dar (vgl. hierzu auch Walsh, 1974).

[15] Greenacre, 1957; Müller-Braunschweig, 1974, 1977.

[16] Münsterberger, 1967; Niederlande, 1969; Auchter, 1978.

der eine Rolle bei der Regulierung von Selbstwertschwankungen erfüllt. Auch helfe die Musikausübung dabei, ursprünglich traumatische Erlebnisse durch Geräuschüberwältigung, die von Kindern des »auditiven Wahrnehmungstyps«, wie ihn Nass (1971) beschreibt[17], besonders intensiv erlebt werden, durch aktive, eigene musikalische Beschäftigung zu verarbeiten und in stärkende, freudespendende Erlebnisbereiche zu verwandeln.[18]

Mithilfe des Kohutschen Selbstobjekt-Konzepts (1973, 1979) kann die besondere Beziehungsfähigkeit ausübender Musiker trotz aller rein narzißtischen Gratifikationen des Musizierens neu und besser nachvollziehbar gefaßt werden.[19] Wichtig in diesem Zusammenhang ist Kohuts Annahme einer »Kreativitätsübertragung« (1975). Darunter versteht er eine narzißtische, aber nicht-pathologische Übertragungsform, vergleichbar einem unsichtbaren Band empathischer Bezogenheit, das viele schöpferische Menschen während des kreativen Prozesses zu einem Menschen ihres sozialen Umfelds knüpfen.[20] Grund für eine solche Übertragungsneigung sei, daß in dem kreativ Tätigen die Hoffnung lebendig sein müsse, einmal, z. B. mithilfe des Musizierens, »die billigende Spiegelantwort des narzißtischen Objekts« zu erlangen (S. 694). Kohut sieht in dem Umstand, daß Künstler narzißtische Beziehungsformen während ihrer kreativen Prozesse brauchen, nichts Krankheitswertiges, sondern vielmehr Wiederholungen normaler früher Entwicklungsphasen aus einer Zeit, in der das Kind durch adäquat spiegelnde, empathische Antworten der ersten Bezugspersonen (»Selbstobjekte« wegen der Unfähigkeit des Kindes genannt, zwischen dem Selbst und der Mutter bzw. dem Vater zu

---

[17] Das zum »auditiven Typ« gehörende Kind kann nach Nass (1971) im Gegensatz zum visuellen erstens das (mütterliche) Objekt auf sich bezogen erleben, auch wenn es nicht sichtbar, nur hörbar ist; zweitens rufe die gegenüber der visuellen Prägnanz größere Mehrdeutigkeit akustischer Wahrnehmungssignale (Geräusche, Husten, Tonlage etc.) Phantasien hervor, mit denen das Kind den Beziehungsraum zwischen der Mutter und sich anreichere. In anderen Worten: Eine gewisse Neigung zum Ungefähren (das je nach Situation und Persönlichkeit mit wunscherfüllenden oder versagenden Phantasien angereichert werden kann) und eine höhere Sicherheit innerer Bezogenheit wären Charakteristika, die bei stark auditiv orientierten Kindern auch spätere Beziehungen prägen würden - vielleicht auch das Erleben ihres Instruments?
[18] Bergman und Escalona, 1949; Kohut, 1957; Noy, 1968, 1978.
[19] Vgl. auch Kligermans idealtypisches Porträt des ausübenden Musikers; 1980.
[20] Vgl. hierzu Manturszewskas musikalischen Dialogpartner, 1990; Greenacres collective alternates, 1957.

differenzieren) sein Größenselbst aufbaut. Unter dem Größenselbst versteht Kohut ein in den ersten zwei Lebensjahren sich innerlich etablierendes und über das Leben hinweg modifiziertes Bild von Allmacht und Vollkommenheit des Selbst, das seiner Ansicht nach zur Quelle des »wirklich originelle(n) Denken(s)« und aller Kreativität wird.

Insgesamt scheint der narzißmustheoretische Ansatz[21] in der Nachfolge Kohuts besonders vielversprechend für das Verständnis von Phänomenen zu sein, die beim Musizieren eine Rolle spielen, wenngleich er, wie Rauchfleisch (1986) betont, bislang wenig zum Erklären kreativer Prozesse herangezogen worden sei. Dabei erfahre man

> »vor allem in den Selbstzeugnissen von Menschen, die musikalisch-kreativ tätig sind, ...eine Fülle von Phänomenen, bei denen sich ... die Anwendung des narzißmustheoretischen Konzepts geradezu aufdrängt« (Rauchfleisch, 1986, S. 166).

Aussagen über Musikinstrumente stellen eher ein »Nebenbeiprodukt« psychoanalytischer kunsttheoretischer Erwägungen dar.

Ältere Autoren[22] heben hervor, daß Musikinstrumente symbolische Bedeutungen annehmen können, die sich zum einen aus Geschichte und Mythologie, zum anderen aus ihrer Ähnlichkeit zu Körperfunktionen bzw. Triebhaftem herleiten (Phallussymbol). Unter Rekurs auf ethnologische Forschungen, die auf die rituelle Funktion von Musikinstrumenten, besonders auch auf Tabuvorschriften fokussiert sind (vgl. hierzu auch Sachs, 1928), verweisen besonders Reik über Schofar und Schwirrholz sowie Germain und Haisch über Blasinstrumente auf die magische Macht, mit der die Spieler der betreffenden Instrumente in den Augen ihrer Zuhörerschaft begabt seien.

Nachdem die Instrumente im Zuge der Weiterentwicklung des psychoanalytischen Diskurses nicht mehr nur als Medien in Sublimationsprozessen verstanden werden müssen, die der Befriedigung narzißtischer Wünsche oder unbewußter masturbatorischer Impulse dienen, kommen Vermutungen auf, daß sie vom Kind ursprünglich als Projektion menschlicher Organe (Racker, 1965), dann auch als »Spielzeuge« in der besonderen Bedeutung von Übergangsobjekten (Winnicott, 1953)

---

[21] Kligerman (1980) unternimmt eine Bündelung aller bisherigen Ergebnisse narzißmustheoretischer Kreativitätsforschung in der besonderen Form eine »fictional profile of the early development of one kind of great artist« (S. 385).

[22] Reik, 1919; Germain, 1928; Mosony, 1935; Michel, 1951; Haisch, 1953

angesehen werden können; so erschließbar bei Greenacre (1959) in einem nicht auf Musiker ausgerichteten Aufsatz zum Zusammenhang von Spiel und Kreativität, als ausgearbeitetes Konzept vorgetragen von McDonald (1970), die annimmt, daß Kinder aus musikliebenden Familien in den ersten Stadien ihrer musikalischen Entwicklung Musik in spezifischer Weise[23] als Übergangsphänomene für sich nutzen.

Münsterberger (1967) macht als Hauptantrieb schöpferischer Kraft den frühen Verlust der »guten Mutter« aus. Die künstlerische Produktion könne den Zustand der narzißtischen Unversehrtheit zeitweilig wiederherstellen. Anders als der Fetischist, dem sein Fetisch dazu diene, die Angst vor Objektverlust und Kastration durch regressive Wiederverschmelzung mit der »guten Mutter« im fetischistischen Ritual zu verleugnen, seien die kreativen Regressionen benigne, bereichern sie doch die Künstler, statt sie rigide festzulegen.[24] Aus diesen etwas abgelegen wirkenden Gedanken läßt sich eine mögliche psychische Funktion des Musikinstruments als einer Art »Talisman« ableiten.

Ein von verschiedenen Autoren vertretener Standpunkt zur psychischen Bedeutung des Musikinstruments lautet: Je stimmenähnlicher das Instrument klingt, desto mehr kann es regressiv getönte (Germain, 1928) oder gar religiöse Gefühle (Reik, 1919) auslösen.

Aus Kohuts oben skizzierten Arbeiten (bes. 1975) ergibt sich schließlich die - allerdings explizit nirgendwo so vertretene - Denkmöglichkeit, das Instrument psychisch als eine Alter-Ego-Figur oder als Selbstobjekt zu fassen.

Instrumentalistenbezogene Aussagen sind so rar, daß an dieser Stelle einige in anderen Zusammenhängen entworfene Gedanken mitberücksichtigt werden sollen.

Manche Autoren versuchen die Frage zu ergründen, wie man zum ausübenden Musiker wird. Nach Graf (1910) spielt dabei die frühe

---

[23] Sie nimmt, teilweise unter Rekurs auf Musikbiographien und Autobiographien, eine typische Entwicklungslinie des musikalischen Talents an: vom autoerotischen »babbling« des Säuglings über das spezielle Auswählen von als Übergangsphänomene vor dem Einschlafen und zur Beruhigung vor sich hingesummten Melodien des Kleinkinds zu den ersten spielerischen Versuchen der ca. Dreijährigen auf einem Instrument, meist unter Nachahmung elterlicher Vorbilder bis schließlich zu dem gezielteren Spielen des Instruments, wo die Freude an den eigenen Leistungen die Freude am Spielen so beeinflußt, daß auch «Arbeit« am Instrument möglich wird.
[24] Vgl. ähnlich auch Greenacre 1953, 1958b, 1971.

Betonung der »Hörlust«, die Freude am Klang, die Hauptrolle. (Im übrigen spricht Graf dem »Virtuosen« die »ursprüngliche schöpferische Kraft« ab, S. 179, attestiert ihm stattdessen die »Gabe der Anempfindung« und technische Geschicklichkeit: »Das Virtuosentum ist der Triumph der losgelassenen, egoistisch sich selbst genießenden Technik«, S. 180). Burton (1968)[25] macht in ihrem Aufsatz über Clara Schumann eine Reihe von Faktoren aus, die zur Ausbildung einer lebenslang herausragenden und stabilen Instrumentalistenkunst beitragen können, wie angeborenes Talent, Identifikation mit einem Elternteil, durch den das Kind Musik früh als Übergangsphänomen besetzen lernt, früher Objektverlust, intensive elterliche Förderung und eine »shared grandiose vision« (S. 109) mit dem fördernden Elternteil.

In älteren Werken findet man verstreut gewagte Vermutungen über die Persönlichkeitsstruktur ausübender Musiker: Coriat (1945) vertritt u. a. die Annahme, die meisten Musiker seien zwanghaft, »which would explain the compulsive repetition of their work« (S. 411), und Herman (1970) ist an seinen Musiker-Patienten eine Neigung zur Homosexualität aufgefallen. Michel dagegen beklagt in einer bisher weitgehend unbeachtet gebliebenen Arbeit (1945) den auf neurotische Defizite ausgerichteten Blick der Analytiker, die vielmehr ihre Behandlungszimmer mit Klavieren ausstatten und ihre musikalischen Patienten darauf frei improvisieren lassen sollten! In diesem Zusammenhang sei an den bei Jones (1962) berichteten Ratschlag Freuds an eine junge Geigerin erinnert, aus dem sich entnehmen läßt, daß Freud wahres musikalisches Künstlertum als etwas sehr Gesundes auffaßt.

Andere beschäftigen sich mit der Beziehung zwischen Spieler und Publikum. Reik (1919) macht in seinen Untersuchungen über die rituelle Bedeutung des Schofars im jüdischen Gottesdienst auf die ursprüngliche Rolle des Instrumentalisten als eines Mittlers zwischen Gott und den Menschen aufmerksam: »...wenn der Bläser stockt, die Töne nicht hell und rein klingen« (S. 215), wird das als böses Omen gedeutet. Die Gemeinde begleitet das Spielen des Schofars mit stärkster innerer

---

[25] Nebenbei gesagt, ist es der einzige mir bekannte, ausschließlich Clara Schumann gewidmete Beitrag, dem mindestens 25 psychoanalytisch inspirierte Studien zu ihrem Mann Robert gegenüberstehen. In diesem Mißverhältnis spiegelt sich wohl neben anderen Gründen die allgemein geringe Würdigung der Instrumentalistenleistung gegenüber der des Komponisten wider.

Anteilnahme »und atmet erleichtert auf« (ebenda), wenn alles gutgegangen ist. Mosony (1935) meint, die Voraussetzung dafür, daß Spieler ihre Hörer bewegen können, sei die Abfuhr eigener psychischer Spannung per Einfühlung in das Werk. Er erklärt den Enthusiasmus des Publikums für den Virtuosen mit Identifikationsprozessen, die bei Spieler und Hörer eine große Rolle spielten. Sie erinnerten an die ersten Identifikationen mit den Eltern und seien deswegen so besonders bewegend.

Betrachtet man das psychoanalytische Schrifttum zur Musik im allgemeinen und zum ausübenden Musiker im besonderen, so läßt sich zusammenfassend feststellen: Eine Theorie des Musizierens existiert nicht; es lassen sich jedoch z. T. recht heterogene Ansätze dazu aus meist für andere Kunstsparten entwickelten, allgemeinen Gedanken erschließen. Auf der 1972 veröffentlichten Podiumsdikussion führender psychoanalytischer Kunsttheoretiker (Kligerman, 1972) zum Thema »Kreativität« kritisiert Sterba eben diese Tendenz, »to generalize from the kaleidoscopic variety of creative modes as if there were only *one* type of creative personality« (S. 23). Leider zeigt sich im Diskussionsverlauf ebenso wie in den hier vorgestellten Positionen die kritisierte Tendenz nur immer wieder zu deutlich. Es werden allgemeine Konzepte vorgetragen über die Rolle der Imagination und der Identifikation des Künstlers mit seinem Werk, zum Zusammenspiel regressiver und ich-betonter Operationen im kreativen Prozeß, zum kreativen Dialogpartner, zum Zusammenhang von Kunst und Tod, zur Persönlichkeitsstruktur schöpferischer Personen, die einerseits angeblich gehäuft zwanghaft sind, körperlich gehandicapped, mit frühen Traumata behaftet oder die gar ich-strukturelle Defizite aufweisen, die andererseits besonders gesund sein sollen (vgl. Kligerman, 1972, S. 27 f.)!

Mit Rauchfleisch (1986) und den Herausgebern der »Psychoanalytic Explorations of Music« (1990) möchte ich darüber hinaus die pathologisierende Tendenz einer Reihe von Beiträgen kritisieren, die z. T. den Verfassern wohl auch unfreiwillig unterläuft, weil sie dem psychoanaytischen Vokabular inhärent ist. Ist beispielsweise das Bedürfnis eines großen Musikers nach öffentlichem Vorspielen wirklich mit dem Wort Exhibitionismus adäquat beschrieben? Auch wenn psychodynamisch das »Sich zeigen« mit phallisch-geltungsstrebigen Konnotationen hierbei eine Rolle spielen mag, so wäre es doch nur ein Aspekt unter manchen anderen, unbekannteren, nicht an pathologisch-zwanghaftes Verhalten erinnernden Elementen.

Beitrag der vorgestellten Forschungen zum Aufbau eines theoriegeleiteten Vorverständnisses der Musiker-Instrumenten-Beziehung

Es lassen sich mithilfe der bisher referierten akademisch-psychologischen sowie psychoanalytischen Forschungsergebnisse die Umrisse mehrerer Felder abstecken, die in der Auswertung von Instrumentalisten-Autobiographien genauer betrachtet werden müßten:

1. Die symbolische Verwobenheit des Instruments in die Eltern-Kind- (Lehrer-Schüler-)Dynamik

Die Hinwendung des Kindes zu einem Instrument bahnt sich im Rahmen der Familie bzw. familiennaher Sozialisationsinstanzen an, darüber sind sich die Forscher weitgehend einig. Dem Instrument haftet damit etwas symbolisch an, das vom Spieler bewußt oder unbewußt mit denen verknüpft wird, die das Instrument an ihn herantragen, ihm nahelegen oder aufdrängen oder von denen er oder sie es erbittet, denen es vielleicht abgetrotzt werden muß. (Kommt ein Musiker erst später, gar als Erwachsener, zu seinem Instrument, wäre dieser Fall gesondert zu betrachten, etwa daraufhin, ob es schon vorher Wünsche gab, die nicht verwirklicht werden konnten, oder welche sonstigen Umstände der Instrumentenwahl auffallen.)

Das Instrument soll damit hypothetisch als ein besonderes Elternvermächtnis betrachtet werden, ein Vermächtnis, das in seiner Bedeutsamkeit, seinen Auswirkungen und der Art und Weise, wie es dem Instrumentalisten mitgegeben wird, untersucht werden müßte.

2. Die Anreicherung des Instruments mit weiteren Bedeutungen im Laufe eines Musikerlebens

Mit dem o. g. Vermächtnis können Spieler sehr unterschiedlich umgehen. Die Lebenslaufforschung läßt erwarten, daß die Spieler weitere lebensphasen-oder situationsssspezifische symbolische Dimensionen in dem Instrument entdecken, daß sich also das Instrument aus ersten Attribuierungen »emanzipieren« kann. Hier wäre zu ermitteln, welche Dimensionen hinzutreten und in welchem Verhältnis sie zu den ersten stehen. Die möglicherweise besondere Bereitschaft und Fähigkeit des Musikers zu solchen weitgehend im Phantasieleben sich abspielenden

Anreicherungen einer Beziehung (vgl. Nass, 1971) könnte hierbei eine Rolle spielen.

3. Die psychische Funktion des Instruments für den Spieler

Nach bisherigen Erkenntnissen gibt es eine Vielzahl möglicher psychischer Funktionen, die Musikerlebnisse und damit auch das Musizieren auf einem Instrument erfüllen können: tiefe Freude, Beruhigung und Trost, narzißtische Komplettierung bzw. Wiederherstellung und Traumabewältigung, narzißtische Erhöhung, spirituelle Dimensionen, um nur einige zu nennen.

Wenn auch viele Autoren die spannungslösende Funktion von Musik betonen, ist damit noch nicht gesagt, daß die Beziehung des Musikers zu seinem Instrument hiervon wesentlich geprägt sein muß. Übeverpflichtung, technische Schwierigkeiten, hohes Aspirationsniveau, »verstimmte« oder »sperrige« Instrumente können, so ist zu vermuten, erhebliche innere Spannungen hervorrufen. Zu untersuchen wäre also nicht nur: Was »gibt« das Instrument dem Spieler, sondern auch: Was »nimmt« es ihm?

Anzunehmen ist weiterhin, daß ein Instrument für den Spieler viele verschiedene Funktionen erfüllt, sonst wäre eine lebenslange Bindung kaum denkbar; zu suchen wäre daher nach möglichen Mustern bestimmter dominierender Funktionen, die es erlauben würden, auf idealtypische Musiker-Instrumenten-Bezogenheiten zu schließen lassen.

4. Der Musiker, das Instrument und die Musik

Die Musiker-Instrumenten-Beziehung ist keine echte Dyade, sondern spielt sich in einem triadischen Feld ab mit der Musik als einer »unsichtbaren Dritten«. Die Beziehung zur Musik wird die zum Instrument beeinflussen, und umgekehrt führt die Wahl des Instruments zur Vorliebe für bestimmte Musik. Das kompliziert die Dinge.

Musik wird von fast allen Forschern jeder Ausrichtung mit frühesten menschlichen Entwicklungsvollzügen in Zusammenhang gebracht, aber auch mit komplexesten Ich-Funktionen. Es wird daher darauf zu achten sein, die Bedeutungsnuancen von »Musik« und »Instrument« genau herauszuarbeiten und sie nicht miteinander zu verwechseln.

5. Der Umgang des Musikers mit seinem Instrument

Bisher ist viel von psychischen Vorgängen wie un-, halb- oder ganz bewußten Attribuierungen und Phantasien die Rede gewesen. Der Versuch, ein genaues Bild der Spieler-Instrumenten-Beziehung zu zeichnen, sollte aber auch den faktischen Umgang des Musikers mit dem Instrument nicht vernachlässigen und hieraus, wenn möglich, Rückschlüsse auf die Bedeutung des Instruments für den Musiker ziehen.

Zum faktischen Umgang des Musikers mit seinem Instrument gehört vor allem das Musizieren in den verschiedenen Situationen des Übens (allein, vor Lehrern), des Auftretens, des zwanglosen Zusammenspiels mit anderen. Von Forschungsseite her wurde bislang i. w. die rituelle Dimension des Musizierens mit der besonderen Verantwortung des Spielers für »richtige und schöne« Töne (Reik, 1919), die soziale bzw. gruppendynamische (Kohut, 1975; Heinz u. Rotter, 1977), weiterhin kognitive Aspekte (Sloboda, 1991), klinische Probleme wie Hemmungen, Lampenfieber (z. B. Leglar, 1978) und die entwicklungspsychologische Seite (Shuter-Dyson, 1982) untersucht; ein theoretischer Ansatz zum *Erleben des Instruments* beim Musizieren fehlt. Es soll danach gesucht werden, ob Spieler Ideen - und wenn ja: welche - über den spezifischen »Beitrag« ihres Instrument für das Musizieren entwickeln.

Weiterhin gehören zum faktischen Umgang mit dem Instrument solche Aspekte wie Kauf und Pflege des Instruments, ferner das Verlegen, Verlieren, Verkaufen, Verschenken, Ausleihen und Beschädigen. Ein gesonderter Aspekt wäre die Zeitdauer der Beschäftigung mit dem Instrument: Die Musiker können es monatelang liegenlassen, aber auch den Wunsch oder die Verpflichtung spüren, jeden Tag darauf zu spielen. Schließlich: Hat ein Spieler mehrere Instrumente, kann er für unterschiedliche Anlässe unterschiedliche aussuchen; dabei wäre interessant zu wissen, welche und mit welchen Begründungen. Pianisten müssen sich anders als die meisten anderen Instrumentalisten in Konzertsälen auf immer neue Instrumente einstellen, haben ihr eigenes Instrument meist nur zu Hause. Zu fragen wäre, ob das eine Auswirkung auf ihr Erleben des Instruments hat.

Ein gesonderter Bereich ist das Verhältnis des Instruments zur Körperlichkeit des Spielers: Größenverhältnisse (Wie fühlt sich ein äußerlich mächtiger Mann mit einer Piccoloflöte?)[26], die Art und Weise der Klangerzeugung durch (An)-Schlagen, Zupfen, Streichen oder Blasen, die

---

[26] Vgl. hierzu die Porträts der Mitglieder des Berliner Philharmonischen Orchesters mit ihren Instrumenten in der Zeitschrift »Du«, 1/1993).

Körperferne oder Körpernähe des Instruments u. a. m. kommen hierbei als Untersuchungsfacetten in Betracht. Die theoretischen Überlegungen zum Körperbild (Herman, 1970; Greenacre, 1959) können als sehr allgemeiner Bezugsrahmen für das Verständnis dieses wichtigen Aspekts dienen.

6. Subjektive Theorien

Ein weiteres Feld wären mögliche Theorien, die sich die Musiker selbst fernab eines psychologischen Blickwinkels über ihr Verhältnis zu ihren Instrumenten gemacht haben. Sollte die Untersuchung solche »subjektiven Theorien« zutage fördern können, wäre zu erläutern, wie sie zu den psychologischen Konzepten stehen.

III. Auswertung von Instrumentalisten-Autobiographien: Methodik

Differenzierung statt Generalisierung

> »Ein typisches Kontrabassistenschicksal ist zum Beispiel meines: Dominanter Vater, Beamter, unmusisch; schwache Mutter, Flöte, musisch versponnen; ich als Kind liebe meine Mutter abgöttisch; die Mutter liebt den Vater; der Vater liebt meine kleine Schwester; mich liebte niemand - subjektiv jetzt. Aus Haß auf den Vater beschließe ich, nicht Beamter, sondern Künstler zu werden; aus Rache an der Mutter aber am größten, unhandlichsten, unsolistischsten Instrument; und um sie quasi tödlich zu kränken und zugleich dem Vater noch einen Fußtritt übers Grab hinweg zu versetzen, werde ich nun doch Beamter: Als Kontrabassist im Staatsorchester, drittes Pult. Als solcher vergewaltige ich täglich in der Gestalt des Kontrabasses, des größten der weiblichen Instrumente - formmäßig jetzt -, meine eigene Mutter, und dieser ewige inzestuöse symbolische Geschlechtsverkehr ist natürlich eine jedmalige moralische Katastrophe, und diese moralische Katastrophe steht jedem von uns Bassisten ins Gesicht geschrieben. Soviel zur psychoanalytischen Seite des Instruments. Bloß hilft diese Erkenntnis nicht viel, weil ... die Psychoanalyse ist ja am Ende...« (Süskind, 1984, S. 38 f.)

In der Tat: Wollte man die oben zusammengetragenen Fragen sowie die Anregungen aus der Forschung im Rahmen eines auf ödipale Probleme verengten Deutungsmusters beantworten, wie es Süskind in seiner gelungenen Parodie auf die psychoanalytische Fallvignette vorführt, wäre man sicher mit der geplanten Auswertung von autobiographisch dokumentierten Lebensschicksalen »eal existierender« Musiker schnell »am Ende«, da man dann lediglich zu illustrieren hätte, was man vorher schon weiß. Das Süskind-Zitat sei deshalb als warnend-witziges Negativbeispiel der Besinnung auf Methodisches vorangestellt.

Dennoch können die Versuche, bestimmte wichtige und möglicherweise in Variationen wiederkehrende Faktoren zu ermitteln, die in der Musiker-Instrumenten-Beziehung eine Rolle spielen, nicht ohne Bezug auf die Lebensgeschichte der Musiker durchgeführt werden. Gegenüber der Tendenz zur *Generalisierung* soll hierbei das Prinzip der *Differenzierung* Vorrang erhalten, wie es z. B. Haesler (1982) fordert:

> »So ist bei psychoanalytischen Betrachtungen der Musik ... nicht vorschnelle Verallgemeinerung, sondern Differenzierung gefragt, wenn man überhaupt über allgemeine Formulierungen hinausgelangen und aus psychodynamischer Perspektive ein differenzierteres Verständnis vom Wesen der Musik, der Musikerfahrung und schließlich auch vom kreativen Prozeß in der Musik nicht verfehlen will« (S. 914).

Legt man den Schwerpunkt der Forschung auf das Herausarbeiten eines möglichst differenzierten Bildes, dann bietet sich ein qualitatives Forschungsvorgehen an, denn

>»in attempting to present a holistic picture ... and in struggling to understand the phenomenological nature of a particular set of activities ..., simple statements of linear relationships may be more distorting than illuminating« (Patton, 1980).

Nun geht es bei dem zu untersuchenden Phänomen nicht vorrangig um ein »set of activities«, sondern um das Erschließen innerer Bedeutungszuweisungen; gerade dieser Schwerpunkt aber stellt ein Hauptgebiet qualitativer Forschung dar, die »den Zugang zur Realität über subjektive Deutungen, über interpretative Prozesse (betont)« (Mayring, 1991, S. 213).

Grundsätzlich bietet sich für ein solchermaßen ausgerichtetes Forschungsvorhaben eine biographische Methode (Thomae, 1991) an, und zwar kommt insbesondere die Methode des teilstrukturierten, nichtdirektiv geführten Interviews in Betracht. Tatsächlich entspricht es meiner ursprünglichen Planung, Gespräche mit Musikern über ihr Verhältnis zu ihrem Instrument durchzuführen und auszuwerten. Da dieses Thema jedoch ein bislang wissenschaftlicherseits so unerkundetes Gebiet darstellt, ich auch die Sorge hatte, ob ich als Psychologin und »nur« Amateur-Musikerin den rechten Zugang zu dem Thema würde finden können, sollte eine Durchsicht von Instrumentalisten-Autobiographien zunächst einmal den Blick darauf freigeben, was denn die Spieler ganz von sich aus hierüber denken. Diese den Gesprächen vorgeschaltete vorsichtige Erkundung wuchs sich jedoch aufgrund der unerwarteten Ergiebigkeit mancher Quellen zu einem so eigenen, umfänglichen Forschungsvorhaben aus, daß die Durchführung von Gesprächen hiervor abgetrennt und auf eine Nachfolgeuntersuchung verschoben werden mußte.

Warum gerade Autobiographien?

Warum Autobiographien für die Fragestellung dieser Untersuchung eher in Frage kommen als etwa methodische Anleitungen über das Musizieren auf dem jeweiligen Instrument (»Schulen«) oder verstreut veröffentlichte Interviews mit Musikern, ist schnell erklärt: Die »Schulen« konzentrieren sich fast ausschließlich auf technische Fragen. Eine Reflexion über mehr symbolische Aspekte des Spielens auf dem Instrument findet in den seltensten Fällen statt. Was verstreut veröffentlichte Interviews betrifft, so gibt es nur wenige mir bekannte, in der das Thema der Musiker-Instrumenten-Beziehung überhaupt gestreift wird, und keines, das sich gar speziell mit ihm beschäftigen würde.

Instrumentalisten-Autobiographien bieten sich für die Erkundung dieses besonderen Beziehungsfeldes insofern an, als man von ihnen eine Besinnung auf den künstlerischen Werdegang und das künstlerische Selbstverständnis des Verfassers erwarten darf und damit auch Aussagen über das Verhältnis zu dem Instrument, mit dem er oder sie künstlerischen Ruhm errungen hat.

»Berufsbiographien«, wie die Untergruppe der Selbstbiographien genannt wird (Aichinger, 1977), in der sich Menschen auf die Darstellung von Entwicklungslinien ihres spezifischen Tätigkeitsbereichs konzentrieren, stellen zwar eine »Verkürzung oder Einschränkung der klassischen Großform« der eigentlichen Selbstbiographie dar (Aichinger, 1977, S. 816), doch unterscheiden sie sich von der unverbindlicheren Memoiren-Literatur durch die Bewahrung des »autobiographischen Antriebs«, der nach Pascal in der Frage nach der eigenen Existenz besteht (Pascal, 1965).

Im Falle einer Künstlerpersönlichkeit entspräche dem »autobiographischen Antrieb« die Darstellung der Suche nach einer künstlerischen Identität.

Die Autobiographie erscheint mir als Quelle auch insofern gut geeignet, als die Künstler hier ihre Schwerpunkte selbst setzen und ihre Themen in einer ihnen passend erscheinenden Breite, Intensität und Komplexität entfalten können.

Gegenüber Biographien haben Autobiographien den Vorteil größerer Subjektivität und stärkeren Einflusses auf das Bild, das dem Leser vermittelt werden soll - nicht unbedingt größerer Authentizität, denn die Selbstdeutungen und Erinnerungen können ebenso durch Täuschung, Verleugnung, Verdrängung und weitere dem Zugriff des Schreibenden entzogenen Mechanismen verzerrt sein, wie dies bei der Biographie durch die Subjektivismen des Biographen der Fall sein kann (vgl. hierzu Winter, 1985).

Ausschlaggebend für die Wahl autobiographischen Materials war letztlich die Hoffnung, hierin auf Selbstdeutungen und subjektive Theorien der Instrumentalisten über die Beziehungen zu ihren Instrumenten zu stoßen und sie vor dem großen Horizont allgemeinerer und in anderen Kontexten entstandener Konzepte (vgl. Kap. II) betrachten zu können.

Welche und wieviele Autobiographien?

Die Beantwortung dieser Frage verlangt zunächst eine Orientierung darüber, welcher Instrumentalist sich überhaupt zu seinem Leben zusammenhängend geäußert hat.[27] Insgesamt haben nach meinen Ermittlungen zum jetzigen Zeitpunkt ungefähr 50 Instrumentalistinnen und Instrumentalisten der sogenannten »E-Musik« seit der Jahrhundertwende Autobiographien verfaßt. (Die wenigen früheren Selbstbiographien von Musikern aus dem 18. und 19. Jahrhundert sind in die Untersuchung nicht einbezogen worden[28], ebensowenig wie Autobiographien von sogenannten »U-Musikern«[29].)

---

[27] In den einschlägigen Musiklexika kann man hierzu wenig in Erfahrung bringen; ich stütze mich daher für diese Informationen im wesentlichen auf das 1992 erschienene »Lexikon der Interpreten klassischer Musik im 20. Jahrhundert«. Es enthält 2352 Kurzbiographien von Sängern, Dirigenten und Instrumentalisten sowie einer Auflistung ihrer Veröffentlichungen. Zwar ist dieses Lexikon wegen gewisser Ungenauigkeiten, Übersetzungsholprigkeiten und unverständlicher Auswahlkriterien kritisiert worden (Brendel, 1994), doch ist es meines Wissens eine der wenigen Quellen für Fragen, die sich ausschließlich auf Interpreten beziehen.

[28] Diese Beschränkung hängt damit zusammen, daß sich Typus und Beruf des Virtuosen erst im Laufe des 19. Jahrhunderts langsam ausgebildet hat. Die Selbstbiographien früherer Musiker sind daher zumeist solche von Komponisten, die zugleich *auch* Virtuosen und Dirigenten gewesen sind (Kahl, 1972). Abgesehen davon, daß ihre Autobiographien also ein breiteres Spektrum von Schwerpunkten aufweisen als die meisten späteren, sind die älteren Künstler einem Weltbild verpflichtet, dem die Begriffe der Individualität und des Gewordenseins weitgehend fremd sind. Oft enthalten ihre Werke zum Beispiel kaum Aussagen über die Kindheit (vgl. auch Kahl, 1972, S.16), ein für mein Unerfangen unverzichtbares Gebiet.

[29] Sicherlich wäre es interessant, auch bei »U-Musikern«, die vielleicht schon wegen möglicherweise oft autodidaktischer Lernwege und anderer sozialer Hintergründe - ich denke etwa an farbige Jazz-Musiker in Amerika - ganz andere Lebensläufe aufweisen als »E-Musiker«, die Beziehung zu dem jeweiligen Instrument zu untersuchen, die vielleicht andere Bedeutungsdimensionen enthalten könnte. Auch wäre auf diese Art und Weise das Instrumentenspektrum um Schlaugzeug, Gitarre und Blasinstrumente erweitert worden. Aber Raumgründe und eigene Vorlieben legte eine Konzentration auf »E-Musiker« nahe.

41 Werke konnte ich einsehen.[30] Um den oben skizzierten Zweck des Kapitels zu erreichen, erschien es mir nicht ratsam, etwa eine Zufallsauswahl aus den mir zugänglichen Werken vorzunehmen. Zu leicht hätte etwas Wichtiges übersehen werden können. Allein schon die Frage, wie und ob sich die Instrumentalisten überhaupt zu dem interessierenden Aspekt von sich aus äußern oder nicht, wäre in der Beantwortung viel unzuverlässiger ausgefallen. Ich habe daher mit einer Ausnahme[31] alle mir zugänglichen Werke in die Auswertung miteinbezogen, unabhängig davon, ob sie für das vorliegende Thema ergiebig waren oder nicht, unabhängig auch davon, ob sie ausschließlich vom Künstler selbst geschrieben wurden oder gemeinsam mit Helfern verfaßt.

Denn nur 28 der Werke kann man von ihren Entstehungsbedingungen her als »reine« Autobiographien bezeichnen, d. h. als solche, die von dem Instrumentalisten alleine, höchstens unter redaktionellen Hilfen ausgearbeitet wurden. Zehn müssen als »Kooperations-Autobiographien« eingestuft werden. So möchte ich solche Werke nennen, die durch die Zusammenarbeit eines Musikjournalisten oder Freundes oder Managers mit dem jeweiligen Instrumentalisten zustandegekommen sind, meist in der Art von vielen Gesprächen, die der Mitarbeiter oder die Mitarbeiterin dann zu einem Buch zusammengestellt hat.[32]

---

[30] Die übrigen sind z. T. nur auf russisch erschienen, z. T. über internationalen Leihverkehr nicht beziehbar.

[31] Max von Pauers Buch »Unser seltsames Ich. Lebensschau eines Künstlers«, Leipzig 1942. Es enthält lediglich aphoristisch zugespitzte, dabei höchst verknappte und symbolisch verhüllte Aufzeichnungen.

[32] Nicht immer werden die Kooperateure als Mitautoren genannt. Während manche dieser Texte ihren Entstehungszusammenhang nicht verleugnen, indem die Interviewform beibehalten wird und der Mitarbeiter sogar kommentierende und überleitende Texte verfaßt (z. B. Joseph Horowitz für Arrau, Jasper Parrot für Ashkenazy), haben andere Mitarbeiter die Gesprächsergebnisse zu einem fortlaufenden, quasi-authentischen autobiographischen Text zusammengefaßt (z. B. Mary Lawton für Paderewski und Albert Kahn für Casals), wobei beteuert wird, daß jedes Wort vom Instrumentalisten selbst stamme, nur die Kontinuität vom Kooperateur hergestellt worden sei. Das mag auch im großen und ganzen so sein, denn der Sprechduktus ist oft sehr charakteristisch, aber sicherlich deswegen von einem intimen Kenner des Künstlers auch nachzuahmen. Im einzelnen ist oft nicht nachzuvollziehen, wie weit die redaktionelle Bearbeitung durch den Kooperateur geht, und man kann deswegen darüber streiten, inwiefern die Kooperations-Autobiographien eigentlich verkappte Biographien sind. Ich habe mich aber dafür entschieden, sie als genuin autobiographische Zeugnisse zu betrachten, weil der »autobiographische Antrieb« doch deutlich im Vordergrund zu stehen scheint.

Neben den »reinen Autobiographien« und den »Kooperations-Autobiographien« schließlich gibt es ein weites Spektrum von »Mischformen«; das sind Bücher, die teils Autobiographisches, teils Tagebuchaufzeichnungen oder Aufsätze des betreffenden Künstlers über Musik enthalten; dazu können Beiträge von anderen, z. B. Musikwissenschaftlern, treten.

In einem ganz begrenzten Umfang (zwei Texte) wurden auch Tagebuchaufzeichnungen hinzugezogen, die vielleicht die intimste Quelle persönlicher Selbstvergewisserung darstellen. Ihr Nachteil liegt darin, daß oft keine Entwicklungslinien herausgearbeitet werden, und meist umfassen sie nur kurze Zeiträume.

41 Werke also (40 Autobiographien, eine Biographie, s. u.); und wenn auch in ihnen keineswegs alle Instrumente vertreten sind, so finden sich doch für die großen Sparten Tasten- und Streichinstrumente mehr als genügend, für den Bereich Blas- und sonstige Instrumente immerhin einige wenige Beispiele: achtzehn Pianisten, zehn Geiger, zwei Bratschisten, sieben Cellisten, ein Flötist, ein Orgelspieler, ein Cembalist und ein Paukist.

Daß Klavierspieler und Geiger zahlenmäßig so dominieren, hängt wohl damit zusammen, daß vor allem Solisten Autobiographien verfassen. (Tatsächlich sind nur zwei »hauptamtliche« Orchestermusiker unter den Autobiographen - der Geiger Hellmut Stern und der Paukist Werner Thärichen.) Es gibt auf der Welt nur wenige Bläser oder Bratschisten, die angesichts der viel dünner gesäten Literatur für diese Instrumente eine reine Solistenkarriere gewagt haben. Mit manchen Instrumenten ist eine reine Solistenkarriere gar ausgeschlossen (Pauke z. B.) oder eher selten (Kontrabaß z. B.).

Der Umstand, daß das Untersuchungsmaterial weitestgehend von Solisten, noch dazu den berühmtesten ihres Fachs stammt, mag die - ohnehin beschränkte - Aussagekraft des zu zeichnenden Bildes schmälern, ist doch anzunehmen, daß Laienmusiker andere oder weniger reichhaltige Phantasien über ihre Instrumente entwickeln. Diese Schmälerung muß jedoch hingenommen werden, da es keine mir bekannten Selbstzeugnisse von Amateur-Musikern gibt. Auch an dieser Stelle könnten Nachfolge-Interviews das Bild komplettieren helfen.

Von den durchgesehenen Autobiographien sind nur drei von Frauen verfaßt worden. Der auffällig geringe Anteil an Instrumentalistinnen ist insofern besonders bedauerlich, als anzunehmen ist, daß Musikerinnen ihren Instrumenten eventuell andere Bedeutungsnuancierungen attribuieren. Auch wenn es das Thema nur am Rande berührt, möchte ich an dieser Stelle einige Gedanken darüber einfügen, wieso so wenige Instrumentalistinnen Autobiographien verfaßt haben.

Von den insgesamt 148 Instrumentalistinnen des 20. Jahrhunderts, die das »Lexikon der Interpreten klassischer Musik« (1992) aufführt, haben nur drei eine Autobiographie verfaßt, also 2%.[33] Dagegen schrieben von den 779 dort erwähnten männlichen Instrumentalisten immerhin 39 ein solches Werk, also ca. 5,6%

Kurioserweise, das sei am Rande vermerkt, sind die fleißigsten Autobiographienschreiber von allen drei im Lexikon vertretenen Künstlergruppen (Sänger, Instrumentalisten, Dirigenten) die Sänger; und in diesem einen Fall überwiegen sogar zahlenmäßig die Werke der Musikerinnen: 26 von 356 aufgelisteten Sängerinnen (7,3%) und 20 von 318 erwähnten Sängern (6,3%) haben eine Autobiographie geschrieben. Zum Vergleich: Von den 703 Dirigenten und Chorleitern sind es 36 (d. h. 5,3%).

Warum berühmte Instrumentalistinnen so viel weniger Autobiographien verfassen als ihre Sängerinnenkolleginnen - darüber kann nur spekuliert werden. Ist ihnen das Wort als Ausdrucksmedium vielleicht suspekter? Das Instrument übernimmt ja sicherlich viele Funktionen, die sonst dem Wort zukommen, das nun wiederum den Sängerinnen, deren »Instrument« ihre eigene Stimme und damit auch das Wort ist, näherstehen mag. Andererseits gilt dieses Phänomen für Männer wie für Frauen, und Sänger schreiben nach meiner Zählung ja nur unwesentlich mehr als ihre Instrumentalistenkollegen (6,3% zu 5,6%). Das Ausdrucks-Argument kann also als Erklärung nicht ausreichen.

Sind Instrumentalistinnen vielleicht narzißtisch weniger oder in anderer Weise bedürftig als Sängerinnen und ihre männlichen Musikerkollegen und »brauchen« daher keine autobiographische Selbstinszenierung, die ja letztlich ein Element jeder autobiographischen Veröffentlichung darstellt? Operndiven z. B. bekommen mehr Applaus als Instrumentalistensolistinnen - nicht nur am Schluß, auch auf offener Szene -, während Orchestermusikerinnen in dem großen Klangkörper auf- bzw. »unter«ge-

---

[33] Auch in anderen Nachschlagewerken habe ich keine weiteren Autobiographien von Instrumentalistinnen aufspüren können.

hen. Werden Instrumentalistinnen nicht auch weniger hofiert als Operndiven und große Liedersängerinnen? Brauchen oder wollen sie das Hofieren weniger?

Nun, das sind offene Fragen und bleiben es für mich auch. Zumindest zeigt der »fraueninterne« Vergleich, daß man nicht einfach sagen kann, Musikerinnen insgesamt schreiben weniger als ihre männlichen Kollegen, weil sie sich vielleicht nebenher mehr um Familie oder Haushalt zu kümmern hätten.

Möglicherweise ist der faktische und emotionale Aufwand, den Instrumentalistinnen betreiben müssen, um erfolgreich zu sein, größer oder anders als der ihrer männlichen Kollegen. So beklagt zum Beispiel Ida Haendel (1970), die berühmte Geigerin, daß die Kritiker oft die Kommentierung ihres Äußeren - Kleidung, Auftreten, Ausstrahlung - gleichrangig mit oder sogar vorrangig vor der Kritik ihrer musikalischen Darbietung, ihres Interpretationsstils etwa, behandeln. Sie empfindet sich dadurch mindestens ebensosehr als »Frau« auf dem Bühnen-Prüfstand als als Musikerin, ein Umstand, der sie jahrelang belastet hat.

Hinzu kommt, daß das Leben einer Instrumentalistin (einer Opernsängerin doch aber auch?) mit dem Wunsch, Kinder zu haben, schwer vereinbar ist. Das Üben, das Herumreisen, die Schallplattenaufnahmen - all das geht nur, wenn die Mutter ihre Kinder über weite Strecken anderen Bezugspersonen überläßt, ein Umstand, unter dem zum Beispiel Elly Ney sehr gelitten hat. Hierin mag auch ein Grund liegen, warum viele Instrumentalistinnen kinderlos geblieben sind. Sollte aber der Kinderwunsch verwirklicht worden sein, ist schwer vorstellbar, daß die Künstlerin ihre spärliche freie Zeit einem autobiographischen Projekt widmen würde. In diesem Zusammenhang erscheint es mir passend, einmal den Sohn des Geigers Carl Fleschs zu zitieren, der sich über Musikerfrauen Gedanken gemacht hat:

> »Die meisten Frauen erfolgreicher und vielbeschäftigter Männer betrachten es als ihre hauptsächliche Aufgabe..., diesen die täglichen Probleme abzunehmen, damit sie sich auf ihren Beruf konzentrieren können...« (C. Flesch, 1990, S. 211).

So etwas ist umgekehrt wohl nur in wenigen Ausnahmefällen mit dem Selbstbild eines Künstlerinnen-Ehemannes vereinbar.

Um den eklatant niedrigen »Frauenanteil« unter den untersuchten Selbstzeugnissen zu erhöhen, habe ich einige Passagen aus der Biographie über die Cellistin Jacqueline du Pré hinzugezogen, die wörtliche Aussagen der Cellistin über bestimmte Facetten ihres Künstlertums und des Verhältnisses zu ihrem Instrument enthalten (Easton, 1991).

Bei aller Konzentration auf die o. g. Instrumentengruppen stellen die Autobiographien doch, läßt sich zusammenfassend sagen, was Herkunft und Alter ihrer Autoren angeht, eine beeindruckende Vielfalt dar. Fast alle Kontinente sind als Herkunftsorte der Instrumentalisten vertreten, wenn auch Europa und Asien (Rußland bzw. die damalige UDSSR) dominieren. Die ältesten Instrumentalisten enstammen der Mitte des 19. Jahrhunderts und repräsentieren damit einen anderen Instrumentalisten-Typus als die jüngsten, die um die Mitte des 20. Jahrhunderts geboren worden sind.

Typen von Instrumentalisten-Autobiographien

Oft stellt sich bei der Lektüre der autobiographischen Texte bei aller Vielfalt vor allem der Eingangskapitel, in denen die Künstler ihre Kindheit beschreiben, etwas ein, das der oben bereits zitierte Sohn des Geigers Carl Flesch so ausdrückt:

> »Biographien ausübender Künstler können manchmal nach kurzem Lesen eintönig werden, wenn sie sich in der Hauptsache mit der Karriere - und das heißt meist, den ›Triumphen‹ - ihres Subjekts befassen« (C. Flesch, 1990, S. 150).

Dieser Schwerpunktsetzung folgen aber nicht alle Instrumentalisten; thematische Ausrichtung und konzeptionelle Anlage der Werke variieren, wenn auch nicht so stark, daß sich nicht bestimmte Muster immer wiederholen würden. Ich möchte drei unterschiedliche Typen von Instrumentalisten-Autobiographien unterscheiden: 1. Erlebnisschilderungen; 2. Reflektierende Autobiographien mit den Untergruppen »Tendenz-Autobiographien« und »Selbstvergewisserungen«; 3. Digressive Autobiographien.

Zu 1: Die Autobiographien dieses Typs stellen im wesentlichen das dar, was man nach außen hin sieht: Tourneen, Erfolge, Schwierigkeiten auf Tourneen, Erlebnisse mit Dirigenten und Begleitern, Begegnungen mit berühmten Persönlichkeiten, Ehrungen etc. Je nach Schwerpunktsetzung wird entweder der Erfolg (z. B. bei Burmester), oder es werden die oft komischen Erlebnisse (z. B. bei Spalding) betont. Das narrative Element dominiert das reflektierende. Wie in fast allen Autobiographien räumen die Verfasser zwar der Schilderung von Kindheit und Jugend und damit der Frage ihres musikalischen Werdens verhältnismäßig viel Raum ein, doch wird die Wunderkindkarriere - um eine solche handelt es sich bei der überwiegenden Mehrzahl der Instrumentalisten - oft rein anekdotenhaft geschildert. Wenn auch manches amüsant, interessant oder unterhaltsam sein mag, so fehlt diesen Büchern damit doch das eigentliche autobiographische Zentrum, nämlich der Versuch des Verfassers, sich selbst in seinen Antrieben, Brüchen, Widersprüchen zu verstehen. Das Aussparen wichtiger Fragen, die Beschränkung aufs Äußere, auch die sich wiederholenden episodenhaften Schilderungen können die Lektüre dieser Bücher in Fleschs Sinne ermüdend machen. Man könnte im Sinne Holdenrieds (1991) diesen Typus aufgrund der meist dominierenden linearen Erzählweise auch einfach der Memoiren-Literatur zuschreiben; doch sollen die gattungstheoretischen Unterschiede mit ihren impliziten Wertungsproblemen (vgl. Holdenried, 1991, S. 111 ff.) durch diese Begriffswahl nicht in den Vordergrund gerückt werden.

Zu 2. Die reflektierenden Autobiographien suchen die äußeren Erfolge und Vorgänge im Wechselspiel mit psychischen Entwicklungen und oder sozialen Einflüssen darzustellen. Sie lassen sich in zwei große Untergruppen untergliedern, die ich - nicht besonders elegant - »Tendenz-Autobiographien« und »Selbstvergewisserungen« nennen möchte. Letztere zeichnet die Suche nach sinngebenden Instanzen des eigenen Lebens und nach möglichen Gründen für Entwicklungen aus:

> »Die Dynamik der Binnenwelt der Person und in der Person-Umwelt-Beziehung ... wird hier zum expliziten Gegenstand einer psychozosialen Bildungsgeschichte« (Engelhardt, 1990, S. 235).

Erstere thematisieren zwar auch die »Binnenwelt« im Wechselspiel mit den jeweiligen Entwicklungsbedingungen, doch weniger mit dem Gestus einer dezidierten Suchbewegung, sondern im Sinne entweder einer Rechtfertigung oder auch einer verkürzenden Konzentration auf einen Aspekt, etwa die Bedingungen der Entwicklung ihres Künstlertums unter bestimmten politischen Gegebenheiten. Letztgenannte Bücher sind daher oft introspektiv, aber einer »Tendenz« verpflichtet.

Zu 3. Digressiv - im Sinne eines »autobiographischen Essays« (vgl. Holdenried, 1991, S. 124) - nenne ich Autobiographien, wenn sie von ihrem eigentlich autobiographischen Darstellungsziel im Zuge des Schreibens immer mehr abkommen; also etwa noch Kindheit und Jugendentwicklung des Künstlers schildern, dann aber zunehmend systematischer werden, sich generell abhandelnd zu Themen wie Interpretation, Musik,

Konzertsäle, Akustik, Interpretieren und Dirigieren etc. äußern, gelegentlich auch auf außermusikalische Gebiete »abschweifen«. Die einzelnen »Digressionen« können wiederum sehr gehaltvoll, ja philosophisch interessant sein, sie haben jedoch weitgehend den Bezug zu dem Primat eines Selbstverstehensentwurfes verloren. (Leider gehören zu solchen Abschweifungen nur sehr wenige auf das mich besonders interessierende Gebiet der Musiker-Instrumenten-Beziehung.)

Es versteht sich, daß es innerhalb der Typen eine große Bandbreite und daher immer wieder Zuordnungsschwierigkeiten gibt (vgl. hierzu auch Engelhardt, 1990, der in seiner Untersuchung von 90 mündlich spontan geschilderten Lebenserinnerungen ebenfalls zu ähnlichen »Typen« kommt); die Typologie soll hier nur verständlich machen, wieso bei der Auswertung gerade der Einzelfälle bestimmte Autobiographien, nämlich die reflektierenden, im Vordergrund stehen. Im Anhang[34] werden die in die Untersuchung einbezogenen Werke im Rahmen von Kurzcharakteristiken vorgestellt. Die Zugehörigkeit zu einer der drei oben genannten Klassifikationen wurde jeweils vermerkt.

Wie und in welchem Umfang behandeln die Musiker die Beziehung zu ihrem Instrument in ihren Autobiographien?

In keineswegs allen Autobiographien wird die Musiker-Instrumenten-Beziehung explizit und ausführlich behandelt. Zu einem »Hauptthema« wird es nur in einem der Texte. Im Sinne eines »wichtigen Themas« beschäftigen sich vier Autoren mit ihr. Als »Nebenthema« oder als ein »Am-Rande-Aspekt« spielt das Thema jedoch in den meisten Autobiographien eine Rolle.[35]

---

[34] Überblick über alle in die Untersuchung aufgenommenen Autobiographien in Form von Kurzcharakteristiken.

[35] In den Kurzcharakteristiken ist jeweils vermerkt worden, welcher Autor das Musiker-Instrumenten-Beziehungsthema in welchem Umfang behandelt.

Die Themen im Überblick:

Hauptthemen (im Umfang eines Kapitels oder mehrerer Kapitel) sind:
- Musikalische Entwicklung (Entdeckung der Musikalität, Instrumentenfindung, familiale Einflüsse, erste Auftritte, Schulbesuch bzw. Privatlehrer, allererster Unterricht);
- Bedeutung der Lehrer (Einfluß der Lehrerpersönlichkeiten, Unterricht, Konservatoriumsbesuch, Einfluß anderer Musiker);
- Tourneen (Erfolge, Erlebnisse, Begegnungen, Probleme).

Wichtige Themen (ein Kapitel oder mehrfach behandelt, mindestens mehrere Abschnitte lang, als bedeutungsvoll hervorgehoben) sind:
- Auffassung vom künstlerischen Tun (Interpretation);
- Üben;
- Begegnung/Freundschaft/Zusammenarbeit mit anderen Musikern;
- Vorbilder;
- Selbstdeutungen der eigenen Persönlichkeit;
- Wesen der Musik;
- Begegnungen mit bekannten Persönlichkeiten (außer Musikern).

Nebenthemen (explizit, aber eher kurz behandelt) und »*Am-Rande-Aspekte*« (gestreift, eher implizit, oft nur durch eine bestimmte Metaphorik als gesondertes Thema erkennbar) sind:

- Liebe, Ehe, Familie;
- Bedeutung des Instruments/Beziehung zum Instrument;
- Orchestererfahrungen (als Solist bzw. Orchestermitglied);
- Kammermusik;
- außermusikalische Interessen, Leidenschaften, Hobbies;
- Krisen;
- Lampenfieber;
- Krankheiten;
- Auswendigspielen;
- Publikum;
- Kritiker;
- Schallplattenaufnahmen;
- Konzertsäle, Akustik.

Die Musiker-Instrumenten-Beziehung ist, wie die Auflistung zeigt, meist ein Nebenthema der Instrumentalisten-Autobiographien. Angesichts von Aussagen wie: »..it (das Klavier; K. N.) has been my whole existence, my language, my life...« (Friedheim über Liszt, S. 159) oder »Eine herrliche Geige ...ist ein lebendiges Wesen...« (Menuhin, S. 360) ist dieses Ergebnis auf ersten Blick verwunderlich, ja sogar in sich widersprüchlich: Denn wenn etwas von so exorbitanter Bedeutung ist, wie es die Zitate nahelegen, wieso wird es dann nicht ausführlicher thematisiert?

Ein möglicher Grund hierfür könnte sein, daß in Worte zu fassen, was das Instrument als der vielleicht höchstbesetzte Gegenstand im Leben des Instrumentalisten diesem im einzelnen bedeutet, damit auch Fragen der Passung oder der Ambivalenzen zu erwägen, eine selbstverständlich gewordene Bindung also zu hinterfragen, tief in den psychischen Binnenraum der Persönlichkeit hineinführt. Nun ist nur ein Viertel der untersuchten Texte als »selbstvergewissernd« und damit auf Erforschung psychischer Verfaßt- und Gewordenheit hin orientiert einzustufen. Man könnte postulieren, daß die »Erlebnis-Autobiographen« gar nicht auf die Idee gekommen sind, hierüber Worte zu verlieren, während die »Tendenz-Autobiographen« mit ihrem Darstellungsschwerpunkt zu sehr präokkupiert gewesen sind, als daß sie sich anderem intensiv hätten zuwenden können.

Diese Erklärung wird durch einen Vergleich der Themenhäufigkeit und -verteilung innerhalb der vier Autobiographie-Typen gestützt.[36] Betrachtet man einmal »Haupt-«, »wichtige« und »Nebenthemen« als eine gemeinsame Kategorie, die sich von der »Am-Rande«-Kategorie durch Explizitheit abhebt, so spielt das Thema immerhin bei 80% der Selbstvergewisserer eine Rolle, bei auch noch 60% der digressiven Autobiographen, bei 43% der Tendenz-Autobiographen und bei schließlich nur noch 25% der Erlebnisschilderer. Hinzu kommt, daß sich *alle* Selbstver-

---

[36] Die Häufigkeitsverteilung im Überblick: Die Musiker-Instrumenten-Beziehung ist in zehn Selbstvergewisserungstexten zweimal Haupt- bzw. wichtiges Thema (20%), sechsmal Nebenthema (60%), zweimal Am-Rande-Aspekt (20%); in sieben Tendenz-Autobiographien dreimal Nebenthema (43%), zweimal Am-Rande-Aspekt (28,5%), zweimal nicht thematisiert worden (28,5); in 16 Erlebnisschilderungen dreimal wichtiges Thema (19%), einmal Nebenthema (6%), neunmal Am-Rande-Aspekt ist (56%) und dreimal nicht thematisiert (19%) worden; in fünf digressiven Texte einmal wichtiges Thema (20%), zweimal Nebenthema (40%), zweimal Am-Rande-Aspekt (40%) in zwei Tagebüchern einmal Nebenthema (50%), einmal Am-Rande-Aspekt (50%); und in der einen Biographie einmal Nebenthema.

gewisserer zu dem Thema, und sei es am Rande, äußern, während immerhin 28,5% der Erlebnisschilderer die Beziehung zu ihrem Instrument überhaupt nicht thematisieren.

Daß es etwa eine besondere Neigung von Angehörigen bestimmter Instrumentengruppen gäbe, die Musiker-Instrumenten-Beziehung mehr oder anders zu behandeln als die anderer, kann durch den Häufigkeitsvergleich innerhalb der Gruppen Pianisten, Streicher, sonstige nicht nachgewiesen werden.[37] Allenfalls könnte man aus dem Umstand, daß bei Streichern die Beziehung öfter zu einem wichtigen Thema und seltener überhaupt nicht behandelt wird als bei Pianisten, die Hypothese ableiten, daß Musiker, die ein »körpernäheres« und kleineres, wenig mechanisiertes Instrument spielen, das sie noch dazu im Gegensatz zu ihren Pianistenkollegen stets bei sich behalten können, eher geneigt sein könnten, ihr Instrument zu personifizieren und »anthropomorphisieren«. Dafür spräche auch der Befund, daß Streicher eher als Pianisten dazu tendieren, ihr Instrument als »Geliebte« oder »Braut« zu apostrophieren.

Trotzdem bleibt es ein wenig erstaunlich, daß selbst in den Selbstvergewisserungs-Texten das Thema nur zweimal ausführlich behandelt wird. Ich möchte daher die Vermutung äußern, daß es sich bei der Beziehung des Musikers zu seinem Instrument zum einen um etwas zugleich so Selbstverständliches und quasi »Ich-syntones« handelt, daß den Verfassern eine Problematisierung im allgemeinen einfach nicht in den Sinn kommt und daß sie sie zum anderen als etwas sehr Persönliches betrachten, das sie ungern veröffentlichen. Zwei Beispiele sollen diese Vermutungen veranschaulichen:

1. Für Tertis wird der Kampf um die Anerkennung der Bratsche als ein der Geige gleichwertiges Soloinstrument zum Lebensthema. Er entwickelt Verbesserungen am Klangkörper des Instruments und bringt nach jahrelanger Zusammenarbeit mit einem Geigenbauer schließlich einen nach ihm benannten Instrumententypus heraus, die Model T Viola. Er verwendet von da ab viel Energie darauf, diesen verbesserten Klangkörper in aller Welt zu verbreiten. Hiermit ist er auch erfolgreich.

---

[37] Die Musiker-Instrumenten-Beziehung wird bei *Pianisten* einmal Hauptth., 13mal Nebenth. oder Am-Rande-A., fünfmal nicht thematisiert; *Streichern* dreimal wichtiges Th., 13mal Nebenth. oder Am-Rande-A., zweimal nicht thematisiert; *sonstigen*: viermal Nebenth. oder am Rande-A.

Seine Bratsche wird heute von vielen Instrumentalisten gespielt. Man könnte sagen: Er verhält sich zu der Bratsche wie ein Agent oder Promoter eines verkannten Künstlers, an dessen Fähigkeiten und Qualitäten er glaubt und für dessen schließliche Akzeptanz er alles einsetzt.

Wenngleich also die Beschäftigung mit der Bratsche bei Tertis seit über das reine Spielen hinaus zu *dem* Hauptthema seines Lebens wird, bleiben Fragen wie: Warum übernahm ich eine derartige Rolle? Was bewog mich, mich gerade mit einem als »minderwertig« eingestuften Instrument zu befassen? bei ihm ungestellt; die Musiker-Instrumenten-Beziehung ist ein völliger Am-Rande-Aspekt seiner Autobiographie. M. E. liegt das daran, daß ihm diese Beziehung so zur zweiten Natur geworden ist, daß er nicht den ausreichenden Abstand hat, sie zu beschreiben oder gar zu reflektieren.

2. Hellmut Sterns Buch »Saitensprünge« enthält ein vielversprechend betiteltes, mehrseitiges Kapitel: »Kleiner Exkurs über Geigen«. Es geht in ihm um Fragen wie: Was ist ein gutes Instrument? Wie kommt man an ein gutes Instrument? Wie läßt sich der Wert eines Instruments zuverlässig einschätzen? Wie sehr darf man Instrumentenhändlern trauen? Bei seinen Darlegungen betont Stern jedoch ausschließlich die materielle Seite des Umstands, daß Geigen, wie er immerhin sagt, »nicht nur Gebrauchsgegenstände«, sondern »Kunstwerke« sind (S. 176). Die immaterielle Seite, nämlich die Art des Umgangs und der emotional-symbolische Interaktion mit den »Kunstwerken«, wird nur mit einem einzigen Satz angedeutet: »Ein gutes Instrument inspiriert und kommt einem entgegen« (S. 177). Man hat hier den Eindruck, hinter dem Satz verberge sich vieles, das Stern vielleicht nicht äußert, weil es einerseits zu intim, andererseits vielleicht auch zu komplex ist und er möglicherweise davon ausgeht, daß es den Leser weniger interessiert als die materielle Seite.[38]

Über diese Beispiele hinaus fällt eine immer wiederkehrende Beschreibungsformel vieler Intrumentalisten auf, die sinngemäß lautet:

---

[38] Schweitzers Kapitel über die Orgel ließe sich als ein weiteres Beispiel für den gleichen Sachverhalt aufführen: Es ist im wesentlichen ein Kapitel über Aspekte des Orgelbaus und die Eignung bestimmter Orgeln für alte Musik; Subjektiv-Immaterielles bleibt ausgespart.

»Musizieren ist für mich die natürlichste Sache der Welt«. Je »natürlicher« aber etwas erscheint, desto schwieriger ist es, es zu hinterfragen. Der Gedanke, daß viele der Autoren dazu neigen, zu Subjektives, damit auch zu Intimes, Privates wegzulassen, wird durch den auffälligen Umstand gestützt, daß Liebe und Ehe, Liebesleid und Partnerschaftskrisen in den Autobiographien ebenfalls ein Nebenthema darstellen. Wieder sind es hauptsächlich die Selbstvergewisserer wie z. B. *Menuhin, Kremer, Kempff, Estrella, Galway,* die sich hierzu ausführlich äußern; und der Eindruck drängt sich auf: Wer sein Liebesleben, zumindest in wichtigen Elementen, in die autobiographische Selbstbesinnung einbezieht, reflektiert auch Aspekte der Beziehung zu seinem Instrument. Nun kann man gegen diesen Gedanken einwenden, das Schweigen über ganz persönliche Angelegenheiten hänge damit zusammen, daß es sich bei den Texten ja um Berufsautobiographien handelt. Diesen Standpunkt vertreten auch einige der Autoren, sehr dezidiert z. B. Barenboim. »Privates« und »Intimes«, das bei der Reflexion der Haltung dem eigenen Instrument gegenüber deutlich werden könnte, aber würde ja das berufliche Selbstverständnis der Instrumentalisten tangieren und müßte daher nicht, wie etwa Einzelheiten der Partnersuche und -findung, verschwiegen werden. Insofern trägt der Vergleich der beiden Themen dann doch nicht sehr weit.

Ich möchte daher abschließend eine letzte Überlegung anführen, deren Plausibilität durch die Ergebnisse des nächsten Kapitels gestärkt werden kann: Angesichts des Umstands, daß die »Wahl« der lebenslangen Instrumenten-Begleiter zutiefst mit der Identitätsbildung der Instrumentalisten, zugleich auch mit den Wünschen und ungelebten Hoffungen von Vater oder Mutter, mit innerfamilialen, oft unbewußten Delegationen also, verwoben ist, sind auch tiefe Ambivalenzen und Ressentiments diesen zum Teil aufgezwungenen »Lebenspartnern« gegenüber zu erwarten. Sie auszusprechen, entspräche zum einen nicht dem Klischee des mit seinem Instrument »glücklich verheirateten« Musikers und stellte somit eine Enttäuschung möglicher Lesererwartungen dar; zum anderen könnte es ein Tabu berühren, nämlich das der Kritik an den Eltern, das vielleicht heutzutage nicht mehr so ubiquitär ist, dem sich wohl aber eine ganze Reihe von Autoren aus verschiedenen Gründen verpflichtet fühlen mögen (vgl. Kap. IV). Schließlich würde eine Beschäftigung mit diesen negativen Gefühlen auch an Probleme ungelebten Lebens rühren, an Unangenehmes also, das oft mit Mühen bewältigt wurde und das die Autoren aus Gründen des Selbstschutzes vielleicht nicht neu aufrühren möchten.

Beschreibung und Begründung des methodischen Vorgehens

Bei der Auswertung werden zwei verschiedene Methoden genutzt, zum einen die vergleichende Textuntersuchung, zum anderen die Einzelfallstudie. Der Grund hierfür wurzelt in der Hoffnung, durch eine Kombination beider Vorgehensweisen »die begrenzte Reichweite und die spezifischen Verzerrungsmomente der einzelnen Methoden« (Flick et al., 1991, S. 151) auszugleichen. Der auf wiederkehrende oder besonders kontrastive Charakteristika ausgerichtete Vergleichs-Blick mag disparate, aber wichtige Details übersehen; umgekehrt können sich bei ausschließlicher Einzelfallbetrachtung idiosynkratische Aspekte als bedeutsamer erweisen, als sie womöglich sind.

Die Einzelfälle sollen insbesondere der Konfrontierung von Idealtypen, deren Konstruktion einen wichtigen Teilaspekt der vergleichenden Betrachtung bildet, mit dem empirischen Verlauf dienen - so erklärt sich auch, daß die Einzelfallbetrachtung der vergleichenden Auswertung angeschlossen wird und nicht etwa ihr voraufgeht.

Ein weiterer Grund für die Auswertungskombination betrifft die Präsentation der Ergebnisse. Einzelfälle sind wegen ihrer oft lebensnah wirkenden Konkretion angenehmer zu lesen als vergleichende Darlegungen, in denen aus Gründen der Validität gelegentlich ein Zuviel an Belegen auftreten muß, das die Lesbarkeit erschweren mag.

Als methodisches Hauptproblem, das bei der Analyse von Erzähltexten zu bewältigen ist, sieht Straub (1993) »die Frage nach einer theoriegeleiteten, möglichst systematischen und intersubjektiv nachvollziehbaren *Interpretation*« (S. 143). Er verweist darauf, daß die noch recht junge Disziplin der Biographieforschung, ein »besonders elaboriertes Teilgebiet der ›interpretativen‹ oder ›qualitativen‹ empirischen Handlungs- und Kulturwissenschaft« (S. 145), hierzu erst vorläufige Konzeptualisierungen vorgelegt hat.

Für den Bereich der psychologischen Biographieforschung sind m. E. besonders folgende Ideen interessant, auf die mein eigenes methodisches Vorgehen fußt: zum einen Straubs Unterscheidungen der »formulierenden« und der »vergleichenden Interpretation« (S. 163) sowie, als Differenzierung der komparativen Vorgehensweise, die der »bestimmenden« und »reflektierenden« Interpretation.

Unter der »formulierenden« Interpretation versteht Straub eine Vorform der Interpretation, nämlich eine »Art Paraphrase« (S. 162), die der inhaltlichen Erschließung des Textes dient. Sie soll die Inhalte des Textes in einer dem Ziel der Untersuchung entsprechenden Genauigkeit beschreibend vorstellen. Die vergleichende Interpretation soll die formulierende vertiefen, sie »erweitern« (S. 163), was entweder im intratextuellen oder intertextuellen Kontext geschehen kann, je nachdem, ob einer oder mehrere Texte untersucht werden.

Die komparative Perspektive führt durch den Bezug auf geordnete Vergleichspunkte zu stärker abstrahierenden Sinnkonstruktionen als die formulierende. Hierbei kann sie sich der bestimmenden oder der reflektierenden Interpretation bedienen; zwei von Kant entlehnte Begriffe, die besagen, daß entweder der theoriegeleitet gewonnene, an den Text herangetragene »Vergleichshorizont« (S. 166) dazu dient, daß die Inhalte und Themen des Textes seinen Ideen subsumiert werden (bestimmende Interpretation, Ähnlichkeitsorientierung) oder daß im fruchtbaren Hin und Her zwischen theoretischem Vergleichshorizont und den Aussagen des Textes neue Konstrukte erschlossen werden können (reflektierende Interpretation; Differenzorientierung).

Die zentrale Aussage Straubs zu dieser Form der Empirie lautet:

> »Der skizzierte Akt der empirisch fundierten Begriffsbildung oder Begriffsrevision, der darin besteht, daß zunächst bestimmte Aspekte eines nicht unter allgemeine Schemata subsumierbaren Einzelnen explizit werden, und diese Explikate sodann im weiteren reflektierenden Vergleichen mit anderen ›Phänomenen‹ genauer ausgearbeitet und im Falle konstruierbarere Ähnlichkeitsbeziehungen typisiert werden, kann als Kern der reflektierenden Interpretation und der komparativen Analyse in der psychohistorischen Biographieforschung bezeichnet werden« (S. 168).

Für mein Vorhaben spielen beide Interpretationshaltungen in unterschiedlicher Akzentuierung eine Rolle:

Die vergleichende Untersuchung

Im ersten Teil der Auswertung, die sich auf eine vergleichende Untersuchung von Aussagen zum Thema Musiker-Instrumenten-Beziehung in 41 Texten stützt, dominiert naturgemäß die komparative Perspektive. Dennoch kommt dabei zunächst die formulierende Interpretation zum Zuge, denn den *ersten Schritt* der Auswertung stellt, nach einer auf alles »Auffällige«, das auf die Musiker-Instrumenten-Beziehung hinweisen könnte, hin orientierten Lektüre der Texte eine Themenübersicht dar. Sie soll ermitteln helfen, welchen Stellenwert das Musiker-Instrumenten-Thema in den Selbstdeutungen der Musiker überhaupt einnimmt im

Vergleich zu anderen Themen. Die Übersicht dient außerdem einer schnellen Orientierung über die ja doch große Materialfülle.

Auch der *zweite Schritt* der vergleichenden Auswertung ist lediglich interpretationsvorbereitend. Es wurde für jeden einzelnen Text eine Aufstellung aller die Musiker-Instrumenten-Beziehung berührenden Aussagen durchgeführt, weitgehend in Zitaten.

Damit war die Grundlage für den *dritten Schritt* gelegt, in der die reflektierende Urteilskraft in den Vordergrund rückt, denn nun ging es darum, anhand von Ähnlichkeiten auf bestimmte Konstrukte zu schließen, die möglicherweise für die mehrfach auftretenden Phänomene verantwortlich gemacht werden konnten. Mit »Ähnlichkeiten« sind sowohl Gemeinsamkeiten in der *Formulierung* verschiedener Künstler, wenn sie über ihr Instrument sprechen, gemeint als auch in der *Sichtweise* oder im *Erleben* bestimmter Beziehungsaspekte. Schließlich spielten noch Ähnlichkeiten in der *Wertigkeit* - also welchen Raum und welche Bedeutsamkeit geben die Künstler bestimmten Teilaspekten des Gesamtphänomens - eine Rolle.

Zu dem dritten Schritt gehört auch das gesonderte Herausschälen des von den herausgefundenen Ähnlichkeiten abweichenden »anderen« (Differenzorientierung). Als Ähnlichkeit stellte sich z. B. bei dem Aspekt Instrumentenfindung schnell heraus, daß die meisten Instrumentalisten in sehr jungen Jahren zu ihren Instrumenten kommen und daß eine Reihe wiederkehrender Einflußfaktoren hierbei eine Rolle spielt; hiervon heben sich in der Differenzorientierung einige wenige Instrumentalisten, die erst als ältere Kinder oder gar als Erwachsene ihre Instrumente gewählt haben, ab. Interessant war es nun zu untersuchen, ob die unterschiedlichen Modalitäten der Instrumentenfindung die spätere Instrumentenbeziehung färbt oder nicht und ob das anhand der Ähnlichkeit erschlossene Konstrukt hinsichtlich der Motivation, ein Instrument zu spielen, durch die abweichenden Fälle Erweiterungen erfahren mußte.

Eine Schwierigkeit liegt darin, festzulegen, ab wann etwas als »ähnlich« einzustufen ist. Angesichts des Umstands, daß die Texte doch sehr heterogen sind (Tagebuchaufzeichnungen enthalten keine Kindheitsschilderungen, »Erlebnisschilderungen« setzen oft ganz andere Schwerpunkte als die anderen Autobiographietypen etc.) habe ich mich dafür entschieden, alles, was fünfmal und häufiger auftritt, als »ähnlich« einzustufen und die Auftretenshäufigkeit in wichtigen Passagen der Ergebnissicherung mitzunennen, so daß sich der Leser selbst ein Urteil über die empirische Grundlage des Gesagten bilden kann.

Den *vierten Schritt* stellen Erklärungsversuche dar. Hiermit beginnt das im engeren Sinne hermeneutische Verfahren von Textauslegung und Textexplikation (Gadamer, 1972, bes. Teil II), das vor dem im zweiten Kapitel dargelegten Theoriehorizont das Herausgefundene zu verstehen versucht. Was nicht hiermit eingeordnet werden kann, bildete dann das Material für Differenzierungen oder Modifikationen der theoretischen Vorannahmen (vgl. etwa die Ausführungen zu den Instrumenten als »Erben der elterlichen Stimmenimago« oder Modifikationen zu Kohuts Annahmen über Größenselbst und Kreativität).

Der *fünfte* und letzte *Schritt* ist ein Versuch einer Typenbildung, mit dem angestrebt wird, auf sehr verallgemeinerter Ebene bestimmte Formen der Musiker-Instrumenten-Beziehung aufgrund des bis dahin Herausgefundenen zu postulieren.

Die vier Einzelfallstudien

Der zweite Auswertungsteil ist vier Einzelfallstudien gewidmet. Ursprünglich hatte ich drei geplant, eine für die Streich-, eine für Tasteninstrumente und eine für alle übrigen. Angesichts der doch beträchtlichen Unterschiede zwischen Cello und Geige habe ich jedoch zwei Streicher aufnehmen wollen und mich daher für vier Studien entschieden. Zunächst stand hierfür die Frage der Auswahl im Vordergrund.

Der eine wichtige Gesichtspunkt, der bei der Auswahl von Einzelfällen berücksichtigt werden sollte, lautete: Vielfalt. Die Konzentration auf eine größtmögliche Unterschiedlichkeit der Fälle sollte ebenso wie die Auswahl der Fälle zu einem Zeitpunkt, der vor der Durchführung der vergleichenden Untersuchung lag, verhindern, daß die Texte halb- oder unbewußt nach dem eigenen Interesse an Veranschaulichung und Bekräftigung bereits gefundener Ergebnisse ausgesucht wurden. Sie sollte außerdem gewährleisten, daß die Einzelfälle ihre Funktion als eine »Erfolgskontrolle« durch die »Konfrontierung zwischen Idealtypus und empirischen Verlauf« erfüllen können (Gerhardt 1986, S. 97).

Mit »Vielfalt« ist zunächst gemeint, daß alle drei Instrumentengattungen: Streich-, Tasten- und Blasinstrumente vertreten sein sollten. Des weiteren sollte auf ethnische Vielfalt geachtet werden, nicht alle Instrumentalisten sollten etwa nur aus dem deutschen oder amerikanischen oder europäischen Raum stammen. Beide Geschlechter sollten möglichst vertreten sein, schließlich sollten die Verfasser auch in möglichst unterschiedlichen Lebensphasen stehen, teils ein ganzes Leben rückschauend betrachten, teils noch am Konzertbetrieb teilhaben.

Der andere, im Zweifelsfall noch gewichtigere Gesichtspunkt bei der Auswahl läßt sich mit dem Begriff »Ergiebigkeit« umschreiben. Für die Einzelfalluntersuchung sollte die Bedeutung, die dem Instrument im Leben des Instrumentalisten zukommt, in dem autobiographischen Text klar ersichtlich werden. Auch wenn sich die Autoren nicht seitenweise explizit mit dem Thema ihrer Beziehung zum Instrument befassen, sollte ihre Form der inneren Bezogenheit plastisch werden.

Beide Kriterien gleichgewichtig zu berücksichtigen, ließ sich nicht immer durchführen. Die Forderung nach »Ergiebigkeit« schränkt die nach »Vielfalt« in mancher Weise ein, denn mit dem Kriterium der »Ergiebigkeit« wird die Auswahl automatisch auf die Selbstvergewisserungs-Autobiographien beschränkt. Nur in ihnen wird, wie oben beschrieben, Gewordenheit und und damit auch Bezogenheit auf das Instrument, auf andere Menschen und auf die vorgefundenen Lebenssituationen unvoreingenommen und nicht durch andere Zwecke abgelenkt (wie in den Tendenz-Autobiographien) zu verstehen. Will man aber den inneren und äußeren Raum, den das Instrument für den Spieler in dessen Leben besetzt, im einzelnen auszuloten versuchen, ist man auf eine Beschreibung von psychischem Binnenraum in seiner Lage zum Außenwelt hin an-gewiesen.

Insofern war in der Gruppe der Streicher eine Auswahl vorzunehmen zwischen Kremer und Menuhin für die Geige sowie Casals und Rostropowitsch für das Cello; in der Gruppe der Tasteninstrumentalisten zwischen Arrau, Estrella, Kempff, Paderewski und Kirkpatrick; als einziger Bläser hat Galway eine Autobiographie geschrieben, die erfreulicherweise an Ergiebigkeit nichts zu wünschen übrig läßt, so daß damit der erste Einzelfall feststand. Da ich mich mit Menuhin im Rahmen des Kapitels IV bereits ausführlicher beschäftige, ergab sich bei den Geigern die Entscheidung für Kremer. Sein Buch konzentriert sich auf seine Kindheit und Jugend und bietet so einen reizvollen Kontrast zu dem des fast 90jährigen Casals, der auf sein langes Leben zurückschaut. So zog die Entscheidung für den lettisch-russischen Juden Kremer die für den berühmten Katalanen Casals nach sich, zumal die autobiographische Schrift Rostropowitschs (1992) nur mit Bedenken überhaupt unter die Autobiographien aufgenommen wurde, da sie starken Interview-Charakter hat und zudem sich gleichermaßen mit ihm selbst und seiner Frau, der Sängerin Galina Rostropowitsch, befaßt.

Bei den Pianisten war die Auswahl dagegen schwierig. Kempff und Kirkpatrick entfielen, weil sie, wie Kremer, sich ausschließlich auf ihre Jugend konzentrieren. Auf Paderewski bin ich gekommen, weil er als einziger Autor den Bezogenheits-Typ »Haßliebe« verkörpert. Außerdem ist sein Buch für das Thema äußerst ergiebig, und schließlich hat Paderewski neben Schweitzer als einziger Instrumentalist eine Doppelidentität entwickelt (Musiker und Politiker). Auf Arrau zu verzichten fiel schwer, weil er zwischen den Generationen Paderewski/Casals und Galway/Kremer steht, weil er sich eingehend mit psychoanalytischen Ansichten auseinandersetzt - er fordert zum Beispiel eine obligatorische Analyse für Musiker zur Erhöhung ihrer Kreativität - und schließlich auch, weil er einem anderen Kontinent entstammt (wenn auch seine musikalische Entwicklung weitgehend in Deutschland vollzogen wurde). Auf Estrella zu verzichten fiel ebenfalls schwer, weil er noch stärker als Arrau die »Neue Welt« repräsentiert, weil er als einziger Instrumentalist erst als Erwachsener Unterricht bekam und weil er unter den Bedingungen der Folter in argentinischen Gefängnissen zu leiden hatte, Bedingungen, in denen er die Bedeutung von Spielen und Musik in besonderer Weise erlebte. Die Entscheidung für Paderewski gründet letztlich in der Absicht, in den Einzelfällen möglichst divergierende Instrumenten-Bezogenheiten vorzustellen.

Daß keine einzige Instrumentalistin als Einzelfall betrachtet werden konnte, bedaure ich; doch kommen die drei Instrumentalistinnen-Biographien bei Anwendung der oben genannten Kriterien nicht in Frage.

Das methodische Vorgehen sei nun kurz im einzelnen vorgestellt:

Zunächst wird jeweils kurz die Quelle beschrieben (Umfang, Autobiographie-Typ, Entstehungssituation, Stil, wenn erwähnt: Zielsetzung des Autobiographen).

Dann soll - in zum Material passender Abwandlung des Ratschlags von Jaeggi/Faas (1991) zu einem »beherzten Sechserschritt« bei der Strukturierung qualitativ gewonnener (Interview)-Daten - ein Dreier-Schritt erfolgen:

1. Es wird ein »autobiographisches Porträt« gegeben in enger Anlehnung an den Text; eine Art verkürzter, akzentuierender Nacherzählung also, die Leben und Person plastisch machen soll; hierbei wird bewußt auf Lexikoninformationen verzichtet. Die biographische Skizze versucht vielmehr dem autobiographischen Selbstverständnis, wie es der jeweilige Text offenbart, nahezukommen. (Weitere Begründungen vgl. Kap. V, Vorbemerkung.)

2. Der nächste Auswertungsschritt sucht die Vorstellungen des Instrumentalisten zur Musiker-Instrumenten-Beziehung anhand folgender Aspekte zu ermitteln:
- Instrumentenfindung als Beziehungsauftakt;
- Welche Beziehung zum Instrument entwickelt sich?
- Hintergründe der Musiker-Instrumenten-Beziehung.

3. Eine zusammenfassende Betrachtung aller vier Einzelfälle soll ermitteln, ob (und wenn ja, welche) Ergebnisse der vergleichenden Untersuchung durch die Einzelfallbetrachtung modifiziert, in Frage gestellt oder bekräftigt werden und ob die Einzelfallstudien eventuell ganz neue Aspekte der Musiker-Instrumenten-Beziehung ins Blickfeld rücken.

IV. Vergleichende Auswertung von 41 Instrumentalisten-Autobiographien

Liebe auf den ersten Ton?
Wie Musiker zu ihren Instrumenten kommen

Der Paartherapeut Willi (1975) postuliert, daß in der Erstbegegnung von Liebenden im Kern alle Elemente späterer Beziehungsverwicklungen eine Rolle spielen. Auch andere empirische Untersuchungen legen die Auffassung nahe, daß in einer bedeutsamen Erstbegegnung Sympathie und Antipathie und so etwas wie die mögliche »Passung« blitzschnell wahrgenommen und ausgetauscht werden (z. B. Walster/Walster, 1963). Analysen der Erstbegegnung zwischen Patient und Therapeut fügen sich in dieses Bild: Per non-verbaler und »szenischer« Signale wird von beiden Seiten schnell und weitgehend intuitiv erkundet, ob der jeweils andere wichtigen Bedürfnissen möglicherweise entgegenkommt (vgl. Eckstaedt, 1992; Argelander, 1970).

Alle diese Befunde beziehen sich auf erwachsene Personen mit festgefügten Haltungen, Wertesystemen und Erwartungen. Knüpfen Menschen neue Beziehungen an, spielen hierbei - so eine der psychoanalytischen Hauptannahmen - aus früheren Beziehungen resultierende Übertragungsbereitschaften stets eine wichtige Rolle (S. Freud, 1905).

Wie ist es nun aber beim ersten Bekanntwerden mit einem Musikinstrument, das dem Berufsmusiker zu einem lebenslangen Begleiter wird? Wenn man die »Erstbegegnung« als bedeutsamen Auftakt einer Beziehung betrachtet, wie beeinflußt dann die Entscheidung für Geige oder Klavier das weitere Verhältnis zum Instrument?

Zunächst ist festzuhalten, daß die überwiegende Mehrzahl der hier untersuchten Instrumentalisten in einem sehr frühen Alter zu ihrem Instrument kommt. Das Durchschnittsalter liegt bei fünf Jahren, je nach Instrument noch etwas früher oder später: Klavier: 4,4 Jahre; Orgel: 9 Jahre; Geige und Bratsche: 5,5 Jahre; Cello: 7,1 Jahre; Flöte: (nur ein Fall): 9 Jahre.[39]

---

[39] In diesem sehr frühen Beginn unterscheiden sich zumindest die Pianisten von den meisten bei Sosniak (1985) untersuchten amerikanischen Top-Klavierspielern, deren

Und so schildern die Instrumentalisten selbst diesen entscheidenden Angelpunkt ihres Lebens:

Ashkenazy schreibt:

> »Ich fühlte mich schnell und auf natürliche Weise zum Klavier und zur Musik hingezogen...Ich lernte so schnell, daß es schien, als ob ich viele Stücke schon in mir getragen hätte« (1987, S. 20).

Der vierjährige *Barenboim* erlebt mit, wie sein Vater, ein leidenschaftlicher Amateur-Musiker, als Klavierbegleiter Konzerte mit einem Geiger gibt. Er äußert daraufhin den Wunsch, seinerseits Geige zu lernen, »damit ich mit meinem Vater spielen konnte« 1992, S.13). Wenig später ist er dabei, als sein Vater Klavierduette mit einem Freund spielt, stellt fest, daß er kein anderes Instrument als der Vater zu erlernen braucht, um mit ihm spielen zu können, und entscheidet sich daraufhin erleichtert für das Klavier. *Arrau* erzählt davon, »...wie ich meiner Mutter beim Klavierspielen zuhöre...Ich glaube, das muß in meinem Unbewußten irgendwie zusammengehört haben - Musik und meine Mutter« (1984, S. 46). Er kommt so »wie von selbst« zum Klavier, ähnlich wie *Foldes* und *Kirkpatrick*, die beide ebenfalls darüber schreiben, wie gern sie dem Klavierspiel der Mutter zuhörten: »...mir gefielen die Töne, die sie aus ihm hervorzauberte« (Foldes, 1993, S.13), und Foldes fügt hinzu: »Von diesem Augenblick an« (wo es ihm gelungen sei, eine »richtige Melodie« zu spielen) »war ich verloren« (S. 14). *Casals* lernt mit drei Jahren Klavier (das Haupt-Instrument seines Organisten-Vaters); schon vorher sitzt er gerne bei den Klavierstunden, die sein Vater Schülern erteilt, dabei. Er wartet darauf, daß seine Beine endlich lang genug werden, um Orgelpedale erreichen zu können, und vertritt mit neun Jahren den Vater an der Orgel im Gottesdienst, stolz darauf, von Gottesdienstbesuchern mit ihm verwechselt zu werden (Casals, 1974). *Galway* versucht als Kind, wenn der Vater das Haus verläßt, die an verschiedenen Orten vor seinem Zugriff versteckte väterliche Flöte aufzustöbern und darauf zu spielen. (Galway, 1979) *Kempff* begründet seine frühe Hinwendung zum Klavier

---

Durchschnittsanfangsalter bei 5,7 Jahren liegt; doch auch bei Sosniak zeigt sich, daß wenige, ganz besonders geförderte Pianisten ihrer Studie ebensofrüh beginnen. Der sehr frühe Beginn verdeutlicht noch einmal, daß die hier untersuchten Instrumentalisten zu den ganz großen künstlerischen Ausnahmeerscheinungen gehören.

damit, er habe es dem ebenfalls klavierspielenden Organisten-Vater »gleichzutun versuchen« wollen (1951, S. 28); er beschreibt in dem Zusammenhang die väterlichen Hände als die »wunderbarsten, die ich unter Klavierspielern gesehen« (S. 28). *Elly Ney* wächst bei einer klavierspielenden Mutter und Großmutter-Pianistin auf und erlebt ihre eigene frühe Neigung zum Klavierspielen als etwas, das sie quasi mit der Muttermilch eingesogen habe:

> »Schon als sie (die Mutter, K. N.) mich erwartete, hatte sie täglich Zwiesprache mit den Phantasiegestalten von Beethovens Klaviersonaten gehalten«. (Ney 1952, S. 17)

Das Klavierspielen sei ihr »gleichsam als Lebenselement« mitgegeben worden (S. 17).

Diese Zitate deuten darauf hin, daß die jungen Instrumentalisten aktiv und von sich aus zu einem Instrument greifen, und zwar zu einem Instrument, das von einem der beiden Eltern gespielt wird.

Einige Instrumentalisten berichten über früheste Kindheitserinnerungen. Da die Hinwendung zu dem Instrument sich im Kleinkindalter abspielt, war zu erwarten, daß die ersten Begegnungen mit dem Instrument in ihnen thematisiert würden. Hier einige Beispiele:

Die früheste Erinnernung *Bauers* bezieht sich auf ein

> »glorious individual who went about with a dozen different instruments distributed over his person, playing them all at the same time« (1969, S. 10).

Foldes schreibt: »Seit meiner Geburt war ich von Musik umgeben« (S. 15), *Casals*:

> »Meine frühesten Erinnerungen verbinden sich mit dem Meer... Es war ganz still dort, nur das Plätschern der Wellen war zu hören. Und dies war ... der eigentliche Beginn... heute noch höre ich das Raunen der See« (S. 11).

Menuhin erinnert sich an das Hähnekrähen in der Nachbarschaft und fügt hinzu: »Seit ich denken kann, gab es immer Musik« (1976, S. 28). Als dezidiert früheste Kindheitserinnerung hat *Ney* die Stimme ihres Vaters zwischen Trompetensignalen - der Vater war beim Militär - vor dem geistigen Ohr, bei *Spalding* (o. J.) und *Arrau* sind es das Klavierspiel der Mutter, bei *Haendel* (1970) die traurigen jüdischen Weisen, die die Mutter singt, bei *Rubinstein* (1973) Fabriksirenen und Zigeunermusik. Bei *Burmester* (1926) ist es die Geige des Vaters, bei *Kempff* der Orgelklang des sonntäglichen Gottesdienstes, *Tertis'* erste Kindheitserinnerung »...is of being hoisted up onto a chair for my hands to be placed on the keys of the ... piano...« (1974, S. 3).

Aus diesen Zeilen wird deutlich, daß ausnahmslos alle Musiker, die überhaupt von frühesten Kindheitserinnerungen berichten, Klangerlebnisse beschreiben: Erinnerungen an die elterlichen Stimmen, an die Geräusche und Töne der häuslichen Umgebung und das Musizieren der Eltern. Es scheint eine frühe Aufgeschlossenheit der späteren Musiker für akustisches Material zu geben. Der aktiven Hinwendung zu einem Instrument, die nur im Vordergrund einer einzigen frühesten Erinnerung steht, geht offensichtlich die Freude am Klang voraus, die dazu führt, daß die Kinder gerne die Nähe der musizierenden Eltern aufsuchen und während des Unterrichts oder Spielens aufmerksam lauschen und sich quasi nebenbei musikalische Grundkenntnisse aneignen.

Bei wachsenden motorischen Fertigkeiten versuchen einige der jungen Musiker, das Spiel der Eltern zu imitieren. *Primrose* erinnert:

> »As an infant I often sat on the floor with a wooden stick in each hand - one, of course, represented the violin and the other the bow - and copied my father's movements as he played« (1978, S. 7; ähnlich auch *Kremer, Burmester, Arrau*).

Das spielerische Experimentieren auch der Kinder, deren Eltern kein Instrument spielen, erstreckt sich früh auf Instrumente; *Foldes* berichtet beispielsweise, er habe einen »Heidenspaß« (S. 14) an den ersten Tönen, die er selbst auf dem Klavier hervorbringen konnte, gehabt, *Tertis* stößt »howls of delight« hervor (S. 3), *Haendel* ist »blissfully happy« (S. 14), als sie erstmalig eine Melodie, die sie von der Mutter kennt, auf der Geige hervorbringen kann.

Der imitatorische und identifikatorische Drang scheint dadurch gefördert zu werden, daß die Kinder sehr genau die hohe Besetzung des Instruments durch ihre fast durchweg musikliebenden Eltern erspüren. Das zeigt sich besonders eindrucksvoll in Fällen, wo die Eltern entweder zwei Instrumente oder keines (mehr) spielen:

Galways Vater spielt zu Hause im allgemeinen Akkordeon, und das erste Instrument, das er seinem Sohn schenkt, ist eine Mundharmonika, sozusagen die kindergeeignete Version des großen Instruments; doch lehnt der junge Galway dieses Instrument ab und insistiert auf der Flöte, der tatsächlich die wahre Leidenschaft des Vaters gehört, ohne daß jener dieses Instrument dem Sohn angetragen hätte (weitere Details vgl. Einzelfallauswertung, Kap. V). Ein anderes Beispiel für die genaue

Einfühlung der Kinder in elterliche Vorlieben ist der junge *Menuhin*, dessen Vater in seinem Beisein nie Geige spielt - er hatte nur als junger Mann einige Stunden genommen, liebte das Instrument aber besonders, was sich auch darin ausdrückte, daß die Familie stets in Geigenkonzerte ging, aber nie Klavierabende besuchte. Menuhin entdeckt von sich aus auf Konzertbesuchen mit beiden Eltern seine Zuneigung zur Geige in der Form schwärmerischer Begeisterung für einen Sologeiger, einen »schwarzhaarigen Burschen« (S. 29). Man könnte vermuten, daß der »schwarzhaarige Bursche« und seine Nachfolger ein väterliches Identifikationsangebot ausstrahlen, auf das Menuhin seine bzw. die Wünsche des Vaters projizieren kann. Das Instrument der Mutter, das Klavier, fasziniert ihn nicht (wird aber zum Instrument seiner Pianistinnen-Schwester). Auf ähnliche Weise wie Menuhin kommt *Huberman* zu seinem Instrument. Er schwärmt als Sechsjähriger für einen jungen Geiger, von dem man leider nicht erfährt, ob er väterliche oder mütterliche Seiten verkörpert: »...seine Weisen und seine Geige zogen mich an« (1912, S. 17). Die vierjährige *Haendel* ergreift, als die Schwester (mit der sie immer rivalisiert) abwesend ist, deren Geige, einerseits um die Trauer und Schwermut der Mutter auszudrücken, deren Lieder sie als erstes auf dem Instrument spielt, andererseits, um ihren Vater zu überraschen, dessen sehnlichster Wunsch, Geiger zu werden, von dessen Vater vereitelt wurde. Ihr Vater hat in ihrer Gegenwart nie dieses Instrument gespielt.

Die oben geschilderten Beispiele legen als erste Schlußfolgerung den Gedanken nahe, daß die jungen, klangaufgeschlossenen Instrumentalisten meist aus sich heraus zwanglos einem natürlichen Hang zur Identifikation nachgehen, indem sie sich für das väterliche oder mütterliche (Lieblings-) Instrument interessieren und es erlernen wollen, selbst dann, wenn die Eltern es nicht spielen, weil sie die hohe innere Besetzung des Instruments durch die Eltern spüren.

Ein anderer Ton klingt in folgenden Zitaten an: *Sauer* lauscht gerne »regungslos und andachtsvoll« (1901, S. 20) dem Spiel der Mutter; als er dann selbst Klavier spielen soll, wird ihm das Musikzimmer jedoch zur »Folterkammer«:

»Aber die Situation änderte sich, als mich der mütterliche Wille an das schon von ferne gespenstisch grinsende Instrument bannte« (S. 20).

Cohen stellt lapidar fest:

> »Mother's great ambition was that her two elder daughters would become fine musicians; thus I was put to the piano and my sister Olga became a violinist« (1969, S. 21).

Kremer, der vierjährig das elterliche Geigenspiel nachahmt, schreibt pointiert: »Auch wenn ich selber zum Stöckchen gegriffen habe, hat man mir die Geige in die Hand gedrückt« (1993, S. 21). *Burmester* hört dem Vater während dessen Geigenstunden gern zu, versucht von sich aus zu spielen, und als der Vater merkt, daß er Melodien rein intonieren kann, spürt Burmester den väterlichen Vorsatz, den er so wiedergibt: »Der Junge scheint Talent zu haben, und von nun an wird ernstlich geübt« (S. 13). *Ney* schreibt: »Mir bangte vor den Erwartungen des Vaters«, der fest an eine »größere Zukunft« seiner Tochter glaubt, aber der Ansicht ist, man müsse der Begabung durch »feste Zucht« (S. 19) nachhelfen. Ähnlich bei *Primrose*: Beim Geigenunterricht des Vaters gern anwesend, ahmt er ihn spielerisch nach (s. o.). Der Vater, gescheiterter Konzertgeiger, ist begeistert darüber, kauft dem Sohn sogleich eine Viertelgeige und hält ihn zum Üben an, wo doch Primrose, ähnlich wie Milstein (s. u.), viel lieber mit anderen Jungen Fußball gespielt hätte. *Moore* spricht von sich als dem »unwilligen, plärrenden Kind, das von der Mutter zum Klavier gezerrt wurde« (S. 266) und fügt anschaulich hinzu: »Es war wie auf einem Tandem - ich steuerte, von hinten angetrieben« (1976, S. 14). Die Mutter sei nämlich so ehrgeizig gewesen und habe mit ihm eine Rivalin besiegen wollen, deren Tochter zur gleichen Zeit wie Moore mit dem Klavierunterricht beginnt.

Diese Stellen zeigen - am eindringlichsten wohl die Moore- und Kremer-Zitate - wie die Identifikationswünsche der Kinder für Bedürfnisse der Eltern in Beschlag genommen werden, ein Umstand, den die Instrumentalisten sehr unterschiedlich, teils positiv, teils negativ werten. *Sauer* zum Beispiel ist im nachhinein froh über den mütterlichen Zwang (vgl. S. 21), ebenso wie *Moore* (S. 19). *Menuhin* betrachtet es als ein unabänderliches Faktum, daß Kinder die Wünsche der Eltern und Lehrer erfüllen sollen (vgl. S. 45). *Kremer* klagt heftig darüber, spricht von der »Nötigung«, der er sich »fügen mußte« (S.15, vgl. auch Kap. V).

Der spielerische Nachahmungs- und Identifikationsdrang stellt offenbar für den Ehrgeiz mancher Eltern eine Versuchung dar, daraus »mehr« zu machen, im allgemeinen das, was ihnen vom Schicksal verwehrt wurde;

so bei *Cohen, Sauer, Haendel, Kremer, Burmester* und *Primrose*. Bei *Cohen* erfährt man noch nicht einmal, wie sehr und ob überhaupt die Töchter ihrer Mutter durch eigene Neigung zum Musizieren »entgegengekommen« sind.

»Ein musikalisches Talent tritt nicht so plötzlich auf wie der Kasperl in der Pantomime« (Menuhin, S. 31). In der Tat: Sei es aus eigenem Antrieb, sei es durch elterliches Drängen, sei es durch eine unauflösliche Mischung beider Elemente - die jungen Musiker, so geht aus den Zitaten hervor, lernen im allgemeinen das Instrument spielen, das entweder Vater oder Mutter oder ein bedeutungsvoller anderer Verwandter spielt, und reihen sich dadurch häufig in eine Generationskette von Musikern ein (bei *Galway, Kremer, Casals, Kempff, Schweitzer, Barenboim, Piatigorsky* ist dies sicher so, vgl. auch den tabellarischen Überblick im Anhang, aus der die fast ausschließliche familiale Beeinflussung - 81%! - bei der Instrumentenwahl hervorgeht.[40] In Zahlen ausgedrückt: 13 (30%) Instrumentalisten geben an, sich am Vater musikalisch orientiert und sein Instrument übernommen zu haben, elf (26%) an Vater und Mutter, sechs (14%) an der Mutter, drei (11%) an Verwandten (Tanten, Großeltern, älteren Geschwister). Bei fünfen (11%) scheint es kein musikalisches Vorbild im Verwandtenkreis gegeben zu haben (diese »Ausnahmefälle« werden unten betrachtet), und bei vier Instrumentalisten (9,5%) reichen die Angaben für eine Zuordnung nicht aus.

Die Beantwortung der Frage, welchem Elternteil - wenn beide Eltern musizieren - sich die jungen Musiker in ihrem Identifikationsdrang eher zuwenden, bedürfte einer eigenen Untersuchung und kann in diesem Rahmen nicht weiter verfolgt werden; ihr soll jedoch in den Einzelfalldarstellungen nachgegangen werden.

Die Orientierung an den elterlichen Vorbildern ist das auffälligste, sicher auch am wenigsten überraschende Ergebnis bei der Untersuchung der Frage, wie die Instrumentalisten zu ihren Instrumenten gekommen sind. Eine »Wahlfreiheit« im Sinne einer »freien Auswahl« liegt also im allgemeinen nicht vor, eher eine »Übernahme«.

---

[40] Alter der Instrumentalisten bei Unterrichtsbeginn, musikalische Orientierung der Herkunftsfamilie, Modus der Instrumentenwahl.

Nicht alle Musiker haben zu ihrem späteren (Haupt-)Instrument aber schon im Kleinkindalter gefunden. Bei einer Minderzahl von ihnen könnten deshalb womöglich andere Einflußfaktoren wirksam gewesen sein.

Tertis, der mit drei Jahren anfängt, Klavier zu spielen, und damit so gut vorankommt, daß er mit zwölf Jahren durch kleine Engagements seinen eigenen Lebensunterhalt verdienen kann, berichtet, er habe die ganze Zeit das Gefühl gehabt, das Klavier sei nicht das »richtige« Instrument für ihn: »Although I was complimented on my technical facility I never liked the piano« (S. 4). Und: »All through my study of the piano my ambition was to become a violinist« (S.6). Wie kann es zu so einer Sympathieverlagerung gekommen sein?

Tertis gehört zu den wenigen Instrumentalisten, deren Eltern musikalisch waren (Tertis hebt die schöne Gesangstimme seines Vaters hervor), die aber kein Instrument spielten. Sein Vater sei »naturally musical« gewesen, »good music absorbed him« (S. 3), und Tertis führt seine »passion« zur Musik auf den Vater zurück. Der Dreijährige hat jedoch kein instrumentales Klangvorbild im Ohr, als er sich für das Klavier zu interessieren beginnt; er hat sich damit nicht auf ein Objekt einzustellen, das sie Aufmerksamkeit und Gefühle der Eltern oder eines Elternteils an sich bindet, im Gegenteil, das Klavier steht bei ihm zu Hause wie ein unbeachtetes Fossil herum (»antediluvian family piano which was never used«, S. 3).

Zum Klavier sei er, so erzählt er, eigentlich nur gekommen, weil seine Mutter nicht mehr gewußt habe, wie sie mit dem immer schreienden Jungen umgehen sollte; ein Ausweg sei gewesen, ihn an das Klavier zu setzen. Das habe ihn beruhigt, und er habe von da dann nicht mehr weggewollt; der Klavierunterricht sei eigentlich die Reaktion der etwas erstaunten Eltern auf sein ständiges »Spielen« gewesen.

Hier scheint also weder die Vorbildfunktion noch ein halb- oder unbewußter Druck der Eltern bei der Entscheidung für das Instrument eine Rolle zu spielen. Vielleicht - das bleibt aber Spekulation - hat den jungen Tertis die Möglichkeit der Identifikation mit des Vaters Musikliebe, die durch das Klavierspielen hergestellt werden kann, beruhigt. Warum Tertis seinem ersten trostspendenden Instrument, dem Klavier, aber nicht seine ungeteilte Zuwendung geben kann, drückt sich in folgendem Satz aus: »I felt even in those early days that its response to one's expressive effort was inadequate« (S. 6). Wenigen Pianisten gelänge es, führt er fort, das Klavier »warmly expressive« zu spielen, was einem Streicher »through the employment of circumspect vibrato« (S. 6) leichter gelänge. (Auch Menuhin hebt die immense Bedeutung des Vibratos beim Erlernen der Geige für ihn hervor:

> »Ich sehnte mich danach, ein Vibrato zustandezubringen, denn was nützte die Geige dem kleinen russisch-jüdischen Jungen, wenn er einen Ton nicht zum Leben erwecken konnte?« S. 38)

In Tertis' Formulierung »warmly expressive«, die auf etwas Lebendiges, Gefühlsbetontes verweist, klingt - indirekt und verhüllt - ein Motiv an, das einem bei vielen Instrumentalisten wiederbegegnet: das Vorbild der menschlichen Stimme. Tertis hat offenbar den Eindruck, ein Streichinstrument komme diesem Vorbild durch die Vibrato-Technik näher, die ja den klangschönen Gesang nachahmt, und damit auch den nuancierten, reichen Ausdrucksfähigkeiten der menschlichen Stimme. Wenn man weiterhin in Betracht zieht, daß Tertis später in seinem Leben noch weitere Instrumente erlernt - die Oboe, ein »fascinating instrument«, dessen »timbre« (S. 11) er geliebt habe, für das er aber nicht begabt gewesen sei; schließlich die Bratsche, zu deren »beautiful tone quality« er »fanatically devoted« sei (S. 13) - und auch bedenkt, daß er sich mit der Tonqualität der existierenden Bratschen nicht zufriedengibt, sondern nach jahrelangen Studien eine eigene Viola mit verbessertem Klang entwirft, so kann man sich des Gedankens nicht erwehren, daß hier ein Musiker lebenslang auf der Suche nach Verwirklichung einer bestimmten Klangvorstellung ist. Man darf aufgrund von Tertis' Betonung der Stimmenähnlichkeit der Geige wohl die Hypothese wagen, daß diese Klangvorstellung mit den frühesten und tiefsten Höreindrücken, denen der elterlichen Stimmen, verwoben ist (vgl. hierzu auch Reik, 1919; Lamparter u. a., 1993).

Auch bei Tertis wäre - folgt man dieser Vermutung - also die so autonom anmutende, da ganz in seinem Inneren gereifte Entscheidung für ein Streichinstrument nicht unabhängig von frühesten familialen Einflüssen zu sehen; nur daß hier Nachahmung und Identifikation eine weniger bedeutende Rolle spielen als der Wunsch nach Herstellung oder Wiederherstellung einer mit der menschlichen Stimme, mit Wärme und Ausdrucksstärke verbundenen Klangsituation.

Ein weiterer Fall eines erst später in der Kindheit zu seinem Instrument gekommenen Musikers ist der aus ärmlichsten argentinischen Verhältnissen stammende Pianist *Estrella*. Er hat mit Tertis gemeinsam, daß seine Eltern kein Instrument spielten, aber sein Vater »chantait beaucoup« (1983, S. 85), während seine Mutter »chantait mal, mais elle dansait très bien (S. 88). Anders als Tertis hat er musikalisch noch ein anderes Vorbild im Familienkreis, eine geliebte Tante, die ein geheimnisumwittertes Leben führte und in ihrer erotischen Ausstrahlung einen großen Einfluß auf den Heranwachsenden ausübte. Die Tante spielte Gitarre, »...et pour moi, la guitare était très liée a la sensualité« (S. 86). Die Gitarre wird - im Sinne identifikatorischer »Übernahme« - sein erstes Instrument, aber als er erstmals ein Klavier kennenlernt, wird ihm klar: »Je serais pianiste coûte qui coûte, tombe qui tombe« (S. 87). Mit dem Gitarrespielen hört er nach dem aus finanziellen Gründen erst sehr späten Beginn des eigentlichen Klavierunterrichts auf, obwohl sie - das argentinische Nationalinstrument - ihm viel bedeutet; aber gegen das Klavier kommt sie nicht auf: »Je suis amoureux du piano, parce que l'instrument me parle, il m'appèle« (S. 94).

Wie Tertis kommt Estrella weitgehend ohne familiale Vorbilder zu »seinem« Instrument, und wie bei Tertis ist es die größere »Ähnlichkeit« zur menschlichen Stimme - Estrella hat den Eindruck, das Klavier spreche zu ihm, rufe, ja berufe ihn - die ausschlaggebend ist für die Anziehungskraft des Instruments. Es scheint also so zu sein, daß für Estrella die Bedeutungsvalenzen der Gitarre, die ihm zum Symbol für ein triebhaft-erotisches, selbstbestimmtes Leben wird, auch für Dazugehörigkeit und Männlichkeit (argentinisches Nationalinstrument), letztlich doch weniger gewichtig sind als die eines inneren Angesprochen- und Gemeintseins.

Ein dritter Fall einer nicht schon im Kleinkindalter vollzogenen Hinwendung zu dem späteren »Hauptinstrument« liegt bei *Casals* vor (Genaueres vgl. Einzelfallauswertung, Kap. V); auch bei ihm ist es das »Menschliche« des Celloklangs, das den Ausschlag gibt für die lebenslange Bindung an dieses Instrument.

Drei weitere Musiker kommen sogar erst als Erwachsene zu »ihrem« Instrument, wobei sie allerdings jeder bereits vorher zur Meisterschaft auf einem »Vorläufer-Instrument« gelangt sind und also schon eine Musiker-Identität aufgebaut haben. Es handelt sich um den Bratscher *Primrose* (Vorläufer-Instrument Geige), den Cembalisten *Kirkpatrick* (Vorläufer-Instrument Klavier) und den Cellisten *Grümmer* (Cello und Viola da Gamba).

Bei allen drei Männern kann von einer bewußten Wahl des Instruments ausgegangen werden. Die Vorliebe des mit drei Jahren zur Geige gekommenen *Primrose* (s. o.) für die Bratsche zeigt sich allerdings schon sehr früh, denn er geht bereits als »youngster« (S. 45) in Abwesenheit des Vater an dessen Streichinstrumentesammlung und spielt auf einer alten, wertvollen Viola »with considerable satisfaction«: »I preferred its sound to that of the violin« (S. 45). Diese Vorliebe hält er jedoch vor dem Vater geheim, da es dessen sehnlichster Wunsch ist, sein Sohn möge »the goals he had failed to achieve« (S. 9) erreichen, nämlich Konzertgeiger werden. Die Bratsche dagegen habe der Vater wie viele seiner Zeitgenossen als »secondary instrument« betrachtet und jeden Bratschisten schlichtweg als »failure as a violinist« abgewertet (S. 19). Als Primrose sich mit ca. 20 Jahren endgültig und offiziell für die Bratsche entscheidet, erlebt sein Vater eine der zwei großen Enttäuschungen seines Lebens (S. 19; die zweite darüber, daß sein Sohn keine Schottin, sondern eine Engländerin heiratet - Primrose betont die Gleichgewichtigkeit beider Entscheidungen und beider Enttäuschungen!); auch Primroses Freunde betrachten die Bratschen-Wahl als »musical suicide« (S. 59).

Leider führt Primrose an keiner Stelle des Buchs aus, welche Eigenschaften des Instruments dazu geführt haben mögen, daß er die so wenig geachtete Bratsche der Geige vorzieht. Ein Grund hierfür könnte sein, daß anders als in den oben geschilderten Beispielen sich Primrose für ein dem Erstinstrument verwandtes Instrument entschieden hat, so daß die Suche nach einem ganz anders »sprechenden« Klang hierfür nicht verantwortlich sein kann. Auffällig ist, daß er die Bratsche stets in Beziehung auf die Geige oder das Cello beschreibt, also als Teil eines, wie er ausdrücklich sagt »archipelago« (S. 21), den die Streichinstrumente für ihn bilden. Er hat sich, so könnte man schlußfolgern, für ein anderes Familienmitglied entschieden als für das, welches der Vater ihm in jungen Jahren zum Teil unerbittlich aufdrängt (Primrose beschreibt die große emotionale Distanz zwischen den Eltern und ihm; die Abwesenheit jeglichen Lobs oder positiven Echos; das strenge Anhalten zum Üben, während er Fußball spielen will etc.). Somit könnte in der Ablehnung der Geige eine gelungene »Rache« am Vater stecken, der ja diese Enttäuschung seiner Wünsche nie verwindet. Psychisch könnte man die Wahl als Autonomisierungstendenz des jungen Primrose verstehen, der damit das Kunststück vollbringt, sich einerseits abzugrenzen und etwas Eigenes für sich zu gestalten, andererseits das anzuerkennen und weiterzuentwikkeln, was der Vater ihm trotz allem mitgegeben hat. So ist vielleicht auch der Umstand zu verstehen, daß die Bratsche stets in bezug auf die Geige beschrieben wird und Primrose viele Passagen des Buchs darauf verwendet, darzulegen, daß man die Bratsche nicht einfach als vergrößerte Geige ansehen dürfe und sie auch mit einer anderen, *eigenen* (Hervorhebung K. N.) Technik spielen müsse. Seine vergleichenden Ausführungen gipfeln in der ironisch-bissigen Antwort auf die typische Frage eines Konzertbesuchers, was denn der Unterschied zwischen Geige und Bratsche sei: »...the viola is a violin with college education« (S. 121) - wobei, nebenbei bemerkt, die »college education« eines der nicht ganz unwichtigen Details ist, die Primrose von seinem Vater unterscheiden.

Auch *Kirkpatrick* entscheidet sich mit dem Cembalo für ein dem Klavier verwandtes, ja historisch betrachtet für sein Vorgänger-Instrument. Ähnlich wie bei Primrose findet sich keine Aussage darüber, welche besonderen Eigenschaften des Instruments zu diesem Wechsel führen. Die Entscheidung fällt in die Studienzeit des philosophisch und kunsthistorisch interessierten Studenten; sie überschneidet sich zeitlich mit Kirkpatricks Entscheidung, Musikwissenschaftler zu werden (er arbeitet jahrelang an einem bedeutenden Werk über Scarlatti) und in diesem Zusammenhang von Amerika nach Europa zu gehen, ein Schritt, den er mehrfach als Gegenimpuls zur Pioniertradition seiner Familie versteht, wie er sich in seiner Intellektualität und Orientierung an geschichtlich Gewordenem und seiner »unamerikanischen« Kontemplativität überhaupt eine Art Gegenidentität zur going-West-Haltung seiner Familie aufbaut. Es fällt auf, daß er im Unterschied zu den meisten anderen Instrumentalisten ausführlich seine Herkunft, seine Großeltern und Urgroßeltern beschreibt, zum Teil aus ihren Tagebüchern und Briefen wie aus Quellen zitiert, obwohl sie ihn musikalisch nicht beeinflußt haben (wenn musikalische Einflüsse bestehen, neigen andere Instrumentalisten auch zu solchen Beschreibungen), und sich damit in eine Kette von Generationen stellt, ja seinen Weg als mehrfach determiniertes »Produkt« dieser Generationen betrachtet: »...they unconsciously charted the pathway of my own life« (1984, S. 13).

Die Instrumentenwahl scheint also hier wie bei Primrose Teilaspekt beim Aufbau einer persönlichen, eigenen, abgegrenzten und doch als von den Eltern beeinflußt anerkannten Identität zu sein. Indem das Cembalo Zartheit, Intellektualität und historische Orientiertheit verkörpert (über die Aufführungspraxis großer Teile der Cembalo-Literatur muß man beispielsweise ein erhebliches Wissen akquirieren; man denke nur an Verzierungstechniken zur jeweiligen Kompositionszeit u. a. mehr), unterstreicht es den Ästhetizismus und die »Geistesbetontheit« Kirkpatricks bzw. bietet es diesem wichtigen Identitätsaspekt Gelegenheit, sich auszudrücken. Es ist sicher nicht unwichtig, darauf hinzuweisen, wie sehr Kirkpatrick sich in diesem intellektuellen Zug seit der Schulzeit als völliger Außenseiter empfindet: Auf der Schule gehänselt (»bullied and teased«, S. 34), fühlt er sich völlig isoliert und zieht sich in seine »obsession« (S. 32) für Musik und Literatur zurück. Mit der Wahl des Cembalos kann er diesen ihn von anderen seines Umfelds so sehr unterscheidenden Zug sowohl beibehalten als auch narzißtisch für sich (und andere) fruchtbar machen.

Der Cellist *Grümmer*, einer Musikerfamilie entstammend mit einem musikalisch hochbegabten älteren Bruder, wählt mit 13 Jahren bewußt das Cello, weil ihn der Bruder auf Geige und Klavier »völlig in den Schatten« stellt (1963, S.10). Wie sehr seine Wahl durch die Rivalitätssituation mitbestimmt ist, zeigt sich daran, daß er Cellospielen dem Geigen nicht nur wegen des »volle(n) Celloton(s)« vorzieht, sondern auch, weil »man beim Cellospiel so schön fest auf dem Stuhle sitzen kann und nicht wie ein Stehgeiger sich abzustrapazieren braucht« (S. 10). Aus der etwas verächtlich klingenden Formulierung »Stehgeiger« spricht die Abwertung wohl mehr des dominierenden Bruders, weniger des Instruments. Mit 17 ist Grümmer soweit, eine Virtuosenlaufbahn zu beginnen, mit 25 ist er das ewige Herumreisen leid und wird in Wien als Konzertmeister seßhaft. In dieser Zeit heiratet er, und in dieser Zeit entwickelt sich seine Vorliebe für die Viola da Gamba: »Dieses Instrument hat mich als liebste Kamaradin durch einige Jahrzehnte begleitet« (S. 80). Bei dem Versuch, auszudrücken, was ihn zur Gambe hinzieht, spricht er von deren »sphärenhaften« (S. 80) Klängen; auch Adjektive wie »himmlisch, erdentrückt« (S. 78) fallen. Den Unterschied zum Cello faßt er so zusammen: »...das eine, die Gambe, die vom Himmel singt, das andere, das Violoncell, das zu uns spricht...« (S. 95).

Dieser Vergleich enthält wiederum das Motiv der »Stimmenähnlichkeit« des bevorzugten Instruments, hier in einer besonderen Steigerung: Während das Cello für Grümmer quasi mit menschlicher Stimme »sprechen« kann, kann die Gambe mit menschlicher, oder sollte man sagen: engelshafter Stimme »singen«. Der Gedanke liegt nahe, daß auf dem Cello für Grümmer immer ein wenig der »Schatten des Bruders«

liegt, aus dem er sich, um zu »seinem« Instrument zu kommen, lösen will, was ihm in einer Zeit der Stabilisierung (etablierte berufliche Position, Familiengründung) auch gelingt.

Der Unterschied zwischen »Sprechen« und »Singen« bedeutet zugleich eine regressive Wendung und Steigerung, weg von den Zweideutigkeiten und Ambivalenzen der Sprache - in diesem Fall weg von den irdisch-ödipalen Rivalitäten - hin zu den harmonischen, präambivalenten, präverbalen, prä-ödipalen Zuständen der Zweieinheit, des Gehaltenseins und Umhülltwerdens, symbolisiert im mütterlichen Gesang für den Säugling, der schon immer mit »engelshaften« Konnotationen besetzt worden ist (stellvertretend für viele andere literarische Belege sei Goethes Gedicht »Aussöhnung« angeführt, in dem es heißt: »Da schwebt hervor Musik mit Engelsschwingen...«).[41]

Bei Kirkpatrick und Primrose könnte also die Bevorzugung eines anderen Instruments als des »mitgegebenen« als eine Art identitätsstabilisierende Maßnahme verstanden werden, ein Stück Befreiung von elterlichen Vorbildern, denen die Musiker dabei gleichwohl eng verbunden bleiben.

Daß Tertis ein Saiteninstrument als ausdrucksreicher als das Klavier, Estrella wiederum das Klavier als »sprechender« als ein Saiteninstrument ansieht, daß für Grümmer die Gambe »singt«, während das Cello »spricht«, ist ein Hinweis auf die große Subjektivität dieses Attribuierungsvorgangs. Leider geben die Äußerungen der Instrumentalisten in ihren Büchern nicht genug her, um erfahren zu können, warum für den einen dieses, den anderen jenes Instrument ausdrucksreicher und »stimmlicher« ist. Zwar gibt es gewisse Attribuierungstraditionen: Gitarre »sinnlich«, »weiblich«, Klavier orchestral, variationsreich, Geige gefühlsbetonend von »jubelnd« zu schluchzend«, Cello »gemütstief«, Flöte »rein« und »unschuldig« etc.; doch spielen sie nach meinem Eindruck in der gefühlsmäßigen Besetzung eines Instruments durch die späteren Instrumentalisten eine nebensächliche Rolle.

Neben dem Muster der »frühen Übernahme« schält sich also ein zweites Muster der Instrumentenfindung heraus: das der »geglückten Suche« meist schon älterer Kinder oder erwachsener Künstler, wobei sich

---

[41] J.W. Goethe, Aussöhnung. In: Goethes Werke, hrsg. v. E. Trunz, München 1981, Bd. I, S. 385.

die Suche entweder auf eine bestimmte Klangvorstellung bezieht oder auf die Möglichkeit, die eigene Identität mithilfe des Instruments symbolisch in bestimmten Aspekten zu stützen.

Die »geglückte Suche« kann auch ganz oder in Teilen unbewußt verlaufen, etwa in dem Sinn eines »überraschenden Fundes«, wo man erst im Moment des Findens spürt, daß man offenbar vorher etwas gesucht hat. Das Instrument könnte dabei symbolisch als »passender Ausdruck« eines inneren Bedürfnisses oder Konflikts empfunden werden.

Dieses Muster der »geglückten Suche« im Sinne eines überraschenden Fundes könnte auf zwei weitere Ausnahmen, *Spalding* und *Rubinstein*, angewendet werden, auch wenn es auf den ersten Blick so aussieht, als spiele hier allein der Zufall eine Rolle.

Spalding schreibt: »For no reason that I can think of I asked for a violin for Christmas of 1895« (S. 31). Er wundert sich selbst darüber, denn er erinnert sich nicht, zu Hause je eine Geige gehört zu haben. Stattdessen sind seine frühesten und angenehmsten Kindheitserinnerungen mit dem fast unaufhörlichen Klavierspiel seiner pianistisch begabten Mutter verbunden:

> »The long hours she sat at the piano were an unending source of wonder to the small boy who would stand, often on tiptoe, to watch the miraculous manipulation of the keys« (S. 32).

Warum er das Instrument nicht seinerseits erlernen will, bleibt ihm selbst ein Geheimnis. Man könnte aus der auffällig großen Hochachtung, die er vor der »Zauberei« der Mutter hat, sowie aus dem Umstand, daß er in der Familie zurückstehen muß hinter dem »Star« und Mutterliebling, seinem älteren Bruder, schließen, daß er sich möglicherweise nicht an das »Wunderinstrument« der Mutter herangetraut hat. Sein Vater, ein Unternehmer, kann ihm nicht als Identifikationsmodell dienen, da er der Musik desinteressiert gegenübersteht. Spalding selbst »weiß« aber bereits als kleiner Junge, lange vor der Instrumentenwahl, daß er Musiker werden will (S. 30). Möglicherweise ist er also innerlich auf der Suche nach etwas »weniger Großem« als dem mütterlichen Instrument. Er selbst vermutet, wohl einmal einen »street fiddler« gehört zu haben, durch den er auf die Idee mit der Geige gekommen sein könnte. Interessanterweise behält er die etwas abschätzige Bezeichnung »fiddle« für sein Instrument im Verlaufe der Autobiographie bei; besonders auffällig ist dies, als er von seiner Heirat mit einer sehr wohlhabenden, sozial etwas höher eingestuften Frau spricht, die es nun mit einem »itenerate fiddler« (S. 126) aushalten müsse. Diese Bezeichnung drückt für den zu seiner Zeit bekanntesten und größten Geiger der Vereinigten Staaten schon ein etwas ungewöhnliches understatement aus. Kommt Spalding zur Geige, weil er sich das Klavier als Nicht-Liebling der Mutter nicht zutraut? Weil er unbewußt nach etwas Ausschau hält, das zu seinem eingefleischten Gefühl von Zweitrangigkeit oder gar Minderwertigkeit in der Familie »paßt«? Warum aber dann Geige und nicht etwas anderes? Hier könnte ein Rolle spielen, daß im Bewußtsein fast aller Musiker Geige und Klavier diejenigen Instrumente sind, die um den »ersten Platz« in der ungeschriebenen, aber irgendwie vorhandenen Ranghierarchie unter den Instrumenten konkurrieren. Versuchen Pianisten zu beschreiben, was sie am Klavier anzieht, verwenden sie meist die Geige als Kontrast-Folie, und umgekehrt ist es ebenso (vgl. unten Rubinstein und Menuhin). Sollte der innere Konflikt, nur »zweiter« in der Gunst der Mutter zu sein, aber »erster« sein zu wollen, bei der Wahl des Instruments eine Rolle gespielt haben, bietet sich die Geige als »erstes unter den zweiten« Instrumenten - von der Pianisten-Mutter aus gesehen - an.

Rubinstein ist ein in eine wohlhabende Fabrikantenfamilie als Nachzügler hineingeborenes Kind, »ein arg verspäteter und nicht sehr willkommener Gast« (S. 13). Als Zweijähriger kommt er mit dem Klavier dadurch in Berührung, daß für seine älteren Schwestern eines angeschafft wird. Schon zu der Zeit fällt seine imitatorische Begabung auf. Er lauscht aufmerksam dem Klavierunterricht der Schwestern und kann bald Gehörbildungskunststücke vorführen. Er beschreibt, wie das Wohnzimmer, nachdem die vielen älteren Geschwister »mit ihrem Lärm« weg sind, zu seinem »Paradies« wird (S. 14), dessen Mittelpunkt das Instrument bildet. Er verscheucht das Gefühl der Einsamkeit mit dem Spielen. Sein Vater, den er als scharfsinnigen Geschäftsmann mit einer Neigung zu Philosophie und erlesenen Umgangsformen beschreibt, hätte lieber gesehen, wenn der Sohn Geige, ein in seinen Augen edleres Instrument, gespielt hätte; doch zerschlägt Rubinstein wütend die ihm geschenkte Geige und bezieht dafür Prügel:

> »Mich verlangte nach Polyphonie, nach Harmonien, nicht nach dem dünnen Ton der Violine, die so oft verstimmt ist und stets eines Begleiters bedarf« (S. 15).

Wie aber kommt der junge Rubinstein, der wie Spalding einen »musikfernen« Vater hat, dazu noch, wie Flesch (s. u.), eine ebenso »musikferne«

Mutter, zu dieser zweifelsfreien, begeisterten frühen Eigenentscheidung, ein in dieser Art unter allen 41 Musikern einmaliger Vorgang? Eine sehr spekulative Erklärung könnte lauten: Das abgelehnte Kind, das - woraus Rubinstein in seinem Buch keinen Hehl macht - eigentlich abgetrieben werden sollte, hat möglicherweise in der hochpositiven Besetzung des Klaviers, das gar nicht speziell für ihn angeschafft wird, eine Wunscherfüllung ausleben können: So eindeutig und begeistert, wie er die Ankunft des Klaviers begrüßt, hätte sich der »unwillkommene Gast« wohl seinen Empfang durch Mutter und Familie gewünscht. Verständlich wäre dann die Wut des Jungen, als der Vater ihm die Geige nahelegen will und damit ausdrückt, daß er die stellvertretende, symbolische Dimension in der Zuwendung des Kindes zum Klavier nicht erkennt. Interessanterweise zeigt sich in Rubinsteins Begründung der Abneigung gegenüber der Geige die frühe starke Autonomisierungstendenz des abgelehnten Kindes: Er will ein Instrument, das *ohne Begleiter* (man könnte denken: ohne Familie) seine Wirkung entfalten kann und nicht so oft »verstimmt« ist wie beispielsweise seine Mutter, die während Rubinsteins Kindheit an chronischer Bronchitis und Asthmaanfällen litt und sich nach seiner Schilderung nur »wohl und glücklich« fühlte (S. 31), wenn sie einen kranken Anverwandten pflegen konnte, nie aber im alltäglichen Zusammensein mit ihrem jüngsten Kind. Diese Gedanken sind, wie gesagt, äußerst spekulativ; aber es scheint doch immerhin möglich, daß für Rubinstein das Klavier wirklich ein »überraschender Fund« gewesen ist.

Einige wenige Musiker haben ihre Instrumente weder früh übernommen noch nach ihnen im emphatischen Sinne gesucht. Es sind insgesamt nur vier Fälle; aber gerade weil sie sich dem bisher Erarbeiteten nicht einfügen, sollen sie im einzelnen auf mögliche andere Wirkfaktoren abgesucht werden.

Der erste Fall: Die - von ihrem Sohn als musikalisch »ahnungslos« charakterisierten und nicht aktiv musizierenden - Eltern *Fleschs* wählen für den Sohn eine Geige aus, weil die älteren Töchter bereits Klavier spielen und somit für den Sohn nicht genug Gelegenheit zum Üben gewesen wäre. Warum es eine Geige gewesen ist und kein anderes Instrument, erfährt man nicht. Hier könnten Zufälle eine Rolle gespielt haben (eine Geige auf dem Dachboden o. ä.), vielleicht auch Konventionen (für die Mädchen Klavier, für den Jungen Geige) oder auch Familientraditionen, von denen Flesch nichts weiß oder die er nicht erwähnt.

Ein zweiter Fall, wieder ein Geiger, ist der des langjährigen Berliner Philharmoniker-Mitglieds Hellmut *Stern*. Durch seine Eltern, einen, salopp gesagt, verhinderten Sänger und eine Pianistin, kommt er zunächst zum Klavier. In der Schule gewinnt er mit neun Jahren jedoch als Preis für den musikalischsten Schüler eine Geige. Seine erste Lehrerin hält ihn für begabt, auch wenn er zu spät begonnen habe. Stern selbst äußert sich nicht zu eigenen Neigungen die beiden Instrumente betreffend. In seinem abenteuerlich und gefährlich verlaufenen Exilantendasein kommt er wenig zum Üben, ist jedoch begeistert von großen Geigern. Er kann erst sehr spät, als Erwachsener bei seinem Neuanfang in Israel, ernsthaft Geige studieren.

Sodann sei der von musikalisch wenig interessierten Eltern stammende Pianist *Moore* noch einmal erwähnt, der über die Rivalität der Mutter mit einer Nachbarin an sein Instrument gelangt. Die Mutter, so seine Schilderung, habe händeringend nach etwas gesucht, womit sie ihre Nachbarin habe ausstechen können. Da er eigentlich zu nichts getaugt und auch zu nichts recht Lust gehabt habe außer, ein wenig, zur Musik, habe er eben Klavierunterricht bekommen. Hätte die Nachbarstochter nun Geige gespielt - wer weiß, wie Moore heute dastünde? Wieweit seine etwas ironische Schilderung die Zusammenhänge um des komischen Effekts willen verknappt, sei dahingestellt. Er läßt aber keinen Zweifel daran, daß er ohne den mütterlichen Willen nicht zu dem geworden wäre, was er heute ist.

Zum Abschluß nun zu dem Geiger *Milstein*. Er schreibt knapp und trocken: »Eigentlich hatte ich überhaupt keine Lust dazu, Geige zu lernen. Meine Mutter nahm mir die Entscheidung ab« (1993, S.16). Er erzählt, wie seine Eltern, musikalisch eher weniger interessierte, aber begeisterungsfähige Menschen, das Wunderkind Jascha Heifetz in einem Konzert erlebten. Den gleichen sagenhaften Erfolg hätten sie sich für den eigenen Sohn erträumt. Er habe ihnen jedoch nicht durch besondere Musikalität Signale dafür gegeben, daß dieser Wunsch in Erfüllung gehen könnte.

Bedenkt man zusammenfassend die Umstände der Instrumentenfindung bei den hier untersuchten 41 Instrumentalisten, so läßt sich festhalten: Eine »freie Wahl« im Sinne einer bewußten »Auswahl« findet meist nicht statt. Instrumente werden im allgemeinen »übernommen«, wobei ihr Identifikationswert die Hauptrolle spielt (49%). Er ermöglicht entweder positive Identifikation mit Vater oder Mutter (das väterliche oder mütterliche Lieblingsinstrument wird übernommen) oder negative mit

Schattenaspekten der väterlichen bzw. mütterlichen Identität (gerade das, was Vater oder Mutter ablehnen oder abwerten, wird genommen). In anderen Fällen spielt entweder die den Instrumenten inhärente Klangverheißung eine große Rolle, symbolisiert durch die wahrgenommene Nähe zur menschlichen Stimme, oder das Prinzip der symbolischen Passung, das dazu verhilft, bestimmte Identitätsaspekte mithilfe der Instrumentenwahl zu unterstreichen oder zu stützen. In diesen Fällen kann man von einer »geglückten Suche« sprechen (24%). Die Alternative zu diesen beiden Mustern der Instrumentenfindung ist das »Zudiktieren« des Instruments durch Eltern, die kein Instrument spielen (10%).

Die Untersuchung der Umstände bei der Instrumentenfindung kann nun dazu benutzt werden, erste Aussagen über die hypothetisch angenommenen möglichen Vermächtnisse oder »Beigaben«, die den Instrumenten für die Spieler symbolisch anhaften (vgl. Kap. II), zu formulieren. Die Betrachtung der entsprechenden Passagen läßt zwar im allgemeinen keine Rückschlüsse auf ausgeprägte Phantasien der Instrumentalisten zu; wohl aber kommt es je nach dem Beziehungsauftakt zu der meist lebenslangen Auseinandersetzung mit dem Instrument zur Anbahnung bestimmter Gefühlstönungen, die schon als eine Art Vermächtnis angesehen werden können, da sie für das sich entwickelnde Verhältnis offenbar einen vielleicht changierenden, aber doch identifizierbaren und dauerhaften Hintergrund abgeben.

Eine überwiegend positive Gefühlstönung findet sich bei den jungen Instrumentalisten, die von sich aus zum Klavier oder zur Geige hindrängen, eine zwiespältige bei denen, die die Einschränkung, den Zwang bei dem Übernahme-Vorgang in den Vordergrund stellen, eine hochidealisierende bei denen, die nach »ihrem« Instrument suchen bzw. es »finden«, und eine Art Makelempfinden bei denen, denen das Instrument vom Schicksal zudiktiert wurde.

Als ein Beispiel für die positive Besetzung des vom Vater gern und aus eigenem Wunsch übernommenen Instruments sei *Kempff* zitiert, der über das Klavier schreibt:

»Gab es doch keines unter allen seinen tönenden Geschwistern, das so aus der Fülle spenden konnte, keines, das solcher gewaltigen dynamischen Gegensätze, vom dröhnenden Fortissimo bis zum verhauchenden Glissando der Äolsharfe, fähig war...« (S. 173).

Die Zwiespältigkeit bei mehr oder weniger erzwungener Übernahme kann sich in vielen Formen ausdrücken: bei *Mainardi* etwa - dessen celloliebender Vater gezielt und nachdrücklich in seinem Sohn die Cellobegeisterung hervorruft - in der Ansicht, das Cello müsse durch die Kunst des Spielers von seinem »Caféhauscharakter« (1977, S. 43) befreit werden; er müsse die »Rauhheiten und Unebenheiten« des Instruments (ebenda) bekämpfen. Hier wird ein gewisser Vorbehalt dem Instrument gegenüber angemeldet. Bei *Primrose* wird die Ablehnung der väterlichen Geige indirekt durch die Wahl der Bratsche deutlich, die immerfort mit der Geige verglichen wird; *Kremer* überträgt die Wut über die elterliche »Nötigung« zum Geigen nicht auf das Instrument, sondern wendet sie gegen sich in quälerischen Selbstzweifeln, ob er denn zum Geiger berufen, gut genug sei etc. Bei *Paderewski* muß offenbleiben, ob er durch Identifikation mit der (kurz nach seiner Geburt verstorbenen) Mutter zum Klavier kommt oder durch seine Schwester - auf alle Fälle ist sein Verhältnis zum Klavier hochambivalent mit den Charakteristika einer leidenschaftlichen Haßliebe (vgl. Einzelfallauswertung, Kap. V).

Bei denen, denen die Suche nach »ihrem« Instrument bzw. denen ein »überraschender« Fund glückt, fällt eine starke Idealisierungstendenz bei ihrer Beschreibung des Instruments auf: *Grümmer* spricht von den »sphärenhaften Klängen« der Gambe, die »ohne weltlichen Ausdruck« vom »Himmel« zu kommen scheinen (S. 80); *Piatigorsky* wird beim Anblick eines kostbaren Cellos so, »als wäre ich ins Paradies eingeladen« (1991, S. 219), schon der Anblick führt ihn in ein »Land des Entzückens« (ebenda). Von einem anderen berühmten Cello sagt er, es sei »nicht von dieser Welt«, es habe »außergewöhnliche Fähigkeiten« und »unergründliche Möglichkeiten« (S. 220). *Rubinstein* spricht von dem Klavier als einem »göttlichen Instrument« (S. 14); beim Spielen wird ihm das Wohnzimmer zum »Paradies« (ebenda).

Bei »zudiktierten« Intrumenten schließlich kann die Besetzung des Instruments Gefühlsschwankungen unterliegen, das Instrument wird eventuell weniger oder erst später im Leben oder weniger eindeutig besetzt. Der »Makel« der Unfreiheit, der diesem Beziehungsauftakt in den Augen der Instrumentalisten in subtiler Weise anhaftet, legt sich als Schatten entweder auf das Instrument oder auf den Spieler selbst oder auf beide. Daß *Flesch* beispielsweise auf die Wahl des Instruments keinen Einfluß genommen hat, scheint ihn zu genieren, wie man der Formulierung »Leider *muß ich gestehen* (Hervorhebung K. N.), daß ich die Geige

... gar nicht selbst gewählt habe...« (1960, S. 21) entnehmen kann. Bei *Stern* zeigen sich Ambivalenzen, wenn er erwähnt, daß er nebenbei Schlagzeug spielt, »weil ich auf diese Weise mal von meiner Geige wegkam...« (1990, S. 121). Auch bei *Moore* spürt man etwas von einem »Makelempfinden« in seiner pianistischen Identität, denn seine Autobiographie ist der Versuch einer Rechtfertigung dafür, daß er es »nur« zum Begleiter gebracht hat. In *Milsteins* Text wird deutlich, daß er sein Instrument erst spät emotional positiv besetzen kann. Noch während des Konservatoriumsbesuchs in der Pubertät sagt er: »Ich mochte die Geige noch immer nicht« (S. 18); und erst, als er zu einem Lehrer kommt, dem er väterliche Autorität zugesteht, ändert sich das: »Erst seit ich mit Auer arbeitete, begann ich die Geige wirklich zu lieben« (S. 38).

Für diese unterschiedlichen Gefühlstönungen der Musiker-Instrumenten-Beziehung, die als Resultat der Instrumentenfindung betrachtet werden können, möchte ich vorläufig folgende Gründe annehmen:

1. Bei früher Übernahme - meist ja in der ödipalen Phase - kann das Instrument zum Medium der Identifikation mit einem (meist dem gleichgeschlechtlichen) Elternteil werden; gleichzeitig verhilft es zur Abgrenzung gegenüber dem Elternteil, dessen Instrument nicht gewählt wurde. Immer aber verkörpert das Instrument bei früher Übernahme meist positiv erlebte Elternaspekte inclusive der elterlichen Werte und Haltungen.

2. Bei späterer Instrumentenfindung im Sinne der geglückten Suche, in der das Motiv der Klangverheißung eine größere Rolle spielt, kann das Instrument primär eine an die Funktionen der mütterlichen Stimme gemahnende schützende, tröstende, liebevoll-umhüllende Symboldimension erlangen. Das Instrument erscheint in diesen Fällen mit sehr frühen Elternaspekten verbunden und enthält narzißtische Regressions-Verheißungen; daher die auffällige Idealisierung. In den Fällen von geglückter Suche, in denen die symbolische Passung die Hauptrolle spielt, kann die Idealisierung des Instruments als Abwehr ambivalenter oder gar feindseliger Strebungen gegenüber Eltern (oder Geschwistern) aufgefaßt werden, zu denen die Kinder oder Heranwachsenden eine Gegenidentität sich aufzubauen gezwungen sahen.

3. Als eine mögliche Erklärung für das »Makelempfinden« liegt der Gedanke nahe, daß ein »Diktat« oder ein »Zufall«, also Fremdbestimmtheit in einem so lebensprägenden Ereignis wie der Instrumentenfindung für den Musiker etwas Kränkendes an sich hat. Hinzu kommt vielleicht

ein Gefühl von Unbezogenheit, Unpersönlichkeit: Die vergleichende Betrachtung der vier Fälle zeigt nämlich, daß bei diesen Musikern die Väter der männlichen späteren Geiger bzw. der Pianisten *kein* Instrument spielen, ja von ihren Kindern bis auf Sterns Vater als musikalisch wenig interessiert eingestuft werden. Die Mütter bzw. älteren Schwestern bzw. die Nachbarin hingegen spielen Klavier und sind aus verschiedenen, nicht immer klaren Gründen diejenigen, die ihre Söhne zum Musizieren anregen bzw. drängen. Weder gibt es also eine Bindung zwischen Eltern und zukünftigem Instrument, noch wird das Instrument mit besonderer Rücksicht auf die spezifischen Fähigkeiten oder Vorlieben des jeweiligen Instrumentalisten ausgesucht; auch hierin kann Kränkendes liegen. Verunsichernd könnte schließlich die Ferne der Väter diesem entscheidenden Vorgang gegenüber wirken, die mit der Vater-Orientiertheit der männlichen »Übernahme«-Instrumentalisten kontrastiert.

Zum Kapitelabschluß soll eine kurze Rückbesinnung auf den theoretischen Bezugsrahmen stattfinden. Greenacres (1957, 1959) Annahmen zu einer erhöhten Sensibilität für bestimmte Sinnesmodalitäten bei Künstlern werden durch den Befund bekräftigt, daß alle Instrumentalisten, sofern sie früheste Kindheitserinnerungen in ihre Autobiographie aufnehmen, über Klangerlebnisse sprechen. Der akustische Wahrnehmungkanal scheint der von Anfang an von ihnen bervorzugte zu sein, was nicht ohne Einfluß auf den Aufbau ihres Körperbildes bleiben dürfte (vgl. Kap. V).

Manturszewskas (1990) Erkenntnisse zum »musikalischen Dialogpartner« im familiären Bereich lassen sich sehr gut mit den hier gefundenen Umständen der Instrumentenfindung in Einklang bringen. Tatsächlich habe ich keinen Instrumentalisten ausmachen können, der nicht seit früher Kindheit einen solchen Dialogpartner zur Seite hat; sei es, daß der- oder diejenige selbst aktiv musiziert (die Qualität des Spielens scheint dabei von weniger großer Bedeutung zu sein als die Leidenschaftlichkeit); sei es, daß der- oder diejenige gerne musiziert hätte, sei es, daß der- oder diejenige trotz fehlenden musikalischen Interesses einen dezidierten Willen zeigt, musikalisches Talent zu unterstützen. Selbst der Fall Arthur Rubinsteins, bei dem auf ersten Blick kein musikalischer Dialogpartner auszumachen ist, läßt bei näherer Betrachtung doch vermuten, daß es einen gegeben hat: Zwar haben beide Eltern kein ausgeprägtes Interesse an Musik. Wenn sie ihren Kindern Klavierunterricht zuteil werden lassen, so geschieht dies nur, weil es standesgemäß ist: »Mein Talent stimmte sie anfangs vergnügt, später verwirrte es sie« (S. 15). Der junge Nachzügler Arthur ist einsam innerhalb der größeren Geschwister, die alle schon die Schule besuchen, als er Klavier zu spielen beginnt. Er entwickelt aber eine leidenschaftliche Zuneigung zu einem kleinen Mädchen seiner Nachbarschaft, das ihm oft zuhört. Nach seinem ersten Auftreten mit sieben Jahren ist sie »stolz auf mich, und das erfüllte mich mit Freude« (S. 21). Ein Jahr später stirbt die Freundin. Rubinstein reagiert mit tiefer Depression: »Meine Kindheit war zu Ende, jetzt wurde ich ein Knabe« (S. 22). Er verfällt in Grübelein, entwickelt eine panische Angst vor dem Tod, verliert jede Lebensfreude, zieht sich in Bücherwelten zurück, vernachlässigt das Klavier. Die Reaktion der Eltern ist, daß sie ihn nach Warschau zu einem neuen Lehrer schicken; seit diesem frühen Lebensalter lebt Rubinstein weitgehend fern der Familie auf sich gestellt.

Die heftige Reaktion ähnelt der, wie sie Kinder beim Verlust eines Elternteils entwickeln. Es ist also anzunehmen, daß die jungen Musiker, sofern sie einen musikalischen Dialogpartner nicht im engen Familienumfeld finden können, sich selbst einen suchen, so daß man fast den Eindruck hat, Kohuts »Kreativitätsübertragung« (vgl. Kap. II.) sei ein Muß gerade bei Musikern, deren psychophysische Entwicklung über die ersten Stadien noch nicht hinausgekommen ist, wenn sie beginnen, ihre Kunst zu entwickeln.

Der musikalische Dialogpartner, sofern er auch Elternteil ist, wird vermutlich für die Identifikationen des Künstlers von nachhaltiger Bedeutung sein. Sofern er nicht selbst musikalisches Vorbild ist, könnte er narzißtische Spiegelungsfunktion erfüllen, während die Suche nach Identifikation auf Lehrer verschoben wird.

»Der Kauf einer Geige (ist) wie eine Heirat« - Das Instrument als Lebenspartner

Erlebte Partnerschaft:

Das Milstein-Zitat in der Kapitelüberschrift unterstreicht den aus der Lektüre der autobiographischen Texte entstandenen Eindruck, daß Musiker und Instrument so etwas wie einen Lebensbund eingehen, der symbolisch mit einer Partnerschaft vergleichbar ist. Dies zeigen nicht zuletzt die metaphorischen Umschreibungen des Instruments. Bei den Pianisten dominieren Ausdrücke wie »beloved friend« (*Paderewski*), »Tröster« (*Rubinstein*) mit einem »human element of voice« (*Matthews*), »treuester Freund« (*Kempff*), geliebter anderer (*Estrella*), der gelegentlich aber auch zum »enemy« werden kann (*Paderewski*), zum »monstre« (*Nat*) oder »unbequeme(n) Gesellen« (*Sauer*). Streicher verwenden am häufigsten die Umschreibung, sie seien in ihr Instrument verliebt oder lieben es; sehen es aber auch als »treuen Genossen« (*Flesch*), »liebste Kameradin« (*Grümmer*), »alten Freund« (*Casals*), und immer wieder vergleichen sie ihr Instrument mit einer Frau oder einer Geliebten: »erste Liebe« (*Menuhin*), »große Liebe« (*Milstein* und fast wörtlich ebenso *Piatigorsky, Rostropowitsch, Primrose*). Gelegentlich wird das Instrument auch als »Kind« (*Tortelier*) oder »Baby« (*Du Pré*), als andere Hälfte des Ich (*Mainardi, Kremer*) oder als gottähnlich (*Schweitzer*) bezeichnet. (Auf die unterschiedlichen Beziehungsdefinitionen, die sich in solchen Begriffswahlen ausdrücken mögen, soll später eingegangen werden.)

Sicherlich stehen die Instrumentalisten mit dieser Begriffswahl in einer topischen Tradition. Daß aber tatsächlich das Instrument als eine Art Partner erlebt wird, zeigen auch andere Aspekte ihres Umgangs mit den Instrumenten.

Dankbarkeit

Viele Instrumentalisten äußern sich zu dem Anteil, der dem Instrument an ihrem Erfolg zukommt. Naturgemäß variieren sie in ihrer Einschätzung dieses Anteils, aber es ist doch überraschend zu lesen, der Erfolg des Instrumentalisten beruhe auf »the ability...of his manager, the quality of his instrument...and the caliber of the artist himself« (*Friedheim* 1961, S. 192). Das Instrument steht hier gleichrangig neben dem Konzertagenten und der erst an letzter Stelle genannten Künstlerschaft des Musikers! Mit dieser Auffassung steht *Friedheim* nicht alleine. *Sauer* fühlt sich von den »superben Flügeln« einer Klavierfirma »zu neuen, überraschenden Thaten angefeuert« (S. 199), *Stern* von guten Instrumenten »inspiriert« (S. 177), *Milstein* spielt auf einer Geige, die ihm gehört, besser als auf Leihgaben (auch wenn er mit ihnen genau so vertraut ist; S. 282), *Burmester* schreibt: »Gewiß spielt die Kunst die erste Rolle, doch versagt sie dort, wo ihr das Instrument nicht Gefolgschaft leistet« (S. 166); *Flesch* »verdank(t dem Instrument) zum Teil den künstlerischen Ruhm, den (er) ...erworben habe« (S. 142).

Tertis ist von der Tonqualität einer zufällig gekauften Bratsche so begeistert, daß dieses Erlebnis zum Auslöser seiner Kampagne für die Anerkennung der Bratsche als Soloinstrument wird (S. 17 f.), und auch *Piatigorsky* und *Menuhin* setzen den »Beitrag« ihres Instruments sehr hoch an (vgl. Kap. V).

Immerhin fast ein Drittel aller Autoren bezeugt so dem Instrument gegenüber eine Dankbarkeit, die an die erinnert, die man dem Lebenspartner gegenüber für mannigfaltige Unterstützung empfindet.

Versorgung und Pflege

Hierzu paßt, daß die Instrumente mit »behutsamer Sorge« und »liebevoll« (Menuhin, S. 362) gepflegt werden. *Menuhin* fühlt sich verpflichtet, für ihr »ferneres Schicksal« zu sorgen, seine kostbaren Geigen oft »in den Arm (zu) nehmen, (sie) in Samt und Seide (zu) betten« (S. 363). Andere Geiger beziehen sich auf Paganini, den »Über-Vater« aller Geiger, der offenbar ebenso wie Menuhin das »fernere Schicksal« seiner Lieblingsgeige sichern wollte und mit seiner Schenkung an die Stadt Genua dafür gesorgt hat, daß kein anderer sie nach ihm spielen darf, und kritisieren diese Entscheidung: *Burmester* findet es »unverantwortlich ... Die Menschheit besitzt ein Recht auf solches Instrument« (S. 167 f.). *Auer* bedauert, daß Sarasate, eine andere wichtige Vater-Figur der Geiger, seine Stradivari der Stadt Madrid vermacht hat; so sei das Instrument nun »mute and buried for all time in the Museum of Madrid« (1923, S. 175). *Tertis* berichtet über die aufwendigen Vorkehrungen, die er gegen das Verlieren und Stehlen seiner Instrumente getroffen hat, dennoch passiert es ihm im Überschwang einer großen Verliebtheit, daß er die Viola einmal auf dem Bahnhof stehenläßt:

> »Such was my absorption...that I could even forget the existence of my beloved and precious viola which had meant so much to me for so many years« (S. 113).

Als er mit 60 meint, vom aktiven Konzertieren Abschied nehmen zu müssen, gibt er sein Lieblingsinstrument an einen Schüler weiter, denn er empfindet »I had no further right to this glorious instrument« (S. 82).

Auch wenn andere Instrumentalisten sich nicht viel zu ihrer Art, das Instrument zu hegen und zu pflegen, äußern, scheint es mir nicht zu gewagt, die hier beschriebene Fürsorge mit der einem Familienmitglied gegenüber zu vergleichen, und zu seinem solchen wird - symbolisch - ein neugekauftes, kostbares Instrument, wenn *Milstein* (S. 282) und *Piatigorsky* (S. 220) dessen Kauf mit einer Heirat vergleichen!

Treue

Ein weitverbreitetes Charakteristikum von Partnerschaften ist, daß der Partner Priorität genießt - gegenüber anderen Menschen, aber auch gegenüber anderen Leidenschaften. Bei dem Lebensbund zwischen Instrumentalist und Instrument ist das nicht viel anders, wobei die Palette der Möglichkeiten, mit einem solchen Anspruch umzugehen, der ähnelt, die auch sonst zwischen Eheleuten existiert:

Da gibt es zum einen die Instrumentalisten, die sich ausschließlich ihrem Instrument widmen, keine oder kaum Zweitinstrumente spielen, anderen Interessen nur wenig nachgehen und sich vor allem einen menschlichen Lebenspartner suchen, der die absolute Vorrangstellung des Instruments akzeptiert, nicht zuletzt deswegen, weil er bzw. sie selbst die Musik liebt.

In diese Gruppe gehören *Sauer*: (»Ich gewann ein braves, treusorgenden Weib«, es »schaute zu mir auf... Dieser Bund hat mir und meinem Schaffen nur Segen gebracht«, da seine Frau »keine anderen Ziele kennt« als sein Glück und das ihrer Kinder; S. 185), der junge *Kempff* (er gerät in Konflikte, als er als Schüler am liebsten nur Klavier spielen will, denn sein Vater legt Wert darauf, daß er das Gymnasium besucht. Doch Kempff bewahrt sich neben dem Spielen noch eine andere Leidenschaft: das Lesen), *Foldes* (er opfert den Wunsch, Schriftsteller zu werden, der musikalischen Karriere und damit seinem Instrument. Über seine Frau, mit der er über 50 Jahre lang verheiratet ist, sagt er in der Widmung des Buchs an sie, daß sie ihn »in jeder Hinsicht unterstützte«), *Burmester* (er verliebt sich auf einer Tournee in das »schönste und beste« Mädchen einer Kleinstadt, mit der er 30 Jahre lang eine »glückliche Ehe« führt, S. 85), *Haendel* (sie empfindet eine Ehe als unvereinbar mit ihrer Künstleridentität und äußert in diesem Zusammenhang die Angst, ihre »unheimliche« Fähigkeit zum Geigen werde durchs Heiraten aufhören. »Lifelong loneliness und introspection« (S. 56) seien die Begleiterscheinungen eines Künstlertums, das sie von Kind auf von anderen isoliert habe. Zwar sucht sie trotz allem nach einem Lebenspartner, doch bleibt die Suche vergeblich. Zum Ausgleich für das exzessive Musizieren liest sie viel und malt), *Tertis* (er gibt seine Hobbies Autofahren und

Schach auf, heiratet eine Bratscherin, mit der er lange und glücklich zusammen ist. Als er seine todkranke Frau ein Jahr lang pflegt, habe erstmals die Viola nicht die Hauptrolle in seinem Leben gespielt (S. 101), *Grümmer* (der seine Frau als »stille Natur«, ihn unterstützend, beschreibt, die die »die Musik über alles« liebte, S. 57), *Mainardi* (der das »Fremdgehen« in anderen musikalischen Bereichen wie z. B. das Dirigieren ablehnt, denn ein Instrumentalist, der zum Dirigierstab greife, »wird nie aus anderen das herausholen, was er selbst aus seinem Instrument herausholen kann ...«, S. 38) und vermutlich auch *Du Pré* und *Piatigorsky*.

Ein symbolisch verdichteter Ausdruck der Prioritätenstellung des instrumentalen Musizierens im Leben dieser Musiker findet sich in *Milsteins* Autobiographie: Er gibt seiner Lieblingsgeige einen Doppelnamen, zusammengesetzt aus den Vornamen seiner Frau und Tochter, was man als gelungene Harmonisierung von sicherlich im Alltag der Musiker oft schwer miteinander vermittelbaren Wünschen und Ansprüchen betrachten kann.

Andere Musiker dagegen wenden sich Zweitinstrumenten zu oder auch musikalischen »Zweit«-Beschäftigungen wie dem Dirigieren oder Komponieren, pflegen ihre anderen Interessen und Hobbies nachdrücklicher, sind aber dabei trotzdem mit ihrem Instrument enger verbunden als mit allem anderen. So dirigieren *Barenboim*, *Ashkenazy*, *Casals*, *Auer* und *Foldes*, der - wie die anderen - nicht nur einen »Zweig« der Musik »kultivieren« will (S. 33). *Casals* und *Paderewski* komponieren (vgl. Einzelfallauswertung, Kap. V), ebenso auch *Rubinstein* und *Kempff*. *Milstein* schreibt Bearbeitungen für die Geige. *Gulda* übernimmt von seinem Klavierlehrer die Haltung, daß die Musik »im ganzen Leben die Nummer eins ist und wichtiger wie alles andere, insbesondere wie die Frauen ...«, 1990, S. 52). Unzufriedenheit mit der »Sterilität« der E-Musik führt ihn zum Jazz und zu anderen Instrumenten. Für familiäre Bindungen empfindet er sich »nicht sehr talentiert« (S. 88), und für die Ehe sei er nicht geeignet, da »lebenslänglich mit seiner Musik verheiratet« (S. 100). *Primrose* erwähnt viele andere Hobbies wie Fußball, Boxen, Schach, Cricket, Golf, Lesen. Er ist außerdem Hobby-Pilot und gibt als einziger an, daß auch ein anderer Beruf für ihn in Frage gekommen wäre (der des Arztes). *Kremer* sieht es als ein Hauptproblem seines Lebens an, daß er seinen anderen beruflichen Aspirationen wie z. B. der Schauspielerei nicht nachgehen konnte. *Kirkpatrick* ist Cembalist und Musikhistoriker. Mit wenigen Ausnahmen aber (z. B. *Barenboim, der schon als Kind Pianist und* Dirigent werden will) würden alle hier angeführten Instrumentalisten sinngemäß wie Kremer antworten, der auf die Frage nach seinem Beruf hin stets »Geiger« antwortet (S. 15).

Daß Instrumentalisten, unabhängig davon, wie weit sie sich musikalisch und außermusikalisch diversifizieren, darauf angewiesen sind, einen Lebenspartner zu finden, der den Vorrang des Instruments akzeptiert, läßt sich aus der hohen Anzahl von Musikerinnen bzw. musikbegeisterten Frauen unter den Ehepartnern schließen: Ausnahmslos alle 20 Instrumentalisten, die sich hierzu äußern, haben musikliebende Ehepartnerinnen, die meist ihrerseits Berufsmusikerinnen sind. Zwei (*Menuhin* und *Galway*) berichten von ersten Ehen mit wenig musikinteressierten Frauen; beide Ehen zerbrechen (natürlich scheitern auch reine Musikerehen). Beide heiraten ein zweites Mal und wählen musikliebende Frauen. Von den vier Instrumentalistinnen sind zwei unverheiratet, zwei haben Musiker zu Ehepartnern.

Nur drei Musiker räumen ihrem Instrument nicht oder nicht immer absolute Priorität ein: *Paderewski* tauscht für eine längere Zeit seine Pianistenexistenz mit der eines Berufspolitikers (vgl. Kap. V); *Schweitzer* ist Theologe, Arzt, Kulturphilosoph und Orgelvirtuose, um schließlich die Priorität »Urwaldarzt« zu setzen. Wie hart ihn diese Entscheidung ankommt, zeigt, daß er von »Opfern« spricht, die er »für Afrika« bringe - an erster Stelle nennt er: »... die Orgelkunst aufzugeben«, an zweiter die Aufgabe seiner akademischen Lehrtätigkeit, »an der mein Herz hing ... Nur meine Vertrauten wußten, wie schwer sie (die Opfer, K. N.) mir fielen« (S. 164). Er ist hocherfreut über ein Geschenk der Pariser Bachgesellschaft, ein tropentaugliches Klavier, das er nach Lambarene mitnehmen kann: »Nun aber erging es mir wie Abraham, der sich anschickte, seinen Sohn zu opfern. Wie ihm wurde mir das Opfer erlassen« (S. 164). Er kann so seine Künstleridentität weiterleben:

> »... kehrte ich nicht als ein zum Amateur gewordener Künstler, sondern im Vollbesitz meiner Orgeltechnik nach Europa zurück und durfte es erleben, als Künstler jetzt mehr zu gelten als vordem« (S. 164).

Im Gegensatz zu Paderewski und Schweitzer ist *Estrella* »nur« Musiker, aber er setzt andere Schwerpunkte: nämlich »famille, musique et societé« (S. 208). Estrella heiratet mit 23 eine Sängerin; sie haben miteinander zwei Kinder. Täglich musizieren sie zusammen. Eheprobleme entstehen daraus, daß Estrellas Frau bestimmte karriereförderliche gesellschaftliche Veranstaltungen nicht mitbesuchen will und es ihrem Mann übelnimmt, wenn er alleine hingeht. Er fühlt sich dadurch in seinem Wunsch nach Weiterkommen nicht gesehen, lenkt aber schließlich aus eigener Überzeugung ein, verläßt das gesellschaftliche Parkett Europas und macht zusammen mit seiner Frau politische Musik für die Unterschicht in Argentinien.

Alle drei »Ausnahmen« müßten gesondert betrachtet werden, was hier nicht geleistet werden kann, doch ist unübersehbar, daß die Deklassierung des Instruments an die zweite Stelle bei Estrella und Paderewski mit heftigen inneren Konflikten einhergeht, die bei Schweitzer vermutlich deswegen nicht so stark werden, weil er seine heterogene berufliche Identität unter einem festen theologischen »Dach« »behausen« und konfligierende Tendenzen so harmonisieren kann.

Alltag

Der Alltag ist der Prüfstein einer Beziehung. Im Alltag der Instrumentalisten stehen das Üben bzw. das Herumreisen und das öffentliche Musizieren auf Tourneen an erster Stelle. Der Vergleich sei erlaubt, daß die Musiker das Konzertieren als die »Poesie«, das Üben dagegen als die »Prosa« ihres Lebens empfinden. Sie neigen im allgemeinen dazu, sich weit mehr über das Üben als über das Konzertieren zu äußern; eine Sonderstellung nimmt dabei die von allen fast am höchsten geschätzte Kammermusik ein, so hochgeschätzt wohl deswegen, weil im intimen Kreis oft befreundeter Musikerkollegen musikalische und soziale Bedürfnisse gleichermaßen befriedigt werden können.

Was das Üben angeht, so werden die Instrumentalisten recht drastisch: Von der »slavery« (S. 327) des Übens spricht *Paderewski*, von dem »Fluch ..., der auf uns Instrumentalisten lastet«, *Huberman* (S. 22). *Stern* sieht es fast wörtlich wie *Friedheim* als »Schwerarbeit« und »Belastung« (S. 56), und als solche ist das Üben *das* Hauptthema des *Kremerschen* Tagebuchs. Auch *Rubinstein* haßt das Üben oft, an der Tastatur kommt er sich dabei vor, »als putze er einem Riesen die Zähne« (S. 44). *Cohen* klagt über exzessives tägliches Üben, das sie als nötig ansieht, denn sie

»had difficulty in memorizing, and serious trouble with the smallness of my stretch. I began to worry with the burden of it all and this affected my sleep« (S. 36).

Anderen scheint das Üben dagegen Bedürfnis, ja Drang; entsprechend klagen sie nicht. Hierzu gehören *Haendel* (die ihren Vater gegen den Vorwurf in Schutz nimmt, er habe sie zum Üben angehalten; das Gegenteil sei der Fall gewesen), *Galway* (»it made me happy«, S. 31) und *Schweitzer*, der nach seinem langen, erschöpfenden Arbeitstag in Lambarene sich bei einer halben Stunde abendlichen Übens entspannt und zu seiner eigenen Überraschung dabei sogar Fortschritte macht (S. 121). *Flesch* betont, er brauche das ständige Üben für sein Wohlbefinden:

> »Wenn ich nicht jeden Tag die Empfindung habe, ... Fortschritte gemacht zu haben, fühle ich mich nicht wohl. Die Illusion des Besser-Machens oder Besser-Werdens ist für mein seelisches Gleichgewicht eine absolute Notwendigkeit.« (S. 187).

Aber die meisten würden wohl *Paderewskis* witzige Abwandlung eines Ausspruchs von Gounod über Wagner unterschreiben, die ihm zum Thema Üben eingefallen ist: »Yes, there are divine moments, but oh the unbearable hours!« (S. 327).

Über die andere Seite des Solistenalltags, das Reisen und Konzertieren, sind sich die meisten Musiker ebenfalls einig: »... das Leben des Virtuosen hat nicht den Glanz, den viele Leute hineinlegen« (*Menuhin*, S. 181). Das Hauptproblem neben den Unbilden des Transports und der Unterbringung, deren Schilderungen ganze Kapitel füllen, scheint dabei die Einsamkeit zu sein: »The pianist, of all people, leads a lonely life« (S. 92), schreibt *Matthews*, der sein Dasein als Konzertpianist als »eternal round of practise, concert, and travel« (S. 105) bezeichnet. Seine Ehe sei daran zerbrochen:

> »Marriage, emotionally and domestically, is inevitable for most ›normal‹ musicians ..., and yet the nature ... of the profession are far from normal: irregular hours, continual nervous tension, absences on tour ..., one-sidedness ...« (S. 145).

Den Streichern geht es nicht besser: *Menuhin* schreibt: »Ob ein Geiger nun acht oder achtundfünfzig ist - er führt ein einsames, grüblerisches, meditatives Leben« (S. 45). Als *Grümmer* heiratet, sucht er sich eine Stelle als Lehrer am Konservatorium, da er das ewige Herumreisen satt hat. *Haendel* klagt über Langeweile und Leeregefühle auf Tourneen und sieht die Reiserei als einen Hauptgrund dafür an, warum es ihr nicht gelingt, einen Lebenspartner zu finden.

Sauer läßt sich, wie einige andere, auf seinen Tourneen von seiner Frau begleiten, um der Einsamkeit zu entrinnen. *Ney* und *Paderewski* berichten von großem Streß, weil sie wegen Geldmangels trotz vieler Krankheiten immer wieder Konzertreisen machen müssen; Ney quält besonders die Trennung von ihrer Tochter (S. 159).

Eine Art Entschädigung für die Anstrengungen des Tourneelebens bieten die mit den Konzerten verbundenen Kontakte mit berühmten Menschen. *Grümmer* nennt sein Buch nicht zufällig »Begegnungen«, und auch *Foldes, Cohen, Casals, Rubinstein* und *Burmester* betonen, wie sie ihre Virtuosenkunst mit Celebritäten aus Politik, Kunst und Wissenschaft zusammenbringt, die sie sonst nie kennengelernt hätten.

Als Ausnahme sei auf *Rubinstein* hingewiesen, der als ein wahrer Weltbürger sich überall bei kulturell interessierten Menschen heimisch und willkommen fühlt und die Tourneen zumindest in der ersten Lebenshälfte immer wieder genießt. Er ist sich selbst des Ungewöhnlichen seiner Einstellung bewußt und erklärt sie damit, daß er nach einer suizidalen Krise in jungen Jahren zu Lebensfreude und Dankbarkeit gefunden habe, die ihm erlaubten, die angenehmen Seiten des Virtuosenalltags zu genießen.

Hintergründe der Musiker-Instrumenten-Beziehung

Es gibt viele Menschen, die bereits in früher Jugend ein Instrument spielen lernen, Freude daran haben, gute, ja sehr gute Fortschritte darauf machen und die doch - sei es in der Pubertät, sei es nach einer gescheiterten Aufnahmeprüfung auf ein Konservatorium, sei es bei der Wahl eines anderen Berufs, sei es, nachdem sie Kinder bekommen haben - vom Instrument ablassen. Bei den hier untersuchten Instrumentalisten ist das anders. Wie alle, machen auch sie Pubertätskrisen durch; wie viele, bekommen sie Kinder und haben Probleme damit, Familienleben und Beruf in eine harmonische Balance zu bringen, aber sie bleiben beim Spielen, und ausnahmslos bleiben sie ihrem Hauptinstrument treu.

In unserer heutigen Auffassung eignet »Treue« sowohl Positives als auch Negatives: Im Sinne der Vertrautheit und des gegenseitigen Vertrauens, der Verläßlichkeit, des eindeutigen Einstehens für den anderen, eines stützenden Bekenntnisses seiner Auserwähltheit vor allen anderen wird Treue gewünscht und ersehnt; im Sinne der Einschränkung und Festlegung, damit Unterdrückung von Bedürfnissen, der moralischen Verpflichtung, ja des Zwangs, vielleicht auch im Sinne eines unter Umständen entwicklungshemmenden Faktors wird Treue abgelehnt.

Es ist denkbar, daß die Treue der Musiker zu ihren Instrumenten einerseits ein entscheidender Grundstein für ihre phänomenale und oft fast lebenslang anhaltende Fähigkeit ist, Musik lebendig und ausdrucksstark zu Gehör zu bringen, stützt doch die traumwandlerische Vertrautheit mit »ihrem« Klangkörper die Musiker in Momenten höchster künstlerischer Konzentration. Aber vielleicht spielen, und zu dieser Annahme gibt der Umstand der so frühen Übernahme oder gar der Zudiktiertheit des späteren Erfolgsinstruments allen Anlaß, auch negative Aspekte von Selbsteinschränkung und Zwang in diese Treue hinein, tragen vielleicht sogar zu der Fähigkeit schon junger Musiker bei, tiefe und traurige Empfindungen so echt und »selbstempfunden« vorzutragen, daß sich die Zuhörer im Innersten berührt fühlen.

Die Durchsicht der Autobiographien läßt vier auffällige Besonderheiten erkennen, die die Instrumententreue der Instrumentalisten verständlich machen können: zum ersten eine Lebensauffassung, in der die Konstrukte Verheißung und Erfüllung sowie schicksalhafte Berufung eine zentrale Rolle spielen. Zum zweiten eine aus der intensiven, oft entbehrungsvollen familialen Förderung resultierende Erfolgsverpflichtung. Zum dritten das Erleben spielerischer Leichtigkeit, die den Spielern das Musizieren als etwas quasi Natürliches, als ein »Lebenselixier« erscheinen läßt, in dem sie sich wohlfühlen und das in ihnen Erfolgszuversicht hervorruft. Und als viertes Merkmal fällt die unerhört enge, körperliche und psychische Nähe zwischen Instrument und Spieler ins Auge, aus der heraus Trennungen wie symbolische Amputationen erlebt werden.

Prophezeiungen und Erfolgsverheißung

Erstaunlich viele Instrumentalisten (68%) berichten von wahrsagungsähnlichen Prophezeiungen, die teilweise vor, teilweise nach Sichtbarwerden ihres Talents, manchmal auch vor der Geburt, ausgesprochen werden, sowie von prohezeiungsähnlichen Vorahnungen oder auf die Zukunft bezogenen inneren Gelübden.

Galways Mutter konsultiert eine zufällig vorbeikommende Zigeunerin über die Zukunft ihres Sohns, als der gerade anfängt, die ersten Flötentöne von sich zu geben. Die Wahrsagerin prophezeit für den Jungen eine Zukunft als »a great musician« (S. 39). *Menuhins* Mutter erlebt, als sie mit Jehudi schwanger ist, eine herbe Ablehnung bei der Wohnungssuche. Die unfreundliche Vermieterin macht dabei aus ihrem Antisemitismus keinen Hehl. Die Reaktion der Mutter Menuhins auf diesen Vorfall -

sie ist die einzige Überlebende von sechs Geschwistern, die durch ein »Aufflammen des Antisemitismus« (S. 15) in ihrer Heimat, der Krim, sich zur Auswanderung gezwungen sah - ist ein Gelübde: Ihr ungeborenes Kind »soll einmal zum Aushängeschild seiner ganzen Rasse werden, von ihm sollte man in der ganzen Welt als »dem Juden« sprechen« (S. 19). Entsprechend wählt sie den Namen »Jehudi« für ihren ersten Sohn, was »der Jude« bedeutet, einer, der weder »Vor- noch Nachfahre« hat (S. 19). Bei *Rubinstein*, dem Nachzügler in seiner Familie, ist es ein Bruder, der eher im Scherz über den noch Ungeborenen sagt, man solle ihn doch Arthur nennen nach einem Geiger in der Nachbarschaft: »Vielleicht wird er dann auch ein großer Musiker!«« (S. 14) *Burmester* sieht in den beiden Umständen, daß er bei seiner Geburt von einem »Helm« (Rückständen der Fruchtblase), der in seiner Heimat als »Glückshaut« verstanden wird, überzogen ist, sowie daß er in der Straße »Venusberg« geboren wird, das Walten einer glücklichen Fügung. Sein ganzes Leben, vor allem sein Geigertum empfindet er bestimmt von einer weisen und glücklichen Vorsehung, von seinem »Glücksstern«, der Venus (vgl. z. B. S. 93, 186). Ähnlich, wenn auch weniger spezifisch, ist es bei *Sauer*. Der Geburtshelfer seiner Mutter prophezeit der jungen Frau angesichts des kräftigen Babys, sie werde »dereinst noch Freude« an ihm erleben. »Diese ... Voraussagung übte auf mich gleichsam zauberische Wirkung aus«, betont Sauer (S. 17). Ida *Haendels* Mutter wird zwar nicht »wahrgesagt«, aber sie hat während der Schwangerschaft »a premonition ... that the embryo ... was of no ordinary kind« (S. 11). Ganz ähnlich empfindet es *Casals*, der den Eindruck hat, seine Mutter müsse »Vorahnungen« gehabt haben in bezug auf seine Bestimmung zum Musiker:

> »Von Anfang an muß sie es gewußt haben ... Es war, als ob eine besondere Feinfühligkeit sie geleitet hätte, als ob ihr Vorahnungen zuteil geworden wären» (S.26).

So unterschiedlich in Kontext und Verbindlichkeit die »Prophezeiungen« auch sind, so messen ihnen die Instrumentalisten doch eine z. T. erhebliche, im wesentlichen bestätigend-stabilisierende, Orientierung gebende Wirkung auf ihr Leben und insbesondere ihr Musikertum bei.

Ähnlich scheint es bei einer anderen Kategorie von Prophezeiungen zu sein. Es handelt sich hierbei um lobend-wegweisende Worte, die von erfahrenen Meistern ihres Fachs, gelegentlich auch von Kritikern über die noch jungen Musiker, meist anläßlich eines ersten Vorspiels, ausgesprochen werden. Über solche unvergessenen Aussprüche berichten *Baren-*

boim, Foldes, Kempff, Ney, Paderewski, Rubinstein, Auer, Burmester, Menuhin, Spalding, Huberman, Tertis und *Grümmer.*

Barenboim, der sich mindest genausosehr als Dirigent wie als Pianist sieht, zitiert das Lob eines russischen Dirigenten und Komponisten über ihn anläßlich eines Vorspiels, das er als Neunjähriger gibt: »›Ihr Sohn spielt wunderbar Klavier, aber an der Art, wie er spielt, kann ich hören, daß er in Wirklichkeit Dirigent ist‹« (S. 14). Auch die briefliche Aussage Furtwänglers über ihn als Elfjährigen: »›Der junge Barenboim ist ein Phänomen‹« (S. 48) wird ihm zu einer Bestätigung seines Doppelmusikertums. Der junge *Foldes* spielt Emil Sauer vor. Der erzählt ihm, wie er selbst einmal Liszt vorgespielt habe und von dem anerkennend geküßt worden sei.

> »›Diesen Kuß habe ich dir nun weitergegeben, und falls du, wenn du so alt sein wirst wie ich, einen jungen Pianisten findest, den du für sehr talentiert hältst, dann gib ihm diesen Kuß weiter (S.49).

Der achtjährige *Kempff* spielt seinem 80jährigen, erblindeten Organisten-Großvater vor. Der alte Mann segnet das Kind, der das Gefühl bekommt, der Großvater gibt ihm sein Vermächtnis mit:

> »›Der Wunschring, Wilhelm, ... ich mußte ihn mir erst aus dem Acker graben ... Mein Vorfahre ... er war Schiffer ..., sein Singen über den Strom gab ihnen die Zeit an. Und der Vater, er war Hirte und seine Weidenflöte war den ganzen Tag zu hören ... Aber sie suchten ihn ihr Lebenlang, den Wunschring.«›Wem hast du ihn denn geschenkt, Großvater, als du ihn im Acker gefunden hast?‹ ... ›Deinem Vater, Wilhelm, und er gibt ihn dir weiter ...‹« (S. 38).

Der Fortgang der als Bildungsroman angelegten Autobiographie Kempffs handelt davon, wie der junge Musiker langsam reif wird, den »Wunschring« zu tragen. Elly *Ney* ist der Ansicht, »daß es keinen Zufall gibt« (S. 16). Sie führt keine »Prophezeiung« im engeren Sinne an, dafür aber viele Äußerungen von Zeitgenossen, aus denen hervorgeht, daß sie als die wahre Erbin Beethovens anzusehen sei, als die Verwalterin seines Vermächtnisses. *Paderewski* zitiert die Prophezeiung seines hochgeschätzten Klavierlehrers über seine große pianistische und kompositorische Zukunft (S. 126). *Rubinstein* berichtet von zwei voraussagenden Sätzen über ihn, die ihn ein Leben lang begleitet hätten. Ein Kritiker formuliert über den Zwölfjährigen: »Er ist unter den Begnadeten ein Auserwählter« (S. 89). Sein Klavierlehrer prophezeit ihm: »›Mein Junge, wenn du nur arbeiten wolltest, könntest du ja alle in den Dreck spielen‹« (S. 91). Der achtjährige *Auer* begrüßt die ins Dorf einmarschierenden Truppen des Zaren mit so zündenden Trommelwirbeln, daß der Kommandant ernsthaft anfragt, ob der Junge nicht in das Musikkorps eintreten könne, »... in order to awaken the enthusiasm of the national troops« (S. 23). Auer führt dieses Erlebnis als Bestätigung seiner »musical ... instincts« an (S. 21). *Burmester* zitiert die Worte des »dänischen Mendelssohn« Niels W. Gade über ihn als Achtjährigen: »›Du wirst sicher einmal ein großer Geiger werden‹« (S. 17), Worte, die den alten Mann, der seine Lebenserinnerungen aufschreibt, wehmütig stimmen. Über Ida *Haendel*, die als Kind darunter leidet, nicht so gut wie ihre Schwester auszusehen, sagt die Großmutter die tröstlich gemeinten Worte: »Plain she may be ... but one day she will have more than beauty, and the world will know of it« (S. 11). Die prophezeiungsähnliche Aussage über den jungen *Huberman* wurde oben schon erwähnt. *Menuhin* berichtet von einem für ihn wichtigen Traum. Darin beugt sich sein großes Vorbild, Fritz Kreisler, von der Bühne zu ihm herunter - er hat zur Verwunderung des Publikums zwei gleiche Geigen in der Hand - und reicht ihm die eine mit den Worten: »›Hier, mein Junge, die ist für dich‹« (S. 68). *Spalding* betrachtet den Buckel seines ersten Geigenlehrers als »a good omen« (S. 33) und erwähnt, daß man ihn bei seiner Aufnahmeprüfung für ein italienisches Konservatorium, die er mehr als brillant besteht, mit Mozart verglichen habe. Beide Äußerungen werden durch seinen humoristischen Stil relativiert. *Tertis* erwähnt keine Prophezeiung in bezug auf sein Geigenspiel, wohl aber eine Bemerkung seines Konservatoriumdirektors, nachdem er ihn zum ersten Mal hat Bratsche spielen hören: »Well, in my opinion you will never regret it« (S. 16). *Grümmer* richtet sich an einer Gabelung seines Lebensweges, als er sich zwischen den beruflichen Alternativen Cellist oder Kaufmann entscheiden muß, nach der Aussage seines Cellolehrers, der ihm rät, bei dem Instrument zu bleiben, da er sich niemals zum Geschäftsmann eignen würde (S. 21).

Diese Prophezeiungen sind spezifischer als die zunächst erwähnten Wahrsagungen und Gelübde, da sie sich auf die bereits erreichte Könnerschaft des jeweiligen Instrumentalisten beziehen und den Musiker in seinen derzeitigen Fähigkeiten wie zukünftigen Möglichkeiten spiegeln. Es scheint hier auf ersten Blick verständlicher als bei den erstgenannten Fällen, warum die Musiker ihnen eine große Bedeutung beimessen. Kennen sie doch im allgemeinen nur die Rückmeldungen ihrer meist ja innerlich hochbeteiligten Eltern - die übrigens, wie viele betonen, mit ihrem Lob eher geizen (vgl. Einzelfallstudie Galway, Kap. V) und eines privaten Kreises. Hier aber handelt es sich um die Urteile anerkannter Autoritäten, die für die Professionalisierung einer zunächst privaten Leidenschaft natürlich von großer Bedeutung sind.

Manche Musiker berichten nicht von Prophezeiungen, anstelle dessen aber von einer seit frühester Kindheit bestehenden »inneren Gewißheit« darüber, Musiker werden zu wollen. Oft geht die innere Gewißheit über das spätere Musikertum sogar der »Wahl« eines Instruments vorauf. *Estrella, Paderewski, Gulda, Matthews* und indirekt *Casals* sprechen von so einem früh ausgeprägten, unerschütterlichen Glauben.

Bei *Estrella* heißt es: »J'aimais jouer ..., chanter, danser ...« (S. 87), und aufgrund seiner Überzeugung, zum Musiker geschaffen zu sein, hält er nichts von den Plänen seiner Großmutter, die aus dem Fünfjährigen einen Priester machen will. Erst nach der Begegnung mit dem Klavier konkretisieren sich seine Pläne: »Je serais pianiste coûte qui coûte ...« (S. 87). *Paderewski* erinnert,

> »I had a real ambition to become an artist ... there was already working in me some inner force, I was *sure* I would attain something« (S.37).

Gulda entscheidet sich mit 12 Jahren, das Konservatorium besuchen zu wollen. Schon vorher »war klar«, daß er »Musiker werde«; er habe sich »Tag und Nacht mit nichts anderem beschäftigt« (S. 49).

Bei *Matthews* bildet sich die innere Gewißheit etwas später heraus. Sie hat den Charakter einer »Erweckung« zur Musik, die ihm bei dem erstmaligen Anhören eines Beethoven-Stücks widerfährt: »Music became my religion in that instant« (S. 11). *Casals* betont, er habe Musik, seit er zurückdenken kann, als sein Lebenselixier empfunden: Ihm seien »Töne ebenso vertraut wie Worte« (S. 16) gewesen. Musiker zu werden, dazu habe er sich nie entscheiden müssen, das sei für ihn immer klar gewesen (vgl. Einzelfallauswertung Kap. V).

Manche der eben aufgeführten Instrumentalisten (*Estrella, Paderewski*) führen über die innere Gewißheit hinaus zusätzlich Prophezeiungen durch Autoritäten an, die sie dann als eine Bestätigung ihrer Überzeugung empfinden, und es ist anzunehmen, daß auch Musiker, die von ihrer inneren Gewißheit nicht explizit schreiben, sie gleichwohl in sich tragen.

Die innere Gewißheit wird auch durch Aussagen nicht in Frage gestellt, die ich »negative Prophezeiungen« nennen möchte. Hiermit ist das im Brustton der Überzeugung geäußerte Abraten einer Autorität von dem weiteren Verfolgen der Instrumentalistenkarriere gemeint. Besonders

Paderewski berichtet hiervon, z. T. finden sich negative Prophezeiungen auch bei *Primrose* und *Grümmer*.

Paderewskis erste Lehrer am Konservatorium raten ihm samt und sonders von einer pianistischen Karriere ab: »You will never be a pianist. Never!« (S. 61), während ihm Lehrer anderer Instrumente, auf denen er sich in dieser Zeit versucht, zuraten, z. B. ein Posaunist: »... you have no future with the piano, your future is here, playing the trombone!« (S. 57) *Primrose*s Freunde warnen ihn drastisch von einer Karriere mit der Bratsche, indem sie die Entscheidung für dieses Instrument musikalischen Selbstmord nennen (S. 59). *Grümmers* Eltern sind weniger drastisch, aber doch deutlich genug, als sie ihrem Sohn vorschlagen, statt der Cellistenlaufbahn ein günstiges Angebot anzunehmen, in ein kaufmännisches Unternehmen einzusteigen.

Die eher selten berichtete »negative Prophezeiung« dient wohl im wesentlichen dem Ziel, die »innere Gewißheit« über die Bestimmung zum Musiker noch plastischer hervortreten zu lassen, indem klar wird, daß der Betreffende ihr gegen äußeren Widerstand weiter anhängt.

Diese Befunde stehen in Widerspruch zu Sosniaks Ergebnissen (1985, 1990), die bei ihren Pianisten eine längere Zeit gänzlicher Unbekümmertheit hinsichtlich der späteren Musikerlaufbahn und -identität festgestellt hat; erst relativ spät sei ihnen klargeworden, daß sie Pianisten sein und werden wollten. Es kann nun sein, daß das Gefühl des »Berufenseins« zum Musiker sich tatsächlich nur in den Extremfällen musikalischer Höchstbegabung einstellt. Möglich wäre auch, daß das Gefühl innerer Gewißheit von den erwachsenen Musikern in Zeiten zurückprojiziert wird, in denen es de facto nicht vorhanden war. In jedem Fall scheint mir die durchweg zu findende Vorliebe für magische Existenzeinfassungen im Sinne von Erfolgsverheißungen, Vorahnungen, Gelübden und inneren Gewißheiten angesichts der sonst so unterschiedlichen Lebensschicksale ein erklärungsbedürftiges Phänomen.

In den Prophezeiungen der Autoritäten könnte die Bestätigung einer zunächst im Familienkreis entwickelten Auserwähltheitsphantasie der jeweiligen Musiker liegen und damit zugleich eine Bestätigung der schicksalhaften Unausweichlichkeit ihrer Entscheidung für Instrument und Musik. Diese Erklärung stellt eine Parallele zu Burtons (1968) Ansicht über die von Clara Schumann und ihrem Vater geteilte Grandiositätsphanasie dar (s. o. Kap. II). Burton nimmt an, daß solche Phantasien eine wichtige Antriebskraft bei der Entwicklung lebenslanger Virtuosität ausmachen. Geteilte Auserwähltheitsphantasien müssen nach den hier vorliegenden Erkenntnissen nicht auf Eltern und Kind beschränkt sein; wenn z. B. Krause, der Klavierlehrer und »zweite Vater« *Arraus* über den Jungen sagt: »»Dieses Kind soll mein Meisterstück werden««, zeigt sich hier der Lehrer mit seinen Größenphantasien, die in Arrau einen entsprechenden Widerhall gefunden haben mochten.

Glauben an Wahrsagerei, Prophetie und auch das Walten einer gütigen Vorsehung kann man über diesen Erklärungsansatz hinaus grundsätzlich als Teil eines Schatzes »von Vorstellungen« ansehen, »geboren aus dem Bedürfnis, die menschliche Hilflosigkeit erträglich zu machen« (S. Freud, 1927, S. 340). Für Freud ist der »Fügungs«-Glaube ein Erbstück aus frühen Entwicklungsphasen, in denen die Eltern vom Kind projektiv mit Allmacht ausgestattet werden.

»Im Laufe der Kindheitsentwicklung«, führt Freud dazu aus,

»tritt deren persönliche Bedeutung für das Über-Ich zurück. An die von ihnen erübrigten Imagines schließen dann die Einflüsse von Lehrern, Autoritäten, selbstgewählten Vorbildern und sozial anerkannten Helden an, deren Personen von dem resistenter gewordenen Ich nicht mehr introjiziert zu werden brauchen. Die letzte Gestalt dieser mit den Eltern beginnenden Reihe ist die dunkle Macht des Schicksals ...« (S. Freud, 1924, S.380f.).

Freud sieht also die Entstehung des Konzepts »Schicksal« im Zusammenhang mit der Über-Ich-Bildung; über die durch frühe Interaktionserfahrungen geprägte innere Gewissensinstanz persistiert in den meisten Menschen, so seine Ansicht, die Bereitschaft, etwas von der beruhigenden Annahme elterlicher Allmacht in das Erwachsenendasein hinüberzuretten. Ja, daß überhaupt so etwas wie ein »Schicksal« angenommen wird, hält Freud für ein Stück im Menschen bewahrter Kindlichkeit: Der Erwachsene erhält sich mit dem »Fügungs«-Glauben ein symbolisches Schutz-Dach über seiner existentiellen Unbehaustheit, denn: »Durch das gütige Walten der göttlichen Vorsehung wird die Angst vor den Gefahren des Lebens beschwichtigt« (S. Freud, 1927, S. 352).

Die Färbung des Schicksalsglaubens, also die Betonung von Aspekten wie Weisheit, Güte und Lenkung gegenüber etwa Aspekten von Blindheit, Grausamkeit und Willkür - erklärt Freud dadurch, daß der Schicksalsglaube auf »Introjektionen« der frühesten Objekte beruhe bzw. auf der inneren Hervorhebung gewisser Züge dieser Introjekte. Je nachdem, wie die introjizierten Bilder gestaltet sind und welche ihrer Züge im Rahmen der Überwindung ödipaler Konflikte im Ich schließlich bewahrt werden, fällt das Schicksalskonzept eher positiver gefärbt (s. z. B. *Burmesters* »Helm«) oder eher strenger aus (so könnte man die negativen Prophezeiungen auch als Realisationen vernichtend kritischer Über-Ich-Aspekte verstehen, vgl. Kap. V).

Stark Schicksalsgläubige, könnte man den Gang dieser Überlegungen fortsetzen, neigen offenbar dazu, ihre frühen Allmachtsphantasien in modifizierter Form auf die äußere Instanz der »Fügung« zu projizieren, während Schicksalsagnostiker entweder stärker ausgeprägte Größenphantasien haben, in denen die frühen Allmachtsphantasien aufgehoben werden, oder ihre Allmachtsphantasien sind durch den besonderen Glücksfall entwicklungsphasenadäquater und -spezifischer, wohldosierter Entidealisierungen der Eltern und späterer Elternsubstitute durch realistische Bilder ersetzt worden. Persistiert also die Allmachtsphantasie in Form eines mehr oder weniger ausgeprägten Schicksals- oder Auserwähltheitsglaubens wie bei den meisten hier untersuchten Instrumentalisten, könnte man vermuten, daß die Eltern - zumindest in mancher Hinsicht - nicht hinreichend entidealisiert werden konnten oder durften.

Der in so vielen Formen bei den erwachsenen Instrumentalisten gefundene Glaube an ein schicksalshaftes »Gefühl der Berufung«, wie *Menuhin* es nennt (S. 12), könnte mehrere Funktionen haben:
- Stärkung der inneren Kohäsion unter der Annahme eines in Hinblick auf die musikalische Entwicklung sehr an frühe Elternbilder gebundenen und darin labilisierbaren Selbst. Das »gütige Schicksal«, mit dem sich der Instrumentalist im Einklang fühlt, wäre der abstrakte Erbe der »originally highly personal, concrete and focused relation to the archaic selfobjects of childhood« (Wolf, 1980, S. 130).
- Unterdrückung von Zweifeln an den so früh und so sehr mit den Elternwünschen verwobenen Entscheidungen für das Musizieren. Diese Zweifel könnten den Zusammenhalt des in diesem speziellen Punkt labilen, da an die frühen Objekte gebundenen Selbst auf eine schwere Belastungsprobe stellen - der Instrumentalist könnte vielleicht befürchten, er stehe ohne Musik und ohne seine Kunst »vor dem Nichts«. Diese These wird durch den Befund untermauert, daß von den 41 Instrumentalisten nur drei (*Kremer*, *Paderewski*, *Primrose*) überhaupt je von Zweifeln sprechen, die sie gegenüber ihrer Bestimmung zum Musiker empfunden haben.
- Erhöhung des Selbstwertgefühls. Indem die Instrumentalisten ihr Leben in einen fast eschatologisch anmutenden Rahmen von Verheißung und

Erfüllung stellen, können sie die Größenphantasie, die »Erlöser« der Eltern zu sein, indem sie deren unrealisierte Leidenschaften verwirklichen, relativ ungemildert ausleben. Hierdurch wiederum wird ihr Selbstwertgefühl gestärkt, das durch die enge Verwobenheit mit den frühen Objekten starken Schwankungen unterworfen sein kann, wovon die autobiographischen Berichte z. T. beredtes Zeugnis ablegen (vgl. z. B. *Rubinstein*, S. 407; *Kremer*, vgl. Kap. V; *Haendel*, S. 244). Nimmt man an, daß gerade aus dem Bereich von Größenphantasien das kreative Potential des Menschen herrührt (vgl. Kohut, 1975, Kap. II), wäre verständlicher, wieso die Musiker immer wieder zu kreativen Höchstleitungen mit den dazugehörenden Erregungen des Augenblicks und dem potentiellen Scheitern bereit und in der Lage sind.

Elternopfer und Erfolgsverpflichtung

Das Nachdenken über die von den Instrumentalisten durchweg als »schicksalhaft« erlebte Hinwendung zur Musik und zum Instrument hat zu den Eltern geführt. Um zu verstehen, wieso möglicherweise die Instrumentalisten ihre Eltern stärker oder spezifischer idealisieren als andere Menschen und welche Konsequenzen das hat, muß man den Rahmen des Freudschen Denkens verlassen und spätere, selbst- sowie entwicklungspsychologische Perspektiven heranziehen (Kohut, 1979, und etwa Stern, 1992). Hier wird für den (freudianisch: prä-ödipalen und damit der Über-Ich-Bildung vorausgehenden) Bereich der ersten zwei Lebensjahre die langsame Herausbildung eines Kern-Selbst angenommen (vgl. Kohut und Wolf, 1978, aber auch Stern, 1992). Voraussetzung hierfür ist die Gegenwart empathisch auf die physischen und psychischen Bedürfnisse des Babys antwortender »Selbstobjekte« (Kohut, 1979, s. a. Kap. II), die die Bedürfnisse des Kindes nach Spiegelung und Idealisierung befriedigen, aber auch die dosierten Frustrationen, durch die das Kind die Funktionen des Selbstobjekts ganz allmählich in sein eigenes Selbst hineinnehmen lernt, in Szene setzen müssen. Wichtig ist dabei der Gedanke, daß das rudimentäre Kern-Selbst mit seinen beiden Ausprägungen des Größenselbst und der idealisierten Elternimagines »seine Anfänge schon in den Hoffnungen, Träumen und Erwartungen der Eltern, v.a. der Mutter« hat (Wahl, 1985, S. 74); ja weitgehend machen eben jene Wünsche und Erwartungen das »virtuelle Selbst« des Kindes aus. Gehen die Eltern in ihrer Förderung bzw. Unterdrückung oder Nicht-Beachtung der kindlichen Potenzen und Ausdrucksformen sehr selektiv, d. h. stark an ihren eigenen Bedürfnissen ausgerichtet, vor, dann verliert das vor das Kind »hinprojizierte« (um diesen von Freud für das Ich-Ideal verwendeten Ausdruck zu benutzen, S. Freud, 1914) virtuelle Selbst seinen flexiblen »Angebotscharakter«. Das Kind nimmt die elterlichen Wünsche in sein Kern-Selbst hinein und bleibt von daher schwer auflösbar mit den Elternwünschen existentiell verflochten.

Von eben so einer sehr selektiven und ganz früh ansetzenden »Förderung« sprechen einige der untersuchten Instrumentalisten, am beeindruckendsten sicherlich *Kremer* (vgl. Kap. V), sehr deutlich auch *Primrose, Menuhin, Haendel, Ney, Arrau* und *Sauer*, deutlich genug *Cohen, Burmester, Galway*, auch *Casals, Mainardi, Tortelier, Moore* und, weniger deutlich, *Rostropowitsch*. In dieser frühen Weichenstellung könnte der Grund dafür liegen, warum Entidealisierung bei den Instrumentalisten in den durch starke Elternwünsche »besetzten« Bereichen schwer stattfinden kann. Ihr Kern-Selbst ist zu sehr auf das virtuelle Selbstangebot der frühen Selbstobjekte verpflichtet worden.

Der große familiale Einfluß ist ja bereits bei der Untersuchung der Instrumentenwahl sichtbar geworden. Er erschöpft sich jedoch keinesfalls mit der ganz frühen Förderung und Bahnung auf die Musik oder sogar ein bestimmtes Instrument hin. Die Fälle, in denen Eltern oder Elternteile ihr ganzes Erwachsenenleben fast ausschließlich in den Dienst der Talent- und Karriereförderung des Kindes stellen, sind häufig. Hier einige Beispiele zum »Elternopfer«: *Arrau* sagt über seine Mutter,

> »... daß sie überhaupt erst von dem Moment an zu leben begann, als mein Talent entdeckt wurde. Von da an war ihr ganzer Lebensinhalt, meine Karriere zu fördern« (S. 30).

Ähnliches könte man von Ida *Haendels* Vater sagen, ja Ida Haendels gesamte Familie erbringt erhebliche finanzielle Opfer, sogar die Wahl des Wohnortes wird davon abhängig gemacht, wo der jeweilige Lehrer Idas lebt; später wird der Vater zum Manager seiner Tochter; als er sie nicht mehr auf Reisen begleitet, tut es die Mutter. *Kremers* Vater gibt dem jungen Gidon jahrelang Unterricht; die Reibereien um das Üben und die Talentförderung bilden das Zentrum des Familienlebens. *Moore* schreibt plastisch: »Alles, was ich heute erreicht habe, verdanke ich einzig und allein der eisernen Entschlossenheit meiner Mutter ...« (S. 12). *Menuhins* Vater gibt seinen Beruf auf, um den Sohn auf Tourneen zu betreuen

(»Zweimal opferte der Vater mir seine Karriere«, S. 33); der gesamte Familienalltag ist auf eine optimale Talentförderung abgestimmt. Von der Mutter sagt Menuhin, sie »opferte ... später ihre musikalische Ausbildung der meinigen und steckte ihr ganzes Herz, ihre Energie und Vorstellungskraft in meinen Werdegang« (S. 39).

Casals Mutter verläßt Heimatstadt und Familie, um den Sohn an seinen Unterrichtsorten zu betreuen. *Tortelier* erinnert den hundertfachen Ruf der Mutter, der ihn von der Straße weg zum Üben ins Haus holt: »Paul, ton violoncelle!« Diese Beispiele ließen sich durch weitere ergänzen.

Goldsmith (1990), Sosniak (1985, 1990) und Sloboda (1990, 1991) heben aus ihrer Sicht ebenfalls die enorme elterliche Förderungsleistung bei der Talententwicklung hervor; besonders Sosniak sieht hierin ein motivationales Element, wenn sie meint, den jungen Pianisten ihrer Stichprobe habe die familiale Unterstützung als Ansporn dafür gedient, noch intensiver zu üben, um den Förderern zu beweisen, daß sich ihr Einsatz gelohnt habe (vgl. Sosniak, 1985, S. 55).

Wenn das Elternopfer, wie bei vielen hier untersuchten Instrumentalisten, jedoch so weit geht wie in dem berühmten Fall Wieck-Clara Schumann (vgl. Burton, 1990), muß man davon ausgehen, daß die Empfänger dieser Förderung nicht nur, wie bei Sosniak vermutet, eine selbstverständliche Dankbarkeit und eine Art Bringeschuld erleben, die sie in vermehrten Arbeitseifer umsetzen. Derartig umfassende Elternopfer, wenn auch gern und freiwillig gegeben, stellen eine Belastung für die Autonomieentfaltung eines jungen Menschen dar, bedeuten sie doch eine Schuld, deren Einlösung eigentlich nur im fraglosen Erfüllen, ja Übererfüllen der an die Opfer geknüpften Hoffnungen und Wünsche bestehen kann. Ein Aufgeben des Instruments und des Musikerberufs würde mehr als Undankbarkeit denen gegenüber bedeuten, die so viel für das Kind getan haben; es wäre eine vernichtende Zurückweisung (man denke an die unverwindbare Enttäuschung und Wut von *Primroses* Vater, als sich der Sohn der »minderwertigen« Bratsche zuwendet, s. o.). Man könnte also von einer Schuldgefühle mindernden, starken *Erfolgsverpflichtung* sprechen, der die Musiker sich nachzukommen gezwungen sehen.

Es erscheint an dieser Stelle sinnvoll, einmal darüber nachzudenken, wieso die Musiker an dem Vermächtnis innerer und äußerer Verwobenheit ihres Lebensschicksal mit dem der Eltern - einem Vermächtnis, das doch neben Glück und Erfolg auch immer wieder Last bedeutet -

nicht nur nicht zerbrechen, sondern warum sie sogar Kraft daraus schöpfen können.

Häufiger als die »Erfolgsverpflichtung« ist das hiermit verwandte Phänomen des »Scheiterns am Erfolg« zum Thema psychoanalytischer Arbeit geworden, weil es oft mit einem psychischen Zusammenbruch einhergeht und den davon Betroffenen therapeutische Hilfe suchen läßt (vgl. z. B. S. Freud, 1915), während das »Geheimnis des Erfolgs« aus dem naheliegenden Grund, daß Erfolgreiche selten Therapien machen, weniger im Zentrum psychoanalytischer Publikationen steht. Die Aussagen zum Scheitern enthalten aber Gedanken, die - mit umgekehrten Vorzeichen - auf die »Erfolgreichen« angewendet werden können.

Zum Scheitern am Erfolg kann es nach Freud kommen, wenn die langgehegte Erfüllung eines Wunsches (höhere Position, Kinderwunsch etc.) eintritt, der unbewußt mit einem Verbot belegt ist. Dieses Verbot rühre meist aus ungelösten ödipalen Verstrickungen her. Das Gewissen lasse den Betreffenden den Erfolg nicht auskosten, weil er sich aus unbewußten feindseligen oder libidinösen Strebungen, die sich ursprünglich auf Vater oder Mutter richten, herleite (vgl. S. Freud, 1915, S. 370 ff.).

So gesehen, wären eigentlich eine ganze Reihe unserer Instrumentalisten als sehr scheiteranfällig einzustufen, denn viele von ihnen spielen eben das Instrument, das auch der gleichgeschlechtliche Elternteil vertritt. Sind die Instrumentalisten erfolgreich, bedeutet das im allgemeinen auch: Sie sind erfolgreicher als Vater oder Mutter. Erfolg kann damit intrapsychisch als »Triumph« über Vater oder Mutter erlebt werden, damit als etwas, das im allgemeinen bewußt wenig ausgekostet werden kann (vgl. S. Freud, 1936, wo er in dem Rolland gewidmeten Aufsatz »Eine Erinnerungsstörung auf der Akropolis« die Mißempfindungen analysiert, die ihn bei der Verwirklichung eines unerfüllten väterlichen Wunsches befallen: »Es muß so sein, daß sich an die Befriedigung, es so weit gebracht zu haben, ein Schuldgefühl knüpft ...« S. 156). Abgesehen davon, daß eine Reihe der Instrumentalisten eben jene dysphorische Stimmung nach einem Konzerterfolg kennen und schildern (*Cohen*, *Paderewski* und *Haendel* etwa) und somit Freuds Mißempfindungen auf der Akropolis teilen, so gibt es doch keine Anzeichen für ein tatsächliches Scheitern am Erfolg im Sinne ernsthaft erwogener Aussteigetendenzen bei den Instrumentalisten.

Hierfür sind m. E. zwei Gründe verantwortlich. Der eine könnte heißen: »Ich darf meinen ›Triumph‹ auskosten, weil mein Vater oder meine Mutter durch mich in altruistischer Abtretung an ihm teilhaben. Ich nehme ihnen nicht etwas, indem ich sie etwa als zweitrangig deklassiere, sondern ich gebe ihnen etwas, indem ich sie meine Erstklassigkeit als *ihren* Erfolg mitgenießen lasse.« Und der andere könnte so ausgedrückt werden: »Mein Gewissen meldet sich wegen dieses Kuhhandels zwar zu Worte, kann aber dadurch beschwichtigt werden, daß ich meinerseits den Eltern seit früher Jugend unerhörte Opfer bringe, indem ich auf viele eigene Impulse verzichtet habe und verzichte.« Soweit die ödipale Seite des Problems. Dem »Elternopfer« stünde das »Kinderopfer« gegenüber und führte zu einer ausgewogenen inneren Bilanz, die mögliche Schuldgefühle mildern kann.

Hiermit sind jedoch idealtypische Verhältnisse skizziert worden. Das Elternopfer, vor allem wenn die Eltern aufgrund eigener Probleme selbst wenig »mitgenießen« können, ruft im Einzelfall trotz dieser »Bilanz« sehr wohl Selbstvorwürfe der Instrumentalisten angesichts ihres Erfolgs und ihrer Sonderstellung innerhalb der Familie, v.a. anderen Geschwistern gegenüber, hervor (besonders deutlich z. B. bei *Galway*, *Paderewski*, *Kremer*, vgl. Kap. V, oder bei *Menuhin* und *Sauer*, in weniger ausgeprägter Form bei fast allen anderen auch). Ein Indiz hierfür ist die durchweg ausgeprägte Bescheidenheitshaltung der berühmten Künstler, die man in Teilen als Anerkennen der Familienunterstützung ansehen kann. Ich meine daher, daß es neben der inneren Bilanz noch eine andere Form der Milderung des inneren Konflikts zwischen Erfolgsstreben und Erfolgsschuld geben muß.

Das Musizieren hat ja, und hierin liegt m. E. der entscheidende Erklärungsansatz, für die Instrumentalisten bei weitem nicht nur den bei Freud betonten Rivalitätsaspekt. Die wenigsten Instrumentalisten beschreiben es als ihren Hauptantrieb, besser als die anderen sein zu wollen, wenngleich dieses Motiv als Ansporn immer eine Rolle spielt (besonders bei *Milstein*, *Galway*, *Rubinstein*, *Friedheim*, *Kremer*, die dezidiert das Wetteifern mit anderen guten Musikern ihres Fachs als belebend und anfeuernd geradezu aufsuchen). Musizieren ist für ausnahmslos alle untersuchten Instrumentalisten immer auch eine Art »Dienst an der Musik«. Fast alle unterscheiden zwischen der »Technik«, die es zu erlernen und immer wieder zu üben gilt, und dem »Geist« der Musik. Ihm gerecht zu werden, die höhere Wahrheit eines musikalischen

Werks auszudrücken, ja sie recht eigentlich durch eine Mischung aus Demut vor der Kunst der Komponisten und aus Stolz über den selbstgefundenen, schönen musikalischen Ausdruck immer wieder neu herzustellen, gilt das Streben der Instrumentalisten. In diesem »Dienst« an dem idealisierten »Geist« der Musik aber rivalisieren die Kinder nicht mit ihren Eltern, vielmehr sehen sie sich höchstens unterschiedlich weit vom Erreichen eines per se nicht erreichbaren Ideals entfernt und, was noch wichtiger ist, in der Liebe zur Musik mit ihren musikbegeisterten Eltern verbunden und geeint.

Indem also »Musizieren« gleichzeitig Rivalisieren wie Identifizieren, Polarisieren wie Einigen gestattet, ermöglicht es auch immer wieder die Überwindung möglicher ödipaler Fixierungen und schuldhafter Vermächtnisse. Die Instrumentalisten jedenfalls betonen den demütigen Dienst an der Musik, und damit können sie mögliche Schuldprobleme über ihren ungeheuren Erfolg verarbeiten.

Daß für die meisten Instrumentalisten das einigende, versöhnende Moment der Musik so sehr im Vordergrund steht, kann natürlich auch als Ausdruck persistierender Idealisierungstendenzen in ihnen gesehen werden (vgl. Beginn des Unterkapitels), die durch die existentielle Verwobenheit mit den Eltern gefördert werden.

Leichtigkeit und Erfolgszuversicht

Immer wieder stößt man in den Schilderungen der Instrumentalisten auf ein erstaunliches Phänomen: Sie erleben das Spielen auf ihrem Instrument von Anfang an als etwas quasi Natürliches, etwas, das sie als Kinder mit allergrößter Leichtigkeit erlernen und beherrschen:

Barenboim schreibt: »Für mich war es ebenso natürlich, Klavier spielen zu lernen wie laufen zu lernen« (S. 17). Ähnlich *Estrella*: »Le piano m'était totalement familier, naturel ...« (S. 93). *Foldes* hat einen »Heidenspaß« am Spielen (S. 14), *Gieseking* spricht von der »mühelose(n) Leichtigkeit«, mit der ihm alles am Klavier gelinge (S. 14), fast die gleichen Worte benutzen *Gulda* (S. 48) und *Moore* (S. 12) sowie *Primrose* über die Geige (S. 8) und *Galway* über die Flöte (S. 31); *Kempff* ist es am Klavier »am wohlsten« (S. 85); Ida *Haendel* erwähnt, daß die Leichtigkeit, mit der sie auch schwerste Stücke beherrscht als Kind, von anderen als geradezu unheimlich betrachtet wird (»uncanny ability«, S. 24). Sie fügt hinzu: »... playing was part of my being and as natural to me as breathing« (S. 34). Für Jacqueline *du Pré* ist Cellospielen die »natürlichste Sache von der Welt« (S. 41).

Das soll nicht heißen, daß die Instrumentalisten nicht üben müssen; daß ihnen ihre Erfolge in den Schoß fielen. Auch sie müssen am Anfang von leichten Stücken zu schwereren vordringen (ganz in dem Sinne, wie es Ericsson et al., 1990, in ihrer Studie beschreiben, vgl. Kap. II). Nein, mit den Ausdrücken »natürlich«, »leicht«, »schnell« soll, meine ich, ein bestimmter, wohlausbalancierter, harmonisch-beglückender Zustand beschrieben werden, den die Spieler von Anfang an und im Laufe ihres Lebens immer wieder - wenn auch nicht immer - mit und an ihrem Instrument erleben.

Man hat fast den Eindruck, das Instrument komme auf den Spieler zu, denn es fällt auf, daß die Instrumentalisten diese »Leichtigkeit« auf anderen Instrumenten meist verläßt. *Galway* umschreibt diesen Sachverhalt drastisch so: »A flop on the violin, I began the flute« (S. 31), *Tertis*, nicht weniger deutlich: »I was a dismal failure« (S. 11) - auf der Oboe, nicht auf der Bratsche. Der Pianist *Foldes* schreibt vom »Wimmern und Jaulen« als den einzigen Geräuschen, die er auf einer Geige hervorbringen konnte: »Meine verzweifelte Beschäftigung mit der Geige war unermeßlich weit von der Freude entfernt, am Klavier Tasten niederzudrücken und Töne, schöne reine Töne zu erzeugen« (S. 16). *Gieseking* hat ähnliche Erlebnisse: »... die mühelose Leichtigkeit, mit der mir alles auf dem Klavier gelang, verließ mich jedoch bei der Geige fast ganz« (S. 14).

Die »mühelose Leichtigkeit« des Lernens, die die Instrumentalisten ganz speziell an »ihrem« Instrument beflügelt (nicht unbedingt in anderen Bereichen; es gibt unter ihnen die ganze Bandbreite vom eher schlechten Schüler bis zum brillanten Studenten), erinnert an das Spielen von Kindern, die mithilfe ihrer Phantasie Zeit, Raum und Identität wechseln, nur angetrieben von Neugier, Identifikationslust, Spaß am Ausprobieren und davon, sich etwas spannend zu gestalten. Es erinnert auch an jenes gehobene Gefühl, das Freud »Eroberergefühl« nennt, »jene Zuversicht des Erfolges, welches nicht selten wirklich den Erfolg nach sich zieht« (S. Freud, 1917, S. 26).

Wiederum handelt es sich um ein frühen Entwicklungsphasen zuzuordnendes, quasi magisches Phänomen, das übrigens durchweg in der Pubertät zeitweise verlorengeht, die Zeit schwerster Schaffenskrisen für viele der hier erwähnten musikalischen Frühbegabungen, die Zeit, in der

Sosniaks Pianisten (1985, vgl. Kap. II) vom »Spielen eines Instruments« zum »Musizieren« voranschreiten. *Haendel* nennt das leichte, »natürliche« Spielen, das ihr in der Kindheit zugefallen sei, das Spielen »by instinct« (S. 244). Mit dem Erwachsenwerden sei der Verlust dieses »Instinkts« einhergegangen, und sie habe Jahre gebraucht, um das bewußte Spielen (playing by »consious analysis«) wieder mit der ursprünglichen Leichtigkeit anzureichern. Ganz ähnlich beschreiben diesen Vorgang *Menuhin* und *Casals*.

Die Musiker fassen mit dem Bild der Leichtigkeit m. E. etwas, das Kleist (1810) in seinem Aufsatz »Über das Marionettentheater« teils philosophisch und teils auch psychologisch betrachtet: Am Beispiel eines Tänzers und von Marionettenpuppen postuliert er, natürliche Grazie sei nur dem Tier oder dem Kind möglich, das kein Bewußtsein seiner selbst habe; Erkenntnis zerstöre die natürliche Anmut, denn mit der Selbstentzweiung des Menschen in das handelnde und das beobachtende Ich gehe einher, daß »die Seele« sich »in einem andern Punkte befindet, als in dem Schwerpunkt der Bewegung« (S. 74). Erst »wenn die Erkenntnis gleichsam durch ein Unendliches gegangen ist«, könnten sich Anmut, Leichtigkeit und Grazie auf einer höheren Ebene wieder herstellen. Der erwachsene Instrumentalist muß also, kann man für unseren Zusammenhang folgern, mit sich selbst wie mit einer Marionette spielen lernen, also gleichzeitig »Gott« und »Puppe« sein.

Aber auch wenn das Wiederherstellen der ursprünglichen »Leichtigkeit« offenbar ein schwieriger Prozeß ist, so bleibt es doch für die Künstler dabei, daß das Musizieren immer wieder, wie Galway einfach sagt, sie glücklich mache (vgl. Kap. V), daß sie also immer wieder Momente gelöster, gleichwohl intensivster Leichtigkeit erreichen, wie sie etwa in der SEM-Forschung als »peak« oder »strong experiences« beschrieben worden sind (vgl. Gabrielsson und Lindström, 1993).

Dieses Phänomen könnte zumindest teilweise darauf zurückzuführen sein, daß erst die Musik und etwas später dann auch die Instrumente für die Instrumentalisten in ihrer Kindheit zu bevorzugten Übergangsobjekten werden (vgl. auch McDonald, 1990), eine Wahl, die angesichts der Klangaufgeschlossenheit der jungen Musiker und meist auch der ihrer Eltern naheliegt. Winnicott (1953) zählt ja »das Lallen des Säuglings oder die Art, wie ein älteres Kind vor dem Einschlafen sein Repertoire von Liedern und Melodien wiederholt« (S. 301) zu den Übergangsphänomenen, einem »Zwischenbereich zwischen dem Subjektiven und dem, was objektiv wahrgenommen wird« (S. 302), einem symbolischen »Ruheplatz«, »der nicht in Frage gestellt wird« (ebenda) und der aufgesucht wird, »um unter Belastung das Gleichgewicht zu wahren oder zu erlangen« (Blanck und Blanck, 1985, S. 359), besonders in Zeiten der Trennung, also des täglichen Einschlafens oder erster tatsächlicher Trennungen von der Mutter. Im Verlaufe der Kindheit verlieren nach Winnicotts Ansicht die Übergangsphänomene an Bedeutung, weil sie immer unschärfer werden und sich schließlich auf den ganzen »Zwischenbereich« zwischen innerer Welt und äußerer, kultureller Umwelt ausdehnen. Fühlt sich das ältere Kind jedoch von Verlustängsten einmal stark bedroht, kann es die frühen Übergangsobjekte quasi wiederbeleben und die in ihnen enthaltenen frühen guten Muttererfahrungen für sich psychisch zugänglich halten.

Winnicott betrachtet die Verwendung von Übergangsobjekten als einen normalen Entwicklungsschritt und einen wichtigen Vorläuferbereich kulturell-kreativen Erlebens. Betrachtet man nun die Art und Weise, in der die Instrumentalisten ihre frühen Klangerlebnisse beschreiben (vgl. Kap. IV), so gelangt man schon zu dem Eindruck, daß hier Übergangsphänomene in Winnicotts Sinn beschrieben werden. Stellvertretend für weniger plastische, aber in ähnliche Richtung gehende Beschreibungen bei *Grümmer*, *Casals*, *Galway*, *Arrau*, *Sauer*, *Kremer* und *Spalding* sei *Menuhin* zitiert. Mit zwei Jahren nehmen ihn die Eltern in sein erstes Violinkonzert mit, und da er da nicht »stört«, sondern gebannt lauscht, danach immer wieder:

> »... und ich freute mich auf diese Augenblicke, in denen der schmelzendsüße Geigenton bezaubernd und sanft wie eine Liebkosung zur Galerie heraufschwebte und mich tiefer entzückte als jeder andere« (S.31).

Hier wird eine beglückende Erfahrung beschrieben, die, wie es typisch für das Übergangsphänomen ist, einerseits einer von den Eltern losgelösten Objektwelt angehört, andererseits die Spuren »schmelzendsüßer« und »sanft«-liebkosender elterlich-mütterlicher Berührungen und Umhüllungen in sich birgt. Die Worte »bezaubernd« und »schmelzend« sind m. E. Hinweise auf die quasi magische Qualität der Musik, die die Grenzen zwischen kindlichem Ich, dem umgebenden Raum und den Eltern in dem Lauschenden punktuell aufheben kann.

Greenacre (1959) versucht, Verbindungslinien zu ziehen zwischen der - von ihr wie bei Winnicott als ubiqitär angenommenen - Verwendung von

Übergangsobjekten bei Kleinkindern und der Entwicklung kreativen Verhaltens. Das Übergangsobjekt fungiere als Beruhigung spendender Gegenstand insbesondere dadurch, daß es nicht nur Teilaspekte des mütterlichen Körpers symbolisiere, sondern »the total maternal environment« (S. 450) - also Stimme, Geruch, emotionale Ausstrahlung, taktiles Verhalten etc. Übergangsobjekte förderten über Jahre hinweg als vertraute, plastische Begleiter oder eben auch als nicht-stoffliche Phämomene die Entwicklung des Kindes, v. a. der kindlichen Phantasie und Kreativität, indem sie »versatile illusionary support to a variety of new experiences« geben (S. 451).

Greenacres Beschreibung macht deutlich, wodurch sich das elterliche Musikinstrument dazu eignen könnte, zum Nachfahren des kindlichen Übergangsphänomens »Musik« zu werden, repräsentiert es doch die elterliche Ausstrahlung für Musiker-Kinder in besonderer Weise - den Körper durch die Nähe, die Mutter oder Vater beim Spielen zu ihm herstellt, die Stimme durch den Wohlklang, die emotionale Getöntheit durch den musikalischen Ausdruck. In den Augen der Kinder hat es magische Qualitäten wie manche andere Spielzeuge oder Schätze, ist aber ein aus echten Kinder-Spielzeugen ganz und gar herausragender Gegenstand durch die elterliche Bevorzugung und Benutzung.

Die magische Qualität der Instrumente läßt sich durch Formulierungen vieler Instrumentalisten belegen, die wie Menuhin von der »verzaubernden« Wirkung der elterlichen Instrumente auf sie sprechen. Indem die Kinder den Eltern beim Musizieren lauschen, können sie sie als die mächtigen Hervorbringer eines präverbal-regressiven Wohlklangs und der damit verbundenen spannungslösenden Bedürfnisbefriedigung idealisieren.

Nun ist das »Hinschmelzen« jedoch nicht als ein rein dyadisches Phänomen zwischen Eltern und Kind zu denken, denn es ist ja an ein Medium gebunden, die Musik. Die singenden oder spielenden Eltern treten dem Kind ihrerseits in einem Zustand der Einheit mit der Musik gegenüber, ja ein Aspekt ihrer »Allmacht« ist für das Kind unauflöslich mit Musik verbunden und bleibt es vermutlich unbewußt für den erwachsenen Instrumentalisten, der seinerseits seine Zuhörerschaft »bannen« und »verzaubern« kann. Mit der Beherrschung des Instruments wäre also ein Stück identifikatorischer Teilhabe an dieser Allmacht verbunden, was den jungen Spielern wohl das Freudsche »Eroberergefühl« verleiht, das sie die technischen Schwierigkeiten mit einem Erfolgszuversicht angehen läßt, die im Sinne einer self fulfilling prophecy sich positiv selbst verstärkende spielerische Fortschritte und immer wieder Momente intensiver Leichtigkeit ermöglicht.

Die Annahme einer identifikatorischen Teilhabe an der »Allmacht« ihrer musizierenden, singenden oder musikliebenden Eltern könnte erklären, warum, wie weiter vermutet, die Instrumentalisteneltern in mancher Hinsicht nicht entidealisiert werden können (ja, eine Entidealisierung wäre wohl einem späteren Instrumentalisten gar nicht zuträglich) bzw. warum die Idealisierungsbereitschaft der Instrumentalisten, wie die Beschreibungen der Lehrer und auch mancher Instrumente zeigen, groß bleibt.

Außerdem könnte der hier vorgeschlagene Denkansatz vom »Übergangsobjekt-Sharing«, wie ich ihn nennen möchte, eine andere als die herkömmliche genetische Erklärung für das auffällige Vorkommen musikalischer Familien und Familientraditionen wie z. B. bei den Bachs oder, in unserem Fall, den Galways, Kempffs, Schweitzers und anderen bieten. Seit Feis' Studie (1910) konnte man sich bis in neuere Tage (z. B. Meisner, 1991) dieses Phänomen nicht anders als durch Vererbung bedingt vorstellen. Psychologische Erklärungsansätze bieten nur wenige Autoren, z. B. Goldsmith (1990) mit ihrem Konzept der »transgenerational transmission« (vgl. Kap. II), Cavalli-Sforza u. Feldman (1981) mit ihrem ähnlichen Konzept der »cultural transmission« oder, aus psychoanalytischer Sicht, Volkan und Ast (1994) mit dem bei ihnen beschriebenen Phänomen der »Kontinuität über Generationen«. Volkans und Asts Idee könnte auf einige hier untersuchte Instrumentalisten-Familien zutreffen: Eine Kontinuität über Generationen kommt ihrer Ansicht nach dann zustande, wenn die Mutter das Kind im wesentlichen als Reservoir ihrer unbewußten Phantasien über das Kind ansieht. Sie kann etwa eine bestimmte, wunschgetönte Repräsentanz ihres Kindes (das beispielsweise ein vorheriges, verstorbenes Familienmitglied - wie bei *Foldes* - ersetzen soll) in das Kind hineinprojizieren. Das Kind wird so zum »Gefäß« (container) ihrer Wünsche. Für ein solches Kind kann es schwierig werden, Erlebnisse, in denen die Mutter auf es selbst und seine tatsächliche Eigenheit reagiert, mit denen in Einklang zu bringen, in denen die Mutter auf es als Stellvertreter eines anderen reagiert. Dominieren letztgenannte Erlebnisse, kann sich eine narzißtische Persönlichkeitsorganisation entwickeln. Durch diese besondere Psychodynamik können Eltern »in die reale Selbstrepräsentanz ihres Kindes ein Gefühl einpflanzen ..., für ein großes Schicksal bestimmt zu sein ...« (S. 154). Sie können dem sich entwickelnden grandiosen Selbst beispielsweise die »Mission« mitgeben, die Mutter wieder heil und ganz zu machen. Eine solche »Kontinuität über Generationen« könnte z. B. bei *Menuhin* und *Kremer* vorliegen, die die Wünsche ihrer Eltern, die von ihnen und ihrer Familie erlebte Schmach und Erniedrigung als Juden durch die Deklassierung aller anderen Musiker aufzuheben und in ein grandioses Auserwähltheitsgefühl zu verwandeln, verwirklichen sollen.

Volkan und Ast haben ihr Konzept für das Beispiel des charismatischen narzißtischen Führers entwickelt. Ihre Funde, daß zum Beispiel die Mutter Hawkes, als sie ihr Kind in der Wiege betrachtete, »wußte«, daß er eines Tages Premierminister Australiens werden würde, berühren sich mit den Befunden der vorliegenden Untersuchung über die unumstößliche innere »Gewißheit« vieler Instrumentalisten, zum Musiker berufen zu sein, die, in diesem Lichte betrachtet, eine gemeinsame Auserwähltheitsphantasie von Mutter und Kind darstellt.

Die Auffassung des Übergangsobjekt-Sharings von Eltern und Kind stellt demgegenüber eine nicht-pathologische Variante einer Generations-Kontinuität dar, die sich m. E. für die Erklärung musikalischer Familientraditionen in den Fällen weniger dringlicher Verpflichtung der Kinder auf das virtuelle Selbst der Eltern eignet. Will man allerdings erklären, warum Erfolgszuversicht und Leichtigkeit nur an ein bestimmtes Instrument gebunden ist, dann muß man mit Volkan und Ast doch die Vorlieben der Eltern und die subtilen frühen Austauschprozesse heranziehen, im Verlauf derer Elternwünsche dem kindlichen Selbst quasi implantiert werden.

Erfolgszuversicht ist aber nur eine Facette jener »Leichtigkeit«, die durch den Umgang mit Instrumenten als den vertrauten Übergangsbegleitern gefördert wird. Hinzu tritt ein rein spielerisches Element. Die Benutzung eines Instruments im Vergleich zum Werkzeug etwa heißt eben nicht zufällig »spielen«! Winnicott (1953), um nur einen wichtigen »Spieltheoretiker« zu nennen, verankert die Entstehung des »Spielens« in den im ersten Lebensjahr sich langsam herausbildenden Bestrebungen des Kindes, sich und die Mutter als zwei getrennte Entitäten zu fassen. Spielen gehöre zum Beziehungsbereich, es habe keinen Höhe- und Zielpunkt wie rein triebbestimmte Phänomene, habe eher mit der »elektrischen Spannung«, wie sie zwischen Verliebten herrsche, zu tun. Spielphänomene seien unendlich variabel und zunächst immer mit Körpererlebnissen verbunden, was jeder bestätigen kann, der Mutter oder Vater und Baby beim Spielen beobachtet.

Vielleicht - so meine Vermutung - können die Instrumentalisten angenehme, ganz frühe Spiel-Erfahrungen mit den Eltern durch die enge innere Verbindung Eltern - Musik auf ihre ersten Spiel-Versuche mit dem Instrument übertragen, das sie möglicherweise zunächst als eine Art Verlängerung des Elternkörpers betrachten. »Spielen« hieße dann für sie wirklich mehr als alles andere Spielen und nicht Lernen, Üben. Warum also etwas so Schönes aufgeben? Auch von diesem Gesichtspunkt her wird verständlich, warum das Band zwischen Musiker und Instrument so fest geschmiedet ist.

»Es kommt darauf an, eins mit dem Instrument zu werden« - Instrument und Körperbild

Das fast programmatisch wirkende Arrau-Zitat (S. 160) in der Überschrift würden wohl alle hier untersuchten Instrumentalisten unterschreiben, zumindest findet sich diese Auffassung sinngemäß so in gut der Hälfte der Texte wieder. Vor allem die Spieler körpernäherer Instrumente verwenden die »Verschmelzungs-Metapher«, wie ich die obige Formulierung nennen möchte (45% der Streicher gegenüber 30% bei den anderen).

Das »Einswerden« von Spieler und Instrument wird dabei gleichsam von zwei Richtungen her erlebt und verstanden: Die einen beschreiben es als eine Verlebendigung, »Beseelung« des Instrumentenkörpers, den anderen wird ihr eigener Körper zu einer Fortsetzung des Instruments. Darüber hinaus machen die Instrumentalisten feine Unterscheidungen, die die »Beseeltheit« des Instruments betreffen: So gehen einige von einer per se gegebenen »Beseeltheit« eines guten Instruments aus, während andere sich selbst als die Urheber der »Beseelung« ansehen.

In jedem Fall aber betrachten die Instrumentalisten durchweg den Zustand nächster Nähe, das Einssein mit dem Instrument als Voraussetzung dafür, gute, ausdrucksstarke Musik machen zu können.

Ich möchte nun zu zeigen versuchen, daß dies nicht nur aus technisch-musikalischen, sondern auch aus psychischen Gründen so ist.

Zunächst sollen Auffälligkeiten im Körpergefühl der hier untersuchten Instrumentalisten an Zitaten veranschaulicht werden. In einem zweiten Schritt werden Thesen aufgestellt, die die Veränderungen im Körpererleben der Musiker beim Spielen erklären helfen sollen. In einem dritten wird die grundsätzliche Bedeutung des Körperbilds für die Ich-Entwicklung dargelegt, und in einem vierten werden Entwicklungslinien aufgezeigt, die andeuten, wie die Integration des Instruments in das Körperbild des Instrumentalisten aussehen könnte.

Man könnte, sei vorab einschränkend gesagt, geneigt sein, die Verschmelzungs-Aussage einfach als eine Art Topos unter Instrumentalisten betrachten, wenn nicht wiederum gut die Hälfte der Autobiographen sich ausdrücklich (allerdings selten ausführlich) zu ihrer in diesem Zusammenhang wichtigen Körperlichkeit geäußert hätten. Daß ihr Körper, also bestimmte Besonderheiten des Körperbaus, die sich entweder förderlich oder hemmend auf das Musizieren auswirken, oder ihr Gesundheitszustand, von dem ihre Auftrittsfähigkeit abhängt, oder auch die Sorge um ihre Hände ausübende Musiker beschäftigt, leuchtet unmittelbar ein. Aber um solche Äußerungen zur Körperlichkeit geht es hier nicht. Vielmehr geht es um Aussagen zum Körper*gefühl*, also zu der Art und Weise, wie sie sich »in ihrer Haut« mit und ohne Instrument erleben. Hier fällt nämlich auf, daß das Körpergefühl gewissen Veränderungen unterworfen ist, je nachdem, ob der Instrumentalist spielt und dabei den »Verschmelzungszustand« erreicht oder nicht.

Besonders plastisch äußert sich die Biographin von *Jacqueline Du Pré* zu diesen Veränderungen im Körpergefühl bzw. in der Körperausstrahlung beim Spielen. Sie zitiert die Worte einer Mitstudentin zum Abschluß eines Meisterkurses, an dem auch die junge Cellistin teilnimmt:

> »Wir waren sprachlos. Kaum saß dieses plumpe Mädchen mit seinen schrecklich kurzen, glatten Haaren und diesen langweiligen Kleidern hinter dem Cello, strahlte es eine verblüffende Intensität, Kraft und Lebendigkeit aus!« (S. 79).

Weniger drastisch, aber ähnlich direkt beschreibt es *Arrau*, der als junger Mann bis um die Lebensmitte nach eigenen Angaben stark unter seiner großen Schüchternheit und einer Redehemmung leidet, die er sich durch Kurse abzutrainieren versucht: »Diese Schüchternheit verschwand immer nur, wenn ich spielte« (S. 36). *Gieseking* berichtet, er sei vor Peinlichkeit und Befangenheit vergangen, als er als Kind einmal vorsingen soll; während er beim Vom-Blatt-Spielen schwierigster Klavierstücke als Kind keinerlei Lampenfieber empfindet. *Kempff* leidet als Kind und Jugendlicher unter den Hänseleien der »Großen und Selbstsicheren« (S. 79), die sich über seine dünnen »Storchenbeine«, seine Schmächtigkeit und sein bis in die Pubertät anhaltendes Stottern mokieren. Am Klavier und an der Orgel geht er im Klang auf, fühlt sich euphorisiert, emporgehoben und tröstet sich über diese Kluft im Körpererleben mit der Einsicht,

»... daß man wohl nicht beides vom Schicksal verlangen könne, auf dem Eis zu holländern und auf dem Klavier mit Trillern und Doppelschlägen zu glänzen« (S. 194).

Matthews, Paderewski, Kremer und *Rostropowitsch* müssen sich wie *Kempff* und *Arrau* mit unterschiedlichen, von Hemmungen begleiteten Sprechfehlern herumplagen, die sie sich mühsam abtrainieren, die aber beim Spielen in Vergessenheit geraten. (Der Anteil von Redegehemmten unter den auf ihren Instrumenten so »beredten« Instrumentalisten, 15%, erscheint mir auffällig hoch.)

Über Steifheit, über Schüchternheit im sozialen Umgang ganz allgemein oder über einen sie befangen machenden körperlichen Mangel bzw. über Krankheitsanfälligkeit schreibt insgesamt eine beachtliche Anzahl der Instrumentalisten (41%): *Kempff, Du Pré* und *Arrau* (s. o.), *Matthews*, der sich einen »inferiority complex« bescheinigt (S. 90), *Moore*, der sich in den körperbetonten Jungenaktivitäten schlicht als »Niete« beschreibt (S. 11), *Flesch*, der in seinem Tagebuch notiert: »Es ist ein Unglück, wenn man die Schönheit so liebt wie ich, selbst häßlich zu sein« (Carl F. Flesch, S. 187), *Haendel*, die sich bis in die Lebensmitte hinein als zu klein, zu unscheinbar und zu dick empfindet (»How little you are! You seem so much taller on the stage!« zitiert sie bitter die Aussage einer Konzertbesucherin nach dem Konzert; S. 141), *Kremer* (»Warum bin ich so schüchtern? Kann sogar im Gespräch mit der Kellnerin wahnsinnig rot werden ...«, S. 213), *Menuhin*, der über einen indischen Guru in der Lebensmitte eine neue Beweglichkeit und Spontaneität entdeckt bzw. wiederfindet (»Wir verleugnen unseren Körper, schämen uns seiner und bedecken ihn, während die Inder ... den Körper verehren und sich an ihm freuen«, S. 297), *Spalding*, der die Sportlichkeit, Größe und das gute Aussehen von Bruder und Vater betont und sich im Vergleich mit ihnen als schwach und minderwertig empfindet (er zitiert die Dienerin, die über ihn sagt: »Dis yere chile may not be so handsum, but he knows a heap!«, S. 17), *Tertis*, der als Folge eines Unfalls mit acht Jahren sich einer Serie von Nasenoperationen unterziehen muß (S. 46), *Casals*, der wegen seiner auffälligen körperlichen Kleinheit gehänselt wird (vgl. Kap. V), *Galway* – er hat ebenfalls damit zu kämpfen, daß er körperlich eher klein geraten und phasenweise übergewichtig ist und ein wenig schielt (vgl. Kap. V), *Grümmer* – auch er ist recht klein und in vielem befangen (»... ein Tänzer war und wurde ich nie« S. 32), *Rostropowitsch*, der über die erste Zeit mit dem Cello schreibt:

»Damals war ich spindeldürr, hatte kaum Kraft, und als ich das erste Mal mit Orchesterbegleitung spielte, mußte ich mich schrecklich anstrengen, daß man mich überhaupt hörte. Es war eine Qual ...« (S. 20),

Schweitzer (»Bis auf den heutigen Tag werde ich vor einer größeren Zuhörerschaft eine gewisse Befangenheit nicht los ... Die Schüchternheit konnte ich aber ... (nie) ganz ablegen«, S. 29) und *Kirkpatrick*, der meint, gegenüber seinem gutaussehenden Vater schlecht abzuschneiden. Er beschreibt ihn als »tall ..., large-boned, blue-eyed and much better coordinated in his movements than I have ever been« (S. 16).

Die körperliche Befangenheit scheint unter Instrumentalisten ein so verbreitetes Phänomen zu sein, daß einige Verfasser es besonders betonen, wenn sie weder schüchtern noch ohne körperliche »Mängel« sind; so *Friedheim* (»Let it not be supposed that I was a young drudge. I rode and skated well and have been a strong swimmer all my life«, S. 35), *Paderewski* (»Although I was very attracted to the piano as a child, I was even more attracted by nature. I loved to climb trees. A regular boy«, S. 29) und auch *Milstein*, *Tortelier* und *Primrose*, die als Kinder lieber auf der Straße Fußball spielen als musizieren.

Bis auf *Friedheim*, von dem man aus seinem Buch hierüber nichts Genaueres erfahren kann, sind die »Nicht-Gehemmten« übrigens Instrumentalisten, die sehr zum Üben gedrängt worden sind, so daß man auf die Idee kommen könnte, in ihrer betonten Sportlichkeit stecke ein Stück Rebellion gegen die ihnen aufoktroyierte MusikerIdentität. Auch der stark von Mutterwünschen angetriebene *Moore*, der wegen seiner Unsportlichkeit zur Zielscheibe des Spottes wird, entwickelt eine wahre Passion für Cricket, die er allerdings nur als Zuschauer auslebt; und der vom Vater zum Geigenstudium getriebene *Burmester* hat in der Pubertät eine Phase, wo er boxt und sich in Straßenschlachten verwickeln läßt.

Das Spektrum der hier zusammengestellten Körperbefindlichkeiten reicht von Gefühlen der Befangenheit und Schüchternheit mit den dazugehörigen körperlichen Äquivalenten wie Erröten, Steifheit der Bewegung über Redehemmungen (Stottern, Ausspracheprobleme) bis hin zu körperlichen Besonderheiten oder auch zu Krankheiten, die als Mängel empfunden werden (Übergewicht oder Schmächtigkeit, zu geringe Körpergröße, Schielen, unscheinbares oder häßliches Aussehen, Nasenprobleme). Der Grund dafür, diesen recht unterschiedlichen Körperbefindlichkeiten überhaupt Beachtung zu schenken, liegt darin, daß diese körperbezogenen Minderwertigkeitsgefühle nach dem Bericht der Instrumentalisten schwinden, sobald der jeweilige Musiker sein Instrument spielt, und zwar schwinden sie je stärker bzw. vollständig, desto näher die Instrumentalisten dem »Verschmelzungszustand« kommen. Ja, nicht nur, daß die Befangenheit weicht - der Spieler scheint oftmals in einen gänzlich anderen, lebendigen, vitalen, von Sicherheit und Hochgefühl getragenen Zustand zu geraten, der u. a. dazu führt, daß die Zuhörer, die ja auch immer Zuschauer sind, hölzernes Auftreten oder körperliche Mängel nicht mehr wahrnehmen (s. o. die Äußerung über Ida *Haendel*, die auf der Bühne größer wirkt, als sie in Wirklichkeit ist).

Eine Erklärung hierfür könnte der Zustand von Selbstvergessenheit sein, in den man in Zuständen höchster Konzentration gerät. Allerdings führt Selbstvergessenheit nicht immer zu einer sich körperlich zeigenden Vitalisierung und »Vergrößerung«. Da die Spieler selbst aber den Anteil ihres Instruments für das Zustandekommen dieser Veränderung hoch einschätzen, ist das Grund genug, sich mit dieser Begründung nicht zu begnügen. Zum Verständnis der körperlich fühlbaren Metamorphose beim Spielen lassen sich folgende Thesen aufstellen:

1. Das Instrument wird zu einem Teil des inneren Körperbildes der Instrumentalisten, und dies nicht nur bei den körpernäheren Streich- und Blasinstrumenten, sondern auch bei den großen Tasteninstrumenten.

2. Das Anstreben der »Verschmelzung« mit dem Instrument kommt psychisch dem Herstellen einer Kongruenz von innerem und äußerem Körperbild gleich und ermöglicht damit einen angenehmen Zustand von Ganzheit, in dem ein punktuelles, euphorisierendes Zusammenfallen von Ichideal und realem Selbst stattfindet.

3. Voraussetzung für eine Integration des Instruments in das innere Körperbild des Instrumentalisten ist ein Prozeß, im Verlaufe dessen das Instrument zum Erben der »elterlichen Stimmenimago« wird.

4. Die Integration des Instruments in das innere Körperbild ist ein Prozeß, der mit dem Beginn des Spielens beginnt und vermutlich immer nur vorläufige Abschlüsse erreicht. Die »Leichtigkeit« des Lernens könnte bereits ein Indikator dafür sein, daß die Instrumentalisten das Instrument schon von Anfang an als eine Verlängerung ihrer selbst auffassen und erleben. Hierin läge ein weiterer Grund dafür, daß eine Übertragung der Leichtigkeit auf ein anderes Instrument nicht oder nur schwer möglich ist.

Um diese Thesen zu begründen, erscheint es notwendig, kurz die grundsätzliche Bedeutung des Körpergefühls für Ich-Entwicklung und Identität zu skizzieren.

Der Begriff »Körperbild« (gleichbedeutend mit »Körperschema«) ist von Schilder schon früh (1933) geprägt und in die wissenschaftliche Diskussion eingeführt worden, im wesentlichen unter neurophysiologischen Gesichtspunkten, doch durchaus mit der Absicht, die Untersuchungen an apoplektisch oder anderweitig hirnrindengeschädigten Patienten als Erweiterungen, Ergänzungen oder Bestätigungen rein psychologischer oder psychoanalytischer Gedankengänge zu verwenden.

Schilder definiert das »Körperschema« als »Raumbild, das jeder von sich selber hat« (1933, S. 2). Das Hauptergebnis seiner Untersuchungen ist der Befund, das Körperschema habe einen »taktilen und einen optischen Anteil« (S. 12); später ergänzt er das taktile um das kinästhetische Element. Anhand der Untersuchung des Körperschemas bei Amputierten stellt er fest, daß das Körperschema ein rein psychischer Vorstellungsakt ist, und er bringt den Umstand, daß Amputierte noch Jahre nach dem Verlust beispielsweise ihres Beins über ihr Phantomglied stolpern, es im halbwachen Zustand »benutzen« wollen etc., mit Freuds Narzißmus-Gedanken (1914) in Zusammenhang: »Das Phantombild selbst ist ja schon der Ausdruck der Liebe zum eigenen Körper, des Unvermögens, auf die Integrität des Körpers zu verzichten« (S. 28). Er gewinnt den Eindruck, das Phantomglied sei, zumindest immer wieder, für den Amputierten »kinästhetisch-optisch-taktil gegeben« (ebenda).

Erst von der Selbst-Psychologie sind diese Überlegungen wieder aufgegriffen und erweitert worden (vgl. Bittner, 1986), da für die Selbst-Psychologie das erlebte Selbst nach Ansicht etwa von Jacobson (1964) seine »wichtigste Grundlage in der wahrgenommenen Körper-Identität« hat (zitiert nach Bittner, 1986, S. 726).

Die Auffassung von einer so essentiellen Bedeutung des Körpergefühls - mit diesem Begriff sind sowohl Schilders »Raumbild« als auch die gefühlsmäßige Besetzung des inneren Körperbilds gemeint - ist durch Arbeiten Freuds vorbereitet worden. »Das Ich ist vor allem ein körperliches, es ist nicht nur ein Oberflächenwesen, sondern selbst die Projektion einer Oberfläche«, schreibt Freud (1923, S. 253). Mit dieser Formulierung aus »Das Ich und das Es« bahnt Freud eine wesentliche Erweiterung seiner zunächst sehr engen Sicht des Körpers als Determinators der menschlichen Geschlechtlichkeit an, eine Sicht, die mit dem Stichwort »Anatomie ist Schicksal« nur schlaglichtartig beleuchtet werden soll (1910-12, S. 90). Die metatheoretischen Überlegungen eröffnen ihm die Möglichkeit, die Bedeutung des Körperbildes und -erlebens als Aspekte der Ich-Entwicklung zu sehen. Das Ich ist ihm zunächst, in Bittners Interpretation der erstzitierten Formulierung, die »psychisch repräsentierte Körperoberfläche« (Bittner, S. 722) und damit ein Destillat aus frühen oral-taktilen, haptischen und visuellen Eindrücken, die sowohl aus dem Inneren des Säuglings als auch aus den Pflegeerfahrungen mit den ersten Bezugspersonen stammen.

Der prä-ödipale Körper wird damit zum Medium der frühen Ich-Entwicklung, eine Annahme, die die Ich-, Objekt- und Selbstpsychologie empirisch zu stützen sucht (vgl. Bittner, 1986). Während Anna Freud beispielsweise sich mehr darauf konzentriert, durch Beobachtungen an Heimkindern nachzuweisen, daß Kinder körperbetonte Aktivitäten wie Essen, Beherrschung der Ausscheidungsfunktionen etc. hauptsächlich unter dem Gesichtspunkt der Selbständigkeitsentwicklung sehen - sie sind »groß genug« dazu -, ansonsten aber die Sorge um den eigenen Körper (warme Kleidung, Sauberkeit etc.) bis in die Pubertät hinein der Mutter überlassen (vgl. A. Freud, 1952, zitiert nach Bittner, S. 718), befassen sich Spitz, Bowlby und Winnicott mehr mit der frühen Pflege des Säuglings durch die Mutter, die weitgehend Körperpflege ist, bzw. mit den Folgen nicht »ausreichend guter Bemutterung« (Literatur bei Bittner, ebenda).

Greenacre (1953, 1958b, 1971) beschäftigt sich in verschiedenen Aufsätzen mit der Entstehung des Körperbildes. So weist sie schon 1953 darauf hin, wie sich negative frühe Körpererfahrungen durch zu festes Wickeln und sonstige einschneidende Bewegungsbehinderungen labilisierend auf die psychische Gesamtentwicklung auswirken. Wenn sie auch die ersten Körpererfahrungen als primär haptisch-taktiler sowie oraltaktiler Natur ansieht, betont sie doch die entscheidende Bedeutung des visuellen Elements beim Aufbau des Körperschemas: »Our body image develops largely from endogeneous sensation (Schmerz, Hunger etc., K. N.), from contacts with the outer world (of which feeling one part of the body with another is a peculiar condensation) and from seeing our own bodies« (1958b, S. 89). Da einige Körperregionen für das Kind nicht oder nur schwer einsichtig sind, erhalte das Betrachten und taktile Untersuchen anderer Körper eine große Bedeutung beim Aufbau des inneren Körperschemas: »It would seem that this relation of vision to touch and orality is also of the greatest moment in the establishment of the body image« (1958b, S. 91). Sie hebt außerdem die bei aller grenzorientierter Festigkeit große Plastizität und Veränderbarkeit des inneren Körperbilds hervor (1958b, S. 81).

Solche teils empirisch belegten, teils - bei Greenacre - aus klinischer Beobachtungspraxis gewonnenen Aussagen werden metatheoretisch in der Selbst-Psychologie so interpretiert:

»Die Kerne der frühkindlichen Selbstimagines sind ... die Erinnerungspuren lustvoller und unlustvoller Empfindungen, die unter dem Einfluß autoerotischer und beginnender zweckgerichteter Aktivitäten sowie einer spielerischen allgemeinen Erforschung des eigenen Körpers mit Körperimagines in Beziehung gesetzt werden« (Jacobsen, 1973, S.17).

Bei Kohut (1979) geht es dann schon mehr um die Entstehung eines positiv oder negativ gefärbten Körper*gefühls*, wenn er die libidinöse Besetzung des Größenselbst als Stadium der Selbstentwicklung im wesentlichen als die Entdeckung und freudige Akzeptanz des eigenen Körperbildes und nicht etwa irgendwelcher Fähigkeiten oder Eigenschaften sieht. Über das Größenselbst und die idealisierten Elternimagines sieht er das Körper-Ich unauflöslich mit den späteren Ich-Ideal-Konfigurationen des Menschen verknüpft. Selbstakzeptanz ist damit ganz weitgehend auch Akzeptanz der eigenen Körperlichkeit und übernommene Verantwortung für körperliche Ausstrahlung.

Mit dieser Wende kann verstanden werden, wieso eine positive Einstellung zum eigenen Körper und damit eine angenehmere Ausstrahlung, die wiederum sich stabilisierend auf das Selbstgefühl auswirkt, einen häufigen Nebeneffekt von Psychotherapie darstellen (vgl. Grunert, 1977).

Alle bisher zitierten Autoren vernachlässigen meiner Ansicht nach die Rolle des auditiven Wahrnehmungskanals beim Aufbau des Körperbildes. Er scheint überhaupt keine Rolle zu spielen, gesprochen wird fast ausschließlich vom taktilen und visuellen Bereich. Erst in neuester Zeit (Anzieu, 1979, 1991; Stern, 1992; Tomatis, 1990, Lamparter et al., 1993) gibt es hierzu Ergänzungen, die, da die auditive Wahrnehmung für die Instrumentalisten von allergrößter Bedeutung ist, hier aufgeführt werden sollen.

Anzieu (1979, 1991) nimmt Freuds Gedanken vom Ich als einem »Oberflächenwesen« ernst und weist in einer detaillierten Untersuchung über die verschiedenen Funktionen der Haut nach, daß die Säuglinge tatsächlich, ausgehend von den Erfahrungen an der Körperoberfläche, ihre

Vorstellungen von sich entwickeln: Ihr »Haut-Ich« sieht er als psychische Hülle, als Vorläufer des späteren Fähigkeiten und Geistigkeit umfassenden Ich. Er bleibt aber hierbei nicht stehen, sondern postuliert, daß das »Haut-Ich« seinerseits Vorläufer habe, nämlich im auditiven (»Die Lauthülle«), thermischen (»thermische Hülle«) und olfaktorischen Bereich (»Geruchshülle«).

In Kritik an Winnicott (1971), der das mütterliche *Gesicht* als ersten Spiegel des Kindes auffaßt, formuliert Anzieu die Ansicht, »daß es noch davor einen akustischen Spiegel gibt - eine auditiv-phonische Haut ...« (1991, S. 208). Er verweist auf die griechiche Mythologie, die diese Abfolge in dem Mythos von Echo und Narziß abbilde, und auf »the primary feminine character of the voice« (1979, S. 32). Er stellt die neueren, überraschenden Untersuchungen über die frühe, teilweise intra-uterine Hörentwicklung beim Kind vor (vgl. hierzu auch Lamparter et al., S. 32 ff.), die seine Ansicht belegen: »Das erste Objekt für die geistigen Fähigkeiten stellt akustisches Material dar« (1991, S. 216).

Für Anzieu entstehen so die frühesten Selbst-Kerne als »Lauthülle in der Erfahrung des Geräuschbades, welche die Stillerfahrung begleitet« (1991, S. 216). Er geht davon aus, daß das Zusammenspiel wechselseitigen Lautaustauschs zwischen Mutter und Kind den Aufbau eines gemeinsamen »Raum-Volumens« begünstigt. Es ermögliche außerdem ein »erstes, räumlich-auditives Bild vom eigenen Körper« und eine »Verbindung nach Art einer realen Verschmelzung mit der Mutter (ohne diese wäre die spätere, imaginäre Verschmelzung mit ihr nicht möglich)« (1991, S. 219).

Die - wissenschaftlich zum Teil umstrittenen (vgl. Lamparter et al., S. 33) - Forschungen des Kopfchirurgen und Hals-Nase-Ohren-Arztes Tomatis mithilfe des von ihm entwickelten elektronischen Ohrs kommen von mehr empirischer Seite her zu ähnlichen, z. T. noch stärker die Rolle des auditiv-akustischen Kanals beim Aufbau von Selbst- und Körperbild unterstreichenden Ergebnissen.[42]

---

[42] Tomatis (1990), der von seinem Vater, einem Opernsänger, her Zugang zu Musikerkreisen hatte, arbeitete mit Sängern und Instrumentalisten, die entweder mit ihrer Stimme oder mit dem Gehör Probleme hatten. Seine Versuche, per elektronischer Medien den Musikern ein Feedback über bestimmte Stimmfrequenzen zu vermitteln, ergaben als Ergebnis, daß es ein enges Zusammenwirken zwischen Stimme und Gehör gibt: »Die Stimme erhält als Obertöne nur die Frequenzen, die das Ohr hört« (1990,

Ich hoffe, mit dieser kurzen, keinen Anspruch auf Vollständigkeit erhebenden Skizze dargelegt zu haben, daß das Konzept vom »Ich« als eines »Produkt(s)« vielfältiger »Identifizierungen« (Laplanche u. Pontalis, 1972, S. 184) von seiner Entwicklung her nach heutiger Auffassung sich sehr an das Körperliche anlehnt. Ich-Stärke geht mit einem flexiblen, Veränderungen wie Altern berücksichtigenden, weitgehend realistischen, als heil empfundenen Körperbild und einem positiven Körpergefühl einher.

Nun soll vor dem Hintergrund dieser Überlegungen gezeigt werden, wie das Instrument in das Körperbild der Instrumentalisten und damit in ihr Identitätskonzept integriert wird. Die Gedanken müssen notgedrungen an vielen Stellen spekulativ bleiben, da die Instrumentalisten hierzu wenig schreiben, ihre Aussagen also interpretiert werden.

Als erstes ist anzunehmen, daß diese Integration die Wahrnehmung des Instruments als eines lebendigen Teils des Elternkörpers zur Voraussetzung hat. Und da das Instrument nicht nur etwas ist, das man hört, sondern auch ein sicht- und fühlbares Ding mit bestimmten Ausmaßen und Formen, ist weiterhin anzunehmen, daß zu diesem Integrationsprozeß

S. 11). Er entwickelte daraufhin ein Hörtraining, mit dem der Stimme (Sänger) und damit dem Gehör (Intrumentalist) bestimmte Frequenzbereiche wiedergegeben werden können. Besonders wichtig für unseren Zusammenhang erscheint seine Betonung der Gleichgewichtsfunktionen des Ohrs. Er wendet sich dagegen, Gleichgewichtsorgan (Innenohr) und das eigentliche Hörorgan (Cochlea) als getrennt zu betrachten, die einen einzigen mit »derselben Flüssigkeit ... gefüllten Membransack« bilden (S. 20). Der Vestibularapparat ist über das Rückenmark mit allen Körpermuskeln in Verbindung: »Somit sitzt unser »Körpergefühl«, sagt Tomatis plastisch, »im Ohr« (S. 19 f.). »Verteilungen von Spannungen im Körper, Verkrampfung oder Schlaffheit, Muskeltonus, Haltung, Motorik und Feinmotorik werden durch das Ohr als Konstrollorgan reguliert« (S. 19 f.). Über die Fähigkeit des Vestibularorgans, Rhythmen aufzunehmen, sei nicht erst der 4 1/2 Monate alte Fetus in der Lage zu hören, sondern es gebe bereits ein Vorstadium, das embryonale Hören über das Vestibularorgan. Tomatis spricht davon, daß es bereits in dieser Zeit gezieltes Horchen gibt, wie Kommunikationen mit dem Fetus belegen, die auf die Stimme der Mutter und ihren Herzschlag zentriert seien. So werde verständlich, daß Säuglinge sich von der Stimme der Mutter eher als vom Anblick ihres Gesichts (das sie erst später als die Stimme als »mütterlich« erkennen) beruhigen lassen. Er vergleicht das Ohr bildhaft mit einer »Klangmatrize ..., auf der sich die akustischen Erscheinungen einprägen, die besonders markant oder zumindest auffällig sind« (S. 181). Während Tomatis in seinen Forderungen nach einer »Psychologie des Horchens« m. E. das akustische Element überbetont, hat er doch dazu beigetragen, daß dem Hören in seinem Beitrag für die Entwicklung von Selbst- und Körpergefühl zu seinem Recht verholfen wurde.

die visuell-taktile und die auditive Wahrnehmung unterschiedliche Beiträge leisten.

Zunächst zum visuell-taktilen Element. Das Instrument rückt früh, schon in der Säuglingszeit, in das Blickfeld der meisten jungen Instrumentalisten, die ihre Eltern oder einen Elternteil oft mit einem Instrument sehen und hören, die das Instrument, wenn es in Griffnähe und -höhe ist, auch betasten und spielerisch manipulieren können wie andere »Spielzeuge« auch.

Nach spieltheoretisch-analytischer Sicht (z. B. Winnicott, 1953) gehen Spielzeuge aus Übergangsobjekten hervor und werden grundsätzlich zunächst als »Körpererweiterungen« angesehen: Finger, Zehen, Lippen, Zunge und z. T. auch die Extremitäten stellen ihrerseits Vorläufer der späteren Übergangsobjekte dar. Kurz: Spiel- und Werkzeuge »are generally evolved as prothetic elaborations of the body or its parts« (Greenacre, 1959, S. 451).

Indem nun ein Elternteil oder ein bedeutungsvoller anderer das Instrument spielt, bekommt der elterliche Körper für das Kind eine andere Gestalt, wirkt möglicherweise größer (beim Cello), seitenbetont (bei Geige, Querflöte, Bratsche) oder auch kleiner (Orgel, Flügel, Cembalo). Der elterliche Körper bewegt sich dann auch anders. Das Instrument »kann« also die Eltern verändern, erweitern, auch in ihrer emotionalen Ausstrahlung. Und geht man mit Greenacre (1957, 1959) davon aus, daß begabte Kinder in ihrem ganz frühen Spielverhalten eine besondere Sensibilität und Vorliebe für bestimmte sinnliche Vorgänge haben, dann wäre zu verstehen, daß sie die körperliche Entität »Eltern-Instrument« in ihrer frei fluktuierenden Phantasie beleben und mit besonderen Qualitäten versehen.

Soweit die visuelle Wahrnehmung des »Elternkörpers« mit und ohne Instrument. Zum Beitrag der akustischen Wahrnehmung für den Aufbau des Körperbilds ist zunächst anzunehmen, daß für die jungen Instrumentalisten die Stimme der Mutter bzw. der Eltern stärker als bei anderen Menschen zu den Erinnerungsspuren gehören, aus denen sich die frühen und idealisierten Elternimagines konstituieren (siehe auch die besondere Klangaufgeschlossenheit der Instrumentalisten, die sich in ihren frühesten Kindheitserinnerungen zeigen ließ).

Bei den Instrumentalisten, deren Mütter ein Instrument spielen und das, wie einige Autobiographien belegen, auch während der Schwangerschaft getan haben, muß man davon ausgehen, daß die Hörerlebnisse mit den

»Stimmen« von Klavier oder Geige bis ins intra-uterine Leben hineinreichen (so bei *Arrau, Ney, Spalding*), z. T. wird es auch bei den 19 Musikern so gewesen sein, deren Väter zu Hause Unterricht erteilt haben.

So gehört zum Kern-Selbst aller Instrumentalisten, zu ihrer »auditivphonischen Haut«, zum einen die elterliche Sprech-Stimme und bei vielen zum anderen auch der Klang von Instrumenten und die elterliche Sing-Stimme. Damit erleben sie das »Raum-Volumen« der Eltern bereits sehr früh anders, nämlich differenzierter und ausdrucksstärker, als Menschen das können, die mit nicht musikinteressierten Eltern aufgewachsen sind. Die Erinnerung an dieses besondere Raum-Volumen stellt vermutlich eine wesentliche Voraussetzung für die später wichtig werdende Möglichkeit der Instrumentalisten dar, durch eigenes Musizieren regressiv eine »akustische Verschmelzung« mit den frühen Selbstobjekten - im Sinne eines gemeinsam geteilten Raum-Volumens - wieder herzustellen. Es sei in diesem Zusammenhang daran erinnert, daß »Stimme« im Sinne eines stimmhaften, menschlichen Instrumentalklangs auch denjenigen Instrumentalisten, die keine Instrumente spielenden Eltern oder Verwandten hatten, als eine Art »Verheißung« das Ziel ihrer lebenslangen Suche nach dem schönen Instrumentalton darstellt.

Die Entwicklung eines eigenen, um das Instrument erweiterten Körperbilds kann man sich idealtypisch so vorstellen: Die akustisch-visuelle Wahrnehmung des Elternkörpers mit und ohne Instrument wird im Zuge der Körperbildentwicklung bei den Instrumentalisten als inneres Vorstellungsbild wirksam bleiben. Wenn die jungen Spieler selber mit dem Musizieren beginnen, beginnt der Prozeß der inneren Adaption und Amalgamierung von Selbst- und Elternbild mit und ohne Instrument. Hierbei spielt vermutlich der Spiegel - der oft tatsächlich vorhandene, vor dem geübt wird, und der symbolische Spiegel von Lehrerauge und -ohr - eine vermittelnde Rolle. Das innerlich entstehende Bild ist jedoch immer als ein synästhetisches zu denken, da Visuell-Taktiles und Auditives in ihm unauflösbar verbunden sind. Über den Spiegel und die Kleistsche »Selbstentzweiung«, in der sich die Instrumentalisten schließlich selbst zum Spiegel werden, wird das Instrument später für sie zur erlebten Körpererweiterung, bei der die Grenzen zwischen den eigenen Extremitäten und den Tasten bzw. Griffbrettern ihrer Instrumentenkörper partiell aufgelöst erscheinen, wodurch die Materie des Instruments belebt wird (visuell-taktiles Element) und sich das innere Raum-Volumen des Spielers vergrößert und verschönert (auditives Element).

Diesen visuell-taktilen Aspekt der Körperbilderweiterung beim Spielen beschreibt beispielsweise *Tertis* so:

> »When playing a string instrument, obliterate from your mind the fact that you are making music out of such crude materials as wood, hair, resin, strings. The goal to work for is the feeling that the sounds brought into being are an expression of yourself« (S. 152 f.).

Diesen akustischen Aspekt erleben die Instrumentalisten als Eindruck, der Klang ihres Instruments werde zu ihrer eigenen »Stimme«, zu ihrer spezifischen Sprache, ein Eindruck, den *Galway* so zu fassen versucht: »... the tone being very personal and you being the tone« (S. 94).

Wichtig für das spätere Eigeninteresse der Musiker am Erzeugen von Klängen und damit zum allmählichen Heimischwerden in ihrem »Instrumentenkörper« ist, daß die Musiker Stimme und frühe Musikerlebnisse durchweg positiv erleben. Es ist ein gut gesicherter Befund der vergleichenden Untersuchung, daß für *alle* Instrumentalisten Musik zunächst, um mit Thomas Mann zu reden, reine »Fülle des Wohllauts« (1924) bedeutet, unabhängig davon, ob sie später z. B. bei moderner Musik auch andere, disharmonische oder »unschöne« Klänge als Musik empfinden, unabhängig auch davon, ob sie Musik zunächst über Lieder oder Instrumente kennenlernen. Keiner der Instrumentalisten äußert sich etwa abfällig über den Klang des elterlichen Instruments oder der mütterlichen oder väterlichen Stimme oder erwähnt, er sei eifersüchtig auf das Instrument gewesen und habe es deswegen abgelehnt. (Nur einer, *Matthews*, gibt an, daß er zunächst Angst gehabt habe vor »Klängen« und führt als Motivation für sein späteres eigenes Spielen an, diese Angst beherrschen zu wollen. Er ist somit der einzige, der Kohuts (1957) These quasi bestätigt, daß Musizieren auch den Charakter von Angstbewältigung annehmen kann. *Gulda* äußert sich kritisch-bedauernd darüber, daß es sein Vater auf dem Cello zu nichts gebracht habe, aber er lehnt deswegen den Celloklang nicht ab.) Ja, zum erklärten Ziel der Instrumentalisten wird es, diesen ihnen so früh durch die Eltern entgegengebrachten »Wohlklang« ihrerseits selbst zu erzeugen, ihn immer weiter zu verschönen, um mit ihm andere Menschen ebenso zu rühren, wie er sie gerührt hat.

Wenn es also so ist, daß die elterlichen Singstimmen und Instrumente primär als Erzeuger von Wohlklang und die Instrumente nicht etwa als lästige Rivalen um die elterliche Aufmerksamkeit erlebt werden, dann werden die Instrumente damit zu Erben der »Stimmenimago« der frühen Eltern, in die die Erinnerungsspuren all der verbalen Zuwendungshandlungen der Eltern, v. a. wohl der Mutter (wie Lachen, zu dem Säugling Sprechen, ihn Beruhigen mit sanfter Stimme etc.) eingehen.

Dieser »Beerbungsvorgang« ist als ein Attribuierungs- und Übertragungsprozeß anzusehen, in dem sich eine Reihe von Verschiebungen und Entmischungen und zum Teil auch Abspaltungen abspielen, und zwar bezogen auf a. das Instrument, b. die Musik, c. das »tonlose« Körper-Ich und d. das um das Instrument erweiterte Körper-Ich.

a. Zur »Alleinerbin« der ausschließlich positiven Stimmenimago, also *nur* positiv getönter Erinnerungsspuren wird m. E. nicht das Instrument, sondern das hochidealisierte, rein geistige und doch so sinnliche Reich der Musik schlechthin. »Musik ist eine heilige Kunst, wer mit dem Talent für sie geboren ist, sollte sich immer als demütiger Diener der unsterblichen Schöpfer fühlen und stolz darauf sein, daß er auserwählt ist, ihre Werke der Menschheit zu vermitteln« (S. 175), schreibt *Rubinstein*, und solche Worte finden sich sinngemäß bei der Mehrzahl der Instrumentalisten.

b. Das Instrument sehe ich im Gegensatz zum hochidealisierten »Reich der Musik« als Erbin *aller* stimmlichen Erinnerungsspuren, wobei das positive Element, das des Wohlklangs, dominiert, so daß das Instrument im allgemeinen positiv gesehen und zur Projektionsfläche des Ich-Ideals werden kann, jener inneren Vorbild-Instanz, die die iealisierten Selbstimagines und die Identifizierungen mit den positiven Elternanteilen, ihren Substituten und kollektiven Idealen enthält (vgl. Laplanche und Pontalis, 1972). Für das Changieren des Instruments zwischen meist positiven, gelegentlich aber auch negativen Besetzungen läßt sich die Janusköpfigkeit des Ich-Ideals mit seinen beiden Valenzen »Verheißung« und »Selbstbeobachtung« verantwortlich machen. Indem das Instrument zu dem Mittel werden kann, mit dem die »fatale Kluft« (Chasseguet-Smirgel, 1981, S. 98) zwischen Ich-Ideal und realem Selbst überbrückt wird, stellt es ein Medium der Verheißung dar, die »verlorene Vollkommenheit« frühester Zustände wiederherzustellen; indem das Ich-Ideal die hohen Perfektionsansprüche aller musikalischen Vorbilder des Intrumentalisten enthält, wird das Instrument zum Prüfstein von Scheitern und Gelingen.

Entsprechend der Janusköpfigkeit des Ich-Ideals (Chasseguet-Smirgel, 1981, bes. S. 95 ff.) kann das Instrument vom Spieler innerlich mehr abgewertet und dem »fehlerhaften irdischen Instrumentalistenkörper« angenähert oder mehr idealisiert, in die Nähe des »himmlischen Reichs der Musik« gerückt werden. So spricht *Mainardi* etwa davon, daß der Cellist bestimmte Grobheiten des Cellos veredeln müsse, *Tertis* verbessert die Viola, *Sauer* erscheint sein Klavier streckenweise als »Guillotine« und »Marterinstrument« (S. 74), und *Paderewski* widmet sein Kapitel »Revolt against the piano« der Schilderung, wie sich sein Instrument zu seinem »enemy« entwickelt, während sich bei anderen wie z. B. *Piatigorsky* und etwa *Menuhin* im wesentlichen hochidealisierende Beschreibungen des Instruments finden.

Für eine Verschiebung im wesentlicher positiver Aspekte auf das Instrument spricht die unter den Instrumentalisten weit verbreitete Ansicht, daß die Möglichkeiten eines guten Instruments als schier unerschöpflich betrachtet werden; das Lebenswerk des Instrumentalisten sei es nachgerade, das Beste aus ihm »herauszuholen«. Das »Gute« liegt, wie diese Formulierung verrät, hier primär auf Seiten des Instruments.

c. Das dritte Glied aber in dieser Reihe abgestufter Idealitäten wäre der »nur irdische« Körper des Instrumentalisten, der, wie die oben aufgeführte Beispielreihe nahelegt, eher negativ besetzt ist. Er ist zu dünn, zu schmächtig oder zu klein, muß trainiert und beschützt werden, funktioniert keineswegs immer, wie er soll, und stellt, überspitzt gesagt, oft mehr ein Ärger- und Hindernis für den Instrumentalisten dar als alles andere.

Das negativ getönte Körperbild vieler Instrumentalisten - und die unter ihnen weit verbreitete Befangenheit ist, wie gesagt, immer und zunächst auch ein körperlich sich äußerndes Gefühl - könnte also damit zusammenhängen, daß die Idealisierungen des Instrumentalisten auf »Die Musik« und »Das Instrument« bzw. »Das Musizieren« fokussiert sind. Indem vielen Instrumentalisten von früh auf vermittelt, daß sie ganz wesentlich als Erzeuger von Wohlklang geschätzt und geliebt werden, kann das »tonlose«, bloße Körper-Ich von den jungen Instrumentalisten möglicherweise nicht hinreichend positiv besetzt werden oder es wird als Kehrseite der auf Musik und Instrument gerichteten Idealisierungen nach anfänglich positiver Besetzung im Laufe der Zeit entwertet.

Als Veranschaulichung der hier angenommenen Spaltungs- und Verschiebungsprozesse seien abschließend eine Erinnerung von *Kremer* und eine Ausführung *Galways* angeführt: Bei *Galway* erscheint die Musik als das Göttliche und das nach Vollkommenheit strebende Musizieren als eine Art Gottesdienst. Der sich dem Geist der Musik öffnende, ihm - in *Rubinsteins* Formulierung - dienende Musiker wird mit seinem Instrument zum Medium einer göttlichen Wirkung im Zuhörer, sowohl in dem Zuhörer, der er selbst ist, als auch im Publikum. Er wird mit seinem Instrument zu einer Art Mittler zwischen Himmel und Erde: »... the flute began to take over for me as a way of reaching God and from an early age I heard the voice of God in music«, S. 141). In dieser Auffassung werden die oben skizzierten inneren Abstufungen klar benannt: Musik - göttlich; musizierender Instrumentalist - irdisch, aber durch sein Spiel erhöht; die tonlosen (instrumentenlosen) Körper der Zuhörer - nur irdisch.

Bei *Kremer* findet sich die Erinnerung, daß er sich »verzaubert« gefühlt habe, wenn der Vater ihm einfache Melodien auf Saxophon oder Mundharmonika vorgespielt habe, denn der Vater »machte das so fabelhaft, daß ich ... das Gefühl hatte, die Melodie spielten von alleine und er hielte nur das Instrument« (S. 31). Der eigentliche »Zauber« wird hier zwar von dem erwachsenen Instrumentalisten realitätsgerecht auf das Können des Vaters zurückgeführt, für das Kind aber wirkt es so, als wären der Vater und sein Instrument an dem Erzeugen der Melodie unbeteiligt, eine Art Medium, in dem sich der körperlose Wohlkang per Zauberei, also durch höhere Mächte, von selbst ausbreitet. Die körperlichen Urheber des Wohlklangs, Instrument und Spieler, werden von der Musik in der Wahrnehmung abgetrennt und niedriger bewertet.

Reiks Ausführungen zum Schofar (vgl. Kap. III) lassen übrigens einen ähnlichen Zusammenhang erahnen: Der Klang des Schofars, also die Musik selbst, repräsentiert die Stimme Gottes. Das Instrument wird dadurch geadelt. Der Spieler wird zum Mittler; versagt er, beschwört er Unheil als eine Art Strafgericht über sich und die Zuhörerschaft herauf. Es ist also seine Aufgabe, sich des besonderen Gottesdienstes, den sein Spielen darstellt, durch stetes Trainig als würdig zu erweisen.

d. Im Zustand der »Verschmelzung« mit dem Instrument nun, so mein Erklärungsansatz für die oben skizzierte wundersame Veränderung der Instrumentalisten beim Spielen, können diese Abspaltungen aufgelöst werden. Die Diskrepanz zwischen tendenziell entwertetem tonlosen Körperselbst und dem weitgehend akustisch geprägten Ich-Ideal der Instrumentalisten verringert sich, verschwindet punktuell ganz, was als euphorisierend, belebend, heilend, ganz machend erlebt und ausgestrahlt wird. Der Körper wird durch das Instrument und die Klänge, die der Spieler im Verein mit ihm hervorzaubern kann, erweitert, ergänzt, verbessert und dadurch als »heil« und »gut« erlebt. Während die einen Instrumentalisten das als Auswirkung der »erhöhenden« Wirkung von Musik und Instrument empfinden, also als vollkommene und gelungene

Instrumentalisierung des Körpers, erscheint es den anderen als gelungene, erhebende Beseelung ihres Instruments, die durch sie selbst erzeugt wird. Eine solche Sicht der »Metamorphose« beim Spielen wird durch die Auffassung etwa Roses gestützt, der meint, es gehöre zu den besonderen Fähigkeiten jedes Künstlers, in dem

>»... Wechsel von aktiver Bewältigung und passiver Hingabe ... Inneres und Äußeres in wiederholten Verschmelzungen und Trennungen in Verbindung zu bringen ... Er läßt es geschehen, daß er ... zu frühesten Körpervorstellungen regrediert, nicht um in diesem Zustand zu verharren, sondern um mit erhöhtem Wahrnehmungsvermögen für innere wie äußere Welten zum Realen und Umfassenden zurückzukehren« (Rose 1968, S. 514).

Rose betont den positiv-besonderen Aspekt dieser inneren Flexibilität:

»Wenn es (das Kunstwerk, K. N.) archaische Körpergefühle berührt, sie ans Licht gebracht und wieder lebendig gemacht hat, kann es ein Gefühl psychischer Bereicherung ... vermitteln ...« (ebenda).

Daß diese Metamorphose nur ein punktueller Zustand ist, daß dem Körperbild und Ichgefühl der Instrumentalisten als Kehrseite der bei Rose hervorgehobenen erstaunlichen Flexibilität auch eine gewisse Labilität eignen kann, belegen die häufig geschilderten depressiven Einbrüche der Instrumentalisten nach dem Spielen, die so weit gehen können wie bei Harriett *Cohen*, die den Beifall des Publikums durchweg nicht »hört« und schon beim Verlassen der Bühne gedanklich damit beschäftigt ist, den beim Spielen gemachten Fehlern nachzugehen und sie sich vorzuwerfen (S. 121). Hier ist die Kleistsche »Selbstentzweiung« sofort nach ihrer punktuellen Aufhebung im Spiel wieder am Wirken.

Natürlich, das sei noch einmal betont, ist die hier skizzierte Flexibilität oder auch Labilität im Körperbild (und damit nach heutiger Auffassung auch in der Identität) nicht bei allen untersuchten Musikern anzutreffen, und nicht bei allen in gleicher Stärke. Bei manchen geben die Texte zuwenig her, als daß sich diese Zusammenhänge erkennen ließen, die damit der weiteren Untersuchung bedürfen.

Subjektive Theorien der Instrumentalisten über ihre Beziehungen zu ihren Instrumenten

Einige Musiker haben »subjektive Theorien« über bestimmte Aspekte ihrer Beziehung zu ihrem Instrument entwickelt. Um die bisherigen Befunde zu spezifizieren und zu komplettieren, sollen solche Überlegungen einmal zusammenhängend vorgestellt werden. Da sich *Menuhin* in seinem Buch »Unvollendete Reise« in besonders ergiebiger Weise als »Beziehungs-Theoretiker« erweist, ist ihm der gesamte erste Teil des Kapitels gewidmet, während die übrigen Autobiographen im allgemeinen nurmehr Ansätze zu subjektiven Theorien entfalten, die im zweiten Teil den Gedanken Menuhins vergleichend zur Seite gestellt werden.

Da die Ansichten *Menuhins* aus seinen eigenen, vielfältigen Erfahrungen mit der Geige erwachsen sind, möchte ich zunächst entlang seiner biographischen Entwicklungslinie zu skizzieren versuchen, wie sich seine Beziehung zur Geige im Laufe seines Lebens herausbildet. In die Betrachtung sind jeweils kommentierende Passagen eingestreut, die den Bezug zu den bisherigen Befunden herstellen helfen sollen. In einem zweiten Schritt soll dann Menuhins subjektive Theorie im engeren Sinn dargestellt, und in einem dritten Schritt sollen die Überlegungen Menuhins zusammenfassend interpretiert werden.

Es sei kurz daran erinnert (vgl. den Beginn des IV. Kapitels), daß sich Menuhins Hingezogensein zur Geige (dem bevorzugten Instrument des Vaters, vermutlich auch der klavierspielenden Mutter) zwischen dem zweiten und vierten Lebensjahr während der Konzertbesuche, zu denen ihn seine musikliebenden Eltern mitnehmen, ausprägt. Erst bezaubert ihn ein feuriger Geiger, dann der Konzertmeister des Orchesters, Persinger, der später sein geliebter Lehrer wird.

Um seine Gefühle während der solistischer Auftritte Persingers zu veranschaulichen, sei noch einmal das schon oben wiedergegebene Zitat angeführt:

> »... und ich freute mich auf diese Augenblicke, in denen der schmelzendsüße Geigenton bezaubernd und sanft wie eine Liebkosung zur Galerie heraufschwebte und mich tiefer entzückte als jeder andere« (S. 31).

Der Geigenton wird hier wie eine angenehme körperliche Berührung geschildert, wie man sie sich zwischen Mutter und Kind oder zwischen Geliebten vorstellen mag.

Der Vierjährige weiß von da ab intuitiv: »Spielen hieß für mich leben« (S. 31). Er wünscht sich zum Geburtstag eine Geige und erhält von den Eltern ein blechern klingendes Spielzeuginstrument. Er fühlt seine Sehnsucht verhöhnt und gerät in ohnmächtige Wut. Danach bekommt er von seiner Großmutter ein richtiges Instrument.

Aus dieser Passage geht deutlich hervor, daß für den jungen Menuhin ein fundamentaler Unterschied zwischen einem Spielzeug und einem Musikinstrument besteht. Dem Spielzeug mit dem unschönen Klang fehlt ganz offensichtlich die magische Aura.

»Als ... die Geige einmal im Haus war, wurde ich angehalten, sie auch zu spielen. Man verlangte, daß ich etwas leistete« (S. 30). Sein erster Unterricht findet in einer Art »Trimmstudio« nach einer Einschleifmethode statt. Menuhin lehnt sie ab und drängt zu Persinger als Lehrer. Er spielt zu Anfang äußerst »krampfhaft« (S. 37), aber ist trotzdem bald so weit, daß Persinger das Kind tatsächlich als Schüler annimmt, der binnen kurzem zu dem Wunderkind wird, das die Welt in Erstaunen gesetzt hat.

In Persinger habe er den idealen Lehrer gefunden, der sich ganz auf seine Bedürfnisse habe einstellen können, betont Menuhin. Zweifelnd fragt er sich: »Wurde ich zum Gefäß jener Träume, die sich ihm nicht erfüllt hatten? Vielleicht« (S. 45). Er nimmt es ihm jedoch nicht übel, meint vielmehr, es sei unabdingbar, daß Lehrer wie Eltern auf ihre Schüler bzw. Kinder Wunschträume projizierten, und wenn es auf liebevolle Art geschehe, sei es eher positiv zu werten. Er habe sich nicht benutzt gefühlt (S. 45).

Er sieht seine Geige grundsätzlich und von Anbeginn als etwas, das ihn durch den Reichtum ihrer Ausdrucksmöglichkeiten beglückt und beschenkt. Das Instrument birgt für ihn eine ganze Welt in sich, zu der er durch das Spielen Zugang erlangt:

> »Der Körper dieses Instruments war groß genug, um Jongleure, Tänzer, eine Tartarenhorde, Zigeuner, Suks, Karawansereien, Huris, ja das ganze Paradies in sich zu beschließen« (S. 29).

Es ist auffällig, daß Menuhin seine Beispiele aus der mütterlichen Welt und Vergangenheit wählt (die Welt, aus der seine Mutter vertrieben wurde) bzw. aus der Welt seiner zweiten Frau, einer Tänzerin. Man könnte es als Hinweis darauf sehen, daß das Instrument wesentlich als etwas Mütterlich-Spendendes empfunden wird. Darauf weist auch die metaphorische Ausdrucksweise hin, die aus einem de facto eher »kleinen« Instrument im übertragenen Sinne einen »großen Körper« macht, so daß die Größenverhältnisse zwischen Spieler und Instrument umgedreht und auf die Proportionen der Mutter-Kind-Dyade gebracht werden.

Die Geige besitzt für ihn aber auch die Härte eines Sklavenhalters, indem sie dem Spieler einen »hohen Preis« abverlange: »... eine solche

Herrschaft über Nerven, Knochen und Muskeln, daß der Körper in ekstatische Trance verfällt« (S. 31).

Ein wechselseitiges Herrschaftsverhältnis scheint in diesen Worten auf: Der Geiger wird von der Geige beherrscht und kann nur unter Anerkenntnis dieser Herrschaft durch tägliches Arbeiten und Üben die Herrschaft über sie und sich wiedererlangen.

Spielen, vor allem bestimmter Musik, empfindet der junge Menuhin als Erweiterung seiner Aussagemöglichkeiten und als Aufwertung. Er erinnert zum Beispiel folgende Kindheitswünsche: »Beethoven zu spielen würde meine leere Hülle ausfüllen, meiner ungerechtfertigten Höhe einen festen Stand verschaffen. Er (Beethoven, K. N.) würde mich massiv, groß, echt machen« (S. 47). Er nimmt sich aus eigenem Antrieb ein besonderes Beethoven-Stück vor, spielt es aber so schlecht - so undurchdacht, uneigen -, daß ihn der Lehrer wütend unterbricht und nach Hause schickt. Dort wird sein »Versagen aus Ehrgeiz« - wie er es sieht - mit »Ächtung« bestraft: »Ich wurde in mein Zimmer verbannt und mußte allein essen.« Der Vater wird von der Mutter dazu angehalten, dem Jungen eine Tracht Prügel zu geben, weil er ihr »Tscherkessenideal«, stets nur das Höchste und Beste anzustreben, verraten habe. Das Kind empfindet die Strafen als Erleichterung, weil dadurch der »lockende Tyrann Ehrgeiz« in Schranken gewiesen worden sei (S. 47 f.).

Hier wird deutlich, wie sich Menuhin durch die herausgehobene Position, die ihm sein Talent verschafft - und die durch seine Sonderstellung in der Familie als erstgeborener und einziger Sohn, der von Eltern und nachfolgenden Schwestern vergöttert wird (vgl. S. 22 f.) - zeitweise stark belastet fühlt. Sein Selbstwertgefühl scheint labil (»leere Hülle«). Er empfindet diese Stellung als unangemessen bzw. sich als ihr nicht gewachsen und versucht nun durch besondere Leistungen (er nennt es »Ehrgeiz«), ihr gerecht zu werden. Die Geige wird ihm hier gleichzeitig zu einer Bürde und einer Verbündeten; sie soll dabei helfen, sein Schuldgefühl abzutragen, was, da er das wiederum nur mithilfe der Geige, die den Hauptgrund für die Herausgehobenheit abgibt, bewerkstelligen kann, soviel heißt wie den Teufel mit Beelzebub austreiben. (Im übrigen erlaubt der punktuelle Einblick in den elterlichen Umgang mit dem »Scheitern« einen Rückschluß auf die unerbittliche Strenge, der der junge Menuhin ausgesetzt gewesen ist und die später sein eigenes Ich-Ideal auszeichnet.)

Die Geige wird ihm bald zum Medium des Erfolgs, zunächst eines an den Gesichtern der Eltern ablesbaren, später an der Erfüllung eigener

Maßstäbe zu spürenden. So versetzt es ihn in Hochstimmung, als er »mit dem Adagio aus Bachs Violinkonzert E-Dur (seiner) Mutter ein Lächeln abgewann« (S. 50). »In meiner Hochstimmung glaubte ich sogar, das Bild an der Wand hätte mir ermutigend zugezwinkert. Imma (die Mutter, K. N.), die sonst stirnrunzelnd hereinkam, trat frohlockend durch die Tür und hätte mich vielleicht in die Arme geschlossen, bezeigte aber in letzter Sekunde, um das Gesicht zu wahren, die Liebkosung einem Stellvertreter: Aba (dem Vater, K. N.), der eben von der Arbeit heimkam ...« (S. 50). Menuhin beschreibt, wie diese Szene in ihm als kleinem Jungen »Wunschvorstellungen« erweckt: »Ich sah mich im Geist als Friedensstifter gordische Knoten durchschlagen, neurotische Streitigkeiten augenblicklich schlichten, sah die Menschheit ihre Verschanzungen verlassen und sich um meinetwillen versöhnt in die Arme sinken« (S. 51).

Das ungewohnte, da so seltene Erleben eines Lobs seiner Mutter, die mit Zärtlichkeiten ihm gegenüber geizt (»... wann immer ich sie als Kind umarmte, umarmte ich ein starres Korsett«, S. 17), euphorisiert das Kind und facht seine Größenphantasien an, die wiederum seinem Ehrgeiz zum Ansporn werden. Hier wird auch die frühe, narzißtische Seite der oben beschriebenen Erfolgsverpflichtung deutlich: Das mütterliche Lächeln als Signal von Innigkeit und Nähe erscheint nur auf die besondere Leistung mit dem Instrument hin. Die Größenphantasien des Kindes korrespondieren denen der Mutter, die vor seiner Geburt das Gelübde ablegt, aus ihrem Kind ein Aushängeschild der gedemütigten jüdischen Rasse zu machen.

Die Geige wird weiterhin, gefördert durch die emotionale Kargheit, die Menuhin in seiner Familie umgibt, zu seinem vertrauten, gefühlsbetonten Gegenüber, einem äußeren und inneren empathischen Begleiter, denn: »Ob ein Geiger nun acht oder achtundfünfzig ist - er führt ein einsames, grüblerisches, meditatives Leben ...« (S. 45). Schon früh hat Menuhin tiefe Zweifel, ja Selbstwertkrisen: »Und doch überkam mich immer wieder der Gedanke, im Grunde sei mein Leben ichbezogen und sinnlos« und: »Ich war nicht nur ein Schwarzseher, sondern auch Grübler« (S. 53). Er ertappt sich dabei, »sich zu intensiv an etwas zu verlieren« - ein Gefühl, das ihm bis ins hohe Alter hinein Schuldgefühle macht. Über diese Zweifel und Sinnlosigkeitsgefühle traut er sich jedoch nicht zu sprechen, außer mit der Geige: »... und die tägliche Einsamkeit des Geigens bestärkte mich darin, mich ihr anzuvertrauen« (S. 54). Die Einsamkeit regt die die innere Instanz der Selbstbeobachtung an: »Es war sonderbar, zu leben und sich dabei selbst zuzusehen« (S. 52).

Daß Menuhin die enge Bindung an die Geige Schuld-, vielleicht auch Schamgefühle macht, könnte sich aus zwei psychischen Quellen speisen: Einerseits könnten die Schuldgefühle Ausfluß des »Elternopfers« sein; andererseits könnten Schamgefühle aus dem Gefühl innerer Abhängigkeit an die Eltern und ihre Wünsche hervorgehen. Es zeigt sich hier außerdem die Schwierigkeit des Heranwachsenden, angesichts der durch das Elternopfer gegebenen Erfolgsverpflichtung offen über Zweifel oder eigene, andere Wünsche zu sprechen, einen eigenen Weg zu finden.

Die Geige hilft ihm, Schüchternheit zu überwinden. Ohne Geige, zum Beispiel bei einem Gruppenunterricht in Harmonielehre außerhalb des Hauses, fühlt er sich »verlegen und unbehaglich« (S. 67), während er vor und bei Konzerten diese Gehemmtheit ablegt. Sein Selbstvertrauen ist überhaupt leicht zu erschüttern. Wenn er einmal zwei Wochen nicht üben kann, »... fragte (er sich) besorgt, ob (er) ... überhaupt noch Geige spielen könne« (S. 80). Er übt täglich »brav und fleißig« (S. 99), doch nicht besonders lang, und vergißt seiner Lebtag die »Prophezeiung« seines Geiger-Vorbilds Enescu über ihn nicht, der betont, Menuhin werde nie so viel zu üben brauchen wie andere: »Bei ihm ist es eine Gottesgabe« (S. 99).

Menuhin hat offenbar früh sein inneres Körperbild um die Geige komplettiert und fühlt sich ohne Geige ein wenig defizitär, zumindest in der Jugend.

Er spielt zunächst auf einem zweitklassigen Instrument. Nachdem er als Wunderkind zu erstem Ruhm gelangt ist, darf er sich eine kostbare Geige aussuchen, die ein Gönner bezahlt. Bei der Beschreibung der neuen Geige wird das Instrument zum ersten Mal mit einer Geliebten verglichen: »... verliebt hatte ich mich schon damals in dieses Instrument ...«; oder: »meine erste Liebe, die ›Fürst Khevenhüller‹« (S. 108).

Menuhin heiratet seine erste Frau Nola zwei Monate, nachdem er sie kennengelernt hat. Seine Vergleiche in diesem Zusammenhang werfen auch ein Licht auf sein Verhältnis zur Geige: »Aber ich hatte ja auch Persinger ... nicht ›gekannt‹ und ebensowenig die Geige, bevor ich sie spielte« (S. 163). Ganz deutlich zeigt er damit auf, daß die Geige für ihn ein ebenso lebendiges und bedeutungsvolles Gegenüber ist wie die anderen Genannten; man könnte mutmaßen, daß alle in diesem Zusammenhang aufgeführten Personen - ebenso wie die Geige! - nach dem »narzißtischen Typ der Objektwahl« ausgewählt werden (vgl. Ende dieses Kapitels).

Die Ehe, aus der zwei Kinder hervorgehen, scheitert; vor allem macht er dafür sein Virtuosendasein mit den vielen tourneebedingten Abwesenheiten verantwortlich. Und:

>»Jeder von uns hatte eine Illusion geheiratet, sie sowohl wie ich, denn das Leben eines Virtuosen hat nicht den Glanz, den viele Leute hineinlegen« (S. 181).

In einer schweren Beziehungskrise (er liebt eine neue Frau, kann sich von der ersten aber nicht lösen) erweist sich die Musik und damit die Geige erstmals »als völlig ungeeignet, mich in meinen persönlichen Sorgen zu trösten« (S. 218).

Eine Erklärung für dieses Versagen der doch sonst so zuverlässigen »Trösterin« könnte darin liegen, daß Menuhin unbewußt der Geige die Schuld für das Scheitern der Ehe gibt. Die Geige hätte also in einem Rivalitätsverhältnis zu Nola gestanden und schließlich über sie triumphiert; damit wäre sie als Trösterin nicht akzeptabel.

Mit zunehmendem Alter verliert, vor allem wohl aufgrund der beglückenden zweiten Ehe Menuhins mit einer Tänzerin, die Geige den existentiell wichtigen Charakter, den sie in der Pubertät angenommen hatte. Sie wird zu einer herausgehobenen, aber nicht mehr der einzigen Vertreterin von »Schönheit«, einem offenbar ausgeglichenen, harmonischen, heilend-beruhigenden Zustand narzißtischer Homöostase: »Schönheit in ihrer verschiedenartigen Ausprägung - der Klang einer Violine, die Dinge, mit denen ich mich umgebe, und vor allem die Schönheit meiner eigenen Frau empfinde ich als etwas Herrliches, als etwas Beruhigendes und Angenehmes« (S. 242).

Die Geige wird ihm schließlich, je älter er wird, zunehmend zu einem Gegenstand der Selbsterkundung. Vor allem der Verlust der Intuition der Jugend und der Umstand, »... diesen selben Kreislauf von Intuition über verstandesmäßige Analyse bis zur wiedererlangten Spontaneität« (S. 300) durchlaufen zu müssen, läßt ihn interessante Parallelen entdecken zwischen dem Geigenspiel und menschlichen Beziehungen, vor allem in Hinsicht auf die »Beweglichkeit, mit der man Geige und Bogen hält, jene Kunst, bei aller Festigkeit locker zu bleiben ...« (S. 303).

Nun zu Menuhins subjektiver Theorie über das Wesen der Musiker-Instrumenten-Beziehung: Wie fast alle anderen Geiger (und Pianisten) benutzt Menuhin in seinem Extra-Kapitel betitelt: »Ratschläge« den Vergleich mit dem Klavier, um etwas über das Wesen der Geige und sein Verhältnis zu ihr auszudrücken:

> »Ein Klavier, so herrlich es gebaut sein mag, bleibt leblos und neutral; wenn es auch auf die Absichten des Pianisten reagiert, tut es dies nach eigenen, mechanischen Gesetzen ...« (S. 359 f.) »Eine herrliche Geige dagegen ist ein lebendiges Wesen ...« (S. 360), und: »Ich preise das Schicksal, das mich dem Klavier ferngehalten und mich ein Leben lang an eine Stradivari gebunden hat« (S. 364).

Er erinnert sich an das Klavier zu Hause, auf dem seine Mutter gelegentlich spielte. Die Familie sei, obwohl die Schwestern Klavier lernten, nie in Klavierabende gegangen. Konzerte von Geigenvirtuosen dagegen hätten zum »täglichen Brot« gehört (S. 364). Menuhin meint, die Bevorzugung von Geigenabenden habe vielleicht mit dem anderen, »direktere(n)« Verhältnis zwischen Geiger und Publikum zu tun, denn der Geiger trage gewissermaßen seine »Stimme« mit sich herum. Er fragt rhetorisch: »Würde ich nach einem Leben vor dem entblößten Gebiß der Klaviertastatur anders denken?« (S. 364). Er verneint dies entschieden. »Das Klavier spricht mit vielen Stimmen, die Geige mit einer einzigen« (S. 364), und das sei »eindrucksvoller« als jede »Vielheit«, auch wenn sie noch so »harmonisch« sei (ebenda).

Zwei Aspekte gehen aus dem Vergleich mit dem Klavier hervor: Zum einen die Annahme einer Beseeltheit und eigenständigen Lebendigkeit der Geige, zum anderen die ihrer Echtheit als Ausdrucksmittel, als »Sprache«, damit ihrer »Menschlichkeit« schlechthin im Kontrast zum mechanischen, »toten« Klavier.

Wie ernst es Menuhin mit der Annahme der Beseeltheit und Menschlichkeit der Geige ist, zeigt sich auch darin, daß er seine Instrumente mit »behutsamer Sorge« und »liebevoll« pflegt (S. 362). Er fühlt sich verpflichtet, für ihr »ferneres Schicksal« zu sorgen, es zu sichern (S. 363) - wie Eltern ihren Kindern gegenüber:

> »Wer könnte solche liebevolle Pflege einem Klavier entgegenbringen? Oder es in den Arm nehmen, es in Samt und Seide betten?« (S. 363).

Die Geige ist für ihn nicht nur beseelt, sie hat auch eine eigene Geschichte und ist insofern ein individuiertes Wesen mit unverwechselbaren Merkmalen:

> »... schon ihre Form verkörpert die Absicht ihres Schöpfers, und ihr Holz speichert die Geschichte, die Seelen ihrer verschiedenen Besitzer. Ich selbst spiele niemals, ohne zu fühlen, daß ich diese Geister befreit oder absorbiert oder (auch das) verletzt haben könnte« (S. 360). Er spricht davon, daß der Geiger »ganz bewußt dem Geist seines Instruments« nachspüre (S. 360).

Diese esoterisch anmutende Ansicht versucht Menuhin mit Verweisen auf wissenschaftliche Erkenntnisse zu stützen, indem er eine physikalische Ansicht zitiert, die besagt, daß

> »sich mit der Zeit jeder Ton in Form eines molekularen Bildes der Geige einprägt: daß das Holz sozusagen die Seele des Künstlers bewahrt« (S. 362).

(Die Moleküle sollen sich verschließen, wenn schlecht gespielt wird, und sie öffnen sich wieder bei Meisterhänden.)

Die unumstößliche Überzeugung Menuhins, die Geige in jedem Sinn - nicht nur symbolisch - als eigenständige und vollwertige »Persönlichkeit« (S. 360) zu betrachten, gibt die Basis ab für die Art und Weise des Umgangs mit ihr. Das Instrument steht für Menuhin nicht einfach im Dienst des Geigers, eher sieht er es umgekehrt: Der Geiger muß sich in sein Instrument und dessen Geschichte einfühlen, ja ihm dienen: »Zu einer ›Strad‹ muß man sich emporarbeiten, ehe sie ihre kunstvolle Seele sprechen läßt« (S. 360); »Sie ist der Meister, den nichts zufriedenstellt als fehlerloses Können ...« (S. 360), und er weiß von einer Stradivari, »... daß sie mich, kaum daß ich sie besitze, selbst besitzen wird« (S. 362). Dieser Ausschließlichkeitsanspruch sei aber nicht mit jeder kostbaren Geige verknüpft, denn jede Stradivari oder Guarneri hat nach Menuhin eine eigene »Persönlichkeit«, die sie von ihren »Geschwistern« unterscheide (S. 360). Die Guarneri sieht er (aufgrund ihrer anderen Bauweise) im Gegensatz zur Stradivari als »Kamarad, der die Fehler seines Spielers gnädig vergibt« (S. 361); sie sei daher auch »gewöhnlichen Sterblichen« zugänglich (ebenda).

Ein weiterer wichtiger Aspekt seiner »Theorie« ist, daß der Spieler durch die Einfühlung in die Geschichte des Instruments in eine innere Verbindung zu den früheren Besitzern bzw. Spielern tritt, gleichsam wie man bei einer Eheschließung auch zu der Verwandtschaft des neuen Partners und zu dessen Vergangenheit Zugang erlangt. Hierzu gibt Menuhin ein eindrucksvolles Beispiel. Als 17/18jähriger leiht er sich die Guarneri eines großen Geiger-Vorbilds (des belgischen Virtuosen Ysaye) aus, dem er als Junge einmal vorgespielt hatte, und zwar solange sehr erfolgreich, bis Ysaye ihn um ein paar einfache Arpeggien bat. Da Menuhin es immer abgelehnt hatte, mechanisch Tonleitern zu üben, scheiterte er daran kläglich. Das Ganze empfand er als unsägliche Schande und Kränkung. Nun, als junger, zu der Zeit an Depressionen leidender Mann versucht er, per Spielen auf der Geige des inzwischen verstorbenen Meisters jenem nahezukommen:

»Wo Isayes drohende Präsenz ... mich (damals, K. N.) eingeschüchtert hatte, konnte ich nun, da er tot war, seine Lektionen auf magische Weise direkt durch seine Violine beziehen« (S. 361);

er ist sich bei diesem Experiment sicher, daß der »Geist, der aus dieser Guarneri sang, mich wieder beleben könne« (S. 361). Während er sie spielt, fühlt er sich als »ganzer Mann, der auch größeren Anforderungen als je zuvor gewachsen sein würde« (ebenda).

Hier zeigt sich, wie sehr Menuhin das Instrument mit dem väterlichen Vorbild, auf das er sein Ich-Ideal projiziert, gleichsetzt, wie ihm das Instrument als physisches Vermächtnis des großen Mannes zum Medium der Annäherung zwischen Ich und Ich-Ideal wird und wie ihn dies aus der depressiven Leere seiner Spät-Pubertät herausführt. Die Identifikation mit der väterlichen Instanz läßt ihn zum »ganzen Mann« werden.

Wie sehr ihm diese Identifikation psychisch notwendig ist, zeigt seine Befürchtung, er könne »ohne des Meisters Einverständnis seines Einflusses verlustig gehen« (S. 362). Aus eben dieser Befürchtung heraus leiht er sich die Geige nur und strebt ihren Besitz nicht an. Eine Inbesitznahme drückt ihm zuviel Respektlosigkeit vor der Freiheit und Würde des »väterlichen« Instruments aus. Auch in seinem Kindheitstraum *leiht* ihm Kreisler eine seiner beiden Geigen nur. (Übrigens hat Menuhin im Laufe seines Lebens fast alle seine Geigen per Geschenk oder als Leihgabe bekommen. Mit 50 besitzt er zwei Stradivaris und eine Guarneri und gerät in große Erregung, als er eigens, um noch eine Guarneri zu kaufen, nach Deutschland fährt. Er erklärt die Erregung damit, »daß ich bis dahin noch nicht zugeben mochte, wie gern ich über ein Serail befehligte«, S. 362. Die nicht väterlich besetzten »Geigen-Geliebten« kann er offenbar doch in Besitz nehmen!)

Vermutlich ist auf seine Fähigkeit, die Geige zur Projektionsfläche sowohl väterlicher als auch mütterlicher (s. o.) Elternimagines zu machen, Menuhins etwas überraschende Ansicht zurückzuführen, daß der Geiger »eine magische Anziehungskraft besitzt, die anderen Sterblichen vorenthalten ist« (S. 365). Als Beleg für seine These führt er an, daß viele häßliche Geigerkollegen mit auffallend schönen Frauen verheiratet seien (ob er sich selbst dazuzählt, bleibt offen). Er sieht den typischen Geiger als »eher sinnlich als intellektuell, etwas beschränkt in seinem Horizont und höchstwahrscheinlich eitel« (S. 365). Er sei »stolz auf den Klang, den er produziert« (S. 365), wie eine Frau auf ihr gutes und gepflegtes Aussehen.

Solche Überlegungen passen zu dem Eindruck, daß Menuhin sich in mancherlei Hinsicht auch in späteren Jahren durch die Geige narzißtisch aufgewertet fühlt. »Der Stolz des Geigers« ist auf etwas fokussiert, das er nur im Verbund mit dem Instrument erzeugen kann - den Klang, nicht etwa auf seine technische Virtuosität, seine Könnerschaft allein.

Bei seinen langen und detaillierten Ausführungen über das Üben erwähnt Menuhin schließlich, wie der Geiger durch Training und körperliche Sensibilität, die wie die eines Artisten geübt und gepflegt werden müsse, langsam mit der Geige zu einer Zweieinheit verschmilzt: »Vielmehr ist der Geiger selbst Teil seiner Geige ...« (S. 370). Er hat eine Übungsart, das stumme Spielen entwickelt, das ihn dazu zwinge, »die Musik körperlich in mich aufzunehmen, bis ich sie in meinen Fingern, Muskeln und Gelenken ›höre‹; bis der Körper eine Art auraler Intelligenz entwickelt, eine ›reine‹ Stimme wird, ein wohlgestimmtes Instrument, das völlig selbständig agiert« (S. 372).

Menuhins Fall ist insofern besonders interessant, als er zu den Musikern gehört, die ein Instrument »übernehmen«, das die Eltern nicht spielen, aber eindeutig vor allen anderen bevorzugen. Ohne Zweifel wird ihm der Geigen*klang*, ohne daß er ihn zu Hause hört, zum Repräsentanten v.a. der mütterlichen Stimmenimago (er kann ihn beruhigen, trösten, birgt die mütterliche Welt in sich, wird als weiblich empfunden etc.).

Der Prozeß der Übernahme von Klang und Form des Instrumentenkörpers in sein inneres Körperbild scheint über die Integration der mütterlichen Stimme und ihres Klavierspielens in seine erste »phonische Hülle« zu verlaufen; auch das visuell-taktile Element ist von Bedeutung, daran ablesbar, daß er die Geige als einen »großen Körper« sieht (der erste »große« Instrumentenkörper ist das Klavier mit seiner Mutter daran; der Geige haften offenbar Erinnerungsspuren dieser visuellen Dyade weiter an). Jedenfalls ist anzunehmen, daß Menuhin, bevor er als kleines Kind das Geigenspiel als seine Chance schlagartig »entdeckt«, schon die Möglichkeit kennt, über das Übergangsphänomen Musik die starke Verbundenheit mit der frühen Mutter wiederherzustellen. Hierfür spricht seine Klangaufgeschlossenheit, hierfür spricht auch, daß er offensichtlich schon als Kleinstkind Musik aufmerksam lauschen kann.

Das Instrument reichert sich ihm, indem er es spielen lernt, mit weiteren Bedeutungsdimensionen an, vor allem wird es im ehrgeizigen Lernprozeß zur Projektionsfläche seines hohen Ich-Ideals, in das mütterliche (»Tscherkessenideal«) und väterliche (vgl. das Ysaye-Beispiel)

Anteile eingegangen sind. Die Motivation scheint gespeist zu werden durch sein von den Wünschen der Eltern (Auserwähltheit, väterliche Wunschkarriere, Rache für Erniedrigungen) geprägtes Größenselbst.

Menuhin entwickelt im Verlaufe von Kindheit und Jugend eine Geiger-Identität, zu der die Ausprägung eines akustisch und taktil mit der Geige verknüpftes Körperbildes gehört. Wie sehr ihm die Geige zum Teil seiner selbst wird, zeigen seine Aussagen über die Geige als seiner »Stimme« und »Sprache« einerseits, und die Hinweise auf die körpergrenzenauflösende Verschmelzung mit der Geige andererseits. Das »tonlose«, »geigenlose« Körper-Ich des Musikers dagegen erscheint in vielen Lebensphasen oft emotional negativ getönt (»leere Hülle«) und als inneres Bild äußerst ergänzungsbedürftig. Erst durch die Geige wird, überspitzt gesagt, der Geiger zum erotisch attraktiven »ganzen Mann«. Musizieren führt zur Auffüllung, zur Heilung empfundener Brüchigkeit (es macht ihn »massiv und echt«) und gibt Anlaß zu der Projektion dieses Ganzheitserlebens nach außen: Der junge Musiker sieht sich als Versöhner und Heiler.

Die Geige als »großer Körper«, der das »Paradies« umschließt; deren Ton den Spieler wie eine Mutter liebkost; die dazu beiträgt, ihn »groß« zu machen; die ihn tröstet, fordert, besitzt, ja beherrscht; ihn als Vertraute spiegelt, begleitet, von ihm als Kind gehegt und gepflegt werden will, die für ihn spricht, zu seiner »Stimme« wird; die ihn mit einer magischen erotischen Attraktivität ausstattet und die, in unauflöslicher Verschmelzung mit dem Spieler, ihn schließlich selbst zu einem »Instrument« macht – aus diesen Attribuierungen spricht eine überaus starke Idealisierung und Überhöhung fast bis zum Aufgehen und »Verschwinden« des Spielers in diesem mächtigen Objekt.

Dennoch: Auch bei Menuhin stellt die Musik als solche das höchste Ideal dar, was sich auch darin ausdrückt, daß er die Kunst des Komponisten als höherrangig gegenüber der des Interpreten hinstellt (409 f.); während dem Instrument dem Erben einer nicht auschließlich positiv gefärbten mütterlichen Stimmenimago (die Starrheit und Strenge der Mutter kann nicht ohne stimmlichen Niederschlag bleiben!) und als Repräsentant eines nicht nur verheißenden, sondern auch stark fordernden Ich-Ideals durchaus auch negativ-tyrannische Züge anhaften: Es kann ihn mit seiner »Anspruchlichkeit« in Ehekrisen stürzen und gibt ihm als Spiegel immer wieder zu kritischer Selbstbeobachtung Anlaß.

Ein letzter Aspekt ist durch die vergleichende Untersuchung bislang nicht vorbereitet: Menuhin betont die Bedeutung der Geige als eines

Mediums der Selbsterkenntnis. Die Geige bzw. das Spielen bekommt bei ihm eine quasi therapeutische Dimension. Die Beziehung zwischen Musiker und Instrument wird gleichsam zum Vorbild gelungener Beziehung überhaupt, in der stützende und kritische Spiegelung ebenso stattfindet wie eine Art produktiver Selbstentzweiung oder auch therapeutischer Ich-Spaltung, mithilfe derer der Geiger seine Verhaltensmöglichkeiten und -grenzen erkennen und gleichsam durcharbeiten kann.

Nun zu den anderen Instrumentalisten und ihren »subjektiven Therorien«.

Große Einmütigkeit herrscht über die Frage der Beseeltheit des Instruments, vor allem unter den Streichern. So spricht *Flesch* von dem »beseelten Stück Holz« (C. F. Flesch, S. 186), *Grümmer* von »innerer Beseeltheit« der Gambe (S.80). Insgesamt finden sich bei 72% der Musiker Äußerungen, die belegen, daß sie ihr Instrument »nicht als totes Ding«, wie Arrau sagt (S. 160), betrachten.

Die Musiker scheinen in ihrer Überzeugung von der Lebendigkeit des Instruments bewußt oder unbewußt in der Tradition mythologischer Denkfiguren zu stehen, die Musikinstrumente stets als gottähnlich oder göttlichen Ursprungs betrachtet (vgl. Winternitz, 1967). Die Erfindung der Flöte wird bei den Griechen, um ein Beispiel aus unserem Kulturzusammenhang zu wählen, der Göttin Pallas Athene zugeschrieben, die dann das Instrument aber nicht spielt, weil das Spielen sie aufgrund der aufgeblasenen Backen und geröteten Gesichtshaut zu einem Gespött der anderen Götter macht. Verärgert soll sie es weggeworfen haben, und ein Satyr, Marsias, der es aufsammelt, wird daraufhin zu einem so berühmten Virtuosen, daß er sich zutraut, selbst Apoll zum musikalischen Wettstreit herauszufordern. Sein großes Können wird ihm zum Verhängnis; wichtiger aber ist in unserem Zusammenhang, daß Marsias seine Virtuosität nur entwickeln kann, weil die Flötenrohre, »still animated by the magic sparkle of the goddess, played as though by themselves ...« (Winternitz, 1967, S. 150).

Der Mythos setzt die Erfindung des Instruments also einem Schöpfungsakt gleich; der Hauch der Göttin beseelt es wie der Hauch der jeweiligen Schöpfergottheiten den Menschen. Das Instrument wird damit als ebenso lebendig betrachtet wie der Mensch.

Unterschiede zwischen den Instrumentalisten bestehen in der Auffassung darüber, wie es zum »Eigenleben« des Instruments kommt. Hier gibt es so etwas wie eine »realistische« Sicht im Kontrast zu einer »mystischen«.

Realistisch ist m. E. die Auffassung *Barenboims, Tertis', Friedheims* und *Matthews'*. Sie gehen davon aus, daß die »Beseelung« des Instruments durch den Spieler stattfindet (»The pianist ... has to overcome the inertia of inanimate matter«, *Friedheim*, S. 103), der als Erzeuger einer perfekten Illusion gesehen wird. *Barenboim* z. B. führt aus, daß man mit dem Klavier eben das Kunststück vollbringen müsse, das dem Maler mithilfe der Perspektive gelinge. Auf dem Bild erscheinen durch die Technik der Perspektive einige Elemente näher, andere ferner. »Das Klavier funktioniert auf ähnliche Weise (indem es unverbundene Töne durch Überwindung der Mechanik scheinbar zu einer Melodie verbindet, K. N.). Es erzeugt eine Illusion« (S. 83).

Mystisch, also im Sinne einer per se gegebenen Beseeltheit des Instruments, äußern sich neben *Menuhin* vor allem *Piatigorsky*, darüber hinaus *Burmester* und in Ansätzen *Auer, Stern, Rostropowitsch, Casals, Du Pré.*

Milstein nimmt eine Mittelstellung ein, insofern er erst der realistischen, später der mystischen Auffassung zuneigt. Zwischen diesen beiden Polen lassen sich die nicht namentlich erwähnten Instrumentalisten einordnen, wobei letztlich der Unterschied zwischen den Auffassungen dadurch verschmilzt, daß ausnahmslos alle Instrumentalisten als Ideal und Urbild eines Instruments die menschliche Stimme in ihrer Ausdrucksstärke und Lebendigkeit ansehen. Es ist sicherlich kein Zufall, daß gerade die Klavierspieler, die durch Größe, Körperferne und den mechanischen Charakter ihres Instruments eher an projektiven Identifizierungen mit ihm gehindert werden, es als höchste Kunst des Pianisten ansehen, das Klavier »singen« zu lassen.

Was die Frage der idealisierenden Überhöhung des Instruments betrifft, ergeben sich jedoch aus den beiden Auffassungen heraus deutliche Unterschiede, die sich etwas plakativ so ausdrücken lassen: Wo die »Mystiker« unter den Spielern - wie bei Menuhin gesehen - zum »Teil ihres Instruments« werden, wird bei den »Realisten« das Instrument zum »Teil des Spielers«. (Einigkeit herrscht wiederum darüber, daß es zu einer Verschmelzung von Spieler und Instrument kommt.) Der Mächtigkeit des Objekts bei den »Mystikern« korrespondiert die Mächtigkeit des Subjekts bei den »Realisten«.

Zur Veranschaulichung der mystischen Auffassung von der Objektmächtigkeit ihres Instruments soll dem Beispiel Menuhins nur noch das *Piatigorskys* an die Seite gestellt werden; für die der Subjektmächtigkeit möchte ich einige Aussagen *Giesekings*, *Barenboims* und *Mainardis* anführen.

Piatigorsky schreibt in seinem Extra-Kapitel »Geschichten aus dem Leben einiger berühmter Celli« programmatisch: »Ich selber betrachte das Cello als einen Teil aller Dinge und als den Mittelpunkt des Weltalls« (S. 215). In dieser Formulierung klingt bereits die idealisierende Überhöhung des Instruments an, die sich übrigens stärker als bei *Menuhin* auch auf das Äußere des Instruments bezieht (in dieser Intensität nur noch vergleichbar mit *Kirkpatricks* schwärmerischen Ausführungen zu seinem Cembalo). So spricht Piatigorsky davon, daß er sich so »heiß« in eine Schnecke eines Stradivari-Cellos »verliebt«, daß er das Instrument kauft, ohne dessen Ton zu kennen: »... ich denke immer noch an meine kurze ›Romanze‹ mit ihm und manchmal träume ich von der herrlichen Schnecke« (S. 215 f.; im russischen ist das Cello vom grammatikalischen Geschlecht her weiblich, K. N.). Die weiblich-erotische Besetzung des Instruments klingt hier unverhüllt an.

Ein zweites Zitat soll genügen, die Idealisierung des Cellos durch Piatigorsky, eines aus verarmten russischen Verhältnissen stammenden Künstlers, der sich von Kindesbeinen an mit seinem Cello unter schwierigsten, manchmal lebensbedrohlichen Bedingungen vom Kinoorchestermitglied zum ersten Cellisten der Berliner Philharmoniker und weltberühmten Solisten hervorgearbeitet hat, zu veranschaulichen: Als ihm von einem Sammler zwei Stradivari-Celli gezeigt werden, beschreibt er seine Verfassung so:

> »(Mir war) zumute, als wäre ich ins Paradies eingeladen ... Wie geblendet von einem geheimnisvollen Licht, das von den Instrumenten ausging, mußte ich für einen Moment die Augen schließen. Als ich sie wieder öffnete, bot sich mir ein Anblick für die Götter! Eine Glut von Farben in allen Schattierungen ... führte mich in ein Land des Entzückens« (S. 219).

Wie Menuhin sieht Piatigorsky die großen Instrumente, die ihn in einen solch ekstatischen Zustand versetzen können, als Individuen mit Eigenleben und eigener Geschichte; so erzählt er von einem Cello, das lange unbeachtet herumstand: »So schön wie es war, es hatte fast überhaupt keinen Ton. Kein Wunder! So lange hatte es geschwiegen, die Fähigkeit zu sprechen war ihm verlorengegangen« (S. 216). Auch die hierzu passende Ansicht Menuhins, daß mit jedem großen Instrument aufgrund seiner ausgeprägten Individualität eine eigene Art und Weise der Interaktion zustandekommt, taucht bei Piatigorsky auf: Das eine

Instrument muß er mit viel Mühe zum Ton »erwecken« (S. 217), das andere erfordert keine Arbeit, kein langsames Kennenlernen: »... ich spielte darauf vom ersten Tag mit Freude und absolutem Vertrauen« (S. 217).

Die Überzeugung, daß das Instrument den Spieler, wie es Menuhin ausdrückt, »groß und massiv« machen kann, findet sich ebenfalls bei Piatigorsky: »Vom Tage an, da ich das »Batta« stolz über das Podium trug, daß alle Welt es grüßen konnte, erhielt mein Leben neuen Aufschwung« (S. 220). Was für Menuhin bestimmte Stradivari-Geigen bedeuten, ist für Piatigorsky das »Batta«-Cello: Es hat für ihn »unergründliche Möglichkeiten«, es hält sein stetes »Bestreben« wach; und kann er seinen »Ansprüchen« nicht genügen, fühlt er sich »niedergeschlagen« und wendet sich seinem anderen Cello zu, »das zu mir steht, immer bereit, zu dienen und zu gehorchen ...« (alle Zitate S. 221).

Soviel zur »Objektmächtigkeit«; nun die Beispiele zur »Subjektmächtigkeit«. Sie fallen kürzer aus, weil sie sich nur als vertreute Bemerkungen in den Texten finden.

In der wortkarg-lakonischen Autobiographie *Giesekings* hebt sich eine Passage durch eine gewisse Begeisterung über das eigene Tun ab; hier beschreibt der Pianist, wie er während seiner Militärzeit mit der linken Hand auf einem Harmonium die Melodie, mit der rechten auf einem Klavier die Begleitung dazu spielt und währenddessen mit den Füßen teils die Bälge, teils die Pedale der beiden Instrumente bearbeitet: das »Glanzstück meiner Leistungen« (S. 41) nennt er es. Zusammen mit der durchgehenden Betonung des Spielerischen, Leichten bei Gieseking, das ihm sowohl unglaubliche Gedächtnisleistungen als auch geradezu unheimliche Vom-Blatt-Spiel-Kunststücke ermöglicht, kommt der Eindruck auf, daß sich der Pianist als ein auf geheimnisvolle Weise - er übt nicht besonders viel und unterbricht, ganz anders als etwa Menuhin, sein Spielen monatelang, um Schmetterlinge sammeln zu gehen - begabter Magier empfindet. Zwar fällt dieses Wort nicht; er zitiert aber zustimmend den hingerissenen Ausruf eines Konzertbesuchers: »C'est un acrobat!« (S. 52), eine Einschätzung, die vielleicht nicht so weit hiervon entfernt liegt. Offenbar ist sich Gieseking seiner Fähigkeiten so sicher, daß er ans Klavier gehen kann wie der Akrobat aufs Seil, um die in früher Jugend einstudierten Kunststücke schnell zu aktivieren. Vom Mitreden des Instruments findet sich hier keine Spur.

Eine ganz andere Art der Subjektmächtigkeit läßt sich bei *Mainardi* erkennen. Er betrachtet das Cello als ein Objekt mit »natürliche(n) Rauhheiten und Unebenheiten«, die der Spieler »bekämpft«, ebenso wie die »Überbetonung des Tenors« bei dem Instrument und dessen »vagen Caféhaus-Charakter« (S. 43). Hier verbessert offenbar der Spieler das Instrument, nicht, wie bei den »Mystikern«, umgekehrt, auch wenn sich Mainardi nach vier Wochen ohne Cello wie »ein halber Mensch« fühlt (S. 54). Fast hat man den Eindruck, hier adele der Spieler das eher abgewertete Instrument. Hierfür spricht auch die selbstbewußte Einschätzung Mainardis »Ohne die Interpreten ... würden die meisten Komponisten die Schönheiten ihrer Werke nicht kennen« (S. 46), eine Ansicht, die der Menuhins (s. o.) entgegengesetzt ist.

Als letztes Beispiel sei auf *Barenboim* verwiesen. Der Pianist findet das Klavier »auf ersten Blick ... weit weniger interessant als andere Instrumente« (S. 14). Es sei »gewissermaßen neutral« (S. 14), ein Stein könne darauf ebensoeinen Ton produzieren wie Rubinstein. Gerade diese Neutralität des Klaviers aber biete dem Pianisten »so viele Ausdrucksmöglichkeiten«. Er vergleicht den ausübenden Musiker mit einem Maler. Eine neutrale, weiße Fläche biete ihm mehr Möglichkeiten als eine farbige. Eine Geige oder eine Oboe habe an sich schon eine besondere »Färbung« (S. 42). »Das neutrale Klavier wurde für mich zu einem Schein-Orchester« (S. 15). In diesen Ausführungen wird das Anliegen des Künstlers deutlich, das Instrument zu »beleben«, es mithilfe einer Illusionstechnik zu einem ganzen Orchester zu machen, es damit aus seiner Neutralität herauszulocken, ja aufzuwerten.

Die unterschiedliche Auffassungen vom Künstler als einem Diener und Teil seines Instruments bzw. vom Künstler als dem absoluten Magier und »Illusionisten« lassen sich teilweise unter Rekurs auf Kohuts (1975) Annahmen zur Erklärung künstlerischer Kreativität verstehen. Es sei daran erinnert (vgl. Kap II), daß Kohut in Anlehnung an eine Anregung Eisslers (nach Kohut, 1975, S. 687) zwischen einer Kreativität, die »vorwiegend vom Größenselbst gespeist wird«, und einer mehr traditionsgebundenen wissenschaftlichen und künstlerischen Leistung, die »mit Hilfe idealisierender Besetzungen erbracht wird« (S.687) unterscheidet. Man könnte nach dieser Auffassung annehmen, daß bei den »Mystikern« mehr die Idealisierungsbereitschaft, bei den »Realisten« mehr das Größenselbst aktiviert wird.

Kohuts wertende Abstufung aber, nämlich die aus dem Größenselbst gespeisten Leistungen als die eigentlich kreativen, die anderen als die »nur« produktiven zu betrachten, erscheint mir angesichts von so herausragenden Künstlern wie *Menuhin* und *Casals* als Vertretern der letztgenannten Leistungen nicht haltbar. Die Befunde der vorliegenden Untersuchung zeigen vielmehr, daß es keine derartigen Qualitätsunterschiede je nach der psychischen Konfiguration gibt, aus der der jeweilige Künstler seine Hauptantriebskräfte bezieht. Im Bereich der Musik zumindest, meine ich daher, sollte diese Unterscheidung fallengelassen werden zugunsten der sich ja ebenfalls bei Kohut findenden Annahme, daß »*jegliche* schöpferisch produktive Leistung vom Einsatz beider, der grandiosen und der idealisierenden narzißtischen Energie« (Hervorhebung K. N.) abhängt (S. 687).

Die Beziehung zum Instrument ist eine enge, stützende und oft fordernde Zweieinheit, aus der etwas Neues, Schönes entsteht, eine Verbindung, die beide »Partner« aufwerten und beglücken kann - so könnte das Fazit der subjektiven Theorien der untersuchten Instrumentalisten bei aller unterschiedlicher Akzentuierung im einzelnen lauten.

Die Fähigkeit, eine so enge, sogar das Körper-Ich verändernde Zweieinheit immer wieder herzustellen, scheint eine wesentliche Voraussetzung für die besondere Kreativität des ausübenden Musikers zu sein, und es ist m. E. ein Problem der herkömmlichen Denkansätze, daß diese Fähigkeit meist im negativen Licht mit einem besonderen Mangel zusammengebracht wird. Auch bei Kohut (1975) ist dies spürbar, wenn er betont, daß schöpferische Menschen nicht notwendigerweise an Strukturdefekten leiden, aber oft eine »gewisse Labilität der narzißtischen Konfigurationen« aufweisen (S. 697). Vielleicht sollte man statt der Labilität eine besonders hohe Flexibilität annehmen, die es schöpferischen Menschen ermöglicht, je nach Notwendigkeit sich regressiv und progressiv durch die Entwicklungsetappen der Selbstwerdung zu bewegen. So wäre erklärlich, daß schöpferische Menschen viel leiden müssen und können, aber auch intensives Glück empfinden und weitergeben, und darin, wie Goethe es sieht, Lieblinge der Götter sind.[43]

---

[43] »Alles gaben Götter/Ihren Lieblingen ganz./ Alle Leiden, die unendlichen/Alle Freuden, die unendlichen/Ganz.« J.W. Goethe, Gesammelte Werke, hrsg. v. E. Trunz, a. a. O., Bd. I, S. 142

Die Überdeterminiertheit des Instruments

»I first thought of it (the cello, K. N.) as just a damned thing created solely to poison a boy's life. It took half a dozen years before the intrument became a bearable companion, another half-dozen before this demanding companion became a friend, and yet a few more years before I began to feel something of what Rodin so admirably expressed when he said, ›Les vrais artistes sont en somme les plus réligieux des mortels‹« (Tortelier, S. 9).

Das Musikinstrument ist für den Spieler, soviel sollte bisher deutlich geworden sein, »mehr« als einfach nur ein Instrument. Wie eingangs vermutet, enthält es symbolisch allerlei »Elternvermächtnisse«, die hier einmal zusammengestellt werden sollen; doch erschöpft sich seine psychisch-symbolisch-faktische Bedeutung hierin nicht.

Als »Erbe der elterlichen Stimmenimago« birgt das Instrument die Erinnerungsspuren an frühe, nahe, stützend-haltende-liebevolle Erlebnisse in sich und kann damit auch zum Träger narzißtischer Verheißungen werden.

Im Sinne einer »Projektionsfläche des Ich-Ideals« kann es ständige Herausforderung an die Leistungs- und Vollkommenheitsansprüche des Spielers, aber auch Garant liebender Bestätigung und Beglückung sein durch die empfundene Nähe und Anerkennung idealisierter Elternimagines und anderer Vorbilder.

Wird es im Sinne eines »Übergangsobjekt-Sharings« von den Eltern übernommen, bleiben die psychischen Funktionen von Übergangsobjekten mit dem Instrument erhalten, so vor allem die Möglichkeit, jederzeit nach eigenem Wunsch und Bedürfnis nächste Nähe herstellen und Unerwünschtes temporär ausschließen zu können.

Je nachdem, ob das Instrument primär als »Erweiterung des Elternkörpers» oder als »Erweiterung des eigenen Körpers« empfunden wird, kann es zum Medium von Identifikation mit Elternwünschen oder auch der Abgrenzung von Elternwünschen werden.

Empfindet sich der Instrumentalist als von der Vorsehung oder Fügung zum Musiker an sein Instrument berufen, kann es auch den Charakter eines Talismans oder Glückbringers annehmen. Das Instrument zieht in diesem Fall schützend-tröstende Anteile des Ich-Ideals an sich und verleiht dem Spieler auf »magische« Weise die den Idealen attribuierte Unverletzlichkeit und Attraktivität.

Als ehemaliges »Spielzeug« ermöglicht es immer wieder tiefe Glückszustände von Leichtigkeit, narzißtischer Ausbalanciertheit und das Erleben von Ich-Stärke.

Als eine Art Selbstobjekt euphorisiert es, da es Nähe und Anerkennung der frühen Selbstobjekte in sich symbolisiert.

Wenn also Instrumentalisten sich ohne ihr Instrument »amputiert« fühlen, hätte das mit Kastrationsangst (vgl. Kap. II) nur wenig zu tun. Ein »Phantomglied« ist das Instrument nicht, auch kein Fetisch; jedenfalls geben die Autobiographien eine solche Interpretation nicht her, die ja implizieren würde, daß sich die Instrumentalisten ohne ihr Instrument dauerhaft geschädigt, bedroht und defizitär fühlen würden. Gefürchtet wird, wenn wie bei Mainardi metaphorisch von »Amputation« gesprochen wird, eher der Verlust des besonderen Hochgefühls von phallisch-narzißtischer Ganzheit, die das Instrument verleihen kann.

Indem das Instrument die oben aufgeführten und vermutlich noch mehr und andere subjektive Bedeutungen für den Spieler annehmen kann, ist es überdeterminiert und darin ein wahres »magical inanimate object« (Volkan, 1995, in einer der überaus spärlichen Untersuchungen zu Beziehungen zwischen Mensch und Ding).[44]

Typen der Musiker-Instrumenten-Beziehung

In Menuhins und auch Piatigorskys Betrachtungen werden Modi symbolischer Bezogenheit zwischen Spieler und Instrument in erfreulicher Konkretion beschrieben: der Modus des Anfängers oder Lernenden zur Autorität (Stradivari) etwa; der der gleichberechtigten Partnerschaft (Guarneri), der des Vaters oder der Mutter zu seinem oder ihrem Kind (die Geige in Samt und Seide betten), der des Geliebten zur umworbenen Geliebten (Fürst Khevenhüller, Batta), der des Haremsbesitzers, der einmal auf dieser, einmal auf jener Geige sich auszudrücken beliebt, der des spiegelnden, trostspendenden Gefährten, der des therapeutischen

---

[44] Er führt in seinem am 15. 11. 95 im Institut für Psychotherapie e.V. Berlin gehaltenen Vortrag folgende »magical inanimate objects« auf: 1. transitional object, 2. childhood fetish, 3. childhood psychotic fetish, 4. suitable target of externalisation, 5. classical fetish, 6. substitute object, 7. phobic object, 8. linking object, 9. good luck charm.

Gegenübers. Von dem Entwicklungsstand des Geigers, seiner inneren Verfassung und Gestimmtheit, von der Verfügbarkeit und dem Zustand des jeweiligen Instruments scheint es abzuhängen, welcher Modus jeweils realisiert wird; möglich sind auch Überlagerungen.

In diesem abschließenden Kapitelabschnitt nun soll es darum gehen zu untersuchen, ob es über fließende, sich überschneidende, wechselnde und möglicherweise entwicklungsphasenspezifische »Modi« hinaus so etwas wie allgemeinere »Typen« der Musiker-Instrumenten-Beziehung gibt.

Mit dieser Frage wird ein schwer zugängliches Gebiet betreten. Denn Typenbildung hat zwar den unbestreitbaren Vorteil, bestimmte Sachverhalte losgelöst von je individuellen Details in eine verallgemeinerte Form zu bringen und sie dadurch übersichtlich, prägnant und für weitere Erforschung handhabbar zu machen. Dem steht jedoch der fast ebensogroße Nachteil hoher Spekulativität und Subjektivität gegenüber: Wird hier denn wirklich nur von »Sachverhalten« abstrahiert? Die »Sachverhalte« sind doch angesichts so komplexer Gegebenheiten an der einen oder anderen Stelle durchaus von Annahmen durchsetzt, die vielleicht plausibel sein mögen, aber noch nicht ausreichend begründet sind (ich denke hier an einzelne Überlegungen zur Stimmenimago, zum Musizieren als Teilhabe an phantasierter Elternallmacht etc.). Und was geht dem abstrahierend-typisierenden Blick an eben nicht überflüssiger Konkretion und Individualität verloren, so daß sich vielleicht ein klareres, dafür aber ein schiefes Bild ergibt?

Bursten (1973) hat in seinem Versuch, eine Typenlehre der narzißtischen Persönlichkeitsstörungen aufzustellen, diese methodischen Dilemmata in allen großen Entwürfen der Typenbildung ausgemacht, von der antiken »Säftelehre« bis hin zu den moderneren Versuchen Kernbergs (1970) oder Königs (1992). Nun handelt es sich hierbei jeweils um Versuche, »Pathologisches« so für ein diagnostisch-therapeutisches Vorgehen zu erschließen, daß Abeitshypothesen und Behandlungspläne darauf aufgebaut werden können. Das heißt, die hochkomplexe Dynamik der Gesamtpersönlichkeit in ihrem Zusammenspiel mit der äußeren Welt wird klassifikatorisch zu erfassen versucht, was notgedrungen mit Simplifikationen oder sogar Entstellungen einhergehen muß.

Um solche globalen Typisierungen soll es in unserem Zusammenhang nicht gehen. Der Sinn einer Beschreibung von wiederkehrenden Beziehungsstrukturen im Erleben von Musikern, die sich lebenslang mit ihrem

Instrument beschäftigen, hat ein ungleich bescheideneres Ziel, nämlich dieses Sonderfeld menschlicher Bezogenheit - nach dem Zusammmenfügen eines detailreichen Hypothesen- und Befundmosaiks in den bisherigen Auswertungskapiteln - nunmehr etwas übersichtlich zu gliedern und so weiterer Überprüfung zugänglich zu machen. Uta Gerhardt (1986), die Webers Idealtypus (1904) wieder hoffähig gemacht hat, betont ja neben der heuristischen die illustrative Funktion des Idealtypus, »die das Fallmaterial nach der Phase kontrastierender Fallvergleiche bekommt« (1986, S. 91).

Es sollen auch keine Beziehungsstrukturen im engeren Sinne, sondern *Typen innerer Bezogenheit* herausgearbeitet werden, die natürlich ihr Vorbild in der Bezogenheit zwischen Menschen nicht verleugnen. Vom methodischen Vorgehen her habe ich - darin dem bei Gerhardt (1986) aufgeführten Dreischritt[45] angenähert - zunächst versucht, aus allen vorfindbaren direkten oder indirekten Aussagen des jeweiligen Musikers über sein Instrument für jeden einzelnen ein Hauptmuster innerer Bezogenheit auf sein Instrument herauszufinden. Mit Hauptmuster ist im Gegensatz zu den oben angesprochenen Modi ein überdauernder, wenig veränderlicher, das ganze Erleben immer wieder färbender Bezogenheits-Grundzug gemeint, in dem sich unterschiedliche Beziehungs-Modi realisieren lassen. Nach dem bei Glaser (1978) beschriebenen Prinzip der »Sättigung« wurden diese je einzelnen Muster einander so zugeordnet, daß dabei »Zufälliges« nach und nach ausgeschieden werden konnte und den Blick auf Typisches freigab. (Diese Mustererhebung ist nicht bei jedem Text gelungen, weil einige Autobiographen sich hierzu nicht oder zu wenig äußern.) Sodann wurde ein Abstraktions- und Klassifikationsversuch vorgenommen, bei dem Freuds (1914) und Theweleits (1990) Gedanken zur narzißtischen Partnerwahl ein theoretisches Hilfskonstrukt abgaben. In den auf dieses Kapitel folgenden Einzelfallstudien werden die idealtypischen Bezogenheitskonstrukte durch die Konfrontierung mit dem empirischen Verlauf auf ihre Aussagekraft überprüft.

---

[45] 1.Vergleichung möglichst vieler empirischer Daten/Fakten; 2. probeweises Fortdenken von Einzelbestimmungen des Idealtypus; 3. Erfolgskontrolle durch Einzelfallbetrachtungen; S. 96.

Zwillingserleben (Instrument als Spiegel des Selbst)

Das Instrument wird in diesem Typ innerer Bezogenheit zum zwillingshaften Alter Ego des Instrumentalisten. Das Erleben des Instruments als eines im allgemeinen positiven Echos auf die Ausdrucksbedürfnisse des Instrumentalisten steht im Vordergrund, der Spieler sucht und findet »sich selbst« bzw. den entweder Positives hervorhebenden oder Kritisches akzentuierenden, spiegelnden Begleiter. Je nach Ich-Ideal-Konfiguration des betreffenden Instrumentalisten wird dabei das Instrumenten-Alter-Ego mehr oder weniger ausgeprägt zu einer idealisierten Selbstrepräsentanz, in dem ihm etwa das attribuiert wird, von dem der Spieler selbst nicht genügend zu haben meint.

Das Charakteristische an dieser Art der Bezogenheit ist die Suche nach einem solchen Selbstausdruck auf und in dem Instrument, daß dessen Klangwelt, auch dessen äußere Form für den Instrumentalisten zwillingshafte Nähe und Ausstrahlung gewinnt. Das Instrument wird zum Vertrauten, zu Stimme und Sprache des Instrumentalisten, zu einem kaum vom Subjekt differenzierten Objekt, dem wenig Eigenkontur und damit potentielle Sperrigkeit attribuiert wird.

Als vielleicht plastischste Veranschaulichung des Zwillingserlebens möchte ich Äußerungen des Pianisten Nat aus seinen Tagebüchern zitieren. Er attestiert da dem Klavier eine völlig unterschiedliche Ausstrahlungskraft, je nachdem, von wem es gespielt wird. Das Klavier der typischen »höheren Tochter« beispielsweise sei völlig »inoffensif. C'est une conserve de tons et de demitons« (S. 41). Dagegen eigne dem Klavier des ernsthaften Pianisten eine hohe Aggressivität: »Je comprends que les locataires craignent le voisinage de ce monstre aux dents d'ivoire, de ce bête à notes« (S. 41).

Das Instrument wird in diesen Aussagen zu einer Art Doppelgänger des Spielers - harmlos beim Harmlosen, angriffslustig und bissig beim Aggressiven. (Um einem Mißverständnis vorzubeugen, sei betont, daß »die Suche nach dem Ähnlichen« nicht bedeuten muß, der Spieler degradiere etwa die Musik zur narzißtischen Spiegelung. Es geht hier lediglich um die Art und Weise der Instrumentenbezogenheit. Mit dem »Instrumenten-Zwilling« stellt sich der Spieler ebenso wie Angehörige anderer Bezogenheits-Typen in den Dienst der Musik.)

Zur Veranschaulichung dieses Typs sei auf die Einzelfallauswertung der Autobiographie *James Galways* verwiesen (Kap. V). Weitere Vertreter dieses Typs sind m. E. *Arrau, Ashkenazy, Kirkpatrick, Stern*, teilweise auch *Kremer.*

Elternerleben (Instrument als Kind-Geschöpf)

Im Elternerleben ist die Hinwendung zum Instrument von dem Wunsch nach pygmalionhafter Neu-Formung, Verbesserung, aber auch sorgender Bewahrung, ja Rettung des Instruments geprägt, wie sie sich bei dem Bratscher Tertis in seinem langjährigen Kampf um eine verbesserte Viola ausdrückt und bei dem Organisten Schweitzer in seinem jahrelangen Engagement für die Beibehaltung alter Orgeln (Schriften über den Orgelbau, Herumreisen, Besichtigen alter Orgeln, Einsatz für deren Beibehaltung, Herausgabe Bachscher Orgelwerke mit Hinweisen für werkgetreue Aufführung etc.). Schweitzer zitiert eine sein Erleben humorvoll akzentuierende Aussage von Freunden über sein väterliches Beschützer-Verhalten: »In Afrika rettet er alte Neger und in Europa alte Orgeln« (S. 68).

Das Instrument nimmt bei diesem Muster innerer Bezogenheit den Charakter eines Kind-Objekts an, und es ist vielleicht kein Zufall, daß gerade Tertis, der älteste einer großen Geschwisterschar, der schon mit 12 Jahren für sich und zum Teil die Familie zu sorgen gewohnt war, eine solche Beziehung zu seinem Instrument entwickelt. Bei Schweitzer scheint die pflegend-altruistische Umsorgung anderer aus der Abtragung eines mit Schuldgefühlen besetzten Auserwähltheitsgefühls zu resultieren (vgl. S. 71 ff.).

Für Jaqueline Du Pré ist ihr Lieblings-Cello ihr »Baby«, wie sie wörtlich sagt, das es ihr »übelnimmt«, daß sie es aufgrund ihrer Erkrankung nicht mehr spielen kann (S. 323). Andere Passagen legen nahe, daß die Cellistin ihr Instrument als ein nahezu omnipotentes, anbetungswürdiges Objekt betrachtet und erlebt hat. Innere »Eltern-Kind-Verhältnisse« scheinen in dem tragischen Fall der langjährig kranken Instrumentalistin sich zu vertauschen: Möglicherweise sieht sich die gesunde Du Pré als Kind-Geschöpf ihrem großen Instrument gegenüber, als Kranke wird sie zur schechten, unfähigen »Mutter«. Diese Interpretationen sind allerdings überaus spekulativ.

Inwieweit eine solche Form der Bezogenheit eine Abwehr der in dem Kind-Geschöpf-Instrument enthaltenen versagend-enttäuschenden Elternimagines darstellt, muß offenbleiben.

Partnererleben (Instrument als Symbol des Anderen)

Daß das Instrument symbolisch als eigenständiger Partner gesehen und zum Teil auch wirklich erlebt wird, ist sicher die bekannteste Variante der Bezogenheitstypen. (Der Ausspruch »Jeder Künstler ist mit seiner Kunst verheiratet« spiegelt eine gängige und wahrscheinlich nicht völlig falsche Ansicht wider.)

Anders als im Zwillingserleben steht hier nicht die erlebte Ähnlichkeit und Ergänzungsfähigkeit, sondern die erlebte Unterschiedlichkeit des Instruments im Vordergrund. Es gibt dabei drei Varianten: die des idealisierten, die des abgewerteten sowie die des gleichermaßen geliebten wie gehaßten Partners.

Das Instrument als idealisiertes, mächtiges Objekt, mit dem Ansehen und Kunst des Instrumentalisten steht und fällt, als das Hauptbezugsobjekt, dem andere, menschliche Beziehungen des Instrumentalisten weitgehend untergeordnet werden, als lebenslange Begleitung im Sinne steter Herausforderung, als höchst anspruchsvolle Geliebte oder sogar als Tyrann - so sehen ihr Instrument m. E. *Estrella, Bauer, Rubinstein, Milstein, Menuhin, Casals, Kempff, Friedheim, Burmester, Thärichen* und *Piatigorsky*. Als Beleg sei auf die Einzelfallauswertung der Autobiographie von Pablo Casals verwiesen (Kap. V) sowie auf die Ausführungen Menuhins im vorangegangenen Kapitelteil.

Als für das Erreichen eines völligen Aufgehens in der Musik nötiger, aber darin auch immer wieder hinderlicher, sperriger oder zu seinen Möglichkeiten erst zu erweckender Partner mit vielen Tücken wird das Instrument dagegen von *Barenboim* (teilweise), *Gulda, Foldes, Sauer, Ney* und *Spalding* hingestellt. Gulda beispielsweise ärgert sich über den komplizierten Mechanismus des Klaviers, der sich immer wieder zwischen ihn und die Musik schiebe: »Blödes Instrument« (S. 74) und spricht dagegen von der Musik als der »idealen Frau« (S. 110). Etwas kleinlaut heißt es gegen Ende seines Buchs allerdings, ein Leben ohne Klavier könne er sich andererseits schwer vorstellen: »... das wäre schon schrecklich, furchtbar« (S. 130).

Die Spaltung zwischen »irdischem« Instrument und »himmlischer« Musik wird von diesen Instrumentalisten besonders betont. Das Instrument wirkt ein wenig wie die langjährige, verläßliche, aber auch immer wieder ernüchternde Ehefrau, Frau Musica als ersehnte, leuchtend-ferne Geliebte. Für Elly Ney scheint das Klavier zum Beispiel nichts als ein

Ding zum Erreichen der »himmlischen« Sphären Beethovenscher Klänge zu sein; Spalding spricht durchgängig etwas abwertend von seinem »fiddling« und erwähnt den Mythos vom der »Teufelsgeige«, der die Geige aus dem Reich des Guten und Schönen geradezu verbannt, Barenboim betont die Neutralität, das Uninteressante des Klaviertons, der erst »Farbe« bekommen muß.

Mit »Haßliebe« ist ein höchst ambivalenter Typ der Bezogenheit gemeint, in dem liebevolle und sehnsüchtige Hinwendung zum Instrument (im Sinne eines idealisierten Partners) und intensive Abneigung bis hin zum Ekel und zum verzweifelten Haß in unversöhnlichen Gegensätzen innerlich nebeneinander bestehen. Diese gegensätzlichen Strebungen wechseln sich - gelegentlich schnell, meist langfristig in verschiedenen Lebensphasen - miteinander ab, liegen aber immer teils offen, teils latent im Streit und führen zu einem äußerst konflikthaften Erleben des Spielers an und mit seinem Instrument, ja es kommt zu längeren Spielpausen, in denen das Instrument völlig gemieden wird.

Als einziger Instrumentalist - sieht man von Tendenzen zur Haßliebe bei Kremer ab - vertritt diese Variante m. E. der Pianist *Paderewski* (vgl. Kap. V), doch kann man vermuten, daß auch bei den anderen Spielern, die ihr Instrument primär als Partner erleben, die Gefühle gelegentlich mit einem kräftigen »Schuß« Haßliebe versetzt sein dürften, der aus Gründen nicht gewagter Leserenttäuschung oder sogar aus Gründen der Selbstberuhigung oder einer harmonischen Selbstsicht nicht erwähnt wird.

Animus-/Anima- oder Schattenerleben
(Instrument als Verkörperung ungelebter Möglichkeiten des Selbst)

Zu Anima oder Animus bzw. auch zum »Schatten« des Instrumentalisten - darunter sollen in weiter Interpretation Jungs (vgl. zu »Schatten« etwa C.G. Jung, 1952, zu Anima Animus C.G. Jung et al., 1963) ganz allgemein ungelebte, von der inneren Wertung her unterschiedlich akzentuierte, teils eher negative, teils positive Möglichkeiten des Selbst verstanden werden, die auf Integration und »Erlösung« hin drängen - und damit also zu einem identitätserweiternden Objekt wird das Instrument m. E. bei Ida *Haendel*, *Primrose*, *Tortelier*, *Grümmer* und vielleicht auch bei *Flesch*.

Zur Veranschaulichung sei der Fall Ida *Haendel* herangezogen. Ihr bedeutet die Geige etwas »Männliches«:

»The violin, to me, was an essentially masculine instrument. I didn't feel graceful or feminin when I played, and I didn't want to give the impression that I was. But as soon as my violin left my chin, I wanted to be as womanly as possible, and such a drastic transformation was, and is, difficult to achieve« (S. 156).

Zu der Auffassung der Geige als etwas »Männlichem« könnte es durch den in der Autobiographie nachdrücklich erwähnten Umstand gekommen sein, daß sowohl Ida Haendels Vater als auch ihre Mutter sich aus unterschiedlichen Gründen als zweites Kind (Ida Haendel ist ihre zweite Tochter) einen Jungen wünschen. Die Mutter will das zweite Kind unbedingt nach ihrem eigenen Vater Isaac benennen, und tut dies in der Kindheit Ida Haendels auch - Ida heißt sie nur auf dem Papier: »So a masculine element was incalculated into me« (S. 11). Der Vater, ein Porträtmaler, der ursprünglich leidenschaftlich gern hatte Geiger werden wollen, was ihm sein Vater verbot, hatte einen Schwur getan, daß wenn sich an einem seiner Kinder Musikalität zeigen sollte, er alles tun würde, sie zu fördern. Offenbar hatte er mehr das innere Bild eines talentierten Jungen, der seine, des Vaters, Lebensaufgabe noch umsetzen sollte, vor dem inneren Auge. Auch er nennt die Tochter beim Jungennamen.

Das innere Wunschbild der Eltern für ihr zweites Kind ist so sehr an die männliche Identität geknüpft, daß Ida Haendel ihr Leben lang mit dem Aufbau einer eigenen, weiblichen Identität für sich zu kämpfen hat. Ihr Buch legt beredtes Zeugnis ab von den Qualen, die sie zum Beispiel aufgrund ihrer äußeren Unscheinbarkeit leidet. Offen bekennt sie sich zu dem Wunsch, von Männern einfach nur als Frau gesehen werden zu wollen und nicht als eine Art Wundertier, vor dem man Respekt hat, dem man sich aber nicht erotisch nähert. Es zeigt auch, wie sehr sie sich jedesmal auf der Bühne als Frau auf dem Prüfstand empfindet, obwohl sie sich beim Spielen ausdrücklich als Mann empfindet. Lange Passagen handeln davon, daß sie die Kluft (»drastic transformation«), von der sie oben spricht, dadurch zu überwinden sucht, daß sie zwar »männlich« spielt, zum Beispiel eine männliche Körperhaltung annimmt, aber eine betont weibliche Haartracht und Kleidung wählt, um trotzdem als Frau sichtbar zu bleiben.

In diesem Fall könnte also die Geige zum Symbol der von den Eltern erwünschten männlichen Identität geworden sein, Verkörperung ihres Animus, den sie im Spielen leben und »erlösen« kann und nicht mehr bekämpfen muß. Spielt sie nicht, hat die Geige für sie auch identitätsdestabilisierende Potenzen.

Auch bei *Tortelier* ist das Instrument symbolisch an das andere, das weibliche Geschlecht gebunden. Er sieht das Cello als ein »weibliches« Instrument, das von Frauen im allgemeinen besser gespielt werde, ihnen mehr liege als Männern. Er zitiert, um diese Ansicht zu belegen, sogar Casals zustimmende Äußerungen hierzu: »Have you noticed that, in general, women are more gifted for the cello than men?« (S. 31)

Der Hintergrund hierzu könnte sein, daß die Mutter den jungen Tortelier wegen seiner schönen Locken stets als Mädchen kleidet; er habe sich das gern gefallen lassen, da er es als Kompliment an sein gutes Aussehen angesehen habe, wenn ihn Menschen als Mädchen ansprachen (vgl. S. 31), betont Tortelier. Anders als bei Haendel, bei der beide Eltern in punkto Geschlechtsidentität an einem Strang ziehen, stellt Torteliers Vater, ein Tischler, der aus dem verwöhnten Muttersöhnchen gern einen »richtigen Mann« machen will, einen Gegenpol zur Mutter dar, der dem jungen Mann möglicherweise dabei hilft, eher zu einer männlichen Identität zu finden - denn es gibt in seinem Buch keine weiteren Hinweise darauf, daß er unter der zeitweiligen Annahme einer anderen Geschlechtsidentität nachhaltig zu leiden hatte. Ähnlich wie bei Haendel aber wird eine innere Akzeptanz der »falschen« Geschlechtszuschreibung beim Spielen erlebt.

Auch in einer anderen Hinsicht ist bei Tortelier das Cello mit inneren »Schatten«-Bildern verbunden, denn abgesehen vom »weiblichen« Charakter des - durch seine Stimmtiefe an lauter Durchsetzungskraft gehinderten - Instruments betont er, der aus proletarischen Verhältnissen stammt, den »Adel« des Cellos: »The cello is really an aristocrat: when he's alone, his noble voice is heard; put the mob with him and he's easily covered« (S. 134). Die »Adel-Symbolik« des Cellos mag mit dem aufopferungsvollen Bemühen der Mutter, den Sohn zum berühmten Künstler und damit symbolisch zu einer Art Adeligen zu machen, zu tun haben; zumindest für die Mutter war der »Adel« offenbar nicht nur Feind- sondern auch Wunschbild.

Magier- und Akrobatenerleben (Instrument als Virtuosenwerkzeug)

Der Instrumentalist als ein Magier oder als eine Art Tasten- oder Saitenakrobat - auch dieser Grundtyp menschlicher Bezogenheit, in dem das Instrument symbolisch zu einer Folie wird, auf der sich das erstaunliche Virtuosentum des Spielers vorteilhaft abzeichnet, scheint in einigen wenigen Autobiographien in Andeutungen auf, so bei *Gieseking, Matthews, Auer* und *Mainardi*. Allerdings wird diese Form der Bezogenheit eher versteckt, was wohl mit der seit Jahrhundertbeginn zunehmenden Abwertung des »leeren« Virtuosentums gegenüber dem »tiefen« Musikertums zu tun hat (vgl. etwa Gide, 1931, S. 52).

Die Frage muß offenbleiben, ob man überhaupt einen der hier untersuchten Musiker diesem eher geringgeschätzten Bezogenheitstypus mehrheitlich zuordnen kann; ich habe mich aber entschlossen, ihn aus Vollständigkeitsgründen mit aufzuführen. Ich könnte mir vorstellen, daß phasenweise der Rausch der eigenen Virtuosität doch - und warum auch nicht? - den einen oder anderen Musiker mit Macht ergreift, während es aus Gründen anerzogener Bescheidenheit und mangelnder Akzeptanz der musikalischen Welt schwierig sein dürfte, sich zu »so etwas« als Grundzug des eigenen Spiel-Erlebens zu bekennen.

Die Typen lassen sich in zwei Untergruppen aufteilen, wobei als Kriterium der Einordnung das Ausmaß gelten soll, in welchem das Instrument symbolisch mehr das Subjekt oder mehr ein Objekt vertritt.

Bei den Typen Zwillings-, Eltern-, Schatten- und Magiererleben dominiert die Subjektstellvertreterrolle des Instruments. Man könnte diesen Bezogenheitstypus, ausgehend von der freudianischen Unterscheidung zweier Typen von Objektwahlen (S. Freud, 1914), auch als den eher narzißtischen bezeichnen, den Typus »Partnererleben« mit seinen verschiedenen Ausprägungen aber als Bezogenheit »nach dem Anlehnungstypus« (Freud, 1914, S. 154) bzw. als »komplementäre« Bezogenheit, wie der Begriffsvorschlag von Bursten (1973, S. 288) lautet.

»Nach dem narzißtischen Typus«, referiert Theweleit Freud in seinem Buch über Objektwahl und Paarbildungsstrategien (1990, S. 15), »lieben jene Erwachsene, die ihr Liebesobjekt nicht nach dem Vorbild der Mutter wählen, sondern nach dem ihrer eigenen Person.« Freud faßt das als »Störung« der Libidoentwicklung auf, die seiner Ansicht nach dahin gehen sollte, daß man eine Objektwahl nach dem »Anlehnungstypus« trifft, also nach der größtmöglichen Ähnlichkeit mit dem andersgeschlechtlichen Elternteil - oder, wie Theweleit erweitert: »nach der größtmöglichen Unähnlichkeit mit der gegengeschlechtlichen Elternfigur« (S. 19). (Die Wahl nach dem Anlehnungstypus ist für Freud deswegen höherrangig als die nach dem narzißtischen, weil sich in ihr die »volle Objektliebe« verwirkliche (S. 154), die zwar ursprünglich dem Narzißmus des Kindes entstamme, von jenem dann aber auf das Objekt übertragen worden sei. Die narzißtische Wahl dagegen lasse die für den Anlehnungstyp auffällige »Sexualüberschätzung des Objekts«, S. 154, vermissen und stelle, streng genommen, eine Steigerung des ursprünglichen Narzißmus dar.)

Die narzißtische Liebeswahl hat bei Freud vier Ausprägungen: a. man liebt, was man selbst ist, b. was man selbst war, c. was man selbst sein möchte, d. die Person, die ein Teil des Selbst war (1914, S. 156).

Den Freudschen Wertungen ist bis heute viel widersprochen worden, so zweifeln etwa Laplanche und Pontalis (1973, S. 350) an, ob sich die Gegenüberstellung aufgrund vieler Überschneidungen und Überlagerungen aufrechterhalten lassen, geschweige denn die bei Freud gegebenen Wertungen. Auch auf die hier gefundenen Bezogenheits-Typen angewendet, zeigt sich, daß der Freudsche Rahmen nicht lückenlos paßt. Wem das Instrument symbolisch ein Zwillingserleben, das von Harmonie und Gleichklang geprägt ist, offeriert, der liebt sowohl nach Freuds erster, aber auch nach der dritten und nach der letzten Möglichkeit. Beim Typ Elternerleben könnte man vielleicht eher davon ausgehen, daß wesentlich Freuds zweite Möglichkeit vorliegt; allerdings in der Variante: »Man liebt so, wie man gerne von der eigenen Mutter geliebt und versorgt worden wäre«. Man kann sich an dieser Stelle aber auch darüber streiten, ob hiermit nicht schon ein komplementärer, oral gefärbter Objektbezug vorliegt und damit eine Liebe nach dem Anlehnungstypus ...

Wenig strittig scheint mir die Klassifizierung des Magiererlebens als narzißtische Variante der Bezogenheit, die sich allerdings nicht in den vier Freudschen Möglichkeiten wiederfindet. Es wäre als Beschreibung die Formulierung denkbar: »Man liebt, was einem dazu verhilft, so zu sein, wie man sein möchte«. Theweleit erkennt diesen Typ der Objektwahl als einen bei Künstlern üblichen, die oft eine »mediale« Frau wählen; er nennt das den strategischen Typ der Objektwahl. Unter »mediale Frau« faßt er beispielsweise die Schauspielerin, die für den Regisseur ausstellt, was der »erfindende« Mann »für sie ausgedacht hat« (1990, S. 33). Das würde zu Tertis' Verhältnis zur Viola passen, weniger zu Schweitzers Beziehung zur Orgel.

Das Instrument als Animus oder Anima oder »Schatten« - hier wird m. E. geliebt, was die Person liebt, die ein Teil des eigenen Selbst war bzw. ist. Man könnte dies aber auch als eine Variante von Freuds zweiter Möglichkeit ansehen (was man selbst war), denn meist handelt es sich um Projektionen der Eltern auf das heranwachsende Kind.

»Komplementär« bzw. »nach dem Anlehnungstypus« erscheint auf den ersten Blick der Typus des Partnererlebens, einfach deshalb, weil das Instrument meist als Elternerbe oder Eltern-Stellvertreter oder auch Rivale einer erwünschten Partnerin oder eines Partners fungiert, sich also an Ähnlichkeiten oder Unähnlichkeiten »anlehnt«.

Die bei Freud gefundene Klassifizierung mit den Theweleitschen Erweiterungen erscheint nur dann ergiebig, wenn sie gerade in dem Bereich »narzißtische Partnerwahl« um weitere Varianten bereichert wird. Der immerhin bei grundsätzlichem Beibehalten der Freudschen Klassifikation erkennbare Umstand jedoch, daß die Instrumentalisten ihre Instrumente fast genausohäufig als narzißtische Erweiterungen betrachten wie als Partner, sollte noch einmal ausdrücklich zu einer Neubewertung dieses traditionell als »zweitklassig« eingestuften Bezogenheitsmusters führen.

Denn durchweg transzendieren ja die »narzißtischen« Bezogenheitsmuster die enge Sterilität des ausschließlich auf sich selbst bezogenen Narziß-Jünglings, dem seine »Objektwahl« - das Spiegelbild in der Quelle - und damit der folgenschwere Fehler, sich selbst im anderen nicht zu erkennen (Wahl, 1989, S. 11 f.) zum Verhängnis wird. In ihrer über das Instrument hinausgehenden Bezogenheit auf das Reich der Musik einerseits und die Zuhörer, denen sie durch ihr Spiel Zutritt zu diesem Reich verschaffen, andererseits liegt ein vielfältiger, reicher Objektbezug, der dem in das Spiegelbild versunkenen, ja ihm entgegensterbenden Jüngling völlig abhandenkommt. Um Kris' berühmte Formulierung von der »Regression im Dienste des Ich« (1952) einmal abzuwandeln, könnte man hier von einem »Narzißmus im Dienste des Objekts« sprechen, einer fruchtbaren und beglückenden Form des Narzißmus also, wie er im Reich der Kunst zur Bereicherung aller gelebt werden kann, darf und vielfach muß.

Abschließend sei gesagt, daß es weder möglich noch sinnvoll erscheint, die zu Kapitelbeginn ermittelten Gefühlstönungen, die durch den Modus der Instrumentenwahl als »Vermächtnis« der sich entwickelnden Beziehung zwischen Musiker und Instrument beigegeben werden, einzelnen Idealtypen zuzuordnen. Ein Makelempfinden kann bei der »Zwillingsbeziehung« ebenso gelebt werden wie bei jedem anderen Typus, ebenso ist es mit den anderen Gefühlstönungen.

Reizvoll wäre es zu erforschen, ob bestimmte Typen der Musiker-Instrumenten-Bezogenheit nicht doch den etwa bei Manturszewska (1990) ermittelten typischen Lebensstadien der Musikerlaufbahn zuzuordnen wären; das Virtuosenerleben etwa der Kindheit und Jugend, das Zwillingserleben der Pubertät und frühen Erwachsenenzeit, das Partnererleben dem reiferen Erwachsenenalter. Es ist ja denkbar, daß die Lebensberichte der Instrumentalisten, gerade was das Verhältnis zum Instrument betrifft, bestimmte, zur Zeit des Schreibens aktuelle Selbstdeutungen in den Vordergrund stellen, während andere Entwicklungsetappen verblaßt sind.

V. Ergebnisse: Vier Einzelfälle

Vorbemerkung: Es soll noch einmal ausdrücklich betont werden, daß sich die »Ergebnisse« dieses Kapitels als vorläufige Puzzlestücke eines Bildes verstehen, das durch weitere Untersuchungen, v.a. Gespräche mit lebenden Musikern ergänzt, verdeutlicht und vermutlich modifiziert werden muß. Die trotz mancher methodischer Vorsichtsmaßnahmen (vgl. Kap. III) verbleibende Fragwürdigkeit interpretatorischer Schlußfolgerungen tritt wohl am deutlichsten bei den »Autobiographischen Porträts« zutage. Was hier als nachvollziehbare, vom Entwicklungsgang her sogar schlüssig erscheinende »Realität« vor den Leser gestellt wird, stützt sich fast ausschließlich auf die autobiographischen Aussagen der Autoren, die bewußt nicht um weiteres Hintergrundmaterial angereichert wurden, um die Selbstdeutungen des Instrumentalisten plastischer werden zu lassen. Daß diese von der inneren Ausrichtung auf phantasierte Leser geprägt, von Schreib- und Fabulierlust eventuell auf Um- oder Abwege gedrängt, durch Verdrängung und Vergessen und alle Formen menschlicher Selbsttäuschung, natürlich aber auch durch bewußte und gewollte Leserlenkung verzerrt bzw. in bestimmte Bahnen gelenkt werden und somit ein höchst schillerndes, artifizielles und keineswegs »authentisches« Material darstellen, soll an dieser Stelle einschränkend erwähnt werden.

Pablo Casals (Cellist, 1876 - 1973)

Charakterisierung der Quelle:

Das Buch »Pablo Casals, Licht und Schatten auf einem langen Weg. Erinnerungen«, aufgezeichnet von Albert E. Kahn. Frankfurt 1971, gehört zum Typ der Kooperations-Autobiographie. Der Musikjournalist Kahn beteuert, daß man in dem Buch »kein Wort« finde, »das nicht von Casals selber stammte« (S.8). Casals habe sich immer »hartnäckig geweigert« (ebenda), seine Autobiographie zu schreiben. Kahn zitiert in diesem Zusammenhang den Satz Casals: »Ich bin durchaus nicht der Ansicht, daß mein Leben in einer Autobiographie festgehalten zu werden verdiente. Ich habe nur getan, was ich tun mußte« (ebenda).

Das Buch ist das Ergebnis jahrelanger Recherchen, v.a. unzähliger Interviews und zwangloser Gespräche zwischen Kahn und Casals. Darüber hinaus wertete Kahn Briefe und Erinnerungen aus und wollte ursprünglich eine Art »intimes zeitgenössisches Porträt ... über den Casals von heute« (S. 7) zeichnen. Von dieser Absicht sei er abgerückt, weil er den Wunsch hatte, die unverwechselbare Art Casals, die sich auch in einer ganz eigenen Ausdrucksweise zeige, stärker in den Vordergrund zu rücken: »Dann verfiel ich darauf, meine Fragen ganz wegzulassen und Casals Erinnerungen und Bemerkungen zu einem einheitlichen Ganzen von Erzählung, Stimmungsbildern und Gegenständlichem zu verschmelzen« (S. 8). Mit diesem Vorhaben sei Casals einverstanden gewesen.

So stellt also das Buch ein Amalgam aus Casals-Worten und Kahnscher Gliederung und Strukturierung dar. Was zu unterschiedlichen Zeiten und Gelegenheiten gesagt, teils auch geschrieben wurde, liegt als in der Tat sehr »eigenes« und eindrückliches Ganzes vor dem Leser. Man gewinnt aufgrund der individuellen Färbung des Sprachduktus - eine einfache, klare, bescheidene Sprechhaltung - tatsächlich den Eindruck, Casals zu hören. Da Kahn vermutlich sehr behutsam und respektvoll mit den Worten des von ihm verehrten Musikers umgegangen ist, bin ich der Ansicht, daß man es in dem Buch weitgehend mit Selbstdeutungen zu tun hat, die an »Authentizität« denen in »reinen« Autobiographien in nichts nachstehen.

Das Gliederungsprinzip Kahns ist die Chronologie. Er orientiert sich an wesentlichen Werdens- und Schaffensperioden Casals'. Die Darstellung inneren Erlebens und äußerer Faktizität werden ausgewogen miteinander verschränkt.

Über die hier besonders interessierenden Aspekte wie Wahl des Instruments, Beziehung zum Instrument, Bedeutung des Instruments und des Musizierens allein und mit anderen, sodann das Üben, die Auffassung Casals' von Musik und die Kunstauffassung des Instrumentalisten finden sich, besonders in den ersten vier Kapiteln, aber auch später immer wieder eingestreut, mannigfaltige Aussagen.

Autobiographisches Porträt

»Von frühester Kindheit an war ich von Musik umgeben ...; sie war die Luft, die ich atmete, sobald ich laufen konnte« (S. 21)

Die frühesten Kindheitserinnerungen des alten Mannes sind akustischer Natur: Der kleine Junge nimmt das »Raunen des Meeres« (S. 11), die dörflichen Volksweisen, die »Melodie der menschlichen Stimme« (S. 22) auf. Ihm sind von Anfang an »Töne ebenso vertraut wie Worte«.

Das Kind empfindet »hellstes Entzücken« dabei, dem Vater beim Klavierspielen zuzuhören. Der Organist und Klavierlehrer »ohne solide musikalische Ausbildung« (S. 16) in dem kleinen katalonischen Städtchen Vendrell hätte, so Casals, bei besserer Förderung ein »tüchtiger Komponist« oder ein »Pianist von Rang« werden können (ebenda). Der rührige Kirchenmusiker gründet einen Gemeindechor, gibt Klavier- und Gesangsstunden, geht aber in seinem Beruf nicht völlig auf. So interessiert er sich zum Beispiel leidenschaftlich für den technischen Fortschritt, hält naturwissenschaftliche Zeitschriften und ist ein überaus geschickter Handwerker. Casals schildert ihn als »ruhigen, freundlichen Mann« (S. 16) mit einem Hang zum Perfektionismus, als einen zurückgenommenen Asthmatiker, der sich mit seinem Leben zufriedengegeben hat. Aber bei aller Vielseitigkeit sagt der Sohn doch über ihn: »Musik bestimmte sein Leben« (S. 16).

Die Mutter Casals, eine gebürtige Puertoricanerin aus alter katalanischer Familie, lernt den Vater 18jährig auf einer Europareise kennen und wird seine Klavierschülerin. Sie verlieben sich ineinander, heiraten, und fortan trägt die Mutter stolz die einfache Kleidung eines »armen Mannes« (S. 12). Insgesamt bringt sie elf Kinder zur Welt, sieben sterben bei der Geburt, einer in jungen Jahren. Ein Bruder Casals' wird später Geiger.

Casals schildert seine Mutter als die sein Leben am nachhaltigsten bestimmende Kraft, eine »völlig kompromißlos(e)«, innerlich unabhängige Frau mit ausgeprägtem Sinn für Gerechtigkeit, Prinzipientreue, politische Geradlinigkeit, eine Frau, die Macht, Willkür und Pedanterie ablehnte.

»Alle Instrumente erregten meine Neugier« (S. 22). Casals ist noch nicht vier Jahre alt, da erhält er bereits Klavierunterricht durch seinen Vater, der ihm auch Gesangs- und Gehörbildungsstunden gibt und ihn Noten lehrt. Mit fünf singt er im Chor, mit sieben Jahren beginnt er Geige zu lernen und spielt bereits mit acht Jahren Soli. Mit sechs oder sieben Jahren komponiert er ein Hirtenspiel, das im Gottesdienst aufgeführt wird.

Mit neun (seine Beine sind »endlich« lang genug, um die Pedale zu erreichen) lernt Casals, die Orgel zu spielen, Erfüllung eines langersehnten Wunsches. Er vertritt den Vater dann häufig im Gottesdienst und ist stolz, wenn andere das schöne Spiel des Vaters loben, das in Wirklichkeit das seine ist.

Als Casals ca. neun Jahre alt ist, besucht eine fahrende Musikantengruppe mit selbstgebastelten, teilweise seltsamen Instrumenten Vendrell. Der Junge hört ihnen »verzaubert« (S. 23) zu; besonders hat es ihm ein mit Saiten bespannter Besenstiel angetan. Er schwärmt seinem Vater davon vor, bis dieser geschickte Handwerker ihm aus einem Kürbis, den er mit einer Saite bespannt, Ähnliches nachbaut: »... mein erstes Cello« (S. 24). Auf diesem Instrument improvisiert der Junge stundenlang.

Mit elf Jahren hört Casals erstmals einem »richtigen« Cellisten zu: Der Vater nimmt ihn mit zu einem Konzert, das ein Trio in Vendrell gibt. Das Instrument schlägt ihn in seinen Bann: Er beginnt, seine Geige wie ein Cello zu halten. Die Mutter bestimmt daraufhin - ein wenig gegen den Widerstand des Vaters, der aus dem Sohn einen tüchtigen Handwerker machen möchte -, daß der Junge, den sie für zur Musik »berufen« fühlt (S. 26), nach Barcelona an die Musikschule geschickt wird, um dort ersten Cellounterricht zu erhalten.

Elfeinhalb ist Casals, als er in Barcelona Cello zu lernen beginnt. Er macht rasante Fortschritte. Schon bald ist er so weit, daß er es unternimmt, die Cellotechnik zu verändern. In den Ferien zieht er als Mitglied einer fahrenden Musikantengruppe übers Land. Bald gibt er sein erstes Konzert in Barcelona und erlangt lokalen Ruhm. In der Pubertät durchsteht er eine schwere Sinnkrise, die ihn an den Rand des Selbstmords führt. Die Konflikte zwischen den Eltern wegen seiner musikalischen Zukunft spielen hierbei eine entscheidende Rolle.

Wieder ist es die Mutter, auf deren Initiative hin Casals seine Zeit in Barcelona beendet und die dafür sorgt, daß er nach Madrid übersiedelt. Der 17jährige findet dort einen besonderen Förderer in dem Grafen de Morphy, seinem »zweiten Vater« (S. 39), der nicht nur seinen Besuch des Konservatoriums finanziert, sondern dem jungen Mann zu einer umfassenden allgemeinen und kulturellen Bildung verhilft, ihn sowohl Politik als auch Geschichte lehrt, ihn mit Museen und Theatern bekannt macht. Den Direktor des Madrider Konservatoriums beeindruckt Casals' Vorspiel bei der Bewerbung derart, daß er ihn ebenfalls musikalisch in einer weit über das Übliche hinausgehenden Weise fördert. Auf eigenen Wunsch erhält Casals neben dem Cellounterricht auch Kompositionsstunden.

Mit 18 empfängt Casals einen ersten Orden des spanischen Königshauses sowie ein Stipendium; beides markiert den Beginn einer engen und langen Beziehung zwischen dem durch und durch republikanisch eingestellten Casals und der spanischen Königsfamilie, v. a. der Königin, die er seine »zweite Mutter« nennt.

Nach vier Jahren Madrid - er ist 21 Jahre - stimmt Casals seiner Mutter zu, als diese einen Wechsel in eine andere Stadt und die völlige Konzentration auf das Cello anregt. Der Graf, der dagegen einen Komponisten aus dem jungen Musiker machen will, widersetzt sich dem Plan; es gibt heftige Konflikte. Als Kompromiß wird ausgehandelt, daß Casals das beste damalige europäische Konservatorium in Brüssel besuchen und seine Kompositionsstudien dort fortsetzen soll. Als er in Brüssel vorspielen will, hänselt ihn der Leiter der Cello-Klasse dort als »kleinen Spanier«, was er nach dem Vorspiel zutiefst bereut, doch zu spät: Casals lehnt gekränkt und stolz das Studienangebot ab. Zusammen mit seiner Mutter versucht er, seinen eigenen ursprünglichen Plan, nach Paris zu gehen, umzusetzen. Doch ohne jede finanzielle Unterstützung - denn der Graf zieht wütend sein Stipendium zurück - gelingt es Casals nur mühsam, in Paris Fuß zu fassen und sich und die Mutter durch den harten Winter zu bringen. Sie beschließen die Rückkehr nach Barcelona.

Dies ist das erste und letzte berufliche Scheitern Casals. In Barcelona spürt er schnell »festen Boden unter den Füßen« (S. 52): eine Anstellung an seinem alten Konservatorium (die Stelle seines damaligen Lehrers), private Celloschüler (er wird 1. Cellist an der Oper), er gibt sein erstes öffentliches Solokonzert. 1899, Casals ist 23, beginnt mit einer Europatournee seine Konzertkarriere.

Mit fünfundzwanzig ist Casals ein weltweit anerkannter Cellist. Er lebt nun in Paris und führt das anstrengende Leben eines Konzertreisenden. Er macht Tourneen in aller Herren Länder; Ehrungen über Ehrungen werden ihm zuteil; er knüpft Freundschaften zu vielen international bekannten großen Instrumentalisten, die ein Leben lang anhalten. Bei alledem fühlt er sich seiner Heimat Katalonien stark verbunden, ja empfindet häufig Sehnsucht nach einem Zuhause, und baut schließlich nach dem Tod des Vaters 1906 dort für sich und seine Mutter ein Haus, in dem er die Sommer verbringt. 1913 lernt er in Berlin eine amerikanische Liedersängerin kennen, die er ein Jahr später heiratet. Die Ehe dauert jedoch nur kurz: »Wir waren nicht glücklich miteinander« (S. 103).

Mit dem 1. Weltkrieg beginnt die Politik, das Leben des für alle kulturellen und sozialen Aspekte des Lebens aufgeschlossenen Casals zu verändern; später soll dieser Einfluß noch bestimmender werden. Casals leidet unter der Entfesselung der zerstörerischen Kräfte; er verlegt seinen Wohnsitz nach New York, findet nach dem Krieg in Paris zerrissene Verbindungen vor, ist zutiefst verzweifelt und mag und kann an sein Vorkriegsleben dort nicht mehr anknüpfen. Er entschließt sich, zurück nach Barcelona zu gehen.

Hier beginnt ein ganz neuer Lebensabschnitt des nun 41jährigen. Nach jahrelangem Konzertieren empfindet er die Konzentration auf das eine Instrument als zu begrenzend und beginnt zu dirigieren. Er gründet aus eigenen Mitteln ein Orchester und tritt nun als Solist und Dirigent in Erscheinung. Daneben verwirklicht er einen anderen alten Wunsch, nämlich den, der Bevölkerung seiner Heimat die Musik näherzubringen, indem er die Gründung eines Arbeiter-Konzertvereins betreibt. In sein Haus baut er einen Konzertsaal ein, beherbergt viele Gäste, und er geht nun verstärkt anderen Interessen wie dem Tennis-Spielen und Reiten nach:

»Ich fürchte, ich kann nicht den Anspruch auf musterhaften Fleiß erheben. Sicher, ich habe meinen Teil Arbeit geleistet - dafür hat schon mein Cello gesorgt, das mich fordert und tyrannisiert, aber ... seit meiner Kindheit habe ich gespielt, und nicht nur auf Musikinstrumenten! ... Trotz aller Anforderungen ... habe ich immer noch Zeit für andere, weniger schwierige Formen der Selbstdarstellung gefunden ...« (S. 128).

Politisch beginnt 1931 für ihn eine überaus fruchtbare Zeit - die spanische Republik wird ausgerufen, seiner Heimat Katalonien wird das langersehnte Selbstverwaltungsrecht zugestanden; es ist eine Zeit ungeheuren politisch-sozialen Elans und Engagements, in der sich Casals wohlfühlt und an der er tätig teilnimmt. Als berühmtestem Sproß seines Landes eignet ihm - der manchmal »ungekrönter König Kataloniens« (vgl. S. 126) genannt wird - eine fast sagenhafte Popularität und Autorität.

1931 ist aber auch das Todesjahr seiner Mutter: »Obwohl ich wußte, daß sie eines Tages sterben würde, konnte ich mir doch eine Welt, in der es sie nicht mehr gab, gar nicht vorstellen. Ich trauere um sie bis zum heutigen Tag« (S. 134).

Diese Periode seines Lebens findet 1936 mit dem faschistischen Putsch unter Franco ein jähes und dramatisches Ende. Mit »Cello und Taktstock« (S. 172) versucht Casals erst im Inland, dann vom Ausland aus, sich gegen den Faschismus zu wehren. Als Franco 1939 siegt und »unerträgliches Leid« (S. 169) über seine Heimat bringt, geht Casals ins Exil.

Zunächst nach Paris. Das Schicksal der im Winter über die Pyrenäen flüchtenden, »erbarmungswürdigen Spanien-Flüchtlinge« (S. 177) geht ihm so nahe, daß er schwer depressiv wird. Er nimmt stark ab und will seinem Leben ein Ende setzen. Durch den Zuspruch eines Freundes entschließt er sich dann aber, in einen kleinen Ort im französischen Katalonien zu ziehen, der ihn die nächsten 20 Jahre beherbergen wird: Prades. Hier bemüht er sich um organisatorische Hilfen für die internierten Landsleute, hier gibt der nun 63jährige trotz Schwindels, Schlafstörungen und Kopfschmerzen Wohltätigkeitskonzerte, schreibt er Bittbriefe an einflußreiche Menschen in aller Welt. Als die Nazis auch Südfrankreich einnehmen, will er nach New York flüchten, scheitert jedoch dabei und zieht sich in ein Hotel in Prades zurück. Sein Ruhm ist so groß, daß selbst die Nazis sich nicht trauen, ihm etwas anzuhaben.

In all dem Elend übt Casals täglich und spielt, wie jeden Tag seines erwachsenen Lebens, am Morgen auf dem Klavier ein Stück aus Bachs »Kunst der Fuge«. Er komponiert auch ein Hirtenspiel, eine Weihnachtsmusik, die er als Friedensbotschaft und indirekten Protest gegen Krieg, Terrorimus und Zerstörung ansieht.

Nach dem 2. Weltkrieg setzt Casals sein Exilantendasein in Prades fort und versucht eine Zeitlang, die Siegermächte dazu zu bewegen, nach dem Hitler-Faschismus auch gegen das Franco-Regime vorzugehen; doch erkennt er verbittert, daß er politisch nichts in Bewegung setzen kann: »Im stillen wußte ich: Es war alles umsonst« (S. 197). Sein Exil versteht er nun als indirekten Protest, als Rückzug.

Mit 70 entsteht durch die Idee seiner Freunde ein Bach-Festival in Prades, das er musikalisch und organisatorisch entscheidend prägt. Auf dem zweiten Festival lernt er 1951 eine junge Puertoricanerin kennen, Martita, die erst seine Schülerin, dann seine Helferin und schließlich seine Frau wird, trotz aller Bedenken, die er wegen des großen Altersunterschieds hat:

> »... die Jahre mit Martita waren die glücklichsten meines Lebens. In meiner Kindheit war ich mit einer Mutter gesegnet, wie man keine bessere finden kann, und nun ist es der Segen meines Alters, eine Frau zu haben wie Martita« (S. 204).

Mit ihr besucht er Puerto Rico, die Heimat seiner Mutter, und entschließt sich 1957, ganz dorthin überzusiedeln. Dort werden ihm zu Ehren nun jährlich Casals-Festivals abgehalten, die er gestaltet und auf denen er sein Oratorium aufführt.

Nach der Beschreibung seines immer fortgesetzten politsch-geistigen Wirkens in seinem neuen Lebensraum endet das Buch mit den Worten des 93jährigen: »Selbstverständlich fahre ich fort zu spielen und zu üben. Auch wenn ich nochmals hundert Jahre leben sollte, würde ich das tun. Ich könnte meinen alten Freund nicht im Stich lassen: das Cello« (S. 223).

Auswertung
Instrumentenfindung als Beziehungsauftakt:

Casals kommt »spät« (mit elf) zum Cello, aber früh zur Musik, bevor er sprechen kann. Er lernt als Kind bzw. Kleinkind vor dem Cello bereits vier andere Instrumente gut kennen: die beiden vom Vater »übernommenen«, Klavier und Orgel (ob seine Mutter während der Ehe weiterhin Klavier spielt, bleibt offen), ferner Geige (hierzu finden sich keine weiteren Aufklärungen in dem Buch) und das »Kürbiscello«. Er hat außerdem eine ausgebildete Gesangsstimme und komponiert. Er gehört nicht zu den Musikern, die ihre Leichtigkeit nur an dem Hauptinstrument erleben, denn auch auf Geige und Orgel bringt er es erstaunlich schnell sehr weit.

Eine der »frühesten und unauslöschlichsten« (S. 20) Kindheitserinnerungen Casals' bezieht sich nicht auf Instrumentalmusik, sondern auf Gesang. Sie knüpft sich an eine Christmette, bei der der Vater den fünfjährigen Sohn ein Solo singen läßt, das er auf der Orgel begleitet. Schon beim Gang zur Kirche spürt der Junge, »etwas Wunderbares werde sich ereignen« (S. 23), und er erfaßt die Hand des Vaters: »Er war mein Beschützer und Führer« (ebenda). Der Kontrast zwischen dem dunklen und kalten Gang zur Kirche und dem lichtüberfluteten Kirchenschiff überwältigt den Jungen: »Mein Vater spielte Orgel, und als ich sang, war es mein Herz selbst, das da sang, und alles, was mich bewegte, ergoß sich in diesen Gesang« (ebenda).

Diesen Schilderungen, vergleichbar denen aus der SEM-Forschung (vgl. Kap. II), kann man entnehmen, daß der junge Casals im engen Kontakt zu seinem »musikalischen Dialogpartner«, dem Vater, in und mit Musik lebt, sie zu seinem Ausdrucksmittel, seiner »Sprache« macht. Er identifiziert sich mit dem Vater: Wie dieser komponiert er, und er eignet sich die väterlichen Instrumente an. Der Vater seinerseits hat ihn offenbar als Musiker schon früh sehr ernstgenommen und die eigene Freude an der Musik mit dem Sohn zu teilen verstanden. Der Sohn kann aufgrund seiner ungewöhnlichen Begabung sogar das stolze Gefühl entwickeln, dem Vater im musikalischen Ausdrucksvermögen gleichzukommen, vielleicht ihn sogar zu übertreffen. Die - positive - Rivalität scheint ein Hauptmotiv bei dem Drang Casals' zur Orgel darzustellen, dem Instrument, das der Gemeinde den direkten Vergleich zwischen ihm und dem Vater ermöglicht.

Insofern überrascht die Hinwendung zu einem mit dem Vater auf den ersten Blick in keinerlei Zusammenhang stehenden Instrument, dem Cello.

Casals sieht seine Hinwendung zum Cello als die freie Entscheidung eines Kindes, das bereits Musiker ist. Der elfjährige weiß, worauf er sich einläßt, als er ein Saiten- einem Tasteninstrument vorzieht, ein tiefes einem hohen, ein großes einem kleinen. Der Wunsch, Cello zu spielen, wird durch eine eher zufällige Begegnung mit einem celloähnlichen Instrument ausgelöst (fahrende Musikanten) und bei der ersten Begegnung mit dem richtigen Instrument als quasi übernatürliche Bestimmung empfunden.

Das »Kürbis-Cello« der fahrenden Musikanten, das ihm der Vater später nachbastelt, könnte in dem Jungen des kleinen Städtchens eine Vision erweckt haben vom lockeren freien Leben als Gegenbild zu seinem doch sehr pflichtbewußten, moralisch-geistig integren Elternhaus. Immerhin geht Casals in der Pubertät selbst als fahrender Musikant im Sommer über die Dörfer. Das Instrument wäre insofern ein Symbol seiner Autonomiebestrebungen, doch bleiben diese Schlußfolgerungen Spekulation, da sich Casals zuwenig hierzu äußert.

Die erste Begegnung mit dem »richtigen« Cello beschreibt Casals außerordentlich plastisch. Er erinnert zunächst einen visuellen Eindruck:

> »Der Cellist war Joseph Garcia ..., ein schöner Mann mit hoher Stirn und einem ›Es-ist-erreicht‹-Schnurrbart. Seine Gestalt paßte irgendwie zu seinem Instrument. Als ich sein Cello erblickte, war ich fasziniert; noch nie hatte ich so etwas gesehen ... Als dann der erste Ton aufklang, war ich vollends überwältigt; es war, als ob mir die Luft wegbliebe. Dieser Cello-Ton hatte etwas so Zartes, Schönes, Menschliches, ja, so Menschliches an sich. Nie zuvor hatte ich solch schönen Ton vernommen. Glanz erfüllte mich« (S. 25).

Diese Erstbegegnung hat sich, erkennbar an Konkretion und Leuchtkraft des Erinnerungsbildes, in dem alten Mann sehr lebendig erhalten. Möglicherweise gehört es zu den Bildern, die im Innern des Menschen das Dasein einer Individual-Mythologie führen und in denen sich Subjektivität, Werden und Selbstverständnis verdichten.

Auffällig ist, daß von Anfang an für Casals der Spieler und sein Instrument zu einem harmonischen Gesamteindruck verschmelzen: ein schöner, erfolgreicher, großer Mann mit einem großen schönen Instrument. Er betont das »Passende« zwischen dem Instrument und dem Erfolg und Selbstsicherheit ausstrahlenden Spieler mit dem »Es-ist-erreicht-Schnurrbart«. Der stattliche, »schöne Mann« mit dem großen, »schönen« Instrument - das ist sicherlich eine Figur, auf die der körperlich ja sehr kleine Casals sein Ich-Ideal projizieren kann. Daß seine Körpergröße ein hochempfindlicher Punkt für ihn ist, ein Punkt zumindest, in dem Casals sehr kränkbar ist, zeigt die Episode seines Vorspiels in Belgien, wo er wegen der Hänselung durch den Lehrer (»kleiner Spanier«) jeden Kontakt abbricht. Das Stattlich-Erfolgreiche sind zudem Eigenschaften, die seinem Vater weniger eigneten, der Zeit seines Lebens ein »armer Mann« blieb.

Ich möchte also davon ausgehen, daß das Cello auf Casals, bevor er dessen ersten Ton gehört hat, schon per visuellem Eindruck eine starke, im wesentlichen narzißtische Anziehung ausübt. Von dem Instrument geht für ihn, vereinfacht gesagt, die Verheißung aus: »Bist du so, hast du alles was du brauchst, bist groß, anziehend, liebenswert«. Sonst wäre die Betonung der äußeren Passung zwischen Spieler und Instrument schwer verständlich.

Casals hebt neben dem ersten, visuellen Gesamteindruck andere Eigenschaften als ausschlaggebend für seine Faszination am Cello hervor, interessanterweise solche, die eher einer weiblichen Stimme zukommen oder einem kleineren Instrument, der Geige etwa, indem er den Klang »zart«, »menschlich« und »einfach schön« nennt. Während so dem visuellen Eindruck möglicherweise die Erfüllung des Wunsches nach einer beeindruckenden männlichen Identität anhaftet, berührt der Klangeindruck mehr die innere Welt der Sehnsucht nach Weiblichem, die Urerinnerung an die mütterliche Stimme wohl, die das so sehr klangaufgeschlossene Kind Casals, dem »Töne ebenso vertraut« gewesen sind wie Worte (s. o.), tief in sich aufgenommen hat.

Beides: innere und äußere Schönheit, die Kombination aus stattlicher Männlichkeit und innerer Zartheit stellen für ihn etwas Einzigartiges dar, etwas, das offensichtlich keinem seiner vorher kennengelernten Instrumente eignet.

Während also die ersten Instrumente weitgehend vom Vater übernommen werden, kann man wohl die Hinwendung zum Cello als eine

»geglückte Suche« im Sinne des »überraschenden Fundes« sehen. Gefunden wird die ideale Ergänzung: ein Amalgam aus idealer Selbstrepräsentanz und positiven Elternimagines, sowohl visuell gefärbten als auch akustisch konzipierten.

Da sich der Vater Casals' Wunsch, das Cello zu seinem Lebensinhalt zu machen, entgegenstellt und von nun ab die Mutter seine musikalische Förderung in ihre Hände nimmt, könnte man verkürzend sagen: Durch den Vater wird er zum Musiker, durch die Mutter zum Cellisten.

Der Beziehungsauftakt ist einer Verliebtheit vergleichbar; in jedem Fall ist die idealisierende Gefühlstönung spürbar, die für Verliebtheit so typisch ist. Der »Glanz« des Cellos erfüllt den lauschenden Jungen wie einen Verliebten die Schönheit seiner Geliebten.

Welche Beziehung entwickelt Casals zum Cello?

»Seither habe ich ein *zärtliches* Verhältnis zu diesem Instrument, dem ich ein Leben lang *treu geblieben* bin« (S. 25), oder »Von jener Zeit an - mehr als achtzig Jahre ist es her - war ich mit diesem Instrument *verheiratet*. Für den Rest meines Lebens sollte es mir *Freund* und *Lebensgefährte* werden« (S. 25). Zum Schluß des Buchs spricht er von seinem »*alten Freund*«, dem Cello (S. 223) (Hervorhebungen K. N.).

Casals benutzt in diesen Umschreibungen sowohl Ausdrücke, die man normalerweise für eine Geliebte oder seine Frau verwendet, aber ebenso ist ihm das Cello auch ein alter und lebenslanger und - so assoziiert man - männlicher Freund. Den Wechsel der Ausdrücke kann man entweder als Hinweise darauf verstehen, daß sich Casals »Liebe auf den ersten Blick« und damit die idealisierende Verliebtheit analog einer menschlichen Liebesbeziehung im Laufe der Jahre zu einer Freundschaftsbeziehung vertieft und verwandelt; es könnte auch so ausgelegt werden, daß im Cello sowohl der weibliche wie der männliche Partner oder allgemeiner: Anima wie Animus gesucht und gefunden wird.

Man kann den Wechsel der Ausdrücke aber auch so auffassen, daß das Cello nicht nur in der Erstbegegnung, sondern das Leben hindurch die Spuren der idealisierten Elternimagines, Väterliches und Mütterliches, trägt. Es wäre so ein Symbol der Versöhnung der seinetwegen mehrfach im Konflikt liegenden Eltern, das Casals über die tiefen Loyalitätskonflikte hinweghelfen kann, in die ihn die Unstimmigkeiten der Eltern stürzen. Der Streit um seine Zukunft begleitet ihn wie ein Schatten auf seinem Weg und sind mit für die Lebenskrise in der Pubertät verantwortlich (»Schwer litt ich unter den anhaltenden Unstimmigkeiten zwischen meinen Eltern, die sich über meine Laufbahn nicht einigen konnten« (S. 35) und belasten ihn immer wieder schwer: »Ich fühlte mich am Zwist der Eltern schuldig und zerbrach mir den Kopf, wie ich dem ein Ende setzen könnte« (S. 26).

Vom »Alltag« seines Lebens mit dem Cello, insbesondere vom Üben spricht Casals kaum, obwohl er, wie er betont, täglich übt; das Üben scheint für ihn eher ein Ausdruck lebendigen Verbundenseins zu sein. Das Cello hat offenbar für ihn die Bedeutung eines nahen Dialogpartners, vielleicht auch Helfers beim musikalischen Ausdruck. Zwar spricht auch er an einer Stelle davon, daß das Cello ihn »fordert und tyrannisiert« (S.128) und auch, daß er »hart« arbeitet; doch scheint er sich keineswegs durchgehend oder auch nur oft versklavt gefühlt zu haben. Er entwickelt und praktiziert andere Interessen, vor allem, als seine Zeit als ausschließlich Konzertierender vorbei ist. Dies weist darauf hin, daß er dem Cello zwar den Hauptplatz in seinem Leben zuordnet, aber sich nicht unterjocht oder von Selbstaufgabe bedroht fühlt durch das Cellospiel.

Erfolge, Lob und Anerkennung werden zwar erwähnt, jedoch stehen sie kaum im Vordergrund. Das Cellospiel erschließt dem aus einem kleinen Ort mit engem kulturellen Horizont stammenden Musiker eine neue Welt, er wird durch seine Kunst zum Freund hochgestellter Persönlichkeiten, ja selbst zu einer berühmten und verehrten, seine Heimat verantwortlich mitgestaltenden Persönlichkeit. Dennoch werden diese Faktoren von ihm nie als Aspekte dargestellt, die seine Freude am Cellospiel hervorbringen; es sind vielmehr angenehme Folgen seiner Kunst, die sich aus anderen Quellen speist.

Indem er zu dirigieren beginnt, immer wieder komponiert, sich kulturpolitisch betätigt und, last not least, auch immer Klavier spielt, wird deutlich, daß er sich sowohl vom Cello distanzieren als auch immer wieder die große Nähe zum Instrument aufsuchen kann, die er zum Spielen braucht. Im Grunde genommen bleibt er in der Vielfalt seiner musikalischen Ausdrucksmöglichkeiten der Vielfalt seiner ersten Lebensjahre treu, wenngleich das Cello zu seinem Hauptausdrucksmedium und zu dem Instrument wird, auf das sich sein Weltruhm gründet.

Nur unterschwellig scheinen gelegentlich Ambivalenzen dem Instrument gegenüber ins Bewußtsein zu drängen. So, wenn Casals einen Bergwanderungsunfall während einer USA-Tournee schildert, bei dem ihm ein Felsbrocken die linke Hand zerschmettert: »Als ich auf meine zerquetschten und blutenden Finger schaute, war seltsamerweise mein erster Gedanke: Gott sei Dank! - nie wieder werde ich Cello spielen müssen« (S. 76). Er vermutet, ein Psychoanalytiker werde »auch dafür« eine plausible Erklärung parat haben; seine eigene lautet: »Wer völlig in seiner Kunst aufgeht, begibt sich damit in eine Art von Sklaverei - und ich habe ja auch immer unter so schrecklichem Lampenfieber gelitten ...« (ebenda).

Casals scheint durch das Cello in seinem Lebensalltag nicht in Konflikte zu geraten, etwa in Krisen, die durch die Eifersucht eines Ehepartners ausgelöst werden können. Über seine Frauenbeziehungen schweigt er sich weitestgehend aus mit Ausnahme der Liebe zu seiner Mutter. Seine dritte Ehe, im hohen Alter, lange nachdem seine Mutter gestorben ist, führt ihn eigentlich wieder zur Mutter zurück, denn als er 1951 der jungen Cellistin Martita aus Puerto Rico begegnet, die seine Schülerin und später seine Frau wird, hat er »den Eindruck, zum ersten Mal mit der Heimat (seiner) Mutter in Berührung gekommen zu sein« (S. 205), und ihm kommt der Gedanke: »So muß meine Mutter ausgesehen haben, als sie so alt war, wie Martita jetzt ist.« Auch andere sind über die Ähnlichkeit zwischen der jungen Frau und Casals Mutter überrascht (ebenda). Die Priorität des Cellos, von der Mutter zuerst erkannt, von ihr gefördert, zum Teil ihr Erbe, ihr Vermächtnis, wird nicht angetastet.

Der überaus tiefe, ja existentielle Charakter seiner Beziehung zum Cello kommt einmal wie nebenbei zum Ausdruck. Casals erwähnt, wie in der Zeit der Besetzung des französischen Teils Kataloniens durch die Nationalsozialisten, als er in Prades in einem Hotel wohnt, einige deutsche Offiziere in sein Domizil kommen. Seine antifaschistische Einstellung und Tätigkeit sind weithin bekannt, doch ist er durch seinen Weltruhm geschützt. Er lehnt die Einladung, die sie ihm überbringen, in Hitler-Deutschland zu spielen, ab, will auch nicht für den einen Offizier, der das von ihm wünscht und der vielleicht ein Musikliebhaber ist, etwas vortragen. Der Offizier ist nicht so schnell abzuwimmeln und will das Cello, auf dem Casals »damals in Deutschland« (S. 189) spielte, wenigstens sehen. Casals nimmt es aus dem Kasten und legt es vor die Offiziere hin auf sein Bett. »Einer von ihnen hob es hoch, die anderen berührten es. Und plötzlich wurde mir sterbensschlecht ...« (S. 189). Hier wird das innere Einssein Casals mit seinem Instrument deutlich: Er empfindet Ekel, als ob er selbst berührt worden wäre, vielleicht sogar noch größeren.

Insgesamt läßt sich also der vorherrschende Beziehungstyp als der einer Partnerschaft ausmachen. Das Cello als symbolischer eigenständiger Partner, nicht als Ersatz für einen menschlichen.

Hintergründe der Musiker-Instrumenten-Beziehung

Es ist die Mutter, die »verstand, was sich da ereignet hatte« (S. 25), als Casals erstmals ein Cello hört und sofort seinen Wunsch zum Ausdruck bringt, es zu seinem eigentlichen Instrument zu machen:

> »Pablo ist so begeistert vom Cello, daß er die Möglichkeit haben muß, es richtig zu erlernen. Hier in Vendrell gibt es keinen Lehrer, der ihm das ordentlich beibringen könnte. Wir müssen dafür sorgen, daß er in die Städtische Musikschule Barcelona aufgenommen wird'« (S. 25),

sagt sie zum Vater.

Der Sohn kann sich die besondere Wahrnehmungsfähigkeit der Mutter nur als quasi übersinnliches Phänomen erklären: »Von Anfang an muß sie es gewußt haben, jedenfalls glaube ich das. Es war, als ob eine besondere Feinfühligkeit sie geleitet hätte, als ob ihr Vorahnungen zuteil geworden wären« (S. 26). Die »innere Gewißheit« angesichts des »überraschenden Fundes« scheint hier lückenlos mit den Vorahnungen und Prophezeiungen der Mutter zusammenzupassen, und es ist müßig zu fragen, ob das eine das andere hervorgebracht haben könnte. Über unerfüllte Wünsche der Mutter erfahren wir aus dem Buch nichts; ob sie das Klavier zugunsten der vielen von ihr geborenen Kinder aufgegeben und das als schwere Einschränkung empfunden hat, ist unklar. Daß acht ihrer Kinder sterben und mit ihnen eventuelle Hoffungen und narzißtische Wünsche, die etwa Casals als »Mission« im Sinne Volkans (1994) mit auf den Weg bekäme - man weiß es nicht. Auf jeden Fall läßt Casals keinen Zweifel daran, daß er den mütterlichen Einfluß als das entscheidende Element seines Lebens betrachtet: Die Mutter »war überzeugt, ich hätte eine besondere Begabung mitbekommen, und es müsse alles getan werden, sie zu fördern« (S. 16). Hier ist das Gefühl der »Besonderheit« (Greenacre, 1958a; Sosniak 1985) angesprochen, das wohl zu dem der Berufenheit beiträgt: »Und wenn es nicht nach meiner Mutter gegangen wäre, die fest an meine Berufung zum Musiker glaubte, hätte ich durchaus Tischler werden können - kein sehr guter, fürchte ich!« (S. 17).

Es könnte sein, daß das Konstrukt »Schicksalhafte Bestimmung« von Casals bemüht wird, weil sich hierin die mit der Mutter geteilte oder von ihr ihm angetragene musikalische Grandiositätsphantasie ausleben kann; intrapsychisch könnte es als Bestärkung des eigenen Wegs empfunden werden, den Casals ja gegen den offen ausgesprochenen Willen des Vaters, seines so engen Vertrauten und ersten musikalischen Förderers, durchsetzen muß.

Denn der Vater will die Intensität und Ausschließlichkeit des musikalischen Engagements seines Sohnes zunächst nicht wahrhaben; Musizieren soll Hobby bleiben. Der Vater hält seinen Sohn offensichtlich für begabt, aber glaubt nicht nur nicht an eine spätere Instrumentalisten-Karriere, er will sie auch nicht. Der Mutter mit ihrem unbeirrbaren Festhalten an Casals Berufung zum Musiker hält er »Größenwahn« vor (S. 26). Auch hierfür hat Casals Verständnis, nimmt die Bedenken des Vaters sogar als realistische Einwände eines Berufsmusikers, der von den Schwierigkeiten einer Solokarriere weiß.

Das Widerstreben des Vaters hält auch an, als Casals am ersten Konservatorium exzelliert und es darum geht, ihn - in Madrid - weiter studieren zu lassen. Die Hartnäckigkeit seiner ablehnenden Haltung, auch zu einem Zeitpunkt, als auch ihm hätte klar sein können, daß der Sohn tatsächlich höchstbegabt ist, läßt vermuten, daß es in den Konflikten und Streitigkeiten um Casals Werdegang um mehr geht als nur Sachentscheidungen. Möglicherweise fürchtet der Vater, die Frau an den Sohn zu verlieren - was ja auch de facto zeitweilig so eingetreten ist, als die Mutter den Vater des Sohns wegen verläßt, z. T. mit den jüngeren Kindern. Unterschwellige Ablehnung der Vorstellung, vom eigenen Sohn überflügelt zu werden, können ebenfalls eine Rolle spielen. Auch Enttäuschung darüber, daß der Sohn nicht den väterlichen Wunschtraum vom geschickten Handwerker-Techniker lebt, den der Vater nur als »Hobby« realisieren kann, mögen von Bedeutung gewesen sein.

Die Entscheidung für das Cello trübt Casals' sein bis dahin harmonisches Verhältnis zum Vater, zerstört es aber keinesfalls. Der Vater besucht den Sohn, gibt ein Cello bei einem Geigenbauer in Auftrag, kommt zu seinem ersten Konzert und beruhigt ihn vor dem Auftritt. Während der Besuche gehen sie zusammen spazieren, fachsimpeln, stöbern Cello-Literatur in Antiquariaten auf. Der Vater nimmt also weiterhin regen Anteil an der Entwicklung des Sohnes.

Als sich der Streit zwischen den Eltern zuspitzt, ergreift die Mutter Partei für den Sohn. Das wird zwar nicht expressis verbis gesagt, äußert sich jedoch im Verlassen des Vaters, ihrer Übersiedelung mit dem Sohn zusammen (und zwei jüngeren Geschwistern) nach Madrid, wo sie ihrerseits Stunden nimmt, um mit der allgemeinbildenden Ausbildung des Sohnes Schritt zu halten und ihn in andere Länder begleiten zu können. Der Sohn nimmt nun als Stipendiat der Königin der Mutter gegenüber die Haltung des Ernährers und Beschützers ein. Gleichwohl hält die Mutter den Kontakt zum Vater immer aufrecht, auch emotional; sie weist zum Beispiel, als Casals inzwischen viel verdient und möchte, daß sie sich teurer und schöner kleidet, sein Anerbieten mit den Worten zurück, sie sei und bleibe die Frau eines einfachen Mannes.

Die Bevorzugung des Sohns, die eindeutige Parteinahme der Mutter für den Sohn, stellt familiendynamisch sowie intrapsychisch einen brisanten Konfliktstoff dar, schafft sie doch die Voraussetzung für eine ödipale Fixiertheit des Sohns an die Mutter, die sich im allgemeinen eher entwicklungshemmend auswirkt (s. u.). Daß es in Casals Fall eine auffällige Nähe mit und zur Mutter gegeben hat, zeigt sich in vielem, beispielsweise darin, daß die Mutter ihm immer - nicht nur symbolisch - »Heimatbasis« bleibt. Die Mutter begleitet über lange Zeitstrecken hinweg trotz ihrer anderen Kinder den Sohn Pablo auf allen Stationen seiner musikalischen Ausbildung. Als er die Virtuosenlaufbahn begonnen hat und bereits nach Paris übergesiedelt ist, bleibt die Mutter in intensivem Kontakt mit ihm. Sie regt an, daß er ein Haus in San Salvador bauen läßt nach dem Tod des Vaters, wo sie und die jüngeren Brüder Casals dann wohnen. Sie entwirft die Baupläne und setzt deren Realisierung durch. Casals verbringt ab dieser Zeit jeden Sommer einige Erholungsmonate im Hause der Mutter und fühlt sich von ihr richtig erkannt, wenn sie sagt: »»Bei all deiner Reiserei ... brauchst du einen Ort, wo du wirklich ausruhen kannst. In Paris geht das nicht. Du mußt hier in deiner Heimat am Meer etwas suchen« (S. 97).

Ob eine so weitreichende Förderung, die die Bevorzugung Casals' vor anderen Geschwistern, ja teilweise vor dem Vater impliziert, zu einer inneren Erfolgsverpflichtung beigetragen hat, die sich aus dem Abtragen einer inneren Schuld der Familie gegenüber speist, ist nur zu vermuten. Die Intensität des Leidens an dem Elternkonflikt (s. o.) sowie das hohe Arbeitsethos des Musikers und seine auffällige Betonung der Förderung, die er genossen habe, könnten für eine solche Annahme sprechen:

> »Gearbeitet hatte ich freilich hart, aber ich war doch sehr vom Glück begünstigt worden. Die Natur hatte mich mit einem gewissen Talent begabt, ich war mit einem wahrhaft einzigartigen Elternpaar gesegnet, die Freundschaft einer Frau wie der Königin Maria

Cristina war mir zuteil geworden, ich hatte Lehrer gehabt wie den Grafen Morphy, Monasterio, Breton, Garcia; und was ich geworden war, hatte ich der Teilnahme dieser Männer und Frauen zu verdanken« (S. 68)

Offenbar hat die trotz der Favorisierung des Sohns dem Ehemann gehaltene Loyalität der Mutter ausgereicht, dem jungen Casals aus der ödipalen Illusion - nämlich bereits vollkommen, einzigartig, eben der Erwählte der Mutter zu sein - herauszuhelfen. Der Junge bekommt durch dieses Verhalten der Mutter die Chance, sich in der ödipalen Rivalität zu bewähren (statt - wie in der ödipalen Illusion - unbewußt zu meinen, er habe kein Messen mit dem Vater nötig, da er ihn bereits »übertroffen« habe). Das geht nicht ohne Leiden und Schuldgefühle ab, als er den Vater schließlich tatsächlich übertroffen hat, und die lebenslange hohe Wertschätzung des väterlichen Instruments (Klavier) und Wirkungskreises (Kirchenmusik) kann ebenso als Anzeichen von Wiedergutmachungstendenzen gesehen werden wie als Ausdruck der ödipalen Identifiziertheit des Sohns mit dem geliebten - gehaßten Vater-Rivalen. Es ist immerhin auffällig, welche große Hochachtung Casals dem Klavier (anders als etwa Menuhin), dem Hauptinstrument des Vaters, entgegenbringt. Er stellt es sogar über das Cello, denn »dieses Instrument schließt alle anderen in sich ein« (S. 22). Das Klavier ermögliche es dem Musiker, Orchesterwerke, überhaupt Kompositionen in sich aufzunehmen und damit über die Besonderheiten und Begrenztheiten seines Soloinstruments hinauszublicken und mit dem großen Musikhorizont verbunden zu sein, ein für Casals' Auffassung vom Künstlertum des Instrumentalisten unabdingbarer Aspekt. Sein ganzes Leben hindurch beginnt er seinen Tag mit dem Spielen eines Musikstücks auf dem Klavier, nicht auf dem Cello. Tribut an den Vater, den ersten musikalischen Dialogpartner? Vielleicht auch.

Auch zwischen dem »zweiten Vater« (dem Grafen de Morphy) und der Mutter Casals' kommt es übrigens zu Unstimmigkeiten über die weitere Entwicklung des jungen Mannes. Auch hier wird sowohl gefördert als auch gebremst; eine Kombination, die wohl als besonders hilfreich zu bewerten ist, insofern sie die Selbstfindung des jungen Mannes, seine Abgrenzung und Identitätsfindung unterstützt.

Casals streicht in seinen Aufzeichnungen bei aller Nähe zur Mutter keinesfalls den hemmenden, sondern vielmehr den fördernden Einfluß des Vaters hervor. Der Vater ist also eher aktiv - realistisch - anregend - lehrend, stellt aber auch Barrieren, Bewährungsproben auf. Die Mutter ist stützend, tragend durch festen Glauben an das Besondere im Sohn, vielleicht auch durch ihre zeitweilige Favorisierung des Sohns gegenüber dem Vater.

Beide Eltern scheinen den Sohn nicht mit bestimmten Wunschvorstellungen so belegt zu haben, daß sein Spielraum allzu stark begrenzt worden wäre. Seine frühe musikalische Entwicklung vollzieht sich ohne Drill, durch einfache und offenbar zwanglose Teilhabe an der inneren und äußeren Welt der Eltern, in der die Musik, vermutlich ein Übergangsobjekt für beide Eltern, eine große Rolle spielt.

Bedenkt man die ersten Kindheitserinnerungen Casals' an die »Melodien der menschlichen Stimme«, des Meeres, des Dorfes, dann zeigt sich seine ganz frühe Aufgeschlossenheit für akustische Eindrücke und Schönheit. Vielleicht spiegelt sich in dem Verhältnis zur Natur und zur Heimat auch so etwas wie eine harmonische Mutter-Kind-Beziehung, in der Nähe, Wärme und Vertrautheit primär über die Stimme und den Gesang erlebt werden konnten.

Da die tiefe, vertrauensvoll liebende Beziehung zu beiden Eltern bei Casals als etwas Gewolltes, nicht in Frage Gestelltes, Bereicherndes erlebt wird, scheint die Beziehung zu seinem Instrument, dem »Erben« dieser Beziehung, auf der bewußten Ebene wenig ambivalent und konfliktreich zu sein.

Betrachtet man zusammenfassend den Einfluß der Eltern auf die musikalische Entwicklung des Kindes, so zeigt sich ein durchaus konfliktreiches, aber letztlich doch harmonisches Zusammenwirken der Eltern. Durch breit gestreute, frühe Förderung und durch sein eigenes Vorbild beeinflußt der Vater die musikalische Entwicklung des Sohnes entscheidend. Daneben gibt es eine andere Seite der Einflußnahme, die als eher bremsend, vielleicht sogar hemmend angesehen werden kann und die zu beträchtlichen inneren und äußeren Konflikten geführt hat, vielleicht aber auch dem Sohn als ein Ansporn diente, es dem Vater doch zu beweisen.

James Galway (Flötist, geb. 1939)

Charakterisierung der Quelle:

Galways Buch »An Autobiography« (202 Seiten, reine Autobiographie) wurde 1978 veröffentlicht. James Galway hat sich nicht expressis verbis zu seinem autobiographischen Projekt geäußert, doch geht aus dem Buch hervor, daß er es schreibt, als er aufgrund eines Unfalls 1977 zu längerer Bettruhe gezwungen ist. Die Idee dazu könnte aber schon zwei Jahre vorher in ihm aufgekeimt sein, in den Wochen, die seinem Entschluß voraufgehen, das Berliner Philharmonische Orchester zu verlassen. Von Karajan hatte ihn damals von der Teilnahme an den Salzburger Festspielen ausgeschlossen, und Galway verbrachte die so freigewordene Zeit in einem Zustand intensiver innerer Einkehr, die dann für ihn zur »Umkehr« wurde, seiner »own personal road to Damascus« (S. 14).

Wenngleich Galway in seinen einführenden Anmerkungen den Agenten seiner Solistenkarriere, Michael Emmerson, als denjenigen anführt, der ihn - vielleicht auch mit dem Hintergedanken an die potentielle Werbewirksamkeit eines solchen Projekts - zu seinem Vorhaben ermutigt hat, so ist es doch wohl sein ureigenes Anliegen gewesen, seine Entwicklung zu durchdenken und seine Auffassungen zu seinem Musikertum zu veröffentlichen. Die Autobiographie selbst jedenfalls hat im Gegensatz zu der etwas reißerischen Aufmachung des Taschenbuchs mit Eigenwerbung nichts zu tun; sie steht vielmehr in der Tradition protestantischer Innenschau, Selbstfindung und Gottsuche; eine Tradition, die den religiösen Iren nach eigener Aussage sehr geprägt hat.

Mit einem erheblichen Schuß (angelsächsischen?) Humors und (irischer?) Selbstironie versetzt, liest sich das Buch weitgehend leicht und täuscht durch die Lockerheit des Stils manchmal ein wenig über die »Erdenschwere« gewisser Lebensbedingungen und über das Ausmaß von Entwicklungskrisen hinweg, ohne die genannten Aspekte jedoch zu verharmlosen.

Galway spricht einmal davon, daß seine Persönlichkeit zwei Seiten habe, eine draufgängerisch-witzig-ellenbogige und eine mehr verborgen-schüchtern-verletzliche; und daß er natürlich die erste zunächst zeige, bevor er sich mit der zweiten hervorwage. Etwas von dieser Mischung charakterisiert auch sein Buch und macht es zu einer für das vorliegende Thema ergiebigen und dazu sehr spezifischen Lektüre.

Bis auf das erste Kapitel, das mit seinem Medias-in-res-Anfang über den karriereverändernden Karajan-Galway-Konflikt: »For years I had been in some danger of exhausting Herbert von Karajan's patience« (S. 7) eine Art kommentierende Wegweiserfunktion übernimmt, folgen die übrigen 14 Kapitel der Chronologie von James Galways Leben.

Autobiographisches Porträt

Arm, aber »respectable« (S. 15), so wächst James Galway auf.

Er wird 1939 als der ältere zweier Söhne einer protestantischen Arbeiterfamilie in Belfast geboren. Sein Vater, ein gelernter Schweißer, ist oft arbeitslos und hat zeitweilig Alkoholprobleme. Galway schildert ihn als einen körperlich kleinen, dabei unerhört kräftigen Mann mit einem Sinn für Witz und Komik. Er sorgt für das Nötigste, doch die kontinuierliche Verdienerin als Arbeiterin in einer Spinnfabrik ist die Mutter, die Galway als gutaussehend, zurückhaltend-ausgleichend, fleißig und gesellig beschreibt.

Galway verlebt eine anregende, ja aufregende Kindheit in seiner mit Sonderlingen und zu allem Unsinn aufgelegten Jungencliquen reichen Carnelea-Street-Welt in Belfast. Als »worst-kid-of-the-street« läuft er mit den anderen herum und verschafft sich auch schon einmal Respekt mit seinen Fäusten. Das ist aber eher selten nötig, denn sein Musizieren verhilft ihm bald zu Ansehen genug.

»Both my parents were musicians« (S. 18): Die Mutter spielt Klavier, ohne Noten zu können, nach dem Gehör, und ist eine gesuchte und beliebte Musikerin auf vielen Tanzvergnügungen, auf denen »das Licht ausgeht« (S. 19), wenn sie zu spielen aufhört. Der Vater spielt Akkordeon als sein Hauptinstrument und steht damit ebenfalls im Vordergrund vieler spontaner geselliger Zusammenkünfte. In Galways Kindheitsgegend, die er anschaulich einen musikalischen Dampfkochtopf nennt (S. 29), wird überhaupt viel und gern gesungen. Des Vaters eigentliche Zuneigung aber gilt der Flöte: »Dad was obsessed with the flute« (S. 31). Die Vorliebe für dieses Instrument ist bei den Galways väterliche Tradition: Schon der Vater des Vaters ist, ebenso wie der Urgroßvater, ein »famous fluteplayer« (S. 20) gewesen, und zu den angenehmsten und frühesten Kindheitserinnerungen Galways gehören des Großvaters »sanfte« Flötenmelodien (S. 20).

Auch Galway fühlt sich schon als Kind besonders zur Flöte hingezogen. Doch zunächst schenkt ihm der Vater eine Mundharmonika, deren Begrenztheit (keine Halbtöne) den Jungen schnell ärgert. Als zweites Instrument erhält er die in seiner Gegend beliebte penny whistle. Auf beiden Instrumenten spielt er ausdauernd, und so kommt es, daß dem Siebenjährigen ein wohlmeinender Nachbar eine Geige schenkt, die jedoch vom Holzbock arg zerfressen ist. Trotzdem läßt der Vater sie für den Kleinen herrichten, und der beginnt sie zu spielen, doch geht der Bogen schnell kaputt.

»A flop on the violin, I began the flute« (S. 31). Zu der Zeit ist er circa acht Jahre alt, der Vater hat sein musikalisches Talent erkannt und will einen Musiker aus ihm machen, natürlich keinen Berufsmusiker - so etwas ist außerhalb des Familienhorizonts -, aber einen ernstzunehmenden. Galway betont, daß der Vater dabei keinerlei Zwang auf ihn ausgeübt, ihm die Flöte nicht aufgedrängt, ihn wohl aber ermuntert habe. Es sei nicht nötig gewesen, ihn zum Musizieren anzuhalten, denn sobald der Vater die Flöte weglegt, holt der Junge sie sich: »... music made me happy« (S. 31).

Der Vater, Autodidakt wie fast alle damaligen Musiker in Galways Heimat, möchte seinem Sohn eine bessere, und das bedeutet für ihn: systematisch-gründliche Ausbildung zukommen lassen. Er kauft eine einfache Querflöte, und Galway lernt schnell nach dem Gehör die Lieblingslieder seiner Zeit darauf spielen. Doch nun betont der Vater die Notwendigkeit von Tonleiterübungen und Theorieunterricht; hierfür sorgt erst er, dann ein Verwandter, schließlich das Mitglied einer der vielen Blasmusikkapellen Belfasts sorgt. Galway akzpetiert nur zähneknirschend das väterliche Unterrichts-Ansinnen, lehnt aber den theoretisch-systematischen Zugang zum Spielen kategorisch ab und bleibt auch später auf den großen Konservatorien bei dieser Haltung. Er zieht es vor, sich Beispiele berühmter Flötisten anzuhören und sich daran zu schulen.

In diese Zeit - James ist acht Jahre - fällt die Prophezeiung einer Zigeunerin, Galway werde einst »a great musician« (S. 39) werden.

Der junge Galway übt gern. Die Zeit vergeht ihm wie im Flug dabei, er übt stundenlang, sogar im Schulbus, er »got flute-playing mixed up with living« (S. 50). Mit neun Jahren wird er Mitglied eines Flötenorchesters; in guter alter irischer Tradition marschiert er, stolz-uniformiert, in Aufzügen mit. Er erlebt erste Erfolge, sein Vater beginnt ihn liebevoll »Mozart« nach seinem Lieblingskomponisten zu nennen. In der Schule gerät er in schwierige Situationen, weil er neben dem Flöten zu Hausaufgaben weder Zeit noch Lust hat.

Mit elf Jahren nimmt er an den irischen Flöten-Meisterschaften teil und gewinnt den ersten Preis, was er mit verwundertem Stolz zur Kenntnis nimmt. Lampenfieber kennt er kaum, er sucht eher die Konkurrenz, als daß er sie meidet: »I had already developed a certain desire to shine« (S. 69).

Auf diesen Erfolg hin sucht ihm der Vater die erste »richtige« Flötenlehrerin aus, Muriel Dawn. Sie hat, nach Galways Ansicht, neben seinem Vater den größten Anteil an seinem späteren Erfolg. Sie und ihr Mann, Dirigent und Initiator des Belfaster Jugendorchesters, in dem Galway nun Mitglied wird, führen den Jungen in die klassische Musik und Kultur ein: »These two people did open up a whole new world for me« (S. 73). Er beginnt unter ihrer Anleitung, sich für Malerei und Literatur zu interessieren, Gebiete, von deren Existenz er bis dato keine Ahnung hatte.

Neben den Fahrten zum Unterricht, den Orchester- und Bandproben, der ziemlich vernachlässigten Schule, den Schwärmereien für Mädchen und dem unablässigen Üben bleibt, möchte man meinen, wenig Zeit für anderes. Doch für den Zwölfjährigen beginnt eine intensive religiöse Phase: Er ist innerlich mit der Suche nach Gott und äußerlich mit der Suche nach dem für ihn geeigneten Gotteshaus (seine Eltern besuchen keine Kirche) und einer ihm zusagenden Liturgie beschäftigt, so daß er Sonntag für Sonntag die verschiedensten Kirchen »ausprobiert«, bis er schließlich eine gefunden hat, in der er sich wohlfühlt. Etwas später, mit 15, erwägt der »silent God-seeker« (S. 58) den Übertritt zum Katholizismus, ein für seine Herkunft unerhörter Schritt, den er nicht vollzieht, weil er weiß, daß sein Vater darauf mit heftigster Ablehnung reagiert hätte. (In späteren Jahren wandelt sich der Paulus zum Saulus: James Galway macht eine anti-religiöse Phase durch, um noch später auf einer neuen Ebene wieder zu dem »Gottsucher« zu werden, der er wohl bis heute geblieben ist.)

Trotz des nun erstrangigen Flötenunterrichts ist es außerhalb der Vorstellungen des 14jährigen Galway, ein Berufsmusiker zu werden. Er beginnt halbherzig und ohne Elan eine Ausbildung zum Klavierstimmer. Es ist eine Zeit schwankenden Selbstvertrauens und heftiger Minderwertigkeitsgefühle.

Seine Lehrerin hat jedoch Größeres mit ihm vor und arrangiert Vorspiele bei zwei in Belfast gastierenden bekannten Flötisten (Gilbert und Francis), die beide so angetan von seinem Talent sind, daß sich ein Streit zwischen ihnen entspinnt, wer den jungen Mann zum Schüler haben darf. Die Entscheidung fällt zugunsten John Francis', da er dem mittellosen Galway das Angebot macht, in London quasi als Familienmitglied in seinem Haus zu wohnen.

In den Londoner Jahren wird der ca. 17jährige, unerfahrene, schüchterne Nichttrinker und -raucher Galway, der Frauen nur von weitem bewundert, von einem etwas älteren Flötenfreund in das »weltliche« Leben initiiert, was nicht ohne innere Pein und erste Liebesqualen abgeht. In der Depression nach seiner ersten Liebes-Trennung wechselt er mithilfe eines Stipendiums doch zu Gilbert auf dessen Konservatorium über. Nachdem er das absolviert hat, steht er als einer unter vielen »profiscient flutists« (S. 121) etwas ratlos da: Er sucht einerseits nach einer festen beruflichen Stellung, möchte sich andererseits flötistisch aber noch weiter verbessern.

So versucht er es zunächst mit einem Besuch des Pariser Konservatoriums, auf dem die angesehensten Flötisten der Welt lehren und zu dem ihm ein weiteres Stipendium verhilft. Der nun 21jährige findet jedoch die dortige Lehrmethode so abstoßend konkurrenzbetont und unpersönlich, daß er den Schwerpunkt seines ersten Auslandsaufenthalts neben dem nach wie vor exzessiven Üben auf Museumsbesuche verlegt und die Konservatoriumsausbildung nach acht Monaten abbricht. Als einzige Inspiration der damaligen Zeit bezeichnet Galway die Begegnungen mit Rampal.

Nach einem kurzen, von Finanznot diktierten Job-Intermezzo in einer Schraubenfabrik wird Galway der Platz des ersten Flötisten im Sadler's Wells Opernorchester angeboten (unter Colin Davis). Damit nimmt ein steiler Aufstieg als Orchestermusiker seinen Anfang. Die weiteren Stationen seiner Orchestertätigkeit lauten: BBC-Orchester, London Symphony Orchestra, Royal Philharmonic Orchestra und schließlich, ab 1969, Berliner Philharmoniker unter Herbert von Karajan - immer am Pult des ersten Flötisten.

Das Leben als Orchestermusiker bedeutet Erweiterung des Repertoires, der Erfahrungen - musikalisch wie menschlich; bedeutet feste Anstellung und gesicherte materielle Existenz und festen Lebensrahmen: morgens Probe, abends Konzert oder Kammermusikverpflichtung, nachts oft: Fachsimpeln mit Kollegen. Vor allem heißt es auch: Tourneen.

In die Zeit seiner Londoner Anstellungen fällt Galways erste Ehe mit einer jungen Frau aus seiner neuen Mittelklassenumgebung und seine erste Vaterschaft (Sohn Stephen wird später Trompeter). Die Ehe steht von Beginn an unter einem schlechten Stern: »The truth was, though, that I wasn't ready for marriage and Claire and I were never truly compatible« (S. 138). Claire hat wenig Sinn für Musik, wünscht ein wenig mehr Luxus und fühlt sich, v. a. als das Kind da ist, mit Haushalt und Erziehung alleingelassen, oft im wörtlichen Sinn, da James Galway viel unterwegs ist. Galway seinerseits mit seinen zu dieser Zeit noch festgefügten irischen Rollenvorstellungen sind die Ansprüche seiner Frau fremd; und: »I don't think Claire relished me rehearsing at three o'clock in the morning either« (S. 152). Der Hauptkonfliktpunkt aber ist: »Our interests were poles apart ... She never really understood me and my music-making and my crazy Irish ways« (S. 168).

Die Zeit des Aufstiegs als Orchestermusiker und der äußeren beruflichen Konsolidierung wird, so sieht es Galway, innerlich eine der Destabilisierung. Neben den Ehekrisen leidet er zunehmend unter den Einschränkungen und Problemen des Orchestermusikerdaseins: den Reglementierungen durch die Verwaltung, die ihm vorschreiben will, wann er private kammermusikalische Auftritte durchführen darf und wann nicht; der Anonymität des Orchesterklangs, in dem sein individuelles Spiel untergeht; der mangelnden Anerkennung seines Spiels durch manche Dirigenten; dem Leistungs- und Konkurrenzdruck unter den Orchestermitgliedern, der zunimmt, je berühmter das Orchester ist.

So befindet sich James Galway als 39jähriger in einer tiefen Lebenskrise. Er fühlt sich von seinen spirituell-religiösen Quellen abgeschnitten, ist extrem kränkbar, beginnt zu trinken, empfindet sich als nicht gesehen, gehört und anerkannt und als geistig ausgetrocknet: »I found myself at a standstill ... I seemed to be spiritually dead« (S. 158).

In dieser Situation erscheint die Bewerbung um den Platz des ersten Flötisten bei den Berliner Philharmonikern als ein Ausweg nach dem Motto: »Wenn es da nicht besser wird - wo denn dann noch?« Und tatsächlich geben die sechs Berliner Jahre dem Musiker neue Impulse. Hierzu trägt sowohl die Scheidung von Claire mit der darauffolgenden Erleichterung und Befreiung bei - Galway probiert nun neue Lebensformen aus, beschäftigt sich mit Popmusik, lebt in einer Kommune etc. -als auch das väterlich-anerkennende Verhalten Herbert von Karajans ihm gegenüber und, last but not least, die unerhörte Freizügigkeit der Orchesterverwaltung in punkto Privatengagements. Auch der in Deutschland erstmals erfahrene Respekt einem Musiker gegenüber tut Galway gut, der so etwas aus London nicht gewohnt ist.

In dieser Zeit geht James Galway eine neue Ehe mit einer musikbegeisterten, ihn warmherzig unterstützenden Frau ein, Annie, der er später in dem von Denver für die Flöte adaptierten Pop-Lied »Annie's Song« seine Dankbarkeit beweist.

Trotz alledem bleibt der nagende Zweifel, ob er denn als Orchestermusiker seinen richtigen Platz gefunden habe: »I was not my own man« (S. 183). Die oben beschriebenen Nachteile des Orchestermusikertums, besonders die gnadenlose Konkurrenz, die bei den Berliner Philharmonikern, wo praktisch jeder Spieler auch Solist sein könnte, einen traurigen Höhepunkt erreicht, setzen ihm zu. Immer stärker wird der Wunsch in ihm, eine Karriere als Solist zu versuchen, obwohl so etwas für Flötisten ein eher ungewöhnliches Vorhaben ist. Als er Karajan gegenüber diese Wünsche durchblicken läßt, kühlt der Dirigent ihm gegenüber merklich ab nach dem Prinzip: »Wer nicht für mich ist, ist gegen mich«. Nachdem Galway immer häufiger private Engagements annimmt, schließt ihn Karajan von der Teilnahme an den Salzburger Festpielen aus. Diese Zurückweisung führt zu einigen Wochen intensiver innerer Einkehr in der dadurch entstandenen erzwungenen Muße, zur Rückbesinnung auf die religiöse Orientierung seines Musikertums und resultiert schließlich in die Entscheidung, die Solistenkarriere zu wagen.

Als 37jähriger verläßt Galway die Berliner Philharmoniker, ein bis dahin einmaliger Schritt, bedeutet er doch Verzicht auf exzellente materielle Versorgung und eine hochangesehene Lebensposition. Mit seiner Frau, die ihn unterstützt, und den inzwischen weiteren drei Kindern zieht er nach Luzern und baut von dort mithilfe seines Agenten und Freundes M. Emmerson seine Karriere auf. In zwei Jahren nimmt er mehrere CDs auf, konzertiert in über 20 Ländern und hat zahllose Fernseh- und Radioauftritte. Sein Leben verändert sich auch in anderer Hinsicht: Er führt eine Psychoanalyse durch, um mit seiner Kränkbarkeit und seiner Neigung zu schnellem Rückzug und Schroffheit besser klarzukommen, und stellt fest, die Therapie »has worked wonders for me« (S. 191). Er hört zu trinken auf und wird Vegetarier, betätigt sich sportlich, nimmt wieder ab, fühlt sich körperlich und geistig besser.

Nach zwei Jahren als Solist kann er feststellen, daß er erstmalig zufrieden ist mit sich und seiner Lage. Dieses positive Lebensgefühl trägt ihn auch durch einige Wochen erzwungener Immobilität, die durch einen schweren Verkehrsunfall ausgelöst werden; ja als sogar in Frage gestellt ist, ob er je wieder wird flöten können: »For myself, the accident heightened and reinforced the attitudes that had finally crystallized for me« (S. 202).

Auswertung
Instrumentenfindung als Beziehungsauftakt

Die Hinwendung Galways zur Flöte stellt einen Fall von aktiver Übernahme des vom Vater favorisierten, hoch besetzten Instruments dar (Galway benutzt zur Charakterisierung der Beziehung zwischen seinem Vater und der Flöte dasselbe Adjektiv wie für seine eigene Haltung: »obsessed« - also »besessen«).

Vater und Mutter sind leidenschaftliche und in ihrem Lebenskreis beliebte und gesuchte Amateurmusiker. Warum der Vater, dessen eigentliche Liebe immer der Flöte galt und der als Flötist nach Aussagen des Sohnes durchaus seine Meriten gehabt haben muß, zu dem Akkordeon überwechselte, kann dem Buch nicht entnommen werden. Vielleicht empfand er es als passender; er war ja dem Alkohol und der Geselligkeit sehr zugetan, und mit einem Akkordeon kann man besser Lieder begleiten: Galway beschreibt ihn in diesem Zusammmenhang als mitreißend durch seinen Enthusiasmus, als einen »good leader« (S. 47). Vielleicht scheute er beim Flöten aber auch den Vergleich mit seinem eigenen Vater, Galways Großvater, der von Galway ausdrücklich als berühmter Flötist gewürdigt wird.

Nimmt man den Umstand noch hinzu, daß auch der Urgroßvater Flöte spielte, so ergibt sich, daß der junge Galway und sein Bruder vom Vater her in einer langen Generation von Flötisten stehen; und es ist vielleicht nicht ganz uninteressant zu erwähnen, daß auch Galways Bruder bei den Bläsern geblieben ist (er spielt Jazz auf der Klarinette) ebenso wie Galways ältester Sohn, der sich die Trompete ausgesucht hat. Galway aber ist der eigentliche Erbe und Weiterträger der Flötistenlinie - warum er und nicht der Bruder? Darüber gibt der Text keine Auskunft.

Beide Eltern leben - in unterschiedlicher Weise - ihren Söhnen die Freude am Musizieren vor. Der Vater - nicht die Mutter - singt die beiden Jungen jeden Abend in den Schlaf. Des Großvaters Flötenmelodien lauscht der kleine Junge verzaubert. Ein Radio gibt es zunächst nicht, nur die selbstgemachte Musik. Galway erinnert sich an die große Aufregung im Haus, als die Mutter von einem Verwandten ein wackeliges altes Klavier vermacht bekommt, und er betont die Leichtigkeit, mit der sie Melodien, die man ihr vorpfiff, auf dem Klavier spielen und mit Begleitung versehen kann. Als James bereits Flöte spielt und dann auch ein Radio ins Haus kommt, steckt der Vater den Jungen nach Galways

Schilderung oft mit seiner eigenen Begeisterung an: Sie hören oft zusammen klassische Musik, und der Vater weist den Sohn ständig auf die Schönheiten bestimmter Stellen hin.

So läßt sich wohl vermuten, daß der so klanginteressierte Junge Musik und auch Instrumente als Übergangsobjekte für sich nutzen kann. Die besondere Konstellation, daß der Vater die Flöte, dieses Symbol väterlicher Familientradition, über alles liebt, sie aber eigentlich aufgegeben hat zugunsten des Akkordeons, scheint für die Söhne, besonders den Erstgeborenen, den »Erben«, die Anziehungskraft des Instruments zu fördern.

Vereinfacht läßt sich sagen: Zur Musik kommt Galway durch beide Eltern, zur Flöte durch Identifikation mit dem Vater.

Wie entwickelt sich die Beziehung zur Flöte?

Galway beschreibt seine Beziehung zu dem Instrument als eine Art beglückender Obsession. Zum Üben muß er nicht getrieben werden, er scheint vor allem in Kindheit und Jugend, kontinuierlich, unermüdlich, versunken mit dem Flöten befaßt - das Flöten wird zum Zentrum seiner Existenz, hinter dem alles andere zurückstehen muß - erst die Schule, später die Ehefrau und das erste Kind. Von anderen Interessen - außer der Beschäftigung mit Religion - erfährt man nichts, und Galway wird auch nicht zum Dirigenten oder Komponisten. Bei den Ermüdungserscheinungen, die sich in seiner Zeit als Orchestermusiker einstellen, handelt es sich stets um Probleme, die mit den Einschränkungen des Spielens im Orchester zusammenhängen, nicht aber um Probleme mit oder beim Flöten selbst. Ja, die Entscheidung für eine Solistenkarriere ist weitgehend dadurch motiviert, daß Galway darunter leidet, daß sein Instrument im Orchester nicht ausreichend gehört wird, nicht mit der Aufmerksamkeit bedacht wird, die er ihm so überreichlich schenkt.

Eine besondere Ausschließlichkeit ist also ein hervorstechendes Merkmal dieser Musiker-Instrumenten-Beziehung.

Die Flöte und die auf ihr bzw. mit ihr hervorgebrachten Töne empfindet Galway als etwas Sanftes (»gentle little instrument« S. 183), eher Zartes, Kleines, das ihn in Harmonie mit sich und der Welt bringt (»feeling for a brief moment in complete harmony with the world«, S. 10). Er hat von sich als Flötenspieler das mythisch anmutende Bild eines Schäfers (»... like a shepherd on the hillside«, S. 183), der mit seinen Tönen die Herde beruhigt, zwanglos vor sich hinspielend die Schönheit der Schöpfung feiert, ja, eins mit der Natur wird. In diesem Bild verschmelzen chistliche (Jesus als der gute Hirte) mit klassischen Traditionen (Pan).

Den Flötenklang beschreibt er als rein und sanft, weich (»pure mellow sound«, S. 192), und das Flöten selbst als etwas, das ihm zufliegt, keine Schwierigkeiten bereitet, eine »natürliche« Tätigkeit, wie etwas Angeborenes (»From the onset, the flute seemed easy and natural to me« (S. 34). Etwas schwer Sagbares am Flöten und Flötenklang berührt ihn zutiefst, so daß er, nachdem er einmal damit angefangen hat, nicht mehr aufhören kann und will: »There was no other way in which I could so express myself« (S. 34). Es geht so weit, daß er sein ganzes Selbst im Flötenton repräsentiert fühlt (»... the tone being very personal and you being the tone«, S. 94).

Galway sieht dabei die Flöte auch als ein Instrument, das von anderen eher gering eingestuft wird, z. B. im Vergleich zu Klavier oder Geige. Er empfindet es als irritierend und kränkend, daß Flötisten weniger im Zentrum öffentlichen Interesses oder der Förderung stehen (»For some reason I have never been able to fathom, nobody ever wishes to push flute-players«, S. 114).

Er und sein »gentle little instrument« stehen, und das ist ein zentraler Aspekt der Musiker-Instrumenten-Beziehung in Galways Fall, in der ständigen Gefahr, nicht gehört bzw. gesehen zu werden. Drastisch und dramatisch drückt es Galway an der Stelle aus, in der er beschreibt, wie er momentelang glücklich ist, wenn er im Orchester die Flöte zum Mund hebt und ihr schöne Töne entlockt; doch dann »a veritable Niagara of sound was about to descend on me, the whole might of the Berlin Philharmonic at full blast, overwhelming my gentle flute« (S. 10).

So lebt er immer in der Angst, »überwältigt« zu werden von den lauten, mächtigen Stimmen der anderen, und es wird ihm zu einer existentiellen Angelegenheit, »to stand up and let my flute be heard« (S. 10). Das Wagnis, als Solist zu leben, führt ihn aus der tiefen Lebenskrise in der Zeit seiner Orchestermusikererfolge heraus, in der er stagniert und zu verstummen droht, jedenfalls psychisch, denn de facto geht er ja seinem vor allem in der Berliner Zeit profitablen und musikalisch anspruchsvollen Beruf nach.

Galway ist beglückt, als er an seinen Erfolgen als Flötensolist merkt, daß in einer Welt lauter Instrumente wie Klavier und elektrische Gitarren (dies sind seine seine Beispiele) doch unerwarteter-, fast nicht mehr erhoffterweise Raum ist für den »pure mellow sound« seiner Flöte.

Galway schildert keine Ambivalenzen in seinem Verhältnis zur Flöte, und es werden auch keine indirekt deutlich, etwa durch gehäufte Fehlleistungen. Von Zweifel angesichts des eingeschlagenen Weges ist nirgendwo die Rede. Andererseits zeigt er auch keine auffällige Sorge um das Instrument, so daß man den Eindruck erhält, es gehört untrennbar zu seiner Identität.

Es erscheint daher nicht zu gewagt zu sagen, daß Galway zu seiner Flöte ein inneres Zwillingsverhältnis entwickelt: Die Flöte wird wohl schon recht früh in seinem Leben zu einer Art Spiegelbild, einem Alter Ego. Sie ist »klein« - wie er, der unter seiner Körpergröße phasenweise erheblich gelitten hat; sie ist eher »bescheiden« - wie er, der aus »bescheidenen« Verhältnissen kommt und, als er in der Mittelschichtswelt lebt, deswegen oft Unsicherheiten entwickelt; ihr haftet eine eine Art geringere Wertschätzung an als anderen Instrumenten - wie ihm seine Minderwertigkeitsgefühle.

Die Flöte ist ihm also Spiegelbild, und damit dient sie der Identitätsstärkung und Wahrung innerer Konstanz. Sie ist jedoch kein »wahres« Spiegelbild, sondern, um mit Kleist zu sprechen, »ins Göttliche verzeichnet« (Kleist, 1806)[46], idealisiert, denn zugleich ist sie auch unzweifelhaft Medium der Vervollkommnung und Heilung - kurz: der bessere »Zwilling«, mit dem Galway beim Musizieren zu einer medialen Einheit verschmilzt.

Die Idealisierung der Flöte zum »besseren Zwilling« läßt sich an der religiösen Überhöhung des Instruments zeigen. Ihre Schönheit, die Berührungskraft ihrer Töne kann sich Galway nicht als etwas vorstellen, das er »alleine« hervorbringt. Er ist der Überzeugung, daß Lebendigkeit der Musik und Schönheit des Flötenklangs unerklärlicher, aber direkter Ausdruck der göttlichen Stimme sind bzw. sein können, wenn der Interpret nur alles denkbar Mögliche tut, sich in den Dienst dieser »metaphysischen« Dimension zu stellen. Er tritt damit gleichsam zurück, hat jedoch teil an der religiösen Kraft, ja wird zum Mittler zwischen Gott und Mensch. Galway drückt es so aus: Durch ihn spreche, wenn er beim Kon-

---

[46] Kleist legt Alkmene in »Amphitrion« diese Worte in den Mund, als sie Jupiter, der sich äußerlich zu einem zwillingsgleichen Doppelgänger ihres Mannes gemacht hat, beschreiben soll, wie sie ihn im Vergleich zu ihrem Mann als Liebhaber empfunden hat.

zertieren ganz auf dieses höhere Ziel und auf absolute Perfektion ausgerichtet sei, »... in some odd inexplicable way ... the voice of the Infinite« (S. 203).

Dieses »kleine, bescheidene« Instrument, das Gottes Stimme lebendig macht, hat aber eine unverwechselbare, zarte, weiche, schöne Stimme wie Galways verletzliche, feine Seite, die gehört bzw. gesehen werden will, nach Ausdruck drängt.

Hintergründe der Musiker-Instrumenten-Beziehung

Will man verstehen, warum sich der Wunsch nach Ausdruck, nach gesehen und gehört werden, gerade in den eher verborgenen Seiten, so ausschließlich auf das Flöten konzentriert, müssen die oben dargelegten biographischen Besonderheiten etwas näher beleuchtet werden.

Um das väterliche Akkordeon - ein rein äußerlich und mit Kinderaugen betrachtet doch sehr viel voluminöseres und eindrucksvolleres Instrument als die Flöte - streiten sich der junge Galway und sein Bruder nicht. Nein, es geht um die Flöte, von der der Vater »besessen« ist. Symbolisch könnte man die Szenen, in der die Söhne die vom Vater versteckte Flöte aufstöbern, als Kampf der Söhne um den Phallus des Vaters deuten, wobei mit Phallus ihr Ideal narzißtisch-männlicher Ganzheit und Macht gemeint sein soll. Hier kann sich Galway eines vom Vater hoch besetzten Gegenstands bemächtigen, er kann sich mit des Vaters »Besessenheit« identifizieren, muß aber trotzdem mit ihm nicht offen rivalisieren, denn der Vater spielt ja das Akkordeon.

Der persönliche Einsatz in der väterlichen Förderung Galways ist gepaart mit Augenmaß und Einfühlung; der Vater zerrt den Jungen nicht zur Flöte, sondern ermuntert ihn, er ermöglicht trotz knapper finanzieller Ressourcen den Kauf einer Flöte, von Noten und eines Radios, er gibt den eigenen Unterricht zum offenbar sinnvollen Zeitpunkt ab, sucht und findet je geeignete andere Lehrer, er begleitet den Werdegang des Sohn mit geheimem Stolz und viel mütterlich anmutender Umsorgung und auch mit Humor.

Diese Förderung hat viel mit freudiger Teilhabe und wenig mit selbstzerstörerischer Opferhaltung zu tun. Der Vater kann offensichtlich in seinem Sohn in altruistischer Abtretung genießen, wie die eigene Leidenschaft Früchte trägt, sowohl im engeren Sinne, indem der Sohn so schöne Töne hervorbringt, daß der Vater bald liebevoll »hey, Mozart« zu ihm sagt (und den Sohn damit dem Prototyp des Wunderkinds gleichstellt), als auch im weiteren Sinne, indem mit dem Flöten Erfolg, Ansehen und schließlich auch Geld verknüpft sind, alles drei Dinge, die der oft arbeitslose und zeitweilig trinkende Vater selbst nicht hat erlangen können.

Vielleicht ist diese »freudige Teilhabe« das Geheimnis seiner taktvollen Förderung, die den Sohn weder unter- noch überfordert, weder zu offener Rebellion herausfordert noch zu Selbstaufopferung.

Für den Vater - könnte man etwas spekulativ sagen - schließt sich durch die spektakuläre und auch wohl eher unerwartete Flötenkunst des Sohns eine zentrale »Lebenslücke«: Im Sohn übertrifft er schließlich den eigenen Vater, den »famous flute-player«, dessen geheimer Einfluß wie ein unauffälliges, aber wesentliches Nebenthema im Beginn des Buchs aufklingt, wenn Galway beschreibt, wie gern er mehr über den Großvater wüßte, wie er es liebte, ihm zuzuhören, etwas, das er über seinen Vater nicht schreibt. Erwähnt wird auch, wie - nachdem endlich ein Radio angeschafft worden war -, der Vater beim Anhören berühmter Flötisten immer wieder auf den Großvater verweist: »You should have heard your granddad do this« (S.20). Er hielt ihn offenbar für ebensogut wie die berühmten Größen.

Damit wird verständlich, warum sich Galways starker Ausdruckswunsch auf die Flöte und nicht etwa auf Akkordeon oder auch das mütterliche Instrument, Klavier, konzentriert. Nur die Flöte ermöglicht die Erfüllung der Vaterwünsche; der Sohn »repariert« des Vaters Leben. Daß es ein ihm unbewußter innerer Antrieb gewesen ist, mithilfe des eigenen Seins den Vater aufzuwerten, daß er zeitlebens auf der Suche nach einem Vater ist, den er idealisieren kann, zeigt die auffällige Reihe von »Ersatzvätern« von Dawn über Francis und Rampal zu Karajan.

Mit der Beleuchtung des väterlichen Einflussen wird aber m. E. noch nicht verständlich, warum überhaupt der Drang nach Selbstausdruck in Galway so stark ist, daß er zu einer wesentlichen Quelle seiner Identität wird. Um dies zu verstehen, erscheint es mir nötig, eingehender die Rolle des mütterlichen Einflusses zu ermitteln, was jedoch recht schwierig ist, da die Mutter in Galways Beschreibung sehr im Hintergrund steht. Galway selbst schätzt ihren Einfluß als geringer als den väterlichen ein, vielleicht weil er die Mutter als musikalisch weniger begabt empfunden hat: Die Mutter habe für ihn gesorgt, so Galway, ihn gekleidet, ernährt, und ihm die Religion nahegebracht. Er seinerseits habe sie mehr oder weniger für selbstverständlich genommen, erst später über sie nachgedacht, wobei ihm klargeworden sei, daß sie es oft schwer gehabt haben müsse: »She was the family's sole earner for many years« (S. 43), und sie habe zudem die Wutausbrüche des Vaters - der in seinem Wochenendsuff einmal die gesamte Kücheneinrichtung zertrümmert - ertragen müssen. Er betont, daß die Ehe der Eltern bei allen Konflikten glücklich gewesen sei, was er mit der mütterlichen Ausgleichskraft und Selbstzurücknahme in Zusammenhang bringt: »He died almost exactly a year after she did; I think he was broken-hearted« (S. 45).

Immer wieder bei diesen Charakterisierungen rekurriert Galway - anders als bei seinem Vater - auf die Aussagen anderer über die Mutter: »Old friends tell me that she was ›a lovely woman‹« (S. 44). Dadurch wird wird eine gewisse Distanz spürbar. Nicht nur ihr Aussehen, auch ihr Klavierspiel beurteilt er aus der Sicht anderer Leute (»most people remember her as a popular pianist« (S. 19). Er erwähnt, daß sie nur nach dem Gehör spielt und auch »never learnt - or even tried - to read music« (ebenda). Er selbst empfindet ihre improvisierten Begleitungen auf dem Klavier als »very curious harmony«, räumt aber ein, daß »she produced sounds that most people considered very attractive« (S. 21) - er nicht? fragt man sich unwillkürlich.

Zu dem, was sie neben ihrer »wonderful education« (man hört etwas ratlose Dankbarkeit aus dieser vagen Formulierung heraus) an ihn weitergegeben hat, fällt ihm kein musikalisches Vermächtnis ein.

Dabei hat das Klavierspielen offenbar in hohem Maße zur Identität der Mutter gehört: »She worked as a winder in a spinning-mill in West Belfast, *but* most people still remember her as a popular pianist« (Unterstreichung K. N., S. 19) Das aufschlußreiche Wörtchen »but« zeigt eine Wahrnehmungsdiskrepanz zwischen dem Sohn und den Freunden und Bekannten der Mutter auf: Während er sie offenbar hauptsächlich als eine Arbeitende kennengelernt hat, betonen andere die Amateur-Musiker-Identität der Mutter als eine, die so schön Klavier spielt, daß, wenn sie aufhört, »das Licht ausgeht«.

In Galways Buch finden sich die Zeilen: »I wasn't quite as close to my mother in her later years as to my father« (S. 43). In dieser Aussage wird eine große Nähe zur Mutter in den ersten, so schwer erinnerlichen Lebensjahren impliziert, die durch Späteres überlagert wurde. Es wirkt so, als müsse Galway tief in sich graben, um das Bild seiner Mutter retrospektiv und etwas mühsam in sich zusammenzusetzen. Daß er nach ihrem

Tod vor den habgierigen Verwandten aus der Hinterlassenschaft seiner Mutter genau zwei Gegenstände für sich rettet, ihre Bibel und ihre Schere, mit der sie jeden Morgen zu ihrer Arbeit aufgebrochen war, ja, daß sich für ihn in dem zentralen Bild der Schere das verdichtet, was eine Mutter ihm bedeutet: »someone who did the work« (S. 45), läßt vermuten, daß die Mutter i. w. den Sicherheit gebenden Hintergrund für seine Individuation zum Musiker darstellte. Und doch, meine ich, ist das nicht alles.

So sind einige eher nebenbei erwähnte, seine musikalische Entwicklung aber in zentralen Aspekten tangierende Erinnerungen mit der Mutter verknüpft. Zum einen die Tatsache, daß seine Mutter ihn nie lobt: »She never flipped her lid about my successes« (S. 54). Galway ist sich nicht sicher, ob sie überhaupt deren Bedeutsamkeit richtig einschätzen kann. Als er ihr von dem ehrenden Angebot der Berliner Philharmoniker erzählt, ist ihr Kommentar, er solle sich doch ein irisches Orchester aussuchen, um in ihrer Nähe bleiben zu können.

Auch sein Vater, sagt Galway, habe zwar vor anderen die Erfolge des Sohns eher heruntergespielt, doch habe er den »geheimen Stolz« und die Freude des Vaters auf ihn gespürt. Hier steht man vor einem Rätsel. Sollte es wirklich so gewesen sein, daß die Mutter dem Hauptinteresse und den Erfolgen des Sohns gleichgültig gegenüberstand? Das scheint schwer vorstellbar. Es paßt eher zu dem Bild der zurückgenommenen, fleißigen, sich bescheidenden Protestantin, daß sie die Intensität ihrer Anteilnahme vor dem Sohn verbirgt, um ihn nicht zu verwöhnen. (Verwöhnung ist schließlich eines der Hauptlaster in den Augen gläubiger Protestanten.)

Es würde auch zu dem von ihr entworfenen Bild als Familienmittelpunkt passen, daß ihr gerade die Größe des Erfolgs Angst gemacht hat, weil er ihr den Sohn entfremdet, erst nach England, später sogar in das ehemalige Feindesland Deutschland entführt, dessen Soldaten ihr das erste kleine Familienhaus zerbombten, etwas, das Galway nicht selbst erinnert, das aber in den Familienerzählungen eine bedeutende Rolle gespielt hat.

Dies sind Spekulationen; doch bleibt festzuhalten, daß Galway der zunächst wichtigsten Person in seinem Leben kein förderndes Echo, keinen Stolz, keine freudige Anteilnahme hat entlocken können.

Vielleicht, so legt eine bei Galway beschriebene Szene nahe, ist der Sohn in seiner Andersartigkeit der Mutter sogar ein wenig unheimlich, so daß sie gar nicht auf die Idee kommt, er könne sich über ihre Anerkennung freuen, brauche sie gar. Die Szene ist eine der wenigen, die

Galway überhaupt in Verbindung mit der Mutter aufführt: Nach dem Üben habe er bei ihr gesessen, während sie bügelt, und ins Feuer gestarrt. Oft sei er so abwesend, absorbiert gewesen. In dem erinnerten Fall habe er das Eintreten einer Nachbarin nicht einmal bemerkt. Plötzlich aber wird ihm bewußt, daß seine Mutter und die Nachbarin über ihn reden. Die Nachbarin will wissen, was denn mit dem Jungen los ist.»He's always studying«, habe die Mutter gesagt, vielleicht mit leichter Ironie, vielleicht aber auch als Aussage darüber, daß er etwas tut, auf das keiner seines Umfeldes verfällt und das sie selbst nicht versteht.

Wenig Echo also, eher Fremdheit, Distanz, die Galway möglicherweise als Desinteresse deutet. Vielleicht hat gerade diese Schicht der Mutter-Sohn-Beziehung seinen Ehrgeiz, gehört zu werden, also ein Echo zu bekommen, besonders angespornt und immer wieder am Leben erhalten. Es sei daran erinnert, daß die von Galway als zentrale Kränkung erlebte »Anonymität« des Orchesterklangs, eines Klangs, zu dem er zwar beiträgt, in dem er jedoch verschwindet, der Hauptauslöser für seine Entscheidung gewesen ist, eine Solistenkarriere zu wagen.

Ein hiermit verwandter Aspekt hängt mit der »Prophezeiung« zusammen. Galway erinnert die Szene so: Er und seine Mutter sind in der Küche. Eine vorbeiziehende Zigeunerin klopft an, stellt sich als Wahrsagerin vor und liest auf Veranlassung der Mutter dem neunjährigen Jungen, der gerade mit dem Flöten begonnen hat, aus der Hand, daß er ein großer Musiker werden würde. Galway betont, er habe diese Worte nie vergessen; sie hätten seinem Gefühl, zum Musiker bestimmt zu sein, Aus- und Nachdruck verliehen. Möglicherweise dient Galway das Konstrukt »Berufung-Bestimmung« dazu, die nicht geäußerte oder vor ihm bewußt verhüllte mütterliche Anteilnahme an seinem Lebensweg ein Stück weit zu ersetzen.

Eine dritte das Musikalische betreffende Erbschaft der Mutter an den Sohn könnte in der Leichtigkeit liegen, mit der der junge Galway Melodien aus dem Gedächtnis nachspielt; überhaupt in diesem ungetrübten Selbstvertrauen, das Instrument für seine Wünsche benutzen zu können. Eben das hat ja wohl offensichtlich der Mutter mehr geeignet als dem Vater. Hier liegt eine Identifikation mit einem Mutteraspekt vor, der Galway vielleicht so »basal« und selbstverständlich erscheint wie die umsorgende Existenz der Mutter schlechthin. Daß eine Mutteridentifikation zumindest zeitweilig sein Leben mitbestimmt hat, zeigt seine Neigung zum Übergewicht, und das in Phasen, in denen es ihm schlecht geht. (Die Mutter war schwer übergewichtig.)

Es könnte sein, daß Galway angesichts der »freudigen Teilhabe« in der intensiven Förderung seines Vaters und des eher in Verzicht bestehenden Beitrags seiner Mutter zu seiner musikalischen Karriere keine in Erfolgsverpflichtung umzumünzende Schuldproblematik den Eltern gegenüber entwickeln muß, höchstens vielleicht dem Bruder gegenüber wäre das angesichts der väterlichen Bevorzugung denkbar, doch thematisiert er das Verhältnis zu dem Bruder nicht. Ja, man gewinnt den Eindruck, daß Galway das Gefühl der Erfolgsverpflichtung von den Eltern weg auf seine Heimat verschiebt, denn er betont in auffälliger Weise deren Wirksamkeit als einen neben der Familie ungemein wichtigen Sozialisationshintergrund.[47]

Ein letzter für das Verständnis von Galways Beziehung zur Flöte wichtiger Aspekt betrifft die religiöse Überhöhung des Spielens.

Sie ist nicht lückenlos aus dem biographischen Hintergrund ableitbar, der zu dem Stichpunkt »Religiosität« folgende Fakten hergibt: Beide Eltern besuchen nie die Kirche, werden jedoch als gläubige Protestanten

---

[47] Die positive Bedeutung von Musik, besonders Blasmusik, in Galways Heimat zeigt sich in den vielen Blasmusikkapellen, auch den Flötenbands seiner Heimat und der weiten Verbreitung der penny-whistle, auf der es Galway ja ebenfalls zur Meisterschaft gebracht hat. Farbenprächtig uniformiert bei den Aufzügen als Junge gleichberechtigt mit erwachsenen Männern flötend mitzumarschieren und sich der Bewunderung der Gleichaltrigen gewiß zu sein, hat Galway nach eigenen Aussagen zu einer ersten Musiker-Identität verholfen und ungemein stolz gemacht. Vielleicht kann man auch den Umstand, daß Galway ja einer der wenigen »E-Musiker« ist, der Abstecher von der E-Musik in die Welt des Pop macht (Annie's Song), als Treue zu seinem Carnelea-Street-Background verstehen. Zu den für seine musikalische Entwicklung indirekt wichtigen Gruppennormen seiner Gegend gehört es im übrigen, daß jeder Mann - Frauen nicht! - sich mit irgendeinem unverwechselbaren Persönlichkeitsmerkmal, das dann auch als Statussymbol fungiert, hervortut - sei es, daß er eine besondere Art zu gehen entwickelt oder sich einen Löwen hält oder alle verprügelt: »Every guy had his own act« (S. 24). Für die Jungen ist es Ehrensache, den erwachsenen Männern in diesem Punkt nachzueifern: »The important thing was to be a character of some sort« (S. 24). Ein besonders hohes Statussymbol (sogar den Besitz eines Löwen überflügelnd) aber ist in Galways Gegend Musikalität: »Music was highly regarded in Carnelea Street ...« (S. 24). Während seine späteren Mittelklassefreunde ihn immer wieder fragten, ob er nicht in seinem männliche Kraft und Stärke betonenden Arbeiterhintergrund mit seiner Vorliebe für Musik und mit seiner Flöte als Fremdkörper betrachtet wurde, vielleicht sogar als »Weichling« (»cissy« - das Wort hat auch den Beigeschmack von homosexuell), sei das Gegenteil der Fall gewesen. Flöten sei sein »act« im obigen Sinn gewesen und als Flötist habe er unter den Gleichaltrigen sogar einen besonderen Stand gehabt.

beschrieben. Die erste religiöse Unterweisung erhält Galway von seiner Mutter. Sie scheint ihm die christlichen Erzählungen sehr nahegebracht, sie zum Teil recht humorvoll in seinen kindlichen Horizont eingebettet zu haben.

Der sehr eigenständigen mütterlichen Erzählweise sowie der Gottesdienstabstinenz beider Eltern kann man eine gebrochene Haltung zumindest dem orthodox-kirchlichen Protestantismus gegenüber entnehmen. Zwar kleiden sich die Eltern dunkel, zwar ziehen sie ihre Kinder entsprechend den christlich-irischen Grundsätzen auf, doch verabscheuen beide keine Vergnügungen, der Vater gibt sich dem »Laster« des Trinkens immer wieder hin, und prüde wirken sie nun keinesfalls, zumindest überliefert Galway eine Erinnerung, in der der Vater splitternackt unter dem fröhlichen Lachen seiner Frau auf die Staße hinausrennt, um eine Nachbarin zu verfolgen, die ihn beim Baden überrascht.

Möglicherweise waren also beide Eltern in einem mehr persönlich ausgeprägten Sinn religiös. Über den Vater kann man dies zumindest mit Bestimmtheit sagen. Nachdem er mit dem Trinken aufgehört hat (Galway ist zu der Zeit ca. 16), versucht er zunehmend einen christlichen Lebenswandel zu verwirklichen, gibt schließlich auch das Rauchen auf und liest jeden Tag in der Bibel. Am bedeutsamsten ist, daß sich in ihm die enge Verbindung von Religion und Musik ankündigt, die später seinen Sohn so beeinflussen wird: »He thought«, sagt Galway über den Vater, »playing the flute was the next best thing to believing in God« (S. 48).

Galway selbst schätzt die Bedeutung der Religion für sein Leben überaus hoch ein: »From my earliest years I was constantly looking for a closer connection with God, seeking a way into heaven« (S. 58). Mit 12 beginnt seine Suche nach der passenden Kirche bzw. dem passenden Bekenntnis. Was sucht er? Etwas, das nicht »dry« ist (S. 59), mit einer angenehmen Atmosphäre und netten Leuten (ebenda). Die katholischen Gemeinden scheinen ihm »happier places« zu sein als die protestantischen (S. 60), daher erwägt er den Übertritt zum Katholizismus.

Versucht man also zu verstehen, was den jungen Galway zu seiner Gott- und Gottessuche treibt, so kann man wohl vermuten, daß es etwas ist, das er zu Hause vermißt, nämlich Gefühlsbetontheit, Wärme, Schönheit im Sinne eines Zusammenstimmens von innen und außen, Orientierung, Befreiung vom Irdischen - seien es Konflikte, Disharmonien, seien es Spannungen zwischen einer abgearbeiteten Mutter und einem sprunghaften Vater.

Den Zusammenhang zwischen Religiosität und Flöten sieht Galway so:
»Eventually the flute began to take over for me as a way of reaching God and from an early age I heard the voice of God in music« (S. 59). Musik - und das heißt für ihn immer: Flöten - ist, wie Religion, für Galway dasjenige, das den Menschen im tiefsten Sinne glücklich machen kann. Daher wohl die Suche nach einer religiösen Richtung, die dem Glücksverlangen des einzelnen mehr Rechnung trägt als der Abschreckung und Warnung.

Musik bzw. Musizieren erfährt durch diese Phantasie (Musik als Stimme Gottes) eine starke Erhöhung: Üben ist dann Gottesdienst, und zwar im Sinne eines Feierns der Heiligkeit Gottes; Galway nennt es auch eine »form of meditation« (S. 53). Der Spieler hat die Verantwortung dafür, Gottes Stimme nach dem besten seiner Möglichkeiten mehr und mehr Gehör zu verschaffen. Die Motivation zum Spielen, das Spielen selbst und der Zweck des Spielens - alles verschmilzt in dieser Konzeption:

»What I wanted to do from the beginning was put everything I'd got into the flute. By perfecting my playing, I decided I could attain entry into heaven and I think this is what happened, because, I actually do get there sometimes when I'm playing« (S. 50).

Warum das Flöten für Galway diese religiöse »Überhöhung« erfährt und von Anbeginn erfahren hat, darüber läßt sich aber letztlich nur spekulieren. Man könnte an seine Religiosität als einer Form hochabstrakter, gleichzeitig inniger Verbundenheit mit beiden Eltern denken (neben der Schere übernimmt er als mütterliches Erbstück ihre Bibel, als väterliches Vermächtnis die Flöte und die Bibel). Es ist vorstellbar, daß Galway letztlich doch wegen der Besessenheit und Ausschließlichkeit seines Tuns Schuldgefühle entwickelt; denn ein solcher Eifer steht nach christlicher Überzeugung eigentlich nur der Gottsuche zu. Daß Gottsuche und Streben nach der Verwirklichung höchster Perfektion und Schönheit eine ähnliche Instensität des Dienens verlangen, liegt auf der Hand. Und schließlich: Der religiöse Überbau verleiht auch die Möglichkeit, das narzißtisch-libidinöse Element, das dem Auftreten, dem Erfolgstreben, dem Ausstechen von anderen in Konkurrenzsituationen bei Wettbewerben etwa eignet, zu sublimieren!

Gidon Kremer (Geiger, geb. 1947)

Charakterisierung der Quelle:

An seinem Buch »Kindheitssplitter« (München, 1993, 231 Seiten) arbeitet Kremer in einer zweimonatigen »Pause ohne Geige«, die er sich nach zwanzig Jahren ununterbrochenen Konzertierens »verschrieben« hat. Er ist zu der Zeit 42 Jahre alt und hat das Gefühl, die »statistische Mitte« seines Lebens erreicht zu haben. Eine »Zwischenbilanz« stehe an (alle Zitate S. 229).

Kremer will das Buch nicht als ersten Teil einer umfassenden Autobiographie verstanden wissen, sondern als Ausdruck eines notwendigen Selbstbegegnungsprozesses: »... ich wollte mich für eine Zeit statt in Tönen in meinen Worten finden ..., ich suchte die Beziehung zwischen Gidon damals und Gidon heute« (S. 229 f.). Aus dieser Absicht heraus ist verständlich, daß das Buch sich inhaltlich im wesentlichen mit dem »Gidon damals« befaßt; das heißt mit dem Kind und dem heranwachsenden Jugendlichen.

Kremer gliedert sein Buch in zwei Teile: einen ersten, zwölf Kapitel umfassenden, assoziativ gestalteten Erinnerungsteil aus der Sicht des Erwachsenen (reine Autobiographie) und einen Tagebuchteil, der Tagebuchauszüge aus den Jahren 1959-65, also Texte des 12-18jährigen enthält. Das Buch ist als »Mischform« von besonderem Reiz, erlaubt es doch in den Tagebuchauszügen Einblicke in die Seele des jugendlichen Geigers auf seinem Weg, und in den »Kindheitssplittern«, den erinnerten, vom Erwachsenen als bedeutungsvoll und typisch angesehenen Szenen, Einsichten in das Selbstverständnis des reifen, erfolgreichen Künstlers.

Die »Splitter« sind nicht chronologisch, sondern einer inneren Bedeutungsverwandtschaft folgend angeordnet; dadurch erhält der erste Buchteil als einziger der 41 Texte Romancharakter.

Die 153 Tagebuchpassagen sind zunächst meist kurze Eintragungen, in denen zunächst sehr häufig vom Üben (40mal) und von den Auseinandersetzungen mit dem Vater (25mal) die Rede ist. Ein Beispiel (31. Oktober 1960):

>»Das Üben mit Papa ist schrecklich schwer. Er ist so nervös ... sagt immer: ›Wieviel du mir Gesundheit und Nerven kostest. Das ist vielleicht wahr, aber mich kostet es bestimmt nicht weniger‹ (S. 147).

Als Gidon älter wird, beschäftigt ihn anderes mehr, die Eintragungen werden seltener, länger und introspektiver. Ein Beispiel vom 7. und 9. Juli 1964:

> »Ich brauche einen guten Menschen, der mich führen könnte - mir fehlt oft der Wille. Werde ich einen treuen Menschen finden? ... Gestern sprach ich mit Ljuda. Wie fern wir voneinander sind! ... Warum bin ich so schüchtern? ... Ich könnte ohne die Geige nicht leben, aber vielleicht ist das nur eine Gewohnheit?« (S. 211 f.)

Und vom 8. September: »Niemand scheint an meine Persönlichkeit zu glauben. Fehlt sie wirklich?« (S. 212 f.)

Autobiographisches Porträt

> »Eine Frau zieht am langgestreckten Arm einen etwa achtjährigen Jungen hinter sich her. Der Junge trägt einen Geigenkasten. Ich höre nicht, was die Mutter sagt, ich sehe es. Die Mutter ist in Eile und nervös. Der kleine Junge nicht. Er schaut sich um, alles scheint ihm interessanter zu sein als das Ziel seiner Mutter. ... ›Schau, da!‹, sage ich, ›das ist der Gidon, von dem ich dir erzählt habe‹« (S. 136).

Kremer ist der einzige Sohn einer Musikerfamilie: Beide Eltern sind Geiger, Orchestermusiker im Rigaer Symphonieorchester, und der Großvater - ein ehemaliges Wunderkind, ein Geigenvirtuose, Musikwissenschaftler und Philosoph - ist Professor am dortigen Konservatorium.

»Wer bin ich?« Auf diese Frage habe er immer mit der Formel: »Ich bin Geiger« (S. 15), das war »vor meiner Geburt entschieden« geantwortet; nun sucht er hinter der Formel die Antworten: »Wo, wann, wie beginnt das Ich?« (S. 14)

Erinnerungen tauchen auf an den kleinen Gidon, der so oft »armer Gidon« genannt wird. »Armer Gidon«, weil er viel Nasenbluten hat (er entwickelt eine Blutphobie, fällt bei Spritzen in Ohnmacht), »armer Gidon«, weil die Eltern ihn mit dem Üben so triezen, »armer Gidon«, weil er sich selbst oft einsam fühlt. Verlassenheitsgefühle überwältigen ihn, wenn er als Kind alleine schlafengehen muß; Versuche, nachts zu den Eltern zu laufen, enden damit, daß er eingeschlossen wird in seinem Zimmer und nun die noch größere Pein der »Ausgeschlossenheit« erfährt. »Unglücklich, aber gehorsam ...« bleibt er fortan (S. 19).

Mit vier Jahren wird Kremer die Geige »in die Hand gedrückt« (S. 21), und von da an heißt es üben, üben, üben. Nie ist es dem als streng, besserwisserisch, eigensinnig und cholerisch beschriebenen Vater genug, und selten gelingt es dem Jungen, durch seinen Spielfleiß ein

Lächeln auf das Gesicht der migräne- und sorgengeplagten Mutter zu locken: Er »sah nie Freude in ihrem Gesicht« (S. 59). Einmal überbietet Kremer den »Übe-Rekord« des Vaters von zwölf Stunden, um endlich Ruhe vor ihm zu haben (was aber nicht gelingt): »Ich wollte Vater ›matt setzen‹ mit dem Mittel, das er mir in die Hände gelegt hat, mit der Geige« (S. 101).

Häufige Kräche zwischen dem Vater und ihm gibt es mit zunehmendem Alter Gidons nicht nur wegen der Übedauer, sondern auch über Auffassungen und Einstellungen. Schlimmer als die Kräche aber sind für Kremer die »Schweigestrafen«: »Noch heute denke ich, daß diese Strafe eine der schlimmsten ist. Nicht nur für Kinder« (S. 28).

Doch gibt es auch andere Seiten im Verhältnis zum Vater. Dieser spielt, um einen Nebenverdienst zu haben, gelegentlich in einem Salonorchester, und er kann den noch sehr kleinen Jungen »verzaubern«, indem er ihm, bevor er dorthin geht, Melodien auf dem Saxophon oder der Mundharmonika vorspielt: »Er machte das so fabelhaft, daß ich ... das Gefühl hatte, die Melodien spielten von alleine und er hielte nur das Instrument« (S. 31). Auch bemerkt Kremer gelegentlich Tränen in den Augen des Vaters, wenn dieser ihm beim Spielen zuhört: »Ob vor Stolz oder weil er von der Musik ergriffen war, weiß ich nicht, vielleicht berührte ihn beides« (S. 103).

Die Mutter, eine - wie Kremer es sieht - im Orchesterdienst verschlissene, frustierte Geigerin, bildet kein Gegengewicht zum Vater. Im Gegenteil, gepeinigt durch ein »zwanghaft(es) Pflichtbewußtsein« (S.58), pendelt sie hilflos zwischen den Vater-Sohn-Fronten hin und her und kann das Kind selten effektiv unterstützen. Eher ist es umgekehrt: »Als Kind hatte ich ständig das Gefühl, meine Mutter beschützen zu müssen, so besorgt schien sie um alles zu sein« (S. 33).

Beide Eltern sind vielbeschäftigt, kommen oft erst nachts wieder. Gemeinsames Musizieren gibt es in der Familie nicht, gelegentlich »übt« die Mutter mit dem Vater schwierige Passagen zusammen. Der Junge wird von verschiedenen Haushälterinnen betreut. Aber Gott sei Dank hat es die Großmutter, »Omi«, gegeben, die einzige in der Familie, die kein Instrument spielt ... Sie ist der »Zufluchtsort« des jungen Gidon: »Ich glaube, sie hatte mich einfach gern - *mit* Violinspiel, aber genauso *ohne*« (S. 56). Bei den Großeltern darf er auch einfach einmal nichts tun, bei ihnen ist er in seinem »Sanatorium« (S. 57), kann mit dem Hund herumtollen, muß in den Ferien nicht üben und darf nachts mit in ihrem Bett schlafen.

Auch der Großvater ist für den jungen Kremer wichtig, stellt er doch als Mensch und Geiger ganz anderes in den Vordergrund als der Vater. Letzterer repräsentiert den übermächtigen »Pädagogen«, ersterer aber wird für Kremer zu einem Vorbild als Geiger: Er bewundert des Großvaters Belesenheit, schätzt seine neugierig-aufgeschlossene, natürliche Art, imitiert den Großvater sogar in dessen Eßmanieren und, last not least, er erbt schon zu Lebzeiten des Großvaters dessen kostbares Guadagnini-Instrument.

Die eine Antwort des jungen Kremer auf die von den Eltern an ihn herangetragenen Wünsche und Vorschriften lautet - Rückzug: »Es ist nicht überraschend, daß ... ich mich schon im Alter von elf, zwölf Jahren sehr einsam, fremd und unverstanden fühlte« (S. 81). Damit einher gehen Vorstellungen, ihnen einmal zu zeigen, was in ihm steckt: »Der Wunsch, ... Erfolg zu haben, war schon früh in mir, besonders nach Zirkusvorstellungen ... Ich wäre lieber Akrobat geworden« (S. 33). Überhaupt: Es wimmelt von Berufsideen im Kopf des jungen Gidon: Feuerwehrmann, Trommler ... Seine Mutter kann ihn glücklich machen, wenn sie ihm ein Traum-Kostüm schneidert: Sie »hatte mit dem Nähen des Kostüms ein Interesse von mir anerkannt, das mit der Geige nichts zu tun hatte« (S. 87).

Der Rückzug führt in Lesewelten - er bezeichnet Bücher als seine »besten Freunde« (S. 222) -, in Kinowelten - er ist »süchtig« nach Filmen -, zu Zeitungen - Kremer entwickelt sich zum leidenschaftlichen Zeitungsleser, wobei ihn besonders der Sport interessiert - in Spielwelten, v.a. die der Eisenbahn.

Eine andere Antwort läßt sich umschreiben mit »leiser Rebellion«. Ein mehr verstecktes als trotzig-offenes Aufbegehren, wie es sich zum Beispiel im Vorstellen des Uhrzeigers äußert, einer Manipulation, mit der sich der Junge die Übezeit künstlich zu verkürzen sucht. In der Pubertät werden die Auseinandersetzungen dann offener geführt; Kremer sucht Nähe und Verstandenwerden nun bei seinen Freunden und gerät wegen seines späten Nachhausekommens in einen Dauerkonflikt mit dem Vater, der alle seine Außenkontakte abwertet, weil sie den Jungen vom Üben abhalten.

Die Hauptantwort des Jungen aber besteht in dem mehr oder weniger zähneknirschenden Erfüllen der elterlichen Wünsche: »Unglücklich, aber gehorsam ...«.

Aber: »Ab und zu hatte ich auch Spaß an der Musik. Ja, es gelang ihr sogar, mich mit den vorüberziehenden Stimmungs- und Erziehungsgewittern zu versöhnen ...« (S. 30).

Der Vater ist Gidons erster Lehrer und bleibt das neun Jahre lang. Mit sechs besteht Gidon die Aufnahmeprüfung für die angesehenste Musikschule für Hochbegabte in Riga, auf der er bis zum Abitur bleibt, unterbrochen von einem Vierteljahr bei einem speziellen Lehrer in Leningrad (mit 16). Kremer erfüllt auch auf der Schule alle Anforderungen, besucht Wettbewerbe und gibt nicht auf, wenn er erleben muß, daß ihm mit seiner jüdisch-deutschen Herkunft linientreue lettische Kommunisten, die schlechter spielen, vorgezogen werden. Diese Erlebnisse lösen in ihm keine Wut auf die anderen aus, sondern »ein Gefühl aus Scham, verletztem Stolz und dem Zweifel, nicht gut genug gewesen zu sein« (S. 70). Schmerzlich wird ihm bewußt, daß der Satz seines Vaters: »Du mußt zehnmal besser sein als die anderen« nicht unberechtigt ist.

Auf der Schule wird in den akademischen Fächern stures Pauken verlangt; auch das erfüllt er, ein guter Schüler, für den der Unterricht nur einmal eine kurze Zeitlang lebendig wird, als eine junge Literaturlehrerin das Fragen fördert und nicht die vorgefaßten, heruntergeleierten Antworten prämiert. Ansonsten fühlt er sich in der Schule, ebenso wie in der Familie, wie ein Fremder. Fremd von der Herkunft her gesehen: »Gelegentlich frage ich mich auch heute noch, was ich eigentlich bin: Lette, Russe, Jude, Deutscher oder Schwede?« (S. 69) Fremd aber vor allem, weil er seine Gefühle in sich verschließt, wenig Anschluß findet (seine Eltern vermiesen ihm »ablenkende« Freundschaften) und weil er in der Liebe eine Unglückswahl trifft: Ljuda, seine Pubertätsfreundin, zieht ihm den einzigen engeren Freund Felik - der damit nicht nur im Geigen zum Rivalen wird - vor.

Auch wenn er sich als Außenseiter fühlt, wird indirekt deutlich, daß er unter den Klassenkameraden nicht als solcher gilt. Im Gegenteil, er kann die ganze Klasse mit seiner Begeisterung für Basketball oder Literatur regelrecht anstecken.

An dem langjährigen und neben dem Vater prägendsten Geigenlehrer Sturesteps schätzt Kremer, daß er langmütiger und nicht so verbissen ist wie der Vater, doch hat er immer das Gefühl, Sturesteps halte ihn zwar für begabt, aber zu begrenzt in seinen Möglichkeiten. Sein Freund Felik ist Suresteps Liebling. Er nimmt seinem Lehrer diesen »leisen, kaum wahrnehmbaren Zweifel« (S. 104) im nachhinein nicht übel, doch wird er dazu beigetragen haben, daß sich der heranwachsende Geiger trotz nun immer häufigerer Erfolge in Wettbewerben und der Annahme am Moskauer Konservatorium immer wieder fragt: »Kann ich aber wirklich ein Künstler werden?« (S. 214), »Habe ich aber genug Begabung, um Geiger zu werden?« (S. 215), »Ich denke sogar: Ob Geiger das richtige für mich ist, aber was denn sonst?« (S. 202).

Kurz vor dem Abitur entwickelt Kremer eine Theaterleidenschaft und wäre am liebsten zur Schauspielerei übergelaufen: »Noch einmal wollte ich der Geige entfliehen« (S. 132). Doch ein Sprachfehler und Schwierigkeiten beim Auswendiglernen lassen ihn erkennen, daß er zu diesem Beruf nicht geeignet ist. Daraufhin will er es als Kritiker oder Regisseur versuchen. »Gleichzeitig aber verlangte die Geige immer mehr Zeit. Um meine Liebe zum Theater nicht zu verraten, entschloß ich mich, zuerst das Violinspiel ... zu meistern und meine Theaterwünsche in die Zukunft zu vertagen« (S. 134).

Er fühlt sich in dem, was er ist und will, auf die Geige zurückgeworfen: »Wenn ich schon nicht turnen, nicht zeichnen und nicht systematisch denken konnte, wenn ich außerdem ein ›Fremder‹ war, der sich noch nicht einmal bei seinen Eltern aussprechen konnte, und wenn ich trotzdem mehr und anderes wollte als mein Vater, dann mußte ich geigen« (S. 100).

Auswertung
Instrumentenfindung als Beziehungsauftakt

Bei Kremer liegt ein klarer Fall von Übernahme - oder sollte man sagen: Übergabe? - des Instruments vor; die Geige und die Bestimmung zum Geiger werden wie ein Familienerbstück an ihn weitergegeben: »Mein Vater, meine Mutter, mein Großvater, sogar der Urgroßvater waren Geiger ...« (S. 15).

Um zu illustrieren, wie sich die Hinwendung zur Geige im konkreten vollzogen hat, greift Kremer eine Familienerzählung auf, derzufolge er im Alter von vier Jahren mit Stöckchen gespielt habe, um das Geigen zu imitieren. Während die Eltern darin eine Bestätigung ihrer Annahme sehen, auch ihr Sohn könne und wolle nur Geiger werden, meint er selbst, er habe sich damals vielleicht intuitiv ein Spiel gesucht, mit dem er die Aufmerksamkeit seiner vielbeschäftigten Eltern endlich einmal auf sich lenken konnte. Hätten sie anderes geschätzt, hätte er auch zu anderem gegriffen; das »Stöckchenspiel« sei nicht die freie Spielentscheidung eines nach Interessantem herumsuchenden Kindes gewesen. Er spricht in diesem Zusammenhang bitter von seinem »vorprogrammierten Geiger-Ich, das nach seinem Werkzeug zu suchen begann, mit dem es sich beliebt machen konnte« (S. 21).

Der von den Eltern ausgeübte Druck bei der »Übergabe« erscheint übermächtig, ja das Buch wirkt in Teilen wie eine Art Verarbeitungsversuch der Gewalt, ein Ausziehen des »fürsorgliche(n) Zwangshemd(s)« (S. 77), in das ihn die Eltern stecken.

Es fällt auf, daß Kremer die Wut über die Einengung seiner Persönlichkeit nicht auf die Geige überträgt. Sie erscheint allerdings auch nicht übermäßig idealisiert. Fehlleistungen wie daß er einmal den Bogen zu des Großvaters kostbarer Geige zerbricht, deuten eher auf unbewußte denn auf bewußte Aggression dem Instrument gegenüber hin.

Die den Beziehungsauftakt begleitenden Gefühle sind also Distanz, leise Abwertung (die Geige als »Werkzeug« des »vorprogrammierten« Geigers) und Skepsis.

Wie entwickelt sich die Musiker-Instrumenten-Beziehung?

Die Überdeterminiertheit des Instruments für den Spieler läßt sich in Kremers Fall besonders gut erkennen, zeigt sich doch eine Überlagerung verschiedenster Bedeutungen, die sich in der Geige für ihn verdichten. Denn Kremer entwickelt in einem komplizierten, leidvollen Prozeß aus der frühen Zwangsbindung an sein Instrument eine echte Partnerschaft mit der Geige.

Zunächst und vor allem ist ihm die Geige ein tyrannisches, ja versklavendes Wesen. Wendungen wie »Um der Geige früher zu entkommen ...« (S. 29), zu »entfliehen« (S. 132) oder: »Schach braucht Zeit und stand damit natürlich in Konkurrenz zur Geige« (S. 87), »Hauptsache muß das Geigen bleiben« (S. 168) und »Gleichzeitig aber verlangte die Geige immer mehr Zeit« (S. 134) legen hiervon beredtes Zeugnis ab.

Der Alltag mit der Geige, das Üben, ist für ihn Arbeit, Selbstüberwindung, Kampf mit den Eltern, Minderung von Lebensfreude, Verlust von Freunden, erzwungene Einsamkeit.

Wie sehr das Geigen für ihn »Arbeit« ist, zeigt sich daran, daß er Ferien meist ohne Geige macht. Daß er das Instrument nicht haßt, scheint seinen Grund darin zu haben, daß es ihm schon früh unentbehrlich ist:

Mit der Geige will er allen beweisen, »daß ich wert bin, gehört zu werden« (S. 128). Er braucht die Geige, um Anerkennung und Zuneigung zu erringen: »Die Geige sollte mich weiterbringen, mich bestätigen, mir die Welt öffnen, mich liebenswert machen« (S. 101). »Ich will jemand werden. Alles muß sich der Idee unterordnen, Geiger zu sein« (S. 211). Die Abwertung des »tonlosen Körper-Ichs« ist solchen Formulierungen deutlich anzumerken.

Und die Geige läßt ihn offensichtlich nicht im Stich, zunehmend kann er ihr mehr abgewinnen. Wenn er fast am Rande erwähnt, daß er Musik liebt und ihm das Geigen »gelegentlich Spaß macht«, so klingt das noch etwas unterkühlt. Wirklich glücklich und frei im musikalischen Ausdruck fühlt er sich zunächst nicht mit seinem Instrument, sondern beim Singen: »Ich sang, wenn ich mich am Tag freute, wenn ich das Gefühl hatte, vorwärtszukommen, oder wenn ich grundlos glücklich war« (S. 85). Die oben (vgl. Kap. IV) geschilderte Reihe abgestufter Idealitäten wird hier sichtbar: Ganz oben steht die Musik bzw. das Singen: an zweiter Stelle die Geige; am schlechtesten schneidet der geigenlose Gidon ab.

Er wächst eng mit der Geige zusammen. Er sucht einen »natürlichen Kontakt« zum Instrument, wie er ihn an seinem Großvater oder der Geigerin Kimber hervorhebt (S. 124, S. 55). Der »ideale Zustand« ist für Kremer beim Geigen erreicht, wenn er das Instrument als »Fortsetzung des Körpers, des Atems und der Seele« empfinden kann (S. 31). Auch die den jungen Geiger mit dem Großvater verbindende Merkwürdigkeit, vor dem Spiel seine Geige kaum zu stimmen, könnte man als Ausdruck der unbewußte Verschmelzungs-Phantasie betrachten: »Die Geige ist ebenso gestimmt wie ich« oder »Sollte sie verstimmt ein, höre ich das sofort und gleiche es automatisch aus, wie ich es auch durch anderes Auftreten ausgleichen würde, hätte ich eine Blase am Fuß«. Kremer sagt zum Stimmen: »Ich messe dem keine große Bedeutung bei, weil ich mich beim Spielen absolut auf mein Gehör verlassen kann ...« (S. 55).

Zu Kremers Suche nach einer ganz nahen, körperlich als Einheit empfundenen Beziehung zur Geige passen seine Bedenken gegen einen Lehrerwechsel. Er befürchtet, der neue Lehrer könne - durch eine von ihm propagierte andere Handhaltung - Eingriffe in die körperliche Verbindung zwischen ihm und dem Instrument vornehmen: »Waiman macht die Hände um« (S. 172).

Während er sonst schüchtern ist, verhilft ihm der enge, gute Kontakt zum Instrument beim Spielen zu freier Beweglichkeit: »Weil ich mich manchmal beim Geigenspiel so extrem bewege, denken manche Leute, daß ich das vor dem Spiegel übe. Ich übe es nicht, es passiert mir und mag die Reminiszenz meines Wunsches nach der Einheit von Musik und Bewegung sein« (S. 127).

Die Geige wird so langsam zu seiner Bundesgenossin im Kampf um Anerkennung, gegen erittene Ungerechtigkeiten, vor allem im Kampf gegen den Vater:

> »Wenn ich schon nicht turnen, nicht zeichnen und nicht systematisch denken konnte, wenn ich außerdem ein ›Fremder‹ war, der sich noch nicht einmal bei seinem Vater aussprechen konnte, und wenn ich trotzdem mehr und anderes wollte als mein Vater, dann mußte ich geigen« (S. 100).

Mehr und mehr aber kann er sie als sein spezifisches Ausdrucksmittel nicht nur gegen etwas, sondern für sich einsetzen: »Mein Leit- und Leidbild war die Geige; auf ihr lernte ich mit der Zeit, meine Einsamkeit, meine Träume, meine Verletzungen und meinen Humor in Musik zu verwandeln. In ihr suchte ich *meinen* Ton, *meine* Stimme, *meine* Musik« (S. 84). Daß dieser Prozeß nicht nur schmerzlich ist, sondern auch Befriedigungen verschafft, verraten Zeilen wie »Was für ein Genuß zu spielen, wenn man dir zuhört, wenn du das ausdrücken kannst, was du empfindest!« (S. 219).

So wird der ehemalige Zwangspartner schließlich zum Vertrauten, mit dem zusammen sich Kremer eine eigenständige Identität mehr erarbeitet als erspielt. Wie brüchig diese Identität allerdings sein kann, verraten Zeilen wie: »Ich könnte ohne die Geige nicht leben, aber vielleicht ist das nur eine Gewohnheit?« (S. 213)

Es fällt auf, daß Kremer kein einziges Mal die Geige als »Geliebte« o. ä. betitelt. Im Gegenteil, er spürt schmerzlich die Sehnsucht nach einer »echten« Geliebten. Der Geige kommt primär die Funktion zu, ihn »liebenswert«, wie er wörtlich sagt (S. 101) zu machen. Ihm ist unklar, warum er immer unglücklich verliebt ist, zurückgewiesen wird, und er erhofft sich eine Erhöhung seiner männlichen Anziehungskraft durch die Geige, vielleicht ein wenig im Sinne Menuhins und Burmesters (vgl. oben Kap. IV).

Der Typus innerer Bezogenheit ist bei Kremer also das Erleben einer vorwiegend narzißtischen, identitätsstützenden und in vielem noch offenen Partnerschaft.

Hintergründe der Musiker-Instrumenten-Beziehung

In Kremers Buch erhält der Leser Einblick in die ersten Stadien einer künstlerischen Entwicklung. Wenn im folgenden deren Hintergründe beleuchtet werden, muß bedacht werden, daß es sich um die Beziehung eines Kindes und Heranwachsenden zu seinem Instrument handelt. Sie entfaltet sich an Themen, die direkt mit dem Pubertätsprozeß im Zusammenhang stehen; vor allem am Autonomie-Abhängigkeitskonflikt.

Bei der Frage, warum es für seine Eltern nur den einen Wunsch gibt, den Sohn zum Geiger zu machen, unterscheidet Kremer deutlich zwischen väterlichem und mütterlichem Einfluß; erst beides zusammen ergibt für ihn die offenbar unausweichliche Richtung seines Lebensweges.

Vom Vater vermutet er, daß seine jüdische Herkunft Hintergrund dieses übermächtigen Wunsches sein könnte. Als Jude verliert der Vater durch die nationalsozialistische Verfolgung 35 Verwandte, darunter seine erste Frau und seine kleine Tochter aus der ersten Ehe. Er selbst überlebt im Versteck, das ihm eine lettische Frau gewährt. Die grausamen Erlebnisse bestimmen das weitere Leben des Vaters; er ist gequält durch die Erinnerungen und das Schuldgefühl des Überlebenden; dadurch auch isoliert in seiner Familie, die seine Obsession mit Materialien und Büchern aus der NS-Zeit teilweise nicht mehr ertragen kann. Kremer schließt hieraus:

> »Um nicht an der Tragödie seines Lebens zu zerbrechen, mußte er etwas dagegensetzen, auf das er sich berufen konnte: Es war der Stolz auf seine Identität als Jude, und deshalb sollte auch sein Sohn ein echter Jude werden. ... Vielleicht wollte er aus dem gleichen Motiv den Erfolg für mich. ... Im Innersten seiner Seele war ich sein Vermächtnis, vielleicht auch seine Rechtfertigung dafür, daß er als zufällig Überlebender eines ermordeten Volkes leben durfte ...« (S. 66 f.).

Hier klingen ähnliche Motive wie bei Menuhin an (vgl. Kap. IV), und die »Übergabe« der Geiger-Identität an Kremer könnte als ein Fall der bei Volkan und Ast (1994) beschriebenen narzißtischen Generationsverwobenheit betrachtet werden.

Die unbewußten Motive der Mutter bringt Kremer mit dem Umstand in Zusammenhang, daß sie ihre unzweifelhaft große Begabung zur Geigerin unter den Umständen des zweiten Weltkriegs nicht habe entfalten und entwickeln können. Auch sie ist eine Geschädigte des Nazi-Regimes, das ihrem Vater aufgrund der jüdischen Herkunft seiner Frau die Arbeitserlaubnis und ihr selbst die Erlaubnis, das Gymnasium zu besuchen, entzieht. Die Familie emigriert nach Estland, wird interniert, muß erneut flüchten, und in dieser Zeit der Not und Wirren ist an systematische Ausbildung nicht zu denken. Ihren Dienst als Orchestermusikerin als Erwachsene versieht die Mutter freudlos und pflichtbewußt; als echte Musikerin leidet sie an der Unerreichbarkeit ihrer musikalischen Ansprüche. Kremer schreibt:

>»In der Begabung ihres Sohnes sah sie die verlockende Perspektive eines durch Arbeit und Musik erfüllten Lebens. Ich wurde für sie zum einzigen Licht in ihrer Misere. Sie fühlte sich verantwortlich, mich zu fördern, und nahm dabei jede Last auf sich, kannte keine Grenzen im Verschenken ihrer Kraft und Liebe« (S. 35).

Obwohl der Vater mehr an aktiver Förderung unternimmt als die Mutter, klingt das Motiv des »Elternopfers« mit der daraus resultierenden Erfolgsverpflichtung bei der Mutter stärker an. Hierzu paßt, daß Kremer das Buch neben anderen seiner Mutter widmet, nicht aber seinem Vater, den er letztlich wohl mehr als »Täter« erlebt hat oder auf den er die »Täter«-Anteile seiner Mutter verschieben mußte, um sie mit seiner Enttäuschungswut nicht zu belasten, darin seiner in der Kindheit entwickelten Schutzhaltung treu bleibend.

Als Hauptproblem seiner Kindheit und Jugend sieht Kremer die Mischung aus »Fürsorge« und »Zwang« durch beide Eltern an, die es ihm unmöglich macht, gegen die gezielte, alle seine Lebensbereiche tangierende, quasi »totale« Förderung des Geigenspiels zu rebellieren. Von gemeinsamem Musizieren in der Familie oder auch von Mutter und Sohn - sonst oft ein wichtiger motivationaler Aspekt - ist nirgendwo die Rede. Das »Hinderliche« an dieser Förderung besteht vor allem in dem aktiven Abwerten aller anderen Interessen des Sohns.

Die Sorge um seine Gesundheit führt zu einem unpassenden Schonverhalten: »Noch heute wird oft hinter meinem Rücken gelacht, wenn ich den Mund beim Geigenspiel offen habe« (S. 76). Er führt diese Angewohnheit auf Polypen zurück, die er in seiner Kindheit hatte und die zu Atemschwierigkeiten geführt hatten. Er nennt es eine der vielen »gutgemeinte(n) Fehlleistung(en)« seiner Mutter (S. 76), daß sie, um ihn zu schonen, ihn vor einer Operation bewahrt, ihn damit aber dem Spott preisgibt.

Angesichts der »hinderlichen Förderung« ist also nur innere Rebellion möglich. Hierzu gehört das Erwägen von beruflichen Alternativen, das aber mehr oder weniger halbherzig bleibt. Zum Teil sind es die Alternativen des trotzigen, wütenden Kindes: Akrobat, Eisenbahnschaffner, Trommler. Andere Alternativen dagegen werden ernsthafter ins Auge gefaßt, so der Wunsch, Schauspieler zu werden. Dieser Wunsch geht so tief, daß Kremer sein Buch mit der Aussicht schließt, diesen Weg eventuell nach dem Ausloten seiner Grenzen im Geigerberuf einzuschlagen. Der Sprachfehler, der es ihm unmöglich macht, schon früher ernsthaft zur Bühne zu drängen, stellt für ihn eine schmerzliche Erinnerung an die »gutgemeinten Fehlleistungen« seiner Eltern, hier: seiner Mutter dar, denn die habe versäumt, ihn rechtzeitig zum Logopäden zu schicken, weil sie befürchtet habe, dann fehle ihm die Zeit fürs Üben ...

Der Abschnitt, mit dem das autobiographische Porträt beginnt (»Eine Frau zieht am langgestreckten Arm einen etwa achtjährigen Jungen hinter sich her ... Schau ..., das ist der Gidon von damals«, s. o.), wird von dem Künstler als eine Art Fazit ganz an das Ende seiner »Kindheitssplitter« gesetzt. In dieser Szene erkennt er offenbar das Wesentliche seiner Geigerexistenz wie in einem Brennglas wieder. Die Formulierung »von damals« drückt die Distanzierung des Erwachsenen von der damaligen Verfassung und Existenzform aus, doch fühlt sich der Erwachsene von diesem »Damals« so umgetrieben, daß sein ganzes Buch als eine Entdeckungsreise zu verstehen ist, die das damalige Kind zu seinem Ziel hat. (Und daß er sich immer noch zumindest teilweise in den Fängen der »fürsorglichen Gewalt« fühlt, die in der Szene thematisiert wird, verrät beispielsweise die Wendung im Vorwort, er habe sich eine Geigenpause »verschrieben«, um an dem Buch arbeiten zu können. Seinem Leben mit der Geige haftet also offenbar immer noch etwas von dem Unheilsamen an, mit dem sich das Buch vorrangig beschäftigt.)

Man kann die Szene narzißmustheoretisch so verstehen: Kremer sieht und erlebt sich als »Selbstobjekt« der Eltern. Selbstobjekt der Mutter sein bedeutet, daß das einzige Kind der unglücklichen Geigerin, die mit ihrem Pflichtbewußtsein und Fleiß wohl Trauer und Enttäuschungswut über ihre eigene Entwicklungsbehinderung in sich abwehrt, immer nur unter einem bestimmten Blickwinkel gesehen wird. Das Kind soll ihr - endlich - etwas geben; und zwar genau das, wonach sie sich so sehnte: Lebendigkeit und Anerkennung. Die Mutter projiziert ihre Wünsche in das Kind. Da das ein unbewußter, unsteuerbarer Vorgang ist, deutet sie seine Verhaltensweisen als Ausdruck seiner eigenen Wünsche, ohne eine Erkenntnismöglichkeit darüber zu haben, daß er ihr nur entgegenkommt, um sie, von deren Blick, Zustimmung und Liebe er abhängig ist, zufriedenzustellen. Es ist der folgenschwere Trugschluß des Narziß, der ihr unterläuft. Ihr Sohn wird ihr zum Spiegel, zur notwendigen Ergänzung. (Hierfür sprechen auch Anzeichen wie, daß sie ihn zeitweise wie ein Mädchen kleidet - er soll ihr besseres Selbst, die Erfüllung ihres Ich-Ideals sein.)

Für den Sohn aber, nicht nur den vierjährigen, der mit Stöckchen das Spiel der Eltern imitiert, hat das auf der einen Seite eine ungeheure Beschneidung seiner Möglichkeiten zur Folge. Er soll sich wie ein Spiegelbild verhalten; eigene Lebensäußerungen werden nicht mit dem »Glanz im Auge der Mutter« honoriert. Er muß sowohl Aggressivität (Freude am Ausreißen von Fliegenbeinen, an Sport), also den ganzen Bereich der motorischen Expansivität, als auch die libidinöse Triebhaftigkeit in ihrem breiten Spektrum des oralen, analen und phallisch-genitalen Antriebserlebens in sich hemmen bzw. abspalten, so daß es den Augen der Mutter verborgen bleibt. Alles, was nicht ins Spiegelbild paßt, wird eskamotiert und bedrängt dann das Kind als Angst (siehe die Spritzen- und Blut-Phobie). Seine körperliche Ganzheit lernt das Kind nicht positiv besetzen; dem jungen Mann ist in seinem Körper unbehaglich, er fühlt sich schließlich fremd und stimmungslabil, weil er keine Chance hat, sich selber durch erprobende Kontakte mit einem abgegrenzten, unterschiedlichen Gegenüber kennenzulernen.

Die Bedürfnisse des Kindes nach Spiegelung seines *ganzen* Selbst bleiben also unerfüllt; die Verhältnisse sind umgekehrt: *Er* wird zum Spiegel und muß geben, wo er zur vollen Entfaltung seiner Persönlichkeit eigentlich nehmen müßte. Das spürt Kremer sehr genau, wenn er schreibt, er habe immer das Bedürfnis gehabt, die Mutter zu schützen, also ihr etwas zu geben.

Auf der anderen Seite ist aber an den mütterlichen »Spiegel«-Blick eine ungeheure Verheißung geknüpft. Erfüllung der mütterlichen Wünsche und ihrer hohen Ansprüche bedeutet Nähe, Einssein, Aufgehobensein. Die narzißtische Dyade ist unverwundbar, unverletzlich, auserwählt und unerreichbar. Gerade an dem Umstand, daß der Sohn nicht einfach nur Musiker werden soll, sondern auf eben dem Instrument exzellieren, das sowohl Mutter als auch Vater und Großvater spielen, kann man die Enge und Intensität der narzißtischen Besetzung des Kindes durch die Eltern ablesen. Wie Kremer die Geige als Vervollkommnung des eigenen Ich erlebt, so wird den Eltern der Geiger-Sohn als Vervollkommnung ihrer selbst.

In Fällen einer starken Selbstobjekt-Beziehung zwischen Mutter und Kind wendet sich das Kind oft dem andersgeschlechtlichen Elternteil zu in der Hoffnung auf Erfüllung seiner basalen Spiegel-Bedürfnisse. Hier allerdings gerät er, salopp gesagt, vom Regen in die Traufe.

Der Vater Kremers wirkt zwar eigenständiger und gefühlsbetonter als die Mutter - so entwickelt er viele eigene Interessen neben dem Geigen -, ist jedoch ebenso wie sie auf seinen Wunsch festgelegt, mithilfe des Kindes den inneren Frieden zu erreichen, der ihm als verfolgtem und traumatisierten Juden abhandengekommen ist. Nur durch eine besondere Leistung, so sieht es ja Kremer selbst, kann der Vater das Weiterleben für sich und vor sich rechtfertigen. Für ihn als Erwachsenen war es für eine Virtuosenkarriere zu spät. Der Sohn muß diese Leistung erbringen.

Der Vater vertritt dem Jungen gegenüber den äußeren Zwang (Üben, Übedauer), das direkte geigerische Vorbild als Lehrer, er übersetzt die Wünsche beider Eltern in konkrete Vorgaben und geigerische Vorhaben. Kremer hebt seine Eigensinnigkeit und Härte hervor, die ihn zu ohnmächtiger Wut und innerem Ausweichen treiben. Er betont aber auch, daß die harte Schule seines Vaters zum Teil durchaus gerechtfertigt gewesen sei, da Erfolg eben nicht in den Schoß falle. Die väterliche Unflexibilität jedoch, die sich auch in den beschämenden »Schweigestrafen« ausdrückt, zeigt, mit welcher Intensität der Vater ebenso wie die Mutter die narzißtischen Ziele verfolgen muß. Zum »musikalischen Dialogpartner« wird er zwar dem Sohn, aber der Dialog bleibt weitgehend einseitig.

Neben dem von Kremer selbst angeführten unbewußten Motiv des Vaters, mithilfe des Kindes die psychischen Wunden der Verfolgung und des Krieges heilen zu wollen, kann man aus der Lektüre des Buchs ein zweites erschließen, nämlich die Rivalität zwischen dem Vater und dem hochberühmten Schwiegervater, dem Geigenvirtuosen. Kremer schreibt, wie er unter den permanenten Spannungen zwischen beiden leidet. Der Vater könnte unbewußt gewünscht haben, den »Geigenprofessor« mithilfe seines Sohnes auszustechen.

Aber auch der Vater vertritt die Verheißung, die lockende Seite. Sie ist bei ihm an den Zauber der Musik geknüpft, den seine Melodien auf das Kind ausüben können. Es scheint, als könne der Vater nur über den Umweg der Musik und ihrer versöhnenden, lindernden Macht Nähe zum Sohn suchen und finden.

Die gemeinsame Idealisierung der Musik, die möglicherweise von beiden als Übergangsphänomen genutzt wird, trägt neben dem Umstand, daß die Großeltern basale Elternfunktionen übernommen haben, dazu bei, daß der junge Kremer sich doch abgrenzen, seine Schuldgefühle über die Autonomisierung verarbeiten kann und die Geige letztlich auch für sich und sein Ausdrucksbedürfnis nutzen lernt.

Die »heilsame« Kraft der Großmutter, der einzigen Nicht-Instrumentalistin, symbolisiert sich ja in dem Ausdruck »Sanatorium«, das Kremer für sie und ihre liebevolle Zuwendung ohne Anforderungen und Beschneidungen findet. Während die Großmutter die mütterlich haltenden und spiegelnden Funktionen mit übernimmt, kommt der Großvater den Idealisierungsbedürfnissen des Kindes und jungen Mannes entgegen und wird so zu einer väterlichen Ersatz-Identifikationsfigur.

In der Beziehung zur Geige nun schlägt sich die problematische psychische Konstellation des Elternhauses nieder.

Dem Kind wird ja vermittelt, daß es nur mithilfe dieses unentbehrlichen Instruments vollwertig ist; ohne Geigenerfolg dagegen fühlt sich Kremer defizitär, ohne Persönlichkeit, ohne Ausstrahlung. Die Geige als Verlängerung von Körper, Atem und Seele meint, daß Kremer sich mit der Verheißung der Eltern verbünden muß, sich komplettieren muß, um »ganz« zu sein, und zwar sowohl körperlich als auch seelisch. Insofern wird der Geige immer der Makel des eigenen Mangels anhaften: Was er nicht hat und nicht kann, die Schlechtigkeit, bleibt beim Real-Selbst, das Erstrebenswerte, Gute, womit man andere faszinieren, bezaubern kann (so wie es der Vater konnte mit seinen Melodien), wird der Geige attribuiert. Die ungeheure Motivation zum ständigen Üben entstammt letztlich weniger einer Erfolgsverpflichtung (denn auch wenn Zwang an ein eigenes Opfer gebunden ist, wie bei der Mutter, bleibt es doch Zwang, und die Befreiung daraus macht wenig Schuldgefühle) als vielmehr dem Bedürfnis, mit der idealisierten Geige zusammen sich zu verbünden und dadurch das Real-Selbst zu »verbessern«.

Gleichzeitig symbolisiert die Geige die Fron und die Unfreiheit, die Abhängigkeit von den Eltern. Selbst auf den Höhepunkten seiner Erfolge erinnert sie Kremer an den eigenen Mangel an Entfaltungsmöglichkeiten. Als solches, nehme ich an, ist sie Zielscheibe von Wut und Haß, der z. B. da spürbar wird, wo Kremer schreibt, wie er ihr »entrinnen« will.

Als das aufgezwungene, schließlich aber doch angenommene und manchmal geliebte Medium der Individualitätsentfaltung transzendiert die Geige jedoch die eben angesprochenen, paradoxalen Besetzungen. Insofern Kremer auf ihr seinen eigenen, unverwechselbaren Ton findet, akzeptiert er das Vermächtnis der Eltern, entrinnt aber ihrem »fürsorglichen Zwangshemd« und verwirklicht eigene Vorstellungen.

Als Ausdrucksmedium des »eigenen Tons« hat sich Kremer mit ihr mehr als nur arrangiert, was jeder leicht bestätigen kann, der diesen großen Künstler gehört hat. Er hat vielleicht an der einen oder anderen Stelle auch etwas von der vielfältigen und oft schmerzlichen Bedeutung herausgehört, die das Instrument für ihn hat - denn vor allem imponiert doch der ganz eigene, mutige und durch Schwierigkeiten und Konflikte gereifte, unverwechselbare, ganz den Geist des jeweiligen Stückes aufsuchende und nie auf äußeren Glanz zielende Ton dieses Geigers.

Kremers Widmung des Buches an die Mutter (als einer unter anderen genannten Personen!) kann auch als Geste der Versöhnung verstanden werden, die über den im Buch ausgebreiteten »Splittern«, den »Scherben« seiner Kindheit dem Erwachsenen möglich geworden ist.

Jan Ignacy Paderewski (Pianist, 1860 - 1941)

Charakterisierung der Quelle

Das Buch »The Paderewski Memoirs«, London 1939, ist eine Kooperations-Autobiographie, die in den Jahren 1934/35 aus Gesprächen zwischen Mary Walton und Paderewski entstand. Weitgehend scheint Paderewski, angeregt durch eher wenige, behutsame Fragen Waltons, frei und nachdenklich gesprochen zu haben; die Gespräche wurden, so Walton, wörtlich transkribiert und abschließend von ihr zu einem fortlaufenden Text geordnet und Paderewski vorgelegt. Der Interviewcharakter schimmert nur an wenigen Stellen durch; entstanden ist ein durch seine Direktheit und Eindringlichkeit unmittelbar berührender Text, der die lange und schwierige Entwicklung des Halbwaisen aus einem kleinen polnischen Dorf zum bekanntesten Klaviervirtuosen seiner Zeit und zu einem einflußreichen Politiker - Paderewski war zwischen 1918 und 1922 polnischer Ministerpräsident und Außenminister und wurde als 80jähriger Präsident der polnischen Exilregierung - nach den von Paderewski selbst vorgegebenen Entwicklungsperioden schildert und im Sinne der selbstvergewissernden Autobiographie zu verstehen sucht. Der Schwerpunkt liegt auf der musikalischen Entwicklung Paderewskis.

Das 395 Seiten starke Buch ist offenbar ein zweibändig geplantes Werk, das mit der Schilderung der Entwicklungsphase abbricht, in der sich Paderewski vom Klavier weg- auf die Politik zubewegt. Es findet sich kein Hinweis darauf, warum der vom Verlag mit der Bemerkung »Later memoirs in preparation« angekündigte Fortsetzungsband nicht zustandegekommen ist; die Vorarbeiten dazu liegen als unveröffentlichte Quellen im Paderewski-Archiv in Warschau (vgl. Zamoyski, 1982) vor.

Die Autobiographie ist also Fragment geblieben; daher bleibt leider unklar, wie sich für Paderewski die Umorientierung zur Politik - die sich allerdings früh in seinem Leben ankündigt - mit seinem Künstlertum und der ausführlich geschilderten Beziehung zum Klavier verträgt. Da aus anderen Quellen (Opienski, 1960, Zamoyski, 1982) bekannt ist, daß Paderewski nach seiner Politiker-Tätigkeit eine »zweite Karriere« als Pianist gehabt hat, ist dies besonders bedauerlich; aber auch ohne diese Komplettierung ist das umfängliche Buch für die vorliegende Fragestellung ergiebig genug.

Das nachfolgende »autobiographische Porträt« umfaßt entsprechend dem Ausschnittcharakter der »Paderewski Memoirs« ungefähr die ersten 50 Lebensjahre des Künstlers, der 81 Jahre alt werden sollte. Das Buch endet mit der Schilderung der Feier zu Paderewskis 50. Geburtstag am Vorabend des 1. Weltkriegs.

Autobiographisches Porträt

Jan Paderewski, dessen Mutter einige Monate nach seiner Geburt (1860) stirbt, wächst mit seinem Vater, einem kunstliebenden, gebildeten, religiösen Gutsverwalter, äußerlich »handsome« und »strong«, und seiner zwei Jahre älteren Schwester sehr einsam in einem kleinen polnischen Dorf auf.

Von der Mutter erfährt man nur, daß sie die Tochter eines von den Russen exilierten Professors gewesen ist, ein überaus distinguiertes Äußeres und ein sanftes Wesen gehabt habe und musikalisch gewesen sei: »a very artistic woman« (S. 24). Ihr Bruder, ein ranghoher polnischer Politiker, wird von den Russen ermordet.

Mit drei Jahren zeigt Paderewski aus eigenem Antrieb Interesse am Klavier, muß sich jedoch, da es in seiner Gegend keine Klavierlehrer gibt, alles autodidaktisch aneignen. Sein Vater ist kein Musiker, wenngleich er ein wenig Geige spielt, unterstützt aber das Musikinteresse des Sohns: »From the beginning he was convinced that I had great talent, and as he was a man with a strong sense of duty ... he considered it his duty not to waste a talent which God had given« (S. 23).

In diese Zeit fällt ein furchtbares Erlebnis: Der geliebte und bewunderte Vater, »My father was everything to us, father and mother both, he was all we had ...« (S. 24), wird von Kosaken abgeholt und muß fast ein Jahr im Gefängnis verbringen. Als der dreijährige Paderewski einen Soldaten nach dem Verbleib des Vaters zu fragen wagt, wird ihm brutal ins Gesicht geschlagen.

Der Junge vertreibt sich die Zeit mit stundenlangem Improvisieren am Klavier, was er beibehält, als der Vater wiederkommt und sie aus den eher wohlhabenden häuslichen Umständen in eine kleine Wohnung neben einem jüdischen Friedhof ziehen müssen. Die Klagen der jüdischen Frauen verfolgen ihn bis in die Träume.

Paderewski tollt gerne herum, klettert auf Bäume: Er erinnert, zunächst ein lebhaftes Kind gewesen zu sein, a »regular boy« (S. 29). Mit sieben wird er aber kränklich und melancholisch, »always thinking about death ..., afraid of being buried alive ... All my boyhood was under the influence of that ugly neighbourhood« (S. 31; gemeint ist der Friedhof). Verschlossen und schwer zugänglich sei er immer geblieben: »Even now I cannot talk about things close to my heart« (S. 39).

Als Bruder und Schwester etwas älter werden, bekommen sie Klavierunterricht und treten mit Duetten in der Nachbarschaft auf.

Die Schwester, jahrelang seine einzige Gefährtin, ist sehr musikalisch, aber wenig »ambitious« (S. 34). Als sie ernsthafter Musik machen will, hat sich der Ehrgeiz der Familie bereits auf den Jungen konzentriert (»I had the ambition of the family then«, S. 34). Der Vater fördert den Sohn, nicht die Tochter: Stolz läßt er zum Beispiel die Kompositionen des Siebenjährigen in einem kleinen Buch binden, sorgt nach Wegzug aus der gottverlassenen Gegend für Privatlehrer etc.

Paderewski fühlt sich oft sehr einsam als Kind, so einsam, daß er gerne die Nähe von Tieren aufsucht. Als eine wichtige Kindheitserfahrung schildert er seine Liebe zu einem Pferd, mit dem er Gefühle und spärliche Leckerbissen teilt. Bei einem seiner Besuche schlägt es ihn ganz plötzlich mit dem Huf bewußtlos: »I lost faith in my horse then ... I lost a comrade ...« (S. 35).

Mit sieben ist in Paderewski eine innere Gewißheit ausgeprägt, daß er Künstler werden will und wird. Der eigentliche Beweggrund dafür aber ist - das ist ihm schon damals klar - »... to become *somebody*, and so to help Poland. That was over and above my artistic aspirations« (S. 37).

Paderewski ist acht Jahre, da heiratet der Vater erneut. Die Stiefmutter zieht den Jungen der Schwester vor, was zu unerträglichen häuslichen Querelen führt. Der Junge sucht zu vermitteln: »... I always was trying to bring about harmony between them ...« (S. 42). Er kann seine Vorzugsstellung nicht genießen. Außer seiner Schwester befinden sich im Haushalt nur alte Leute, denen er nachmittags oft stundenlang auf dem Klavier vorimprovisiert, v. a. auch dem Vater, der zeitweise erblindet. Er liest den alten Männern die Kriegsnachrichten aus der Zeitung vor und ändert sie im gewünschten Sinne ab: »My motive was to make them happy. That has always been a very important motive in my life - ... sometimes at a dreadful cost« (S. 46).

Mit zwölf kommt Paderewski aufs Warschauer Konservatorium in eine Ersatzfamilie mit zahlreichen Kindern; mit einigen schließt er lebenslange Freundschaften. Er ist seit dieser Zeit, auch was den Lebensunterhalt betrifft, auf sich selbst gestellt.

Sein Studium scheint unter einem schlechten Stern zu stehen. Er wird von Kommilitonen unsanft darauf aufmerksam gemacht, er ziehe »the most dreadful grimaces« (S. 35) bei schwierigen Passagen; mit eisernem Willen, täglichem Training vor dem Spiegel gewöhnt er sich das Grimassieren ebenso wie einen Sprachfehler im Selbstunterricht mühsam ab. Noch niederschmetternder aber ist, daß keiner seiner Klavierlehrer an seine Fähigkeiten glaubt oder ihn ermutigt. Stattdessen raten ihm alle von der angestrebten Pianistenkarriere ab. Die Lehrer anderer Instrumente, die er in Warschau erlernt, halten ihn dagegen jeweils für den geborenen Flötisten oder Posaunisten, so daß er am Schluß seiner Konservatoriumszeit viele Instrumente recht gut spielt, sich aber auf seinem Hauptinstrument, dem Klavier, unsicher fühlt.

Paderewski übersteht die schwierige Zeit aufgrund seiner trotzigen inneren Gewißheit, und es hilft ihm, streng zwischen »Spielen« und »Arbeiten« zu unterscheiden: Spielen ist, sich von den eigenen Gefühlen wegtragen lassen (»... you can become drunk ... on your own emotion«, S. 62), während »Arbeiten« gleich Üben ist (»... you must suffer, you have absolutely no pleasure, only the effort and pain«, S. 62). Mit dem »Spielen« tröstet er sich, entwickelt aber schnell ein schlechtes Gewissen deswegen. Erst als er endlich zu einem Lehrer kommt, der ihn unterstützt, kommt er für sein Gefühl voran - da ist er aber bereits Mitte zwanzig. Zwar hat er das Konservatorium mit großem Erfolg absolviert, glaubt aber den Lehrern, daß seine Zukunft allein im Komponieren liegen kann: »... that I was not going to be ... a successful pianist« (S. 76).

Mit 20 geht er nach Berlin und heiratet, aus Sehnsucht nach einem Zuhause, wie er sagt, eine Mitstudentin aus der Warschauer Konservatoriumszeit. Sie stirbt - wie seine Mutter - nach einjähriger Ehe kurze Zeit nach der Geburt ihres gemeinsamen Sohnes, der später an Kinderlähmung erkrankt: »I had lived through a brief - a beautiful - experience« (S. 74). Er schreibt über seine Frau fast ebensowenig wie über seine Mutter.

Abgesehen von seiner kurzen Ehezeit bedeutet ihm Berlin eine Erweiterung seines geistigen Horizonts: Er lernt erstmals viele Musiker kennen, bildet sich autodidaktisch in Naturwissenschaften und Literatur weiter: »I taught, studied, and wrote. Incessant work« (S. 93). Er ist fast mittellos und verdient sich das Nötigste durch Privatstunden.

Mitte 20 geht er, nachdem er in Arthur Rubinstein erstmals einen Pianisten gefunden hat, der ihm aufgrund seiner »inborn technique« eine »splendid pianistic carrier« (S. 91) voraussagt - »what he said changed my world completely« (S. 81) - zu Leschetitzky nach Wien, um zu lernen, wie man lernt. Erstmalig ist er beim richtigen Lehrer, obwohl auch Leschetitzky zunächst daran zweifelt, ob Paderewski die Versäumnisse der Jugend würde aufholen können. Aber Paderewski überzeugt ihn; das stundenlange Üben läßt wenig Zeit für seine anderen Leidenschaften: Politik, Kultur, Literatur, führt aber dann zu einem ersten großen pianistischen Erfolg in Paris.

Doch kann Paderewski den ersten Triumph nicht recht auskosten, da er unerwarteterweise nach dem ersten Klavierabend für mehr Konzerte engagiert wird, als er von seinem noch zu begrenzten Repertoire her zu geben in der Lage ist: »I was not ready to enjoy it and not ripe enough to deserve it« (S. 131). Mit einer ungeheuren Anstrengung, die ihm jede Freude raubt, meistert er die Lage und gibt die Konzerte, die seinen Ruhm begründen, geht dann aber wieder zu seinem Wiener Lehrer, um pianistisch weiterzukommen.

»And then of course began the years and years of labour ...« (S. 131), in denen er seine Karriere aufbaut, sich ein großes Repertoire aneignet. Er nennt diese Zeit seine »building period« (S. 146). Sie führt ihn auf Tourneen durch die ganze Welt. Mit 40 steht er im Höhepunkt seines Könnens und Ruhms, der allerdings aufgrund der immensen körperlichen Anstrengung - Paderewski leidet immer wieder an Schmerzen in Arm und Schultergürtel - teuer erkauft ist.

Mit 43 - 1903 - kauft er sich ein Anwesen in der Schweiz, zieht sich von öffentlichen Auftritten zurück und komponiert eine Oper. Es ist das Todesjahr seines Vaters, dem er ein Haus gekauft, den er aber jahrelang nicht mehr besucht hat. Den nun gut 20jährigen Sohn nimmt er zu sich.

Kompositorische Arbeit ist immer wieder eine zentrale Leidenschaft in Paderewskis Leben. Er unterscheidet scharf zwischen seiner kreativ-kompositorischen Arbeit: »By creative work one gives oneself new life. Creative work kills death ...« (S. 326) und der pianistischen: »... practising is practically spade work, the drudgery. It is ... the tragic side of the musical artist, that necessity of continuous practising« (ebenda). Die Aufführung seiner Oper »Manru« und deren Aufnahme berühren ihn zutiefst.

Er nimmt sein Tourneeleben nach dem Jahr kompositorischer Arbeit wieder auf. Es beginnt nun eine lange Phase, die er »Revolt against the piano« betitelt. Eingeleitet wird sie durch einen Unfall, bei dem er an sich keine ernsthaften Verletzungen davongetragen hat; dennoch bleiben Schmerzen über Jahre hin bestehen, v. a. im Arm und den Händen, die ihn am Spielen hindern. Es kommt immer wieder zu Tourneeabbrüchen, Kuraufenthalten, man versucht es mit Hypnose und allen Heilmitteln seiner Zeit.

In diese Zeit fällt auch sein Streit mit dem Haus Steinway, an deren Flügeln er etwas verbessert haben will. Die Umgewöhnung auf andere Flügel fällt ihm enorm schwer: »It took a very long time to get accustomed to another instrument, to make it my friend and respond to my demands« (S. 361).

1906 während einer Tournee fühlt der nun 46jährige, wie er das Klavierspielen zu hassen beginnt: »I loathed it ... it lasted for several years, my feeling of aversion to the keyboard ...« (S. 361). Er muß aber aus finanziellen Gründen spielen und leidet doppelt: Unter seiner Abneigung und darunter, daß sie sich auf seine künstlerische Leistung negativ auswirkt. Er hat das Gefühl, schlechter zu spielen als früher. Er grübelt über Ursachen für seinen Zustand, wird depressiv, kommt aber zu keiner Lösung seiner Probleme, die er zusammenfassend so beschreibt: »No matter what I played I did not feel in touch with the instrument« (S. 365).

Er folgt schließlich dem Rat eines Arztes, sich vom Klavier zurückzuziehen, und kauft einen Bauernhof, doch bringt er sich durch weitere Landkäufe in finanzielle Bedrängnis, so daß er nach dreijähriger Pause wieder spielen muß, aber seine »fingers were just like cotton ... And so it went, from bad to worse« (S. 367).

In dieser Zeit realisiert er einen uralten Kinderwunsch: Er stiftet ein Denkmal für eine wichtige polnische Schlacht aus seinem brennenden

Wunsch heraus, seinem Volk nützlich sein zu wollen. Er will die 500. Wiederkehr eines für Polen wichtigen Siegestages feiern und damit seinen Landsleuten dabei helfen, wieder Stolz und Würde zu entwickeln. Er arbeitet eng mit einem begabten jungen Künstler zusammen, der kurz nach Fertigstellung des Projekts an einer Lungenentzündung stirbt. Bei der Einweihungsfeier wird Paderewski gebeten zu spielen. Aber er lehnt ab und hält stattdessen eine bewegende Ansprache: »In my opinion, that address was just as satisfactory as if I had given a concert. And perhaps all unknowingly this proved to be my first real entrance into politics ...« (S. 370).

Er wird 1910 Präsident des polnischen Musikerverbandes und erhält die Ehrendoktorwürde der Universität Loew. Aber: »My deep aversion to the piano, in spite of my detour into politics, still continued during 1910 and even during 1911« (S. 371). Auch seine Oper wird aufgeführt. Er hat in dieser Zeit das Gefühl, »a new door opened« (S. 371), aber er zögert noch, hineinzugehen: »... but still I was not sure ...« (S. 371).

Erst 1913 - Paderewski ist nun 53 Jahre alt - beginnt er wieder kontinuierlicher zu spielen, führt Tourneen durch - allerdings wieder mit Abbrüchen - und fühlt sich erst im Anschluß an eine Kur in Kalifornien 1913 von seinen Armbeschwerden und auch seiner Abneigung gegen das Klavier befreit.

Das Buch endet mit der Beschreibung einer fröhlichen Feier 1914 auf Paderewskis Schweizer Anwesen zu seinem 54. Geburtstag. Die Fröhlichkeit kommt durch die Kriegserklärung zu einem plötzlichen Ende. Er spürt, daß Europa in eine neue, schreckliche Phase eingetreten ist. In dem Moment denkt er: »This is the end of my artistic life for a time« (S. 391) und »My heart was heavy« (ebenda).

Ihm ist klar, daß nun seine politische Aktivität alles andere dominieren wird, und er nimmt - vorläufig, wie man aus heutiger Sicht sagen kann - Abschied vom Klavier.

Auswertung
Instrumentenfindung als Beziehungsauftakt

Darüber, wie er zum Klavier kommt, verliert Paderewski so gut wie keine Worte. Er fühlt sich als Dreijähriger zu dem Instrument, das offenbar unbenutzt im Haus steht, hingezogen. Vielleicht aus Einsamkeit? Er betont, wie abgeschnitten von der Außenwelt er und seine Schwester leben, daß sie zum Beispiel keine gleichaltrigen Spielgefährten haben. So kann man sich vorstellen, daß das Instrument ein attraktives Spielzeug für den kleinen Jungen darstellt, vor allem, wenn das Wetter schlecht ist und an den langen Wintertagen.

Paderewski erwähnt, daß er eine »disposition for music« mitgebracht habe, und zwar als Erbstück der ihm ansonsten unbekannten, so früh verstorbenen Mutter. Außer ihrer äußeren Schönheit, die man an ihr gerühmt habe, ist ihr Interesse an Musik fast das einzige Detail, das er über sie anführt. Das Klavier könnte eine Verbindung zu ihr symbolisieren. (Man darf wohl davon ausgehen, daß die Mutter entsprechend ihrer Bildungsschicht und ihrem Geschlecht Klavier gespielt hat und daß das unbenutzt im Paderewskischen Haushalt herumstehende Instrument ihr verwaistes Klavier ist.)

Von seinem Vater scheint keine aktive Anregung zum Musizieren ausgegangen zu sein; Paderewski erwähnt nichts von der Wirkung des gelegentlichen Geigenspiels des Vaters auf ihn. Die Geige ist offenbar für ihn als »Spielzeug« auch nicht so anziehend wie das Klavier, er spricht nicht davon, das Geigen als Kind einmal ausprobiert zu haben. Auch gesungen wird in dem eher stillen Haus, das ja zunächst nach dem Verlust der Mutter ein Trauerhaus gewesen sein dürfte, nicht.

Ein indirekter Hinweis, der den Ursprung des Interesses Paderewskis am Klavier mit erhellen könnte, läßt sich den Lebensumständen zum Zeitpunkt der Hinwendung zum Klavier entnehmen. Der Junge beginnt zu spielen, als der Vater von den Kosaken ins Gefängnis gebracht worden ist. Ein traumatisches Erlebnis, denn Paderewski und seine Schwester wissen nicht, wann und ob der Vater je wiederkommt. Das Klavier könnte in dieser Zeit Ablenkung, Trost und Elternersatz in einem gewesen sein.

Betont man die Mutteridentifikation, läge ein besonderer Fall von »Übernahme« des Instruments, das hier im Sinne eines »linking objects« (Volkan, 1995, vgl. Kap. IV) fungieren würde, vor; gewichtet man die anderen Lebensumstände stärker, wäre ihm das Klavier vom Zufall »zudiktiert«. Angesichts der in jedem Fall aber schwierigen Lebensumstände zur Zeit des »Beziehungsauftakts« ist eine melancholische Gefühlstönung dem Klavier gegenüber spürbar, wenngleich hierfür keine weiteren Belege angeführt werden können.

Wie entwickelt sich die Musiker-Instrumenten-Beziehung?

Stärker als in anderen bisher beleuchteten Fälle erscheint das Instrument für Paderewski von Anfang an einen »Mittel-zum-Zweck-Charakter« zu besitzen. Weder Freude am Klang oder an der Identifikation mit musikliebenden Eltern noch Spiel- und Meisterungsglück werden explizit erwähnt, obwohl sie doch auch vorhanden gewesen sein müssen, wenn das Kind stundenlang improvisiert.

Das Spielen und damit das Klavier ist vielmehr ein notwendiger Helfer. Es hilft dem jungen Paderewski, schwierige Lebenssituationen, v. a. Einsamkeit zu ertragen. Anders als das plötzlich ausschlagende Pferd beispielsweise, kann es dem sensiblen, nach Ausdruck und Liebe suchenden Kind ein verläßlicher, berechenbarer »Freund« sein.

Es bringt dem Sohn väterliche Anerkennung und Stolz ein: Der Vater läßt die ersten Kompositionen Paderewskis binden, sorgt für Klavierlehrer, wenngleich die Wahl des ersten, der eigentlich ein Geigenlehrer ist, von wenig Einsicht in hilfreiche Förderung zeugt. Der Vater glaubt an die Begabung des Sohns, die er als Gottesgeschenk betrachtet.

Das Klavier hilft auch dabei, Zuneigung und Dankbarkeit in anderen Menschen dem Spieler gegenüber hervorzurufen. Das Spielen, spürt bereits das Kind, ist eine Möglichkeit, nicht nur sich, sondern auch anderen Freude zu machen. Vor allem als nach der zweiten Heirat des Vaters in der Familie Spannungen auftreten, nutzt er das Klavier, um »harmony« wiederherzustellen oder zu erzeugen.

Paderewski sieht das Motiv, andere glücklich zu machen und Spannungen zu lindern, generell als ein Leitmotiv seines Lebens an und die Musik als sein Hauptmittel, diesem Bedürfnis nachzukommen. (In diesem Zusammenhang sei daran erinnert, daß er die Nachrichten aus der Zeitung »fälscht«, um den alten Männern Freude zu machen. Dies ist ein deutlicher Hinweis darauf, wie unerträglich ihm das Leiden Nahestehender ist.)

In engem Zusammenhang mit dem Wunsch, andere durch sein Musizieren zu erfreuen, steht das früh ausgeprägte, tiefe Bedürfnis Paderewskis, »jemand zu werden« und dadurch »seinem Volk zu helfen«. Die Phantasie schon des Kindes ist es offenbar, der Welt zu zeigen, was in einem Polen stecken kann. Hier geht es nun nicht primär darum, anderen Freude zu bringen, sondern vielmehr andere zu beeindrucken, bestenfalls sie sogar zu beeinflussen. Paderewski selbst gewichtet diese Sehnsucht höher als alle anderen Wünsche, und er läßt keinen Zweifel daran, daß ihm das Klavier in diesem Zusammenhang eben immer »nur« das Mittel zum Zweck darstellt.

Etwas von der »Schwere« der Umstände, die Paderewski zum Klavier geführt haben, scheint auf seine Beziehung zum Klavier abgefärbt zu haben. Von Anfang an gibt es »Behinderungen« dabei, sich an der Klangschönheit des Instruments oder den eigenen Fortschritten etwa zu erfreuen und das Klavier in den Dienst rein musikalischer Ausdrucksbedürfnisse zu stellen. So dauert es lange, bis Paderewski den »richtigen« Lehrer findet; er muß eine Reihe niederschmetternder »negativer Prophezeiungen« verarbeiten, er leidet unter den Nachteilen und Abträglichkeiten (wie das Grimassieren), die sich seiner Ansicht nach durch die zu lange autodidaktische Lernzeit eingeschlichen haben.

Paderewskis musikalische und außermusikalische Ausdrucksbedürfnisse scheinen daher, ganz im Kontrast etwa zu Galway, nicht ausschließlich an das Klavier gebunden. Er komponiert, und er schätzt diese Tätigkeit als kreativer als das Spielen ein. Er probiert diverse andere Instrumente aus, und wie zum Hohn scheinen sie ihm mehr »entgegenzukommen« als das Klavier. Leidenschaftlich stürzt er sich in andere geistige Welten wie Wissenschaft, Politik, Literatur. Eine »Heimat«, damit Identität, gibt ihm das Klavier nicht - ausdrücklich erwähnt er, daß die Sehnsucht nach einem »Zuhause« ihn erst in seine erste Ehe, später zu Landkäufen führt.

Trotzdem bleibt er dem Klavier, wenn auch mit Unterbrechungen, »treu«. Man könnte in dem beharrlichen Festhalten des jungen Mannes am Klavier trotz ihm vorhergesagter größter Erfolgsmöglichkeiten auf anderen Instrumenten neben der tief verborgenen Zuneigung eine Art Dankbarkeitsverpflichtung dem Klavier als dem nicht immer geliebten, aber verläßlichen Nothelfer gegenüber entdecken, von dem er sagt, »it took a very long time to ... make it my friend and respond to my demands« (S. 361).

Gleichzeitig bedeutet diese Treue auch Selbstüberwindung. Es gibt viele Hinweise darauf, daß Paderewski spürt, daß er seine größte Kraft gerade gegen widrige Umstände am besten entfalten kann. In diesem Zug seines Wesens sieht er sich oft unterschätzt. Daß die Treue zum eingeschlagenen Weg mit dem Klavier mit einer Selbstüberwindung einhergeht, die sehr groß gewesen sein muß, davon zeugen Paderewskis Aussagen über die Qualen des Übens, der Repertoireerweiterung etc. Seine strenge Unterscheidung zwischen »Spielen« und »Arbeiten« macht nur allzu deutlich, wie sehr er spielerisch-leichte Ausdrucksimpulse bei sich zu eskamotieren versucht.

Die Freundschaft, ja Liebe Paderewskis zum Klavier muß es gegeben haben, auch wenn sie fast nie zum Ausdruck kommt. Vergraben scheint sie unter der Fron des Übens, die er die »tragic side of a musical artist« (S. 326) nennt. Indem das Üben darauf abzielt, den Künstler in die Lage zu versetzen, ein Werk gemäß bestimmten musikalischen Intentionen vorzutragen, ist Spielen für Paderewski meist »Arbeit«. Daneben gibt es für ihn auch ein Spielen um der reine Freude am Spiel willen, des eigenen Gefühlsausdrucks wegen, also eine Erbschaft aus seiner Zeit kindlichen Improvisierens. Verkürzt gesagt: Das Spielen für andere ist Arbeit, das Spielen nur für ihn selbst Vergnügen. Die kindliche Freude am Spielvergnügen aber drängt der erwachsene Künstler mehr und mehr zurück, ja er entwickelt ein schlechtes Gewissen wegen solchen Spielens. »Arbeiten« sei der eigentliche Lebensinhalt des ernstzunehmenden Musikers.

Erst im hohen Alter, nämlich zum Zeitpunkt der autobiographischen Gespräche gelangt Paderewski langsam zu der Einsicht, »that playing is not working« (S.327). Aber auch der 75jährige betont, er übe vier Stunden täglich. »It is a slavery from which there is no escape ... It has ... its pleasant moments, but I could say as Gounod once said about Wagner, ›Yes, there are divine moments, but oh the unbearable hours!‹« (S. 327)

Freundschaftliche, ja liebevolle Verbundenheit mit dem Klavier als Teilhaber gemeinsamer Freude an der Musik gibt es für Paderewski also nur in wenigen, dann allerdings »göttlichen« Momenten.

Das bleibt auch so, als Paderewski schließlich Erfolge auf und mit seinem Klavier errungen hat. Er kann sie wenig genießen, zumindest stellt er das in der Autobiographie in den Hintergrund. Das erspielte Geld gibt er weitgehend für politisch-soziale Unterstützung in Polen aus. Statt Erleichterung angesichts der nunmehr gesicherten Virtuosenstellung stellen sich vor allem körperliche Beschwerden ein, die ihn am Spielen hindern und die eher psychosomatischen Charakters zu sein scheinen, dann aber auch eine direkt empfundene große Abneigung gegen das Spielen.

Tatsächlich führt das zur Rebellion gegen die Tyrannei des Übens, zu Rückzug in das als eigentlich kreativ empfundene Komponieren, zu Trennungen vom Klavier, zu Jahren des Pausierens. Der ehemalige Helfer und Freund wird ihm zum Feind, so erlebt es Paderewski, wenn er das Verhältnis zum Klavier einmal zusammenfassend so charakterisiert:

»A piano can be a very personal possession, a beloved friend, and sometimes, even an enemy. ... I have had many and royal battles with my piano during my career, battles that had to be fought to the bitter end« (S. 188) und »When an artist is deprived of his work, life is generally over for him« (S. 359).

In diesen beiden Zitaten werden die Paderewski immer wieder beschäftigenden vier Hauptaspekte seiner Beziehung zum Klavier angesprochen: das Klavier als etwas sehr Persönliches, Intimes, Unverwechselbares; als ein besonderes »Besitztum«; das Klavier als enger, geliebter Freund und Begleiter; das Klavier als gehaßter und bekämpfter Feind; das Klavier bzw. das Spielen als etwas Existentielles, Lebensspendendes, Lebenserhaltendes.

Diese vier Aspekte werden von Paderewski keinesfalls gleichrangig behandelt, vielmehr ist die Feindschaft zum Klavier praktisch das einzige, worüber er sich - dann aber auch ausgedehnt - äußert. Die anderen werden eher implizit oder en passant erwähnt und müssen mehr oder weniger erschlossen werden.

Die Feindschaft zum Klavier beginnt eher schleichend. Sie kündigt sich in der Konstellation des »Gegenanspielens« seit der Jugend Paderewskis an (gegen Lehrerzweifel, gegen Einsamkeit, gegen Spannungen). Sie äußert sich in körperlichen Schmerzen, die schließlich zu Unfähigkeit und Stillstand führen. In einem sich über Jahre hinziehenden Prozeß wird aber auch psychisch eine Abneigung gegen das Klavier und das Spielen immer bewußter bis hin zum offenen Haß. Paderewski stößt Verwünschungen gegen das Klavier aus, empfindet es als Folterinstrument, an das er gebunden ist. Der Haß wird körperlich empfunden, wird zur existentiellen Krise in der Lebensmitte, die immerhin - mit einigen Besserungen - fast 10 Jahre anhält.

Obwohl Paderewski seine aversiven Gefühle als Feindschaft und Haß und damit das Klavier als einen gleichwertigen, negativ besetzten Gegner ansieht, lastet er die Konflikte nur zum Teil dem Klavier selbst oder äußeren Umständen an: Ihm ist bewußt, daß sich etwas wie schicksalhaft in ihm vollzieht, das stärker ist als seine bewußte Absicht. Daraus resultiert wohl auch seine Entscheidung, nicht nur Körperärzte, sondern auch Seelenärzte aufzusuchen, die u. a. Hypnose mit ihm durchführen. Genaue Gründe vermag er nicht auszumachen, obwohl er deutlich fühlt, daß es subtile und komplizierte Verhältnisse sein müssen, die zu all dem geführt haben.

Paderewski findet zu wieder weitgehend positiver Besetzung des Klaviers durch drei unterschiedliche Wege zurück: durch Beziehungsabbruch und Distanz, durch zeitweise Hinwendung zu anderen Interessen und durch ein regressiv-wohliges Kurerlebnis.

Die Beziehung zum Klavier hat also weitgehend Kampfcharakter: Der Kampf im Verbund mit dem geschätzten, unentbehrlichen, geliebten Instrument für andere, politisch-narzißtische Zwecke, dann der Kampf gegen das gehaßte, tyrannische Klavier. Damit liegt im Falle Paderewskis als Typ innerer Bezogenheit eine Haß-Liebe vor, die eine Variante des Partnererlebens darstellt.

Hintergründe der Musiker-Instrumenten-Beziehung

Der melancholische Zug dieser Musiker-Instrumenten-Beziehung, ihre Schwere, ihre Leidenschaftlichkeit, schließlich die leidvollen Versuche, sich aus dieser Beziehung zu befreien, sie zu verändern, speist sich aus verschiedenen Quellen.

Zum einen mögen die frühen Traumata des Mutterverlusts und der langen, gewaltsamen Trennung vom Vater ihre Schatten über das Verhältnis geworfen haben. Hierfür spricht zum Beispiel Paderewskis Aussage: »creativity kills death« (S. 326). Zieht man in Betracht, daß der junge Paderewski in einer Zeit zu spielen beginnt, in der er Trauer über den Mutter- und Vaterverlust mit keinem teilen kann, wird der antidepressive, im psychischen Sinne lebenserhaltende Charakter künstlerischen Ausdrucks nachvollziehbar (vgl. hierzu auch die Annahmen Auchters, 1978, Kap. II)).

Ich möchte annehmen, daß das Spielen ursprünglich eine ebenso kreative Seite für den Spieler hatte wie das Komponieren, eine Seite, die sich aber im Zuge bestimmter intrapsychischer Umstrukturierungen mehr und mehr verlieren mußte - das Komponieren wäre dann der Erbe dieser ursprünglich vermutlich auch am Klavier ausgelebten Kreativität.

Spielen hat von früher Kindheit an für Paderewski mit Tod und Leben, mit Überleben zu tun. Es stellt vermutlich unbewußt den Versuch dar, die Imago der »guten Mutter« für sich innerlich am Leben zu erhalten. Mit »Mutter« ist ein gutes, Gefühle spiegelndes, durch Klänge umhüllendes, immer verfügbares Objekt gemeint, dessen Imago sich Paderewski aus Erinnerungsspuren an seine reale Mutter und den beschützend-mütterlichen Anteilen seines Vaters innerlich aufbauen und in der Mangelsituation des Halbwaisen auf einen sich anbietenden Gegenstand wie das Klavier projizieren konnte. Das Klavier eignet sich hierfür dadurch, daß es mit dem musikalischen Wesen der Mutter in Verbindung gebracht werden konnte.

Denn Paderewski würdigt zwar das Bemühen des Vaters, ihn musikalisch zu fördern, doch betont er dessen Pflichtethos: Der Vater habe ihn gefördert, weil er es als Sünde ansah, ein Talent, gleichgültig, was es sei, brachliegen zu lassen. Die Förderung scheint nicht aus eigener innerer Teilnahme an der Liebe zur Musik hervorzugehen, die es so aber mit der Mutter gegeben haben könnte, wäre sie am Leben geblieben. Der Vater wird ihm wohl nur zum Teil zu einem »musikalischen Dialogpartner«. Wie wichtig Paderewski das Teilen dieser inneren Ausrichtung auf Musik hin ist, zeigt sich in seiner späteren Partnerwahl: Er heiratet eine Musikerin. Zur inneren Nachfolgerin der Mutter wird diese Frau dadurch, daß Paderewski in ihr und durch sie eine »Heimat« sucht, eine Verwurzelung im Mütterlichen also; und es ist eine tragische Wiederholung in seinem Leben, daß er eine Frau gefunden hat, die ebenso wie die Mutter kurz nach der Geburt ihres Sohns stirbt.

In diesem symbolischen Sinn der mütterlichen Heimat erfährt das Klavier durch Paderewski sicherlich eine höchst positive, ja idealisierende Besetzung. Sie zeigt sich daran, wie sehr er das Klavier vor allem in seiner Kindheit und Jugend als gutes Echo und stützenden Begleiter für den Ausdruck seines Gefühlslebens nutzt, das er in der Realität mit keinem so recht teilen kann: mit der Schwester nur wenig, die ihn als lästigen Rivalen erlebt hat, mit dem Vater wenig, der ihm erst entrissen wird, der dann selbst Zuwendung braucht (Erblindung) und der schließlich sich einer anderen Frau zuwendet; auch mit dem Pferd, dem Freundesersatz, nicht, das ihn mit dem unglückseligen Hufschlag »zurückweist«, vielleicht am ehesten noch mit der Natur, die er so liebt.

So gesehen wird das Instrument zu einem immer verfügbaren, guten mütterlichen Objekt, auf das große Hingabe- und Verschmelzungswünsche übertragen werden, Wünsche letztlich, das Spielen solle die traumatischen Verluste aufheben und ihn wieder in die mutter-kindliche Zweisamkeit und Aufgehobenheit zurückführen.

Das stundenlange, psychisch so dringend nötige und ihn stützende Improvisieren nennt Paderewski jedoch Schwelgen in den eigenen Emotionen. In der pejorativen Formulierung und dem Bekämpfen dieser Art des Spielens wird deutlich, daß er dieses emotional-regressive Ventil an sich ablehnt. Hierin zeigt sich die Wirkung eines sehr rigiden Über-Ichs, wie es zustandekommt bei Kindern, die ihre traumatischen Verluste mangels anderer Erklärungsmöglichkeiten letztlich auf eigene Schlechtigkeit und Insuffizienz zurückführen: »Weil ich so war, wie ich war, mußte meine Mutter sterben, wurde der Vater mir genommen«.

Paderewski kann sich das genießerisch-vertrauensvolle Gefühlsbad mit seinen narzißtischen Gratifikationen aus der unbewußten Haltung heraus, eigentlich schlecht und damit zu recht verlassen und einsam zu sein, immer weniger gönnen.

Insofern haftet dem Klavier als symbolischem Mutternachfolger schon bald ein Makel an; es hilft nicht nur über etwas hinweg, sondern erinnert immer wieder an eben doch nicht verschließbare Wunden und endgültige Verluste.

Der Wunsch, als Pianist zu reüssieren, ist ja bei Paderewski dem Wunsch untergeordnet, Polen - und damit seiner symbolischen Mutter, der Heimat - zu helfen. Hierin liegt eine Relativierung des Werts, den das Spielen für ihn hat und haben soll. Der Wunsch nach Anerkennung und Berühmtheit als Pianist, also letztlich die Grandiositätsphantasien im engeren Sinne, können nicht frei ausgelebt werden, sondern werden in den Dienst eines überaus hohen Ideals gestellt. Als Helfer, wenn nicht gar Retter, vielleicht auch Rächer Polens aufzutreten, kann man als Ausdruck des Wunsches ansehen, narzißtische Verletzungen aufzuheben und wiedergutzumachen. Denn der Mutterverlust in einer Zeit der Mutter-Kind-Einheit ist eine schwere narzißtische Verletzung; auch die entwürdigende Behandlung des Vaters durch die Kosaken und sein Verschwinden hinterlassen tief kränkende Spuren; schließlich muß auch daran erinnert werden, daß die mütterliche Familie ebenfalls von den Russen gedemütigt, exiliert und daß Paderewskis Onkel ermordet wurde.

Die Motivation zum Spielen erhält damit bei Paderewski eine Erfolgsverpflichtung besonderer Art. Sie stammt nicht so sehr aus dem »Elternopfer«, wenngleich die Bevorzugung durch Vater und Stiefmutter Paderewski zu schaffen gemacht haben, sondern speist sich aus einem Rachebedürfnis, einer Verzweiflung, in der dem Instrument quasi die Rolle der Waffe zukommt. Spielen wäre dann unbewußt auch eine Gewaltanwendung. Das Instrument symbolisiert somit neben dem »guten Objekt« die Erinnerung an Verlust, Kränkung, Schande, Scham. Die stete Selbst-Verpflichtung, gut, ja besser als alle anderen sein zu müssen, wird zur Folter, Gewalt an sich selbst. So kann das Klavier zum Gegner werden.

Es fordert ständig, ohne mehr das zu gewähren, was Paderewski so dringend benötigt und in jüngeren Jahren und einigen »göttlichen Momenten« auch immer wieder erleben kann.

Und so könnte der merkwürdige Doppelcharakter des Instruments für Paderewski entstanden sein, der an einem in der Autobiographie en passant erwähnten Detail so plastisch zum Ausdruck kommt: dem Grimassieren. Man könnte im Lichte des bisher Gesagten vermuten, daß sich in seinem Spiel, also dem direkten Kontakt seiner Hände und Füße zum Instrument, das libidinös-regressive Element ausdrückt, während die tichaften Fratzen dem unbewußten Rachewunsch (vielleicht auch bereits seine Selbstverachtung darüber, ihn nicht hinreichend realisieren zu können) ausdrücken. Fratzenhaft entstellt ist ein Gesicht im Ausdruck tiefen Hasses und intensiven Schmerzes. Es ist nun genau der taktile Kontakt, der Paderewski in seiner Rebellionsphase gegen das Klavier verlorengeht, also die libidinös-regressive Dimension: »But it was impossible. ... My fingers were just like cotton. I could not produce the tone. The touch was so strange to me« (S. 367). Als »Erben« der Fratzen könnten die Schmerzen im Arm und Schultergürtel angesehen werden.

Es ist in diesem Zusammenhang interessant, einmal zu betrachten, wann die von früh an angelegte Ambivalenz so unerträglich wird, daß sie das Spielen unmöglich macht.

Der erste Rückzug vom Klavier fällt mit dem Todesjahr des Vaters zusammen und ist ein Rückzug von der Fron des Übens, nicht aber von der Musik. Die Abwendung vom Klavier ist nicht total, beim Komponieren leistet das Klavier sicher gute Dienste. Es unterstreicht m. E. das oben Gesagte, daß Paderewski - auf dem Höhepunkt seiner so schwer errungenen Erfolge - und zu einem Zeitpunkt, wo sein Vater stirbt, das Klavier, den symbolischen Elternersatz, zurückweist, wohl aus der Enttäuschung heraus, daß das Instrument seine Wünsche nicht »erfüllt« hat, nichts lebendig erhalten kann - damals die Mutter nicht, nun den Vater nicht.

In diesen Erklärungsansatz paßt auch, daß seine Aversion gegen das Instrument wächst, als er sich von dem vertrauten Klavierpartner, dem Steinway-Flügel, trennen muß. Diese Trennung läßt vermutlich die vielen traumatischen Todestrennungen in seinem Leben in ihm symbolisch wieder auferstehen.

Der eigentliche Anlaß zum Rückzug vom Klavier, ein Unfall, könnte ihm zunächst als unbewußt willkommene Möglichkeit erschienen sein, einmal »frei« zu sein von der Tyrannei des Übens und Spielens, damit auch von der Bindung an ein höchst »forderndes« und immer weniger seine regressiven Verschmelzungswünsche »befriedigendes« Objekt.

Es scheint, daß Paderewski mit der ersten, mehr symbolischen Erfüllung seiner Rettungsphantasie (Denkmal) ein Stück erlaubter Regression und Selbst-Heilung erlebt, denn danach kann er sich dem Instrument wieder zuwenden, doch ist das Überwiegen der positiven Elemente in seinem Verhältnis zum Instrument nicht von Dauer; das endgültige Überwinden der inneren Polarisierung scheint erst mit dem Erlebnis, seinem Volk tatsächlich - als ranghöchster Politiker - geholfen zu haben, eingeleitet worden zu sein.

Einen weiteren Schatten auf sein Verhältnis zum Klavier könnten unbewußte oder bewußte Schuldgefühle der ja ebenfalls begabten Schwester gegenüber eine Rolle spielen. Sie treten zunächst zusammen vierhändig auf, sind sich ohnehin in ihrer Einsamkeit nahe Gefährten. Aber es ist der Sohn, an dessen Begabung der Vater glaubt. Als die Schwester anfangen will, ernsthaft Klavier zu spielen, ist es zu spät; Paderewski ist bereits zum Hoffnungsträger der Familie geworden. Die Geschwisterrivalität wird noch einmal thematisiert, als der Junge versucht, die Bevorzugung seiner Person durch die Stiefmutter der Schwester gegenüber abzumildern, was aber nicht gelingt. Schon früh zeigt sich, daß Paderewski seine eigene Bevorzugung nicht einfach »genießen« kann bzw. will, ebensowenig wie seine späteren Erfolge. Immerhin sind die häuslichen Querelen so intensiv, daß er froh ist, mit zwölf die Familie verlassen zu können. Die Kontakte zur Schwester werden im Buch, analog wie wie die zur übrigen Familie, von da ab nicht mehr thematisiert.

Die Einzelfälle als Kontrolle der vergleichenden Untersuchung

Welche Ergebnisse der vergleichenden Untersuchung werden durch die Einzelfallbetrachtung gestützt?

Die Ergebnisse zur Instrumentenfindung konnten bestätigt werden. Die Muster der Instrumentenwahl: »aufgezwungene Übernahme« bei Kremer, »erwünschte Übernahme« bei Galway, »geglückte Suche« bei Casals oder eine Mischung aus Übernahme und Zufall bei Paderewski stellen immer eine bedeutungsvolle Beziehungsanbahnung mit einer dazu passenden Gefühlstönung dar. Die »Tonart« der sich entwickelnden Beziehung wird zunächst von den Eltern bzw. den sonstigen Umständen vorgegeben; so dominieren idealisierende Klänge bei Galway und Casals, abwehrend-ambivalente bei Kremer, melancholische bei Padereswki. In dieser »Tonart« liegt das Eltern- (oder Umstände-) Vermächtnis an die Instrumentalisten, mit dem diese unterschiedlich umgehen: Kremer und Paderewski suchen sich hiervon zu befreien, Casals und Galway bewahren es und können Kraft aus ihm ziehen.

Der Befund einer engen Schicksalsverwobenheit zwischen Instrumentalist und Familie findet sich in den Einzelfällen überaus plastisch wieder: Die Opfer der Eltern, besonders der Mutter, werden eindringlich bei Kremer beschrieben und in ihren negativen Folgen geradezu analysiert. Auch bei Casals werden Elternopfer beschrieben, allerdings gehen sie keineswegs bis zur Selbstaufgabe und haben daher zwar auch belastende, aber nicht so einschneidend negative Folgen. Casals leidet unter den Konflikten, die dadurch entstehen, daß sich die Mutter dem Vater widersetzt und ihn zeitweilig verläßt; wie stark die Erfolgsverpflichtung ist, die daraus resultieren könnte, bleibt offen. Er betont in auffälliger Weise den starken Anteil beider Eltern an seinen Erfolgen. Bei Paderewski werden keine Opfer der Eltern beschrieben, wohl aber eines der begabten einzigen Schwester; bei Galway sind die Opfer verborgen unter der altruistischen, freudigen Abtretung des Vaters und der »Teilnahmslosigkeit« der Mutter: Sie werden darin bestanden haben, daß die Eltern zunehmend merken, wie sich der Sohn mithilfe ihrer Förderung seiner Herkunft und Heimat entfremdet, sie ihn letztlich mehr als üblich »verlieren«.

Besonders deutlich wird das Ausmaß der aus den Elternopfern resultierenden Erfolgsverpflichtung des Instrumentalisten bei Kremer reflektiert, der in einem mühevollen Prozeß sich die ihm aufgezwungenen Elternwünsche zu den eigenen macht und der sich in der Entfaltung seiner vielfältigen Interessen so drastisch auf die Geige zurückgestutzt empfindet.

Man könnte daraus schließen, daß je mehr die Elternopfer auf masochistischer Selbstzurücknahme beruhen, sie sich desto negativer auswirken. Je mehr der »Opfernde« in altruistischer Abtretung wirklich mitgenießen kann, sich zudem andere Bereiche bewahrt hat, aus denen er Stärkung für sein Selbstwertgefühl ziehen kann, desto milder können die Folgen sein.

Andere Befunde aus der vergleichenden Untersuchung waren, daß das Spielen des Instruments als etwas Natürliches, Leichtes empfunden wird, daß es schwebende Verschmelzungszustände mit einem Quasi-Übergangsobjekt erlaubt, daß der Instrumentalist zu besonders flexiblen Übergängen zwischen Regressionen, funktionslustartigen Zuständen einerseits und hochkomplexen geistigen Tätigkeiten andererseits in der Lage ist. Bei Casals und bei Galway spielt dieser Aspekt eine bedeutsame Rolle, besonders betont Galway das Beglückende beim Spielen, das sich für ihn wie für viele andere Instrumentalisten auch in der Pubertät nicht ganz verliert und schließlich zur religiösen Erfahrung vertieft wird. Auch Casals läßt keinen Zweifel daran, daß ihn das Spielen beglückt; vielleicht betont er etwas mehr den Dienst am Geist der Musik. Bei Paderewski findet sich das Motiv mehr in seiner Sehnsucht wieder, andere durch das Spielen glücklich zu machen; da er sich selbst glückliche, leichte Momente wenig gestatten kann, ist schmerzliche Entbehrung die über weite Strecken seines Lebens einzige Erinnerung an solche schönen Zustände, die er in seinen »Spiel«-Stunden am Klavier, in seinem »Schwelgen in Gefühlen« auch kennengelernt hat. Bei Kremer schließlich scheint das Glück des Spielens in der Erinnerung völlig überwuchert vom Übezwang.

Daß das Instrument zum Teil des Körperschemas wird, läßt sich an den Einzelfällen ebenfalls veranschaulichen. Kremer wird das Instrument zur Verlängerung von Geist, Körper und Seele. Paderewskis Leiden am Klavier schlagen sich körperlich nieder. Casals empfindet starken Ekel, als die Nazisoldaten sein Cello berühren, als berührten sie ihn selbst. Ekel ist ein heftiger Affekt mit starker Körperbeteiligung. Der Untertitel zu Galways Autobiographie lautet: »The man with the golden flute«. Er und sein »gentle little instrument« verbinden sich zu einer Gesamterscheinung.

Gleichwohl muß konstatiert werden, daß die Einzelbetrachtungen in diesem Punkt eher wenig ergiebig sind. Vermutlich ist hiermit ein Punkt berührt, der durch Fragen in einem Interview besser erhellt werden kann, da er sehr »ich-nah« ist.

Noch stärker trifft das eben Gesagte auf die eher spekulativen Vermutungen zum Instrument als Erben der guten Stimmenimago zu, die durch die Einzelfallbetrachtung nicht in Frage gestellt, aber auch nicht besonders plastisch durch sie bekräftigt werden können. Insgesamt aber bieten die Einzelfälle ein überzeugendes Bild von der Überdeterminiertheit des Instruments, in dem sich realistische und idealisierte Selbst- wie Elternbilder überlagern und verdichten, das vom Spielzeug zum Freund, vom Zwilling zum ganz Anderen, vom Freund zum Feind changieren kann. Immer aber ist es durch die Herausforderung, die es an die Wünche und Sehnsüchte, an Ehrgeiz und Racheimpulse darstellt, eine Projektionsfläche des Ich-Ideals.

Den zum Schluß der vergleichenden Untersuchung aufgestellten Typen der Musiker-Instrumenten-Bezogenheit, können die vier Musiker unterschiedlich deutlich zugeordnet werden. So verkörpert Paderewski nahezu idealtypisch eine Bezogenheitsform, in der das Instrument als Partner erlebt wird, der geliebt und gehaßt wird. Schwieriger ist die Zuordnung Kremers, schon deswegen, weil er nur einen Abschnitt aus seiner bis heute andauernden Bezogenheit auf die Geige schildert und reflektiert. Man hat das Gefühl, daß er die Geige zunächst nur als narzißtische Verlängerung in seinem Ablösungskampf gegen die Eltern bzw. als deren narzißtische Verlängerung in ihrem Erwartungsdruck auf ihn sehen und erleben kann. Einmal ist die Geige gutes Echo, einmal fordernder Tyrann. Nur langsam kristallisiert sich heraus, daß das Instrument auch etwas »Eigenes«, etwas von ihm und den Eltern Abgegrenztes ist und damit auch ihm und seinen Ausdrucksbedürfnissen als »Partner« zur Verfügung steht. Man könnte daher Kremer an der Schwelle zum Bezogenheitsform der Partnerschaft sehen. Bei Galway dagegen scheint die Flöte durchgängig narzißtischer Zwilling zu sein. Und bei Casals wieder bilden die narzißtische Dimension und die komplementär-partnerbezogene ein unauflösliches Amalgam.

Die Gedanken zur akustisch-visuellen Körperbildverfassung der Instrumentalisten werden durch die Einzelfallstudien, vorsichtig gesagt, nicht entkräftet. Man kann sich beispielsweise im Falle Paderewskis die Frage stellen, wie das Instrument zum Erben der elterlichen Stimmenimago werden kann, wenn doch die Mutter so kurz nach der Geburt gestorben ist und der Vater eher wenig selbst musiziert hat. Meiner Ansicht nach ist gerade durch den frühen Mutterverlust das Instrument höher idealisiert worden als in anderen Fällen, gleichzeitig ist es »Mahnmal« für den erlittenen, unersetzlichen Verlust. Die Verbindung mit dem Instrument kann heilend und tröstend und ganzmachend wirken, aber auch Schmerzen und körperlich-seelische Pein bereiten. Möglicherweise wird Paderewiski das Klavier zum »linking object« (Volkan, 1995), »which links a mental representation of the dead person with the self representation of the mourner« (ebenda). Die Versuche Paderewskis, sich vom Klavier zurückzuziehen, können so auch als Versuche betrachtet werden, sein »tonloses« Körper-Ich gegenüber dem Klavier aufzuwerten und dadurch in eine andere Form des Kontakts zum Instrument eintreten zu können, in dem die idealisierenden Besetzungen nicht so polarisiert werden wie vorher. Wie anders wäre es sonst zu verstehen, daß gerade ein Moorbad, also ein regressiv-heilsames Körpererleben, Paderewski zum Klavier zurückfinden läßt?

Welche Ergebnisse der vergleichenden Untersuchung werden durch die Einzelfallbetrachtungen modifiziert?

Den Glauben an eine schicksalhafte Bestimmung zum Musiker, ein Aspekt, der nach den Ergebnissen der vergleichenden Untersuchung dazu beiträgt, daß die Instrumentalisten auf ihrem einmal eingeschlagenen Weg bleiben, kann man zwar auch in den vier Einzelfällen wiederfinden: Bei Galway scheint es so zu sein, daß die Prophezeiung der Zigeunerin - wahrscheinlich ausgesprochen, um der Mutter zu schmeicheln - in jungen Jahren seine Motivation hie und da verstärkt haben dürfte; doch sind die Quellen, aus denen sich seine Motivation hauptsächlich speist, andere. In späteren Jahren braucht Galway aufgrund der inneren Gewißheit, die Flöte als passendes und hochdifferenziertes Ausdrucksmedium gefunden zu haben, offenbar überhaupt keine auffrischende Bestätigung in Form äußerer Prophezeiungen mehr; er erwähnt zum Beispiel nie Kritiken über ihn oder Aussagen von Flötenvorbildern über ihn und seine Fähigkeiten. Insgesamt erscheint der Aspekt als bei Galway nicht so stark gewichtet, da er aufgrund seiner Spielfreude und Religiosität dieser Bestärkung nicht bedarf.

Das eigene Musikertum als etwas vom Schicksal Vorherbestimmtes spielt bei Kremer in folgender Variante eine Rolle: Er sieht ausschließlich seine Eltern in der Rolle des »Schicksals«. Seine Vorherbestimmtheit zm Musiker steht außer Frage, sie wird aber nicht höheren Instanzen attribuiert. Die »Bestimmung« erscheint ihm in vieler Hinsicht mehr als Fluch, dem man nicht entrinnen kann, denn als Stütze.

Bei Casals wird der Gedanke einer »schicksalhaften Bestimmung« nicht explizit ausgesprochen. Casals empfindet sich aber als von Natur aus mit einem musikalischen Talent begabt, das sich aufgrund der guten Förderung durch Eltern und »geistige Eltern«, die er umfassend schildert, und seiner eigenen Arbeit, über die er wenig Worte verliert, ungehindert entfalten kann. Das Talent erscheint als etwas von Beginn seines Lebens an zu ihm Gehöriges, als Teil seiner von Anfang an musikalisch ausgerichteten Identität. In dieser Erscheinungsform eignet ihm schon etwas

Schicksalsbestimmendes. Wenngleich Casals selbst von einer Berufung nicht spricht, so spielt dieser Gedanke aber in der inneren Welt seiner Mutter eine große Rolle. Ihr unbeirrbarer Glaube an die Bestimmung des Sohns zum Cellisten begleitet ihn ein Leben lang; vielleicht hat er aufgrund der großen Nähe zur Mutter kein eigenes Konzept einer »inneren Gewißheit« ausbilden müssen.

Bei Paderewski spielt der Schicksalsglaube als »innere Gewißheit« dagegen eine bedeutende Rolle. Fast erhält man das Gefühl, die innere Gewißheit muß ihm die äußere Person ersetzen, die so bedingungslos an ihn glaubt wie Casals Mutter an den Sohn. Da aber ein positiv spiegelndes, unbeirrbar-akzeptierendes äußeres Objekt, der musikalische Dialogpartner, offenbar nicht lückenlos durch »innere Stimmen« ersetzt werden kann, sind die späteren wichtigen Personen auf Paderewskis Lebensweg, die Lehrer, in dieser Hinsicht für ihn besonders wichtig. Ihre auffällig vielen »negativen Prophezeiungen« erhalten vor dem im Einzelfall vorgestellten Interpretationsansatz den Charakter von auf Ich-Ideal-Figuren projizierten Selbstzweifeln; sie könnten dadurch entstanden sein, daß sich Paderewski den Lehrern in seiner Unsicherheit und Bedürftigkeit und natürlich auch seinen autodidaktisch erworbenen technischen Schwerfälligkeiten als ein »zu Kritisierender« präsentiert und damit die negativen Prophezeiungen unbewußt im Sinne eines Wiederholungszwangs (»Da ist keiner, der an mich glaubt«) mit herausgefordert hat.

Das Konstrukt »Berufung-Bestimmung« erweist sich in den Einzelfällen zwar auch als ein Wirkfaktor, der aber in seinen Umrissen noch unklare Grenzen aufweist.

Daß das »Elternopfer« eine sehr große Bandbreite aufweist, größer als in der vergleichenden Untersuchung angenommen, wurde oben schon erwähnt. Hieraus folgt, daß die »Erfolgsverpflichtung« auch als sehr unterschiedlich stark ausgeprägt betrachtet, ja angenommen werden muß, daß sie auch durch anderes, zum Beispiel Rache- und Wiedergutmacheimpulse (Paderewski) mitbedingt werden kann.

> Welche Ergebnisse der vergleichenden Untersuchung
> werden durch die Einzelfallbetrachtung in Frage gestellt?

Ob das Instrument zu einem Übergangsobjekt wird und in welcher Entwicklungsphase - hierzu läßt sich aus den Einzelfällen sehr wenig entnehmen. Ebenso ist es mit Aspekten wie »Dankbarkeit« gegenüber dem Instrument und mit den Gedanken zur »Subjekt«- und »Objektmächtigkeit« Hierfür mag die Auswahl verantwortlich sein - möglicherweise stützen sich aber auch die Ergebnisse der vergleichenden Untersuchung in diesen Punkten zu sehr auf einzelne Stimmen.

Welches neue Licht wirft die Einzelfallbetrachtung auf die Konzeptualisierung der Musiker-Instrumenten-Beziehung?

Der Geschwisterbezug - so wie er etwa in Paderewskis Autobiographie angesprochen wird - könnte für die innere Dynamik der Musiker-Instrumenten-Bezogenheit von größerer Bedeutung sein als angenommen. Bedenkt man etwa den Fall Grümmers, der durch die Geschwisterrivalität in seiner Instrumentenwahl stärker beeinflußt wird als durch die Eltern, bedenkt man, daß viele der untersuchten Musiker Geschwister erwähnen, die ebenfalls zum Teil herausragende Musiker geworden sind, und bedenkt man schließlich den Umstand, daß der Bezug zu den anderen Musiker-Geschwistern ein geradezu auffällig vernachlässigtes »Am-Rande-des-Randes«-Thema aller Instrumentalisten ist, dann läßt sich ermessen, daß hier vielleicht etwas tabuiert oder aber doch vernachlässigt wird, und interessant wäre zu ermitteln, aus welchem Grund.

Galway sieht sich - verkürzend gesagt - als eine Mischung aus Pan und guter Hirte. Die Frage, wie symbolische Traditionen in der Auslegung und der Bewertung von Musikinstrumenten in die persönliche Bezogenheit hineinwirken, ist eine andere, die die Einzelfalluntersuchung neu aufgeworfen hat und der man in späteren Gesprächen nachgehen könnte.

VI. Schlußbemerkung

Diese Arbeit hat es sich zum Ziel gesetzt, ein Bild zu zeichnen von einem eher unbekannten Gebiet. Hierzu wurden Aussagen berühmter Künstler untersucht, von Ausnahmeerscheinungen, die ihr Leben in innerer und äußerer Bezogenheit auf ein Musikinstrument verbringen oder verbracht haben. In aller Vorläufigkeit, meine ich, sind dabei Umrisse eines Bildes der Musiker-Instrumenten-Beziehung mit Licht- und Schattenseiten sichtbar geworden.

Der Schatten der Eltern, manchmal auch der älterer Geschwister, so wurde deutlich, liegt für den Spieler auf dem Instrument. Immer konfrontiert das Instrument den Spieler mit erst von außen an ihn herangetragenen, später verinnerlichten Leistungsanforderungen. Es verheißt Glück und das Wiederaufleben glücklichster Zustände, es versklavt, es spiegelt wider und v. a. m.

Gespräche könnten und müßten nun viele dunkel bzw. weiß gebliebenen Stellen dieses Bildes auffüllen helfen. Gespräche mit Instrumentalisten aller Art, auch Laienmusikern, wären zu führen, um die Ausgangsbasis für Schlußfolgerungen zu verbessern. Gespräche auch gerade mit Menschen, die ihr Instrument weggelegt haben, obwohl sie schon recht weit darauf gekommen waren, oder mit Menschen, die das erste Instrument für ein ganz anderes aufgeben.

Sind Abbrüche als Ausdruck zu hoher, unerfüllbarer Ansprüche zu verstehen, also Ausdruck einer unüberbrückbaren Diskrepanz zwischen Ich-Ideal und dem real Möglichen? Kommt Umsatteln von einem Instrument auf das andere zustande, weil das erstgewählte Instrument zum Beispiel zuwenig Zwilling werden kann, da es, von den Eltern ausgesucht oder vom Zufall einem Menschen zudiktiert, zuwenig Alter-Ego-Qualität entfaltet? Weil es vielleicht den Weg zu positiven Klangerfahrungen nicht eröffnet, seine Erbschaft als elterliche Stimmenimago nicht antreten kann?

Hiermit sind nur einige von vielen möglichen Fragen angedeutet. Ich hoffe, daß die vorliegende Arbeit einen Beitrag dazu geleistet hat, solche Gespräche vorzubereiten.

Literaturverzeichnis

Abraham K., *Ohrmuschel und Gehörgang als erogene Zone*. Frankfurt 1971.
Adorno, T., *Fragment über Musik und Sprache*. In: Gesammelte Schriften, Bd. 16. Frankfurt 1978, 251 - 256.
Aichinger, I., *Selbstbiographie*. In: Reallexikon der deutschen Literaturgeschichte. 2. Aufl. Berlin 1977, Bd. III, 816 ff.
Albersheim, G., *Zur Musikpsychologie*. Wilhelmshaven 1983.
Alt, M., *Didaktik der Musik*. Düsseldorf 1968.
Alvin, J., *Musiktherapie*. München 1984.
Amelang, M. und D. Bartussek, *Differentielle Psychologie und Persönlichkeitsforschung*. Stuttgart 1981.
Anzieu, D., *Das Haut-Ich*. Frankfurt 1991.
Ders., *The Sound Image of the Self*. In: International Revue of Psychoanalysis 6 (1979), 23 - 36.
Aranosian, C., *Musical Creativity*. In: Imagination, Cognition and Personality 1 (1981/82), 67 - 88.
Argelander, H., *Szenisches Verstehen*. Darmstadt 1970.
Ders., *Ein Versuch zur Neuformulierung des primären Narzißmus*. Psyche 25 (1971), 358 - 373.
Arrau, C., *Leben mit der Musik*. München 1984.
Ashkenazy, W., *Beyond the Frontiers*. Zürich 1987.
Auchter, T., *Die Suche nach Vorgestern. Trauer und Kreativität*. In: Psyche 32 (1978), 52 - 77.
Auer, L. von, *My Long Life in Music*. New York 1923.
Bahle, J., *Der musikalische Schaffensprozeß*. Konstanz 1947.
Barenboim, D., *Musik - mein Leben*. Reinbek 1992.
Barron, F., *Creative Person and Creative Process*. New York 1969.
Bauer, H., *His Book*. New York 1969.
Bauer, M., *Kreativität in der musiktherapeutischen Improvisation*. Dipl.arb. FH Musikther. Heidelberg 1984.
Behne, K., *Zur Erfassung musikalischer Verhaltensweisen im Vorschul- und Primarbereich*. In: Musik und Bildung 2 (1974), 103 - 108.
Ders., *Lern- und motivationspsychologische Besonderheiten musikalischer Lernprozesse*. In: Schmidt-Brunner, W. (Hg.), Methoden des Musikunterrichts. Mainz 1982.
Bell, C. and A. Creswell, *Personality Differences among Musical Instrumentalists*. In: Psychology of Music 12, 2 (1984), 83 - 93.
Benedetti, G., *Psychiatrische Aspekte des Schöpferischen*. Göttingen 1975.

Benjamin, W., *Das Kunstwerk im Zeitalter seiner technischen Reproduzierbarkeit.* 4. Aufl. Frankfurt 1970.
Beres, D., *Psychoanalysis and the Biography of the Artist.* In: International Journal of Psychoanalysis 40 (1959), 26 - 37.
Ders., *Communication in Psychoanalysis and the Creative Process.* In: Journal of the American Psychoanalytic Association 5 (1957), 408 - 423.
Bergman, P. und S. Escalona, *Unusual Sensitivities in Very Young Children.* In: The Psychoanalytic Study of the Child 3/4, 1949, 333 - 352.
Bloom, B. (Hg.), *Developing Talent in Young People.* New York 1985.
Böttcher, H. u. U. Kerner, *Methoden in der Musikpsychologie.* Leipzig 1978.
Brendel, A., *Thoughts and Afterthoughts.* London 1976.
Ders., *Schall und Wahn.* In: Frankfurter Allgemeine Zeitung vom 12. 6. 1994, 23.
Bruhn, H., R. Oerter u. H. Rösing (Hg.), *Musikpsychologie.* München 1985.
Buchner, A., *Musikinstrumente der Völker.* Prag 1968.
Burmester, W., *50 Jahre Künstlerleben.* Berlin 1926.
Bursten, B., *Some Narcissistic Personality Types.* In: International Journal of Psychoanalysis 54 (1973), 287 - 300.
Burton, A., *A Psychoanalist's View of Clara Schumann.* In: S. Feder et al., Psychoanalytic Explorations in Music. Madison 1990, 97 - 113.
Van der Chijs, A., *Über den Unisono in der Komposition.* In: Imago 12 (1926), 23 - 28.
Casals, P., *Licht und Schatten auf einem langen Weg.* Erinnerungen aufgezeichnet von Albert E. Kahn. Frankfurt 1974.
Cohen, H., *A Bundle of Time.* London 1969.
Coriat, I., *Some Aspects of a Psychoanalytic Interpretation of Music.* In: Psychoanalytic Revue 32 (1945), 408 - 418.
Coultre, R. le, *Die Ichspaltung als zentrale Neurosenerscheinung.* In: Psyche 24 (1970), 405 - 422. Cremerius, J. (Hg.), *Neurose und Genialität.* Psychoanalytische Biographien. Frankfurt 1971.
Dahlhaus, C. u. H. de la Motte-Haber (Hg.), *Systematische Musikwissenschaft.* Laaber 1982.
Decker-Voigt, H.-H. (Hg.), *Handbuch Musiktherapie.* Bremen 1983.
Deutsch, D. (Hg.), *The Psychology of Music.* New York 1982.
Dieselbe, *Memory and Attention in Music.* In: M. Critchley a. R. A. Henson (Hg.), Music and the Brain. London 1977
Dorrow, L., *Effect of Teacher Approval/Disapproval Ratios on Student Music Selection and Concert Attentiveness.* In: Journal of Research in Music Educ. 25 (1977), 32 - 40.
Drake-Figgs, L., *The Law of Regression as it Pertains to Musicality.* In: Psychology of Music 8 (1980), 19 - 24.
Duncker, K., *Zur Psychologie des produktiven Denkens.* Berlin 1963 (1. Aufl. 1935).
Eckert, C., *Der Ohrwurm.* In: Psyche 33 (1979), 545 - 550.

Eckstaedt, A., *Das Erstinterview.* Frankfurt 1992.
Eggar, K., *The Subconscious Mind and the Musical Faculty.* In: Proceedings of the Royal Music Ass. 47 (1920), 23 - 28.
Ehrenwaldt, J., *Mozart, Vater und Sohn.* In: Psyche 33 (1979), 213 - 228.
Ehrenzweig, A., *Ordnung im Chaos.* Das Unbewußte in der Kunst. München 1967.
Eidelberg. L., *Ein Beitrag zum Studium der ästhetischen Lust.* In: Psyche 15 (1962), 588 - 591.
Engelhardt, M.v., *Biographie und Identität.* In: Sparn, W. (Hg.), Wer schreibt meine Lebensgeschichte? Gütersloh 1990, 197 - 247.
Eissler, K., *Todestrieb, Ambivalenz, Narzißmus.* München 1980.
Ericsson, A., C. Tesch-Römer und R. Krampe, *The Role of Practise and Motivation in the Acquisition of Expert Level Performance in Real Life.* In: Howe (1990b), a. a. O., 109 - 130.
Estrella, M., *Musique pour l'espérence.* o.O. 1983.
Faulkner, R., *Orchestra Interaction: Some Features of Communication and Authority in an Artistic Organization.* In: The Sociological Quarterly 14 (1973), 147 - 157.
Feis, O., *Studien über die Genealogie und Psychologie der Musiker.* Wiesbaden 1910.
Ferenczi, S., *Über obszöne Worte* (1911). In: Ders., Schriften zur Psychoanalyse Bd. I, Frankfurt 1972, 59 - 72.
Ders., *Weiterer Ausbau der aktiven Technik in der Psychoanalyse* (1921). In: Schriften zur Psychoanalyse Bd. II, Frankfurt 1972, 74 - 91.
Ders., *Lampenfieber und narzißtische Selbstbeobachtung.* In: Erfahrungen und Beispiele aus der analytischen Praxis (1923). In: Schriften zur Psychoanalyse Bd. II, Frankfurt 1972, 134 - 135.
Fischer, E., *Von den Aufgaben des Musikers.* Wiesbaden 1960.
Flesch, C., *Erinnerungen eines Geigers.* Freiburg 1960.
Flesch, C., *»... und spielst Du auch Geige?«* Zürich 1990.
Flick, U. , E. v. Kardoff, H. Keupp, L. v. Rosenstiel u. S. Wolff (Hg.), *Handbuch qualitative Sozialforschung.* München 1991.
Foldes, A., *Erinnerungen.* Berlin 1993.
Franklin, E., *Music Education: Psychology and Method.* London 1972.
Freud, S., *Bruchstück einer Hysterie-Analyse* (1905). GW Bd. V, Hamburg 1942, 163 - 286.
Ders., *Der Dichter und das Phantasieren* (1908). GW Bd. VII, 213 - 223.
Ders., *Beiträge zu einer Psychologie des Liebeslebens* (1910-12). GW Bd. VIII, 65 - 91.
Ders., *Zur Einführung des Narzißmus* (1914). GW Bd. X, 137 - 170.
Ders., *Einige Charaktertypen aus der psychoanalytischen Arbeit* (1915). GW Bd. X, 364 - 391.

Ders., *Eine Kindheitserinnerung aus »Dichtung und Wahrheit«*. GW Bd. XII, 15 - 26.
Ders., *Das Ich und das Es* (1923). GW Bd. XIII, 235 - 289.
Ders., *Das ökonomische Problem des Masochismus* (1924). GW Bd. XIII, 372 - 382.
Ders., *Die Zukunft einer Illusion* (1927). GW Bd. XIV, 325 - 380.
Ders., Goethe-Preis 1930. *Ansprache im Frankfurter Goethe-Haus*. In: GW Bd. XIV, Frankfurt 1976 (5. Aufl.), 547 - 550.
Ders., Brief an Romain Rolland. *Eine Erinnerungsstörung auf der Akropolis* (1936). GW Bd. XVI, 250 - 257.
Friedheim, A., *Life and Liszt*. New York 1961.
Friedmann, S., *One Aspect of the Structure of Music. A Study of Regressive Transformations of Musical Themes*. In: Journ. of the Amer. Psychoanal. Ass. 8 (1960), 427 -449.
Gabrielsson, A. u. S. Lindström, *On Strong Experiences of Music*. In: Jahrbuch Musikpsychologie 10, 1993, 118 - 139.
Gadamer, H.-G., *Wahrheit und Methode*. Tübingen 1972.
Galway, J., *An Autobiography*. New York 1978.
Gates, A., Bradshaw, J., a. Nettleton, N., *Effects of Auditory Feedback on a Musical Performance Task*. In: Perception and Psychophysics 16 (1974), 105 - 109.
Gay, P., *Freud*. Frankfurt 1989.
Geller, D., *Neurosenstrukturelle Indikation für Musikanwendung*. In: Psychosomatische Medizin 19 (1973), 61 - 76.
Gerhardt, U., *Patientenkarrieren*. Frankfurt 1986.
Germain, P., *La musique et la psychanalyse*. Revue Française de la Psychanalyse 4 (1928), 751 - 792.
Ghiselin, B., *The Creative Process and its relation to the identification of creative talent*. In: Taylor, C. u. F. Barron (Hg.), Scientific Creativity. New York 1963, 355 - 364.
Gide, A., *Aufzeichnungen über Chopin*. Frankfurt 1987.
Gieseking, W., *So wurde ich Pianist*. Wiesbaden 1963.
Giwjorra, M., *Über die psychotherapeutische Aktivierung gestalterischer Fähigkeiten*. In: Psyche 8 (1954), 51 - 77.
Glaser, B., *Theoretical Sensitivity*. Mill Valley 1978.
Ders., A. Strauss, *Die Entdeckung gegenstandsbezogener Theorie*. In: C. Hopf u. E. Weingarten (Hg.), Qualitative Sozialforschung. Stuttgart 1979, 91 - 111.
Goldsmith, L., *The Timing of Talent: The Facilitation of Early Prodigious Achievement*. In: Howe, M. (Hg.), Encouraging the Development of Exceptional Skills and Talents. Leicester 1990, 17 - 31.
Göppert, H., *Das Erlebnis des Schönen im Rahmen der Libidoentwicklung*. In: Psyche 11 (1957), 270 - 274.
Goldberg, A. (Hg.), *Advances in Self Psychology*. New York 1980.

Gordon, W., *Operational Approach to Creativity.* In: Harvard Business Review 34 (1956), 41 - 56.
Graf, M., *Die innere Werkstatt des Künstlers.* Stuttgart 1910.
Greenacre, P., *Certain Relationships between Feteshism and Faulty Development of Body Image.* In: The Psychoanalytic Study of the Child 8 (1953), 65 - 78.
Dies., *The Childhood of the Artist.* In: The Psychoanalytic Study of the Child 12 (1957), 47 - 72.
Dies., *The Family Romance of the Artist* (1958). In: The Psychoanalytic Study of the Child 13, 9 - 36.
Dies., *The Relation of the Impostor to the Artist* (1958b). In: The Psychoanalytic Study of the Child 13, 521 - 540.
Dies., *Play in Relation to Creative Imagination.* In: The Psychoanalytic Study of the Child 14 (1959), 61 - 80.
Dies., *A Study of the Nature of Inspiration.* In: Journal of the American Psychoanalytic Association 12 (1964), 6 - 31.
Dies., *The Transitional Object and the Fetish.* In: International Journal of Psychoanalysis 51 (1971), 447 - 456.
Greenson, R., *About the Sound mmmm ...!* In: Psychoanalytic Quarterly 23 (1954), 234 - 239.
Grümmer, P., *Begegnungen. Aus dem Leben eines Violoncellisten.* München 1963.
Guilford, J., *Creativity.* In: American Psychologist 5 (1950), 444 - 454.
Ders. (Hg.), *Modern Approaches to Creative Thinking.* New York 1962.
Gulda, F., *Mein ganzes Leben ist ein Skandal.* München 1990.
Gustafson, R., *Effects of Interpersonal Dynamics in the Student-Teacher-Dyads on Diagnostic and Remedial Content of Four Private Violin Lessons.* In: Psychology of Music 14 (1986), 130 - 139.
Haas, J., *Musiktherapie bei psychischen Störungen.* Stuttgart 1983.
Haendel, I., *Woman with Violin.* London 1970.
Haesler, L., *Sprachvertonung in Robert Schumanns Liederzyklus »Dichterliebe«* (1840). Ein Beitrag zur Psychoanalyse der musikalischen Kreativität. In: Psyche 36 (1982), 908 - 950.
Haisch, E., *Über die psychoanalytische Deutung der Musik.* In: Psyche 8 (1953), 81 - 88.
Harrer, G. (Hg.), *Grundlagen der Musiktherapie und Musikpsychologie.* Stuttgart 1982.
Hartmann, H., *Ich-Psychologie und Anpassungsprobleme.* Stuttgart 1970.
Ders., Ich-Psychologie. Stuttgart 1972
Heinz, R. u. F. Rotter (Hg.), *Musik und Psychoanalyse. Dokumentation und Reflexion eines Experiments psychoanalytischer Musikinterpretation in der Gruppe.* Herrenberg 1977.
Herman, I., *Perversion und Hörwelt.* In: Psyche 24 (1970), 827 - 840.
Hoffmann, J., *Popmusik, Pubertät, Narzißmus.* In: Psyche 42 (1988), 961 - 980.
Holdenried, M., *Im Spiegel ein anderer.* Heidelberg 1991.

Holmstrom, L., *Musicality and Prognosis*. Uppsala 1963.
Hörmann, K., *Die heilende Kraft der Klänge*. In: Psychologie heute 11 (1984), 40 - 47.
Howe, M., *Biographical Evidence and the Development of Outstanding Individuals*. In: American Psychologist 37 (1982), 1071 - 1081.
Ders., *The Origins of Exceptional Abilities*. Oxford 1990a.
Ders. (Hg.), *Encouraging the Development of Exceptional Skills and Talents*. Leicester 1990b.
Hubermann, B., *Aus der Werkstatt des Virtuosen*. Leipzig 1912.
Huppmann, G. und W. Strobel, *Musik und Kommunikation*. In: Musik und Medizin 4 (1978), 31 - 38.
Isakower, O., *On the Exceptional Position of the Auditory Sphere*. International Journal of Psychoanalysis 20 (1939), 340 - 348.
Jacobson, E., *The Exceptions - An Elaboration of Freud's Character Study*. Psychoanalytic Study of the Child 14 (1959), 135 - 154.
Dies., *Das Selbst und die Welt der Objekte*. Frankfurt 1973.
Jaeggi, E. und A. Faas, *Denkverbote gibt es nicht! Vorschläge zur interpretativen Auswertung kommunikativ gewonnener Daten/Texte*. Typoskript TU Berlin 1991.
James, I. et al., *Effect of Oxprenonol on Stage-Fright in Musicians*. In: The Lancet 2 (1977), 952 - 954.
Janssen, P., *Psychoanalytisch orientierte Mal- und Musiktherapie im Rahmen staionärer Psychotherapie*. In: Psyche 36 (1982), 541 - 570.
Jones, E., *Die Empfängnis der Jungfrau Maria durch das Ohr*. In: Jahrbuch der Psychoanalyse 6 (1914), 135 - 204.
Ders., *Das Leben und Werk von Sigmund Freud* (1962). Bern 1982.
Jung, C., *Symbole der Wandlung* (1952). In: GW Bd. V, hrsg. v. L. Jung-Merker u. E. Ruf. Olten (4. Aufl.) 1985.
Jung, C. et al., *Der Mensch und seine Symbole*. Olten 1968.
Jüttemann, G. u. H. Thomae (Hg.), *Biographie und Psychologie*. Berlin 1987.
Kahl, Willi (Hg.), *Selbstbiographien deutscher Musiker*. Köln 1972 (reprint von Köln 1948).
Karma, K., *Selecting Students to Music Instruction*. In: Bull. of the Council for Research in Musical Educ. 75 (1983), 23 - 33.
Kemp, A., *The Personality Structure of Composers and Performing Musicians*. Diss. Univ. Sussex 1979.
Ders., *The Personality Structure of Musicians*. In: Psychology of Music 9 (1981), 3 - 14.
Kempff, W., *Unter dem Zimbelstern. Das Werden eines Musikers*. Stuttgart 1951.
Kernberg, O., *A Psychoanalytic Classification of Character Pathology*. In: Journal of the American Analytical Association 18, 1970, 51 - 85.
Kirkpatrick, R., *Early Years*. Frankfurt 1985.
Klausmeier, F., *Die Lust, sich musikalisch auszudrücken*. Reinbek 1978.

Klausmeier, R., *Pubertät und Beatmusik.* In: Psyche 27 (1973), 643 - 657.
Dies., *Musikerleben in der Pubertät.* In: Psyche 30 (1976), 1113 - 1136.
Kleinen, G., *Zur Psychologie musikalischen Verhaltens.* Frankfurt 1975.
Kleist, H.v., *Amphitrion* (1806). In: Sämtliche Werke und Briefe, hrsg. v. H. Sembner, Bd. 2, München 1964, 91 - 159.
Ders., *Über das Marionettentheater* (1810). In: Sämtliche Werke und Briefe, hrsg. v. H. Sembner, a. a. O., S. 71 - 78.
Kligerman, C., *Panel on Creativity.* In: International Journal of Psycho-Analysis 53 (1972), 21 - 30.
Ders., *Art and the Self of the Artist.* In: Goldberg, A. (Hg.), Advances in Self Psychology. New York 1980.
Kohut, H., *The Psychological Significance of Musical Activity.* In: Music Therapy 1 (1951), S. 151 - 158.
Ders., *Introspektion, Empathie und Psychoanalyse.* In: Psyche 25 (1973), 831 - 855.
Ders., *Narzißmus.* Frankfurt 1973.
Ders., *Kreativität, Charisma, Gruppenspychotherapie.* In: Psyche 29 (1975), 681 - 720.
Ders., *Die Heilung des Selbst.* Frankfurt 1979.
Ders. und Wolf, E., *The Disorders of the Self and Their Treatment.* Deutsch in: Die Psychologie des 20. Jahr hunderts Bd. 10 (1980), 667 - 682.
Korner, A., *Some Hypotheses Regarding the Significance of Individual Differences at Birth for Later Development.* Psychoanalytic Study of the Child 19 (1964), 58 - 72.
Kraft, H., *Psychoanalyse, Kunst und Kreativität heute.* Köln 1984.
Kremer, G., *Kindheitssplitter.* München 1993.
Kretschmer, E., *Geniale Menschen.* Berlin (5. Aufl.) 1958.
Kris, E., *Psychoanalytic Explorations in Art.* New York 1952.
Ders., *Probleme der Ästhetik.* In: Psyche 24 (1970), 841 - 880.
Kroker, E., *Der Gong - Funktion, Auswirkung und Einsatzmöglichkeiten in der Musiktherapie.* Dipl.arb. FH Musikther. Heidelberg 1984.
Kubie, L., *Neurotische Deformationen des schöpferischen Prozesses.* Reinbek 1966.
Kulenkampff, G., *Geigerische Betrachtungen.* Regensburg 1952.
Lamparter, U., H.-U. Schmidt, F.-W. Deneke, *Zur Frage der pränatalen akustischen Wahrnehung - eine Literaturübersicht aus psychosomatischer Sicht.* In: Psychotherapie, Psychosomatik und medizinische Psychologie 43 (1993), 30 - 35.
Landau, E., *Psychologie der Kreativität.* München 1969.
Lange-Eichbaum, W. u. W. Kurth, *Genie, Irrsinn und Ruhm.* München (6.Aufl.) 1979.
Laplanche, J. u. J.-B. Pontalis, *Das Vokabular der Psychoanalyse.* Frankfurt 1972.

Laske, O., *On Psychomusicology*. In: International Revue of the Aesthetics and Sociology of Music 6 (1975), 269 - 281.
Lehmann, H. C., *Age and Achievement*. Princeton 1953.
Lehr, W., *Musik und Kreativität*. München 1979.
Lundin, R., *An Objective Psychology of Music*. New York 1953.
Macleash, J., *Musical Cognition*. London 1986.
Mainardi, E., *Bekenntnisse eines Künstlers*. Wiesbaden 1977.
Mann, T., *Das Wunderkind*. In: Sämtliche Erzählungen. Frankfurt 1976.
Ders., *Der Zauberberg* (1924). Frankfurt 1967.
Manturszewska, M., *A Biographical Study of the Life-Span Development of Professional Musicians*. In: Psychology of Music 18 (1990), 112 - 139.
Maslow, A. H., *Emotional Blocks to Creativity*. In: Humanist 18 (1958), 325 - 332.
Ders., *Creativity in Self-Actualizing People*. In: H. H. Andersen (Hg.), Creativity and Its Cultivation. New York 1959, 83 - 95.
Ders., *Motivation and Personality*. New York (2.Aufl.) 1970.
Mason, J. u. a. (Hg.), *Documentary Report of the Ann Arbor Symposium*. Boston 1981.
Von Matt, P., *Die Opus-Phantasie*. In: Psyche 33 (1973), 193 - 212.
Matthews, D., *In Pursuit of Music*. London 1966.
Matussek, P., *Psychodynamische Aspekte der Kreativitätsforschung*. In: Der Nervenarzt 38 (1967), 143 - 151.
Ders., *Kreativität* (1979a). In: G. Condran (Hg.), Kindlers »Psychologie des 20. Jahrhunderts«, Bd. XV, Zürich 1979, 44 - 66.
Ders., *Kreativität als Chance* (1979 b). München (7. Aufl.) 1979.
Mayring, P., *Qualitative Inhaltsanalyse*. In: Flick u. a., a. a. O., 209 - 213.
McDonald, M., *Transitional Tunes and Musical Development*. In: S. Feder et al. (Hg.), Psychoanalytic Explorations in Music. Madison 1990, 79 - 95.
Mednik, S., *The Associative Basis of the Creative Proces*. In: Psychological Revue 69,3 (1962), 220 - 233.
Mehta, R.C. (ed.), *Psychology of Music*. Bombay 1980.
Meissner, T., *Wunderkinder*. München 1993.
Menuhin, J., *Unvollendete Reise*. München 1976.
Metzger, W., *Gestalttheoretische Ansätze zur Frage der Kreativität*. In: Handbuch der Psychologie des 20. Jahrhunderts, Bd. XV, a. a. O., 805 - 812.
Michel, A., *Psychanalyse de la musique*. Paris 1951.
Ders., *Psychopédagogie du piano*. In: Psyché 47 (1950), 668 - 687.
Milstein, N. u. S. Volkov, *»Lassen Sie ihn doch Geige lernen«*. München 1993.
Montani, A., *Psychoanalysis of Music*. In: Psychoanalytic Revue 32 (1945), 225 - 227.
Moore, G., *Bin ich zu laut?* München 1976.
Mosony, D., *Die irrationalen Grundlagen der Musik*. In: Imago 21 (1935), 207 - 226.

Motte-Haber, H. de la, Handbuch der Musikpsychologie. Köln 1985.
Dies., *Die Bedeutung der Motivation für den Instrumentalunterricht.* In: Zeitschrift f. Musikpädagogik 9 (1984), 25.
Müller-Braunschweig, H., *Psychopathologie und Kreativität.* In: Psyche 28 (1974), 600 - 634.
Ders., *Aspekte einer psychoanalytischen Kreativitätstheorie.* In: Psyche 31 (1977), 821 - 843.
Müller-Freienfels, R., *Psychologie der Musik.* Leipzig 1936.
Müller-Marein, J. und H. Reinhardt, *Das musikalische Selbstportrait.* Hamburg 1963.
Muensterberger, W., *Der schöpferische Vorgang.* In: Jahrbuch der Psychoalayse 4 (1967), 11 - 42.
Nass, M., *Some Considerations of a Psychoanalytic Interpretation of Music.* In: Psychoanalytic Quarterly 40 (1971), 303 - 315.
Nat, Y., *Carnets.* Paris 1983.
Ney, E., *Ein Leben für die Musik.* Darmstadt 1952.
Niederland, W., *Early Auditory Experiences, Beating Fantasies, and Primal Scene.* In: Psychoanalytic Study of the Child 13 (1953), 471 - 504.
Ders., *Klinische Aspekte der Kreativität.* In: Psyche 23 (1977), 821 - 843.
Ders., *Psychoanalytische Überlegungen zur künstlerischen Kreativität.* In: Psyche 32 (1978), 329 - 354.
Noy, P., *The Psychodynamic Meaning of Music. Part I.* In: Journal of Music Therapy 3 (1966), 126 - 134. Part II, ebenda 4 (1967), 7 - 23, Part III, ebenda, 45 - 51, Part IV, ebenda 81 - 94, Part V, ebenda, 117 - 125.
Ders., *The Development of Musical Ability.* In: Psychoanalytic Study of the Child 23 (1968), 207 - 226.
Ders., *From Creation in Art. An Ego-Psychological Approach to Creativity.* Psychoanalytic Quarterly 48 (1979), 229 - 256.
Oerter, R., *Die kreative Persönlichkeit.* In: Handbuch der Psychologie des 20. Jahrhunderts, Bd. XV, a. a. O., 781 - 788.
Opienski, H., *Ignacy Jan Paderewski.* Krakau 1960.
Ordyniak, M., *Männlich und weiblich in der Musiktherapie (archetypisch nach C.G. Jung), bezogen auf die Instrumente.* Dipl.arb. FH Musikther. Heidelberg 1984.
Osborn, A. F., *Applied Imagination: Principles and Procedures of Creative Thinking.* New York 1953.
Paderewski, I., *The Paderewski Memoirs.* London 1939.
Paris, A., *Lexikon der Interpreten klassischer Musik im 20. Jahrhundert.* München 1992.
Parnes, S. J., u. A. Meadow, *Development of Individual Creative Talent.* In: C. W. Taylor (Hg.), The Third (1959) University of Utah Research Conference on the Identification of Creative Scientific Talent. Utah 1959, 187 - 201.
Pascal, R., *Die Autobiographie.* In: Sprache und Literatur 19, Berlin 1965.

Patton, M., *Qualitative Evaluation Methods.* Beverly Hills 1980.
Pauer, M. von, *Unser seltsames Ich. Lebensschau eines Künstlers.* Stuttgart 1942.
Pfeifer, S., *Musikpsychologische Probleme.* In: Imago 9 (1923), 453 - 462.
Piatigorsky, G., *Mein Cello und ich und unsere Begegnungen.* München (13. Aufl.) 1991.
Pratt, C., *Music and the Language of Emotion.* Washington 1952.
Priestley, M., *Analytische Musiktherapie.* Stuttgart 1983.
Primrose, W., *Walk on the North Side.* London 1978.
Racker, H., *Contribution to the Psychoanalysis of Music.* In: American Imago 8 (1951), 130 - 163.
Ders., *Psychoanalytic Considerations on Music and the Musician.* In: Psychoanalytic Revue 52 (1965), 75 - 94.
Radford, J., *The Problem of the Prodigy.* In: Howe (1990b), a. a. O., 109-130.
Rauchfleisch, U., *Mensch und Musik.* Winterthur 1986.
Ders., *Zur Psychoanalyse des Komponierens.* In: Psyche 44 (1990a), 1113 - 1140.
Ders., *Robert Schumann. Leben und Werk.* Stuttgart (1990b).
Reik, T., *Das Schofar.* In: Imago 11 (1928), 201 - 330.
Ders., *The Haunting Melody.* New York 1953.
Rettner, A., *Musikinstrumente als Mittel und Möglichkeiten zum emotionalen Ausdruck in der Musiktherapie.* Dipl.Arb. FH Musikther. Heidelberg 1985.
Revers, W. u. H. Rauhe, *Musik, Intelligenz, Phantasie.* Salzburg 1978.
Revesz, G., *The Psychology of Musical Prodigy.* London 1925.
Ders., *Einführung in die Musikpsychologie.* Bern 1946.
Ribke, W., *Zur Psychologie des Übens.* In: Schmidt-Brunner, a. a. O., 296 - 307.
Rogers, C., *Toward a Theory of Creativity.* In: H.H. Anderson (Hg.), Creativity and Its Cultivation. New York 1959.
Rose, G., *Körper-Ich und Realität.* In: Psyche 22 (1968), 503 - 517.
Rosen, V., *Effects of Talent on Character Style.* In: Psychoanalytic Quarterly 33 (1964), 1 ff.
Ders., Some Aspects of the Role of Imagination in the Analytic Process. In: Journal of the American. Psychoanalytical Assosication 8 (1960), 229 - 251.
Rosenfeld, A., *Music, the Beautiful Disturber.* Psychology Today 19 (1985), 48 - 56.
Rostropowitsch, M. u. G., *Die Musik und unser Leben.* München (3. Aufl.) 1992.
Rubinstein, A., *Erinnerungen.* Frankfurt 1976.
Ders., *Mein glückliches Leben.* Frankfurt 1980.
Sachs, C., *Geist und Werden der Musikinstrumente* (1928). Hilversum 1975.
Sandler, W. und J.-G. Joffe, *Über Fertigkeiten und ihre Beziehung zur Sublimierung.* In: Psyche 22 (1968), 81 - 92.
Sauer, E. von, *Meine Welt. Bilder aus dem Geheimfache meiner Kunst und meines Lebens.* Stuttgart 1901.

Schleuter, S., *An Investigation of the Interrelation of Personality Traits, Musical Aptitude and Musical Achievement.* In: Experimental. Research of the Psychology of Music 5,2 (1972), 90 - 102.
Schoen, M., *The Psychology of Music.* New York 1940.
Schumann, C., *Musiktherapie und Psychoanalyse.* Freiburg 1982.
Schulmann, D., *Openness of Perception as a Condition for Creativity.* In: Exceptional Children 33 (1966), 89 - 94.
Schweitzer, A., *Aus meiner Kindheit und Jugend.* München 1971.
Sears, R.R., *Sources of Life Satisfactions of the Terman Gifted Men.* In: American Psychologist 32 (1977), 119 - 128.
Seashore, C., *The Psychology of Musical Talent.* New York 1919.
Ders., *Psychology of Music.* New York 1938.
Shuter-Dyson, R. u. C. Gabriel, *The Psychology of Musical Ability.* London 1981.
Sloboda, J., *The Psychology of Music Reading.* In: Psychology of Music 6 (1978), 3 - 20.
Ders., *Music Performance.* In: Deutsch, D. (Hg.), a. a. O., 479 - 495.
Ders., *Musical Excellence - how does it develop?* In: Howe, M. (1990b), a. a. O., 165 - 178.
Ders. und Howe, M., *Biographical Precursors of Musical Excellence: An Interview Study.* In: Psychology of Music 19 (1991), 3 - 21.
Sosniak, L., *Learning to be a Concert Pianist.* In: Bloom (1985) a. a. O., 19 - 67.
Dies., *One Concert Pianist.* In: Bloom (1985), a. a. O., 68 - 89.
Dies., *The Turtoise, The Hare, and the Development of Talent.* In: Howe (1990b), 149 - 164.
Spalding, A., *Rise to Follow.* O. O., o. J.
Spitz, R., *Vom Säugling zum Kleinkind.* Stuttgart 1965.
Ders., *Das Leben und der Dialog.* In: Psyche 26 (1972), 249 - 264.
Sterba, R., *Toward the Problem of the Musical Process.* In: Psychoanalytical Revue 33 (1946), 37 - 43.
Ders., *Psychoanalysis and Music.* In: American Imago 22 (1965), 96 - 111.
Stern, D., *Die Lebenserfahrung des Säuglings.* Stuttgart 1992.
Stern, H., *Saitensprünge.* Berlin 1990.
Straub, J., *Zeit, Erzählung, Interpretation.* In: H. Röckelein (Hg.), Biographie als Geschichte. Tübingen 1993, 143 - 183.
Streich, H., *Zur Bedeutung der Musik im Traum.* In: Psychologie des 20. Jahrhunderts, Bd. XV, a. a. O., 1127 - 1133.
Stürzbecher, U., *Werkstattgespräche mit Komponisten.* München 1973.
Süskind, P., *Der Kontrabaß.* Zürich 1984.
Taylor, C. W., *Widening Horizons in Creativity.* New York, London 1964.
Taylor, I. A., *The Nature of the Creative Process.* In: Smith, P. (Hg.), Creativity: An Examination of the Creative Process. New York 1951, 51 - 82.
Teller, F., *Musikgenuß und Phantasie.* In: Imago 9 (1917), 8 - 15.
Terman, L. (Hg.), *Genetic Studies of Genius.* Stanford 1925.

Tertis, L., *My Viola and I*. London 1974.
Thärichen, W., *Immer wieder Babylon oder Musik als Sprache der Seele*. Berlin 1991.
Theweleit, K., *Objektwahl (All you need is love). Über Paarbildungsstrategien und Bruchstück einer Freudbiographie*. Frankfurt 1990.
Tomatis, A., *Der Klang des Lebens*. Reinbek 1992.
Torrance, E., *The Minnesota Studies of Creative Behavior*. In: Journal of Creative Behavior 1 (1967), 137 - 154.
Tortelier, P., *A Self-Portrait*. London 1984.
Tucker, W. et al., *An Interactive Aid for Musicians*. In: International Journal of Man-Machine Studies 9 (1977), 635 - 651.
Ulmann, G. (Hg.), *Kreativitätsforschung*. Köln 1973.
Valentine, C., *The Experimental Psychology of Beauty*. London 1962.
Volkan, V. und G. Ast, *Spektrum des Narzißmus*. Göttingen 1994.
Waelder, R., *Psychoanalytic Avenues to Art*. New York 1965.
Wahl, H., *Narzißmus?* Stuttgart 1985.
Walsh, M., *Auditive Sprache und Überich-Bildung*. In: Psyche 28 (1974), 799 - 814.
Walster,E. und B. Walster, *Effect of expecting to be liked on choice of associates*. In: Journal of Abnormal and Social Psychology 67 (1963), 402 - 404.
Watzlawick, P., J. Beavin, D. Jackson, *Menschliche Kommunikation*. Bern (4.Aufl.), 1974.
Weber, M., *Die »Objektivität« sozialwissenschaftlicher und sozialpolitischer Erkenntnisse (1904)*. In: Gesammelte Aufsätze zur Wissenschaftslehre. Tübingen 1968.
Wertheimer, M., *Productive Thinking*. London, New York 1945.
Wiedemann, P., *Biographieforschung und Klinische Psychologie*. In: Jüttemann, G. und H. Thomae (Hg.), Biographie und Psychologie. Berlin 1987, 299 - 318.
Willi, J., *Die Zweierbeziehung*. Reinbek 1975.
Winnicott, D., *Übergangsobjekte und Übergangsphänomene* (1953). In: Von der Kinderheilkunde zur Psychoanalyse. Frankfurt 1985, 300 - 321.
Ders., *Die Lokalisierung des kulturellen Erlebens*. In: Psyche 24 (1970), 260 - 269.
Ders., *Vom Spiel zur Kreativität*. Stuttgart 1979.
Ders., *Reifungsprozesse und fördernde Umwelt*. Frankfurt 1984.
Winter, H., *Der Aussagewert von Selbstbiographien*. Heidelberg 1985.
Winternitz, E., *Musical Instruments and Their Symbolism in Western Art*. London 1967.
Wittenberg, R., *Aspects of a Creative Process in Music. A Case Report*. In: Journal of the American Psychoanalytical Assosiation 28 (1980), 439 - 449.
Zamoyski, A., *Paderewski*. London 1982.
Zwetajewa, M., *Mutter und die Musik*. Frankfurt 1987.

Anhang

Überblick über alle in die Untersuchung aufgenommenen Autobiographien in Form von *Kurzcharakteristiken*.

Abkürzungen: a = reine Autobiographie; b = Kooperationsautobiographie; c = Mischform; d = Tagebuch; e = MIB: Musiker-Instrumenten-Beziehung

Klavier:

Arrau, Claudio, Leben mit der Musik. Aufgezeichnet von Joseph Horowitz. Bern 1984, 314 Seiten (b und c; selbstvergewissernd; MIB als Am-Rande-Aspekt).

Das Buch enthält ein autobiographische Zusammenhänge behutsam erhellendes, sehr introspektives und gründlich kommentiertes Interview mit Arrau, der sich mit großer Offenheit zu seiner Gewordenheit äußert. Er ist nach eigenen Angaben ein sehr schweigsamer Mensch, der Schwierigkeiten damit hat, das Wort als Ausdrucksmittel einzusetzen, und deswegen die Frageform für sein autobiographisches Vorhaben favorisierte. Das Interview bildet den ersten, 140 Seiten starken Teil des Buchs. Der zweite Teil enthält einen Aufsatz Arraus, in dem er eine Psychoanalyse für alle Instrumentalisten als kreativitätsförderndes Mittel empfiehlt, sowie weitere Interviews zu spezielleren Fragen (Klaviertechnik, Interpretation), teils mit Joseph Horowitz, teils mit Daniel Barenboim, einem von Arraus ehemaligen Schülern. Er wird abgeschlossen durch eine umfänglich kommentierte Diskographie.

Ashkenazy, Wladimir und Jasper Parrot, Beyond the Frontiers. Zürich 1987, 221 Seiten (b; Tendenz-Autobiographie; MIB als Am-Rande-Aspekt).

Parrott ist der langjährige Agent und Freund Ashkenazys. 1980 reift nach vielen Gesprächen zwischen den Freunden der Entschluß, daß Ashkenazy seine Erfahrungen als Musiker, der unter einem totalitären Regime großgeworden ist, veröffentlichen sollte als ein Beitrag zum Verständnis des Sowjetsozialismus. Der Text besteht aus vielen, weitgehend wörtlich wiedergegebenen Tonbandgesprächen, unterbrochen von kommentierenden Texten aus Parrots Feder. Erklärtes Ziel des Buches ist es zu zeigen, wie in der damaligen UDSSR Individualität und Kreativität ausgemerzt und die Menschen zur Vorspiegelung, teils sogar Annahme eines falschen Selbst gezwungen wurden.

Barenboim, Daniel, Musik - Mein Leben. Hamburg 1992, 275 Seiten (a; digressiv; MIB als Nebenthema).

In seinem Vorwort schreibt Barenboim, der in seiner Jugend gerne Autobiographien las, »daß das Privatleben eines Künstlers privat bleiben sollte« (S. 7). Auch wenn er sich der Schwierigkeiten bewußt sei, zwischen dem »öffentlichen und dem privaten Leben« (ebenda) klar zu unterscheiden, wolle er sich dennoch bemühen, Biographisches in seinem Werk nur dann darzustellen, wenn es dazu dient, den »Zusammenhang von Musik und Leben« zu verdeutlichen. So ist sein Buch keine »konventionelle Autobiographie« (S. 8) geworden; sie lehnt sich in den ersten Kapiteln zwar an den äußeren Gang der Lebensentwicklung an, der Lebenslauf wird jedoch zu einem immer dünneren und oft durch allgemeine Reflexionen unterbrochenen, schließlich kaum noch roten Strukturfaden des Buchs. Über seine Ehe mit Jacqueline du Pré erfährt man z.B. nur Aspekte ihres musikalischen Zusammenwirkens. Zunehmend beinhaltet das Buch Kapitel wie »Der Dirigent und das Orchester«, »Leben in Musik«, »Musik im Leben«, »Über Interpretation« etc., und stellt so eine Art Summa des vielseitigen argentinischen Pianisten und Dirigenten dar. Mitarbeiter an dem Buch ist der Musikwissenschaftler Lewin, dessen Beitrag im einzelnen nicht deutlich wird.

Bauer, Harold: His Book. New York 1969, 234 Seiten (a; Erlebnisschilderung; MIB nicht behandelt).

Ein kulturhistorisch interessanter, da viele Details des Londoner Lebens um die Jahrhundertwende und später spiegelnder und humorvoll geschriebener Bericht, der sich allerdings in der Schilderung des Äußeren verliert. Das ist besonders schade, da Harold Bauer ursprünglich Geiger werden wollte, die Geige auch lange als Haupt- und das Klavier als Nebeninstrument betrachtete und zu einem Wechsel mehr durch finanzielle Not - Annahme von Begleiterjobs - gebracht wurde. Der Instrumentenwechsel wird jedoch nicht reflektiert, und die unterschiedliche Haltung zu den beiden Instrumenten bleibt undeutlich. In späteren Jahren spielt Bauer nur noch Klavier, von der Geige hört man nichts mehr. Ein wichtiges Darstellungszentrum des Buchs bildet die Freundschaft und musikalische Zusammmenarbeit Bauers mit Casals.

Cohen, Harriet: A Bundle of Time. London 1969, 379 Seiten (a; Erlebnisschilderung; MIB nicht behandelt).

Harriet Cohen, die englische Pianistin, hat zwar ein umfangreiches autobiographisches Zeugnis hinterlassen, doch ist es mehr als kulturgeschichtliche Quelle von Interesse. Man kann dem Buch seitenweise entnehmen, wann Cohen mit welcher Berühmtheit von J.B. Shaw über Sir Winston Churchill oder Pablo Casals, um nur einige wenige aus einer geradezu erschlagenden Personenfülle zu nennen, ihr Dinner einnahm; auch viele Briefe dieser Berühmtheiten an die Autorin werden zitiert. Die Passagen über das Innenleben der Künstlerin sind dagegen dünn gesät, als ob die Autorin ganz entgegen dem Geist eines autobiographischen Projekts meint, sie selbst sei nicht von Interesse. So ist diese Quelle leider als sehr »unergiebig« zu bezeichnen.

Estrella, Miguel: Musique pour l'espérance. Paris 1983, 307 Seiten (b; selbstvergewissernd; MIB als wichtiges Nebenthema).

Das Buch ist durchgehend in Interviewform gehalten; der Kooperateur ist Jean Lacoutre, ein langjähriger Bewunderer Estrellas. Die Unterhaltungen fanden einige Monate nach Estrellas Befreiung aus einem uruguyanischen Gefängnis statt, wo der Pianist gefoltert wurde. Die Interviews halten sich an die Chronologie von Estrellas Lebensablauf; sie sind in umfangreiche Kapitel gegliedert: Kindheit, Entwicklung des politischen Engagements, musikalische Entwicklung, Estrella erste Frau Martha und andere einflußreiche Personen seines Lebens, die Zeit in Paris bei Nadia Boulanger, Ehe, Familie, musikalisches Engagement des überzeugten Peronisten; das Sterben der an Krebs erkrankten Frau, die politischen Verhältnisse im faschistischen Argentinien; Flucht nach Uruguay; die Folterung und Gefängniszeit, die Freiheit. Estrella wirkt sehr offen, persönlich, engagiert, echt, leidenschaftlich, aufrichtig. Die Gespräche sind frei für Einfälle und Umwege, führen aber immer wieder auf den Entwicklungsgang zurück. Estrella hat eine Organisation gegründet, die sich musikalisch für Menschenrechte einsetzt, entsprechende Konzerte organisiert etc. Nur um dieses Ziel zu unterstützen, willigt er in die Veröffentlichung seiner Erlebnisse ein.

Foldes, Andor, Erinnerungen. Berlin 1993, 268 Seiten (a; digressiv; MIB als Nebenthema).

Das Buch ist eine Rückschau aus dem Alter und im Bewußtsein des Alterns geschrieben. Eine Art Lebenssumma, die für Kindheit und Jugend als roten Faden die Chronologie beibehält, ihn zunehmend zugunsten einer mehr systematischen oder thematischen Besinnung aufgibt. Dabei stehen Erinnerungen an Begegnungen mit großen Persönlichkeiten des kulturellen oder politischen Lebens im Vordergrund; die meisten Kapitelüberschriften tragen Namen wie: Emil von Sauer, Erich Kleiber, Josef Szigeti, Albert Einstein, Oskar Kokoschka, Nehru, Samuel Beckett etc. Foldes schreibt an einer Stelle: »Ja, reich wollte ich nie werden. Statt Reichtum wollte ich schon immer die Großen meiner Zeit, meines Zeitalters kennenlernen ... Diesen Wunsch hegte ich von frühester Jugend an« (S. 26f). Warum, erfährt man leider nicht, wie denn überhaupt der Suche nach Erklärungen unnd Gründen für das so Gewordene wenig Raum gegeben wird. Andere Kapitel handeln von Klavierunterricht, Festivals, Kritikern, den Kollegen, musikalischen Freundschaften, Wunderkindern, Schallplatten, Konzertsälen - kurz allem, was den Alltag eines Interpreten und Dirigenten prägt; daneben finden sich auch mehr persönlich gehaltene Abschnitte über von Foldes verehrte Schauspielerinnen, über sein Feriendomizil, über das Altern etc.

Fast alle Kapitel sind anekdotisch gehalten, Foldes liebt es, Geschichten zu erzählen, die er meist auf eine charakteristische Begebenheit zugespitzt. Dabei wird indirekt, aber stark gewertet.

In der Auflösung der Form hin zum mehr Systematischen ist das Buch mit Barenboims vergleichbar, doch anekdotisch-beschaulich-besinnlicher. Die durchgehende Tendenz zur Wertung nimmt dem Buch an Lebendigkeit. Es gibt eben den Blick frei auf die Sicht eines alten Mannes, der manchmal auch ein wenig belehren möchte.

Friedheim, Arthur, Life and Liszt. Veröffentl. posthum von Theodor Bullock. New York 1961, 335 Seiten (b; Tendenz-Autobiogr., MIB als Nebenthema).

In dem posthum von dem kanadischen Musikjournalisten Bullock herausgegebenen Buch sind zwei Manuskripte Friedheims zu einem zusammenhängenden autobiographischen Bericht verschmolzen worden. Das eine Manuskript gibt ein Porträt von Franz Liszt, dem Lehrer Friedheims, wohl der einflußreichsten Persönlichkeit in seinem Leben, einer Vaterfigur, einem Vorbild, seinem Ideal von einem Musiker. Friedheim bezeichnet sich als Liszts »Jünger« und sieht es als seine Lebensaufgabe an, dessen Kompositionen dem Publikum bekanntzumachen. Das andere Manuskript enthält rein autobiographische Aufzeichnungen, die sich auf den musikalischen Werdegang beschränken und die Begegnungen mit Liszt in den Vordergrund stellen. Es gibt wenig Hinweise dafür, wie Friedheim seine eigene Beziehung zum Klavier konzeptualisiert, doch da er aus seinem Leben eine Art »imitatio Liszti« macht, dürfen einige interessante Äußerungen, die er in diesem Zusammenhang über Liszt macht, vielleicht abgeschwächt auch für ihn gelten.

Das Buch wird eingeleitet durch ein längeres Vorwort des Herausgebers über Friedheims Leben. Es stellt eine Sonderform der Tendenz-Autobiographie dar: Alles wird dem Liszt-Thema zu- und untergeordnet; dennoch ist es keine keine reine Idealisierung; Friedheim sieht auch Schattenseiten des geliebten Lehrers; sein eigenes Leben tritt dabei aber leider doch sehr in den Hintergrund. Ein Essay Friedheims (»What is Music?«, in dem er sich mit Schopenhauer beschäftigt) ist mit abgedruckt worden.

Eine Liste von press reviews, die Bullock über Friedheim zusammengestellt hat, beendet das Buch.

Gieseking, Walter, So wurde ich Pianist. Wiesbaden 1963, 85 Seiten (a; Erlebnisschilderung; MIB als Am-Rande-Aspekt).

Das Buch ist ein überaus wortkarger Text, dem noch dazu viele von Gieseking gespielte Konzertprogramme beigegeben worden sind, so als wolle Gieseking selbst an dieser Stelle die Musik für sich sprechen lassen. Lebenslauf und Werdegang werden auf Wesentliches reduziert, selbst die Kindheitsschilderung, sonst meist breit, fällt sehr knapp aus; man erfährt über die Mutter zum Beispiel so gut wie nichts. Dabei gibt es durchaus Ansätze zu Introspektion, die punktuelle Einblicke in das innere Werden gestatten. Überall da jedoch, wo man neugierig wird und mehr wissen will, fehlen dann in die Tiefe gehende Erläuterungen. Bei der Schilderung von Giesekings Verhalten in der NS-Zeit - er blieb in Deutschland und stand nationalsozialistischen Gedanken nahe - tritt die Rechtfertigungsabsicht sehr in den Vordergrund.

Gulda, Friedrich, Mein ganzes Leben ist ein Skandal. München 1990, 141 Seiten (b, Tendenz-Autobiogr.; MIB als wichtiges Nebenthema).

Es handelt sich hier um einen Text, der nicht den Anspruch hat, Leben und Entwicklung Guldas verstehend nachzuzeichnen, sondern der versucht, Guldas Hinwendung zum Jazz, seine Exzentrizitäten, sein Aufbegehren gegen den »klassischen Betrieb« verständlich zu machen, ja zu rechtfertigen. Er ist entstanden aus Gesprächen mit dem Journalisten Kurt Hofmann. Die Gespräche wurden zwischen 1980 und 1990 durchgeführt, also in großen Zeitabständen; Hofmann hat die Aussagen Guldas geordnet und in verschiedene Kapitelrahmen gebracht. Die Frische der mündlichen Ausdrucksweise ist erhalten geblieben, man hat den Eindruck, Gulda habe mehr oder weniger »drauflos assoziiert«.

Das Buch entält i. w. eine Auseinandersetzung mit Vorwürfen, die man Gulda immer wieder gemacht hat, und scheut die Invektive nicht. Daher nimmt das Thema »Kritiker« (»Der verheerende Einfluß selbsternannter Kritikerpäbste«) auch recht großen Raum ein, und es kommt immer wieder zu wertenden Vergleichen mit anderen großen Konzertpianisten wie Gould, Rubinstein, Brendel, Arrau etc. Autobiographischen Charakter im engeren Sinn haben nur das dritte Kapitel (Herkunft, Familie, Beginn der musikalischen Karriere), das vierte (Hinwendung zum Jazz neben klassischer Musik, »Doppelleben«, Instrumente außer Klavier), sowie das sechste (Frauen und Komposition).

Alles in allem eine nach außen gewendete Innenschau, oft aggressiv-beißend, zum Zwecke einer selbstbehauptenden, die eigene Position rechtfertigenden Selbstvergewisserung. Dabei ehrlich, offen, schonungslos gegen sich selbst wie gegen andere.

Kempff, Wilhelm, Unter dem Zimbelstern. Stuttgart 1951, 282 Seiten (a; selbstvergewissernd; MIB als Nebenthema).

Kempff konzentriert sich auf seine - in literarisch ambitionierter Form abgefaßten - Jugenderinnerungen, also die Zeit bis nach dem Ersten Weltkrieg (mit Abschluß des Buchs ist der Künstler ca. 22 Jahre alt). Er versucht, die Wechselwirkungen zwischen Elternhaus, Lebensumständen und seiner eigenen inneren und äußeren Entwicklung wie in einer Art »Bildungsroman« aufscheinen zu lassen. Selbstdeutungen werden dabei selten direkt gegeben, der Leser muß aufgrund detaillierter Schilderungen ausgesuchter wichtiger Erlebnisse, die auch Privates einbeziehen und die für sich sprechen sollen, zu eigenen Schlüssen kommen - und kann dies auch angesichts des feinsinnigen, nie zum Selbstzweck werdenden Detailreichtums, den sie enthalten. Zum Bildungsromancharakter des Buchs paßt auch die leitmotivisch verwendete Bildersprache (»Amboßmänner« für innere Tiefe oder auch das Unbewußte »Orgelton« für das Geheimnis der vom Klang her erlebten Existenz oder auch der Ewigkeit).

Matthews, Denis James: In Pursuit of Music. London 1966, 231 Seiten (a; Erlebnisschilderung; MIB als Am-Rande-Aspekt).

Matthews bringt sein Leben aus der Warte dessen, der viel erlebt und über sein Leben nachgedacht hat und sich nun zurücklehnen will, mit viel angelsächsischem Humor und einer Neigung zum understatement zu Gehör. Er bemüht sich, Schilderung und Deutungen ausgewogen zu halten, und so fehlt es hie und da bei subtileren Zusammenhängen an weitergehender Reflexion, doch zeugt das Buch durchgehend von großer Offenheit, auch wenn es um Schwierigkeiten geht, z. B. die, Ehe und Karriere miteinander in Einklang zu bringen.

Durch sein manchmal etwas angestrengtes Bemühen, gerade Komplexes und Problematisches pointen- oder sentenzenhaft durch eine einzige geschliffene Bemerkung auszudrücken, kommt das introspektive Element ein wenig kurz. Es stehen schließlich Themen wie Erinnerungen an Dirigenten, andere Musiker, Schallplattenaufnahmen und vor allem Tourneen, Kritiker etc. im Vordergrund.

Moore, Gerald, Bin ich zu laut? München 1976, 268 Seiten (a; teilweise Erlebnisschilderung, teilweise Tendenz-Autobiographie; MIB als Am-Rande-Aspekt).

Sehr humorvoll geschriebene Lebenserinnerungen des Pianisten, der vor allem als »idealer Begleiter« Berühmtheit erlangt hat. Wenn Moore schildert, daß er zum Klavier gekommen ist, weil er einfach zu nichts anderem getaugt habe und weil seine Mutter mit ihrem Sohn unbedingt eine Nachbarin habe ausstechen wollen, deren Tochter mit Klavierunterricht begonnen hatte, dann ist nicht ganz klar, wieviel Verknappung in diesem understatement liegt und was um der Schmunzelwirkung willen an weiteren Gründen geopfert worden sein mag. Aber trotzdem gibt die Autobiographie immer wieder den Blick auf die innere neben der äußeren Entwicklung frei, spart auch Probleme und Konflikte nicht aus, vor allem, was das Zurechtfinden Moores mit der Begleiterrolle betrifft. Im zuge des Buchs treten jedoch die Erinnerungen an große Sänger und andere Musiker, mit denen Moore zusammenarbeitete, sehr in den Vordergrund, zu Reflexionen über die eigene Gewordenheit kommt es kaum.

Nat, Yves: Carnets. Paris 1983, 116 Seiten (d; MIB als Am-Rande-Aspekt).

Die Carnets sind ein Auszug aus dem umfangreichen Nachlaß Nats, bestehend aus Reflexionen, persönlichen Tagebüchern, Artikeln aller Art. Die Auswahl wird weder vorgestellt noch begründet. Es sind also keine Tagebücher im herkömmlichen Sinne. Ein Vorwort beschreibt Nats Leben als einflußreicher Lehrer, der aber keine Konzerte mehr gab. Die Notizen sind allgemein gehalten, apodiktisch, wenig persönlich und unter Oberbegriffen zusammengefaßt, so über die musique pure, über Interpretation, Fingersatz, Bindung etc. Enthalten ist ein Kapitel »Vues générales sur le pianistique«.

Ney, Elly, Ein Leben für die Musik. Darmstadt 1952, 319 Seiten (erster Teil a, dann c; Tendenzautobiographie; MIB wird nicht behandelt).

Das Buch von Elly Ney, die sich als die wahre Verwalterin des Beethoven-Erbes versteht und vorstellt, enthält nur zwei echte autobiographische Kapitel, die z.T. mehr verhüllen als sie verdeutlichen, und stellt in den übrigen Teilen, die in der dritten Person gehalten sind, eine Art Huldigung an die Pianistin dar. Gedichte von Zeitgenossen auf die Künstlerin finden sich neben Briefwechseln und Glückwunschtelegrammen zum Geburtstag und Pamphleten der überzeugten Vegetarierin zur gesunden Ernährung; alles bildet ein festschriftsartiges Kaleidoskop mit stark rechtfertigendem Charakter (Verhalten der Künstlerin während der Zeit des Nationalsozialismus). Das Buch ist leider insgesamt als Quelle von Aussagen über das Verhältnis der berühmten Beethoven-Interpretin zu ihrem Instrument nicht ergiebig.

Paderewski, Ignacy Jan und Mary Lawton, The Paderewski Memoirs. London 1939, 395 Seiten (b; selbstvergewissernd; MIB als ein Hauptthema).

Vgl. ausführliche Charakteristik des Buchs im Rahmen der Einzelfallstudien in Kapitel V.

Rubinstein, Arthur, Erinnerungen. Frankfurt 1976, 571 Seiten, und Ders., Mein glückliches Leben. Frankfurt 1980, 793 Seiten (beide a; der erste Band teilweise selbstvergewissernd, der zweite Erlebnisschilderung; MIB durchgehend als Am-Rande-Aspekt).

Teil I einer 1972 begonnenen und 1980 vom 93jährigen Künstler beendeten voluminösen Autobiographie umfaßt die Kindheit bis zur ersten Spanientournee des mit 30 Jahren etablierten Pianisten 1916-18. Die Aufteilung auf zwei Bände erklärt Rubinstein damit, daß mit der sich an die Spanienaufenthalte anschließenden ersten Südamerika-Tournee »mein Leben seine Farben (wechselte) und ... in einen ruhigeren Schritt(verfiel)« (S. 571). Teil II behandelt die Tourneen, Ehrungen und Erlebnisse des Pianisten, darunter Erinnerungen an viele berühmte Musiker und Künstler; seine Ehe und sein Familienleben, seine Sicht der politischen Verhältnisse.

Es ist ein Werk, das z. T. eindrucksvoll versucht, die inneren Entwicklungslinien nachzuziehen, und auch existentielle Krisen nicht verschweigt; doch läßt sich Rubinstein von seinem brillanten Erzähltalent und verblüffenden Gedächtnis zu breiten Schilderungen seiner teils komischen, teils amüsanten, teils erotisch-pikanten, teils traurig-gefährlichen Erlebnisse hinreißen, gespickt mit Details,

Erinnerungen an Personen, Orte, deren Schilderung im wesentlichen nurmehr, so mein Eindruck, seine Erzähllust befriedigen.

Sauer, Emil: Meine Welt. Stuttgart 1901, 292 Seiten (a; Erlebnisschilderung; MIB als wichtiges Nebenthema).

Die »*Bilder aus dem Geheimfache meiner Kunst und meines Lebens*«, so der Untertitel, stellen eine Art Tryptichon dar, indem sich das Buch in drei Großkapitel gliedert, betitelt »*Warum ich Musiker wurde*«, »*Wer mich zum Musiker machte*« und »*Was ich als Musiker erlebte*«. Die beiden ersten sind etwa gleich lang, das letzte bildet umfangmäßig den Schwerpunkt des Buchs, das damit zwar der inneren Entwicklung großen Raum gibt, gleichwohl den Hauptakzent auf die »Erlebnisschilderung« setzt.

»Mein ganzes Leben stand unter dem veredelnden Einflusse meiner Mutter.« Ihn zu schildern, der Mutter im nachhinein trotz der unerbittlichen Strenge, die den Jungen hart angekommen ist, zu huldigen, ihr quasi eine Art Denkmal zu setzen, erscheint mir die Hauptintention des mit Sinn für Details, aber auch für Zusammenhänge geschriebenen Buchs. Inwieweit die durchgängige Tendenz zum Idealisieren gelegentlich das Durchsuchen der »Geheimfächer« im Leben Emil von Sauers etwas behindert oder den Autor auf bestimmte »Funde« verpflichtet, sei dahingestellt; insgesamt stellt das Werk eine für die Zwecke dieser Arbeit recht ergiebige Quelle dar.

Geige:

Auer, Leopold von: My Long Life in Music. New York 1923, 312 Seiten (a; Erlebnisschilderung; MIB wird nicht behandelt).

Der Geiger hat eine kulturhistorisch orientierte »Erfolgs- und Erlebnisautobiographie« verfaßt mit viel Einblick in die politischen Gegebenheiten des Zarregimes und der letzten Zeit des Künstlers in St. Petersburg vor seiner langen Exilierung.

»For years I have been intending to write my musical biography, to set down my recollections of a long and, I believe, interesting career« (S. 8). Aber immer habe »an innate aversion to writing in general« (S. 8) mit diesem Impuls im Zwist gelegen; er gibt ihm schließlich nach, nachdem ihm durch die Bolschewisten alle Brücken zu seinem Heimatland abgebrochen wurden (sie zerstörten u. a. sein Haus mit vielen Erinnerungsstücken darin; seine Autobiographie soll ihm diese Heimat ersetzen). Von den Inhalten her ist der Text ganz und gar auf die musikalische Entwicklung ausgerichtet, spart außer den politischen Themen fast alles andere aus und ist wenig introspektiv gehalten, so daß er als Quelle für die Zwecke dieser Arbeit wenig ergiebig ist.

Burmester, Willy: 50 Jahre Künstlerleben. Berlin 1926, 213 Seiten (a; Erlebnisschilderung; MIB als wichtiges Thema).

Burmester sieht sein ganzes Leben unter die Lenkung einer gütigen Vorsehung gestellt, die ihn in Wendepunkten des Lebens immer wieder geleitet und geschützt habe. Der Umstand, daß er in einem »Helm« (norddeutsche Umschreibung für Fruchthülle bei Neugeborenen) geboren wird, was in seiner Heimat als eine Art Glückshaut gesehen wird, spielt bei dieser Lebensauffassung eine ebenso große Rolle wie der, daß er in einer Straße genannt »Venusberg« auf die Welt kommt. Leitmotivisch durchziehen Rekurse auf seinen »Helm« und das günstige »Venusgestirn« das Buch von Anfang bis Ende.

Das Buch entfaltet eine etwas heterogene Wirkung durch die recht sprunghafte Erzählweise des Geigers, der sich für die grobe Strukturierung an die Etappen seines Lebensweges hält, innerhalb der Kapitel jedoch manchmal unvermittelt in sehr emotionale »Abrechnungen« (mit seinem Vater, mit seinem ersten Lehrer) oder idealisierende Schwärmereien (über seinen »geistigen Vater« Hans von Bülow etwa) verliert. Burmester betont die Ängste und Schwierigkeiten seines Karrierebeginns, um dann die Erfolge und seine positive Publikumsresonanz im zweiten Teil um so mehr herauszustreichen. Hierbei finden sich immer wieder für das vorliegende Thema interessante, auch umfängliche Passagen, die teilweise subjektive Theorien enthalten.

Flesch, Carl, Erinnerungen eines Geigers. Freiburg 1960, 212 Seiten (a; digressiv; MIB als Am-Rande-Aspekt).

Flesch verfaßt eine Sonderform der Autobiographie, die strikt auf die musikalische Entwicklung fokussiert ist, alles andere nur am Rande streift und statt der üblichen, manchmal langatmigen Erfahrungen auf Konzertreisen Porträts aller wichtigen Musikerkollegen (v.a. Geiger) und Dirigenten seiner Zeit bietet. Diese Porträts gehen, was das Geigerische angeht, sehr ins Detail, das Menschliche wird in wenigen Strichen angedeutet, manche Entwicklung in groben Zügen nachvollzogen. Das Buch zeugt von Fleschs Selbstverständnis als Pädagoge (er sah sich mehr als Lehrer denn als Virtuose), der in der Lage ist, andere begründet zu bewerten, ihre Schwächen und Stärken hervorzuheben. Die Autobiographie wird von Flesch im Verlaufe mehrerer Lebensjahrzehnte geschrieben; die Porträts - Herzstück des Buchs - sollten offenbar sein Vermächtnis darstellen: »Ich beabsichtige in erster Linie, ein vertrauenswürdiges Quellenwerk für die Geschichte des Violinspiels insbesondere zwischen 1883 und 1933 zu schaffen ...« (S. 18).

Er wollte das Buch posthum veröffentlichen lassen. Die letzten sechzehn Jahre seines Lebens sind nicht mehr berücksichtigt worden. Sein Sohn vervollständigt das Buch durch einen Abriß der letzten Lebensjahre seines Vaters.

Haendel, Ida: Woman with Violin. London 1970, 325 Seiten (a; Tendenzautobiographie; MIB als wichtiges Nebenthema).

Die erste Seite des Buchs zeigt, passend zum Titel, ein Portrait der Künstlerin, von ihrem Vater gemalt - hiermit klingt das Leitmotiv einer überaus engen Vater-Tochter-Beziehung an, deren Intensität zu verteidigen, vielleicht auch vor sich selbst ebenso wie vor anderen zu rechtfertigen, das Hauptanliegen der Autobiographie ist. Damit geht einher eine Abrechnung mit all den Menschen, die sie und ihren Vater wegen der Intensität der Beziehung kritisiert, verletzt, und, wie Haendel es sieht, gründlich mißverstanden, sie z. T. deswegen sogar verleumdet haben. I. Haendel ist ca. 40 Jahre, als sie das Buch schreibt; ihre Karriere, die sie insgesamt als Leidensweg, gepflastert mit Opfern und Enttäuschungen, schildert, scheint sich zu konsolidieren, das Buch klingt auf einem eher optimistischen Akkord aus. Kurz sei der »Leidensweg« skizziert: Das ehemalige Wunderkind aus ärmlichsten polnisch-jüdischen Verhältnissen wird, obwohl ihr von allen Seiten exzeptionelles Künstlertum zugestanden wird, nicht genügend anerkannt, kommt aus der Geldnot nicht heraus (Tourneen enden oft mit finanziellem Minus), ist Opfer ihrer Agenten durch ihre Gutmütigkeit und Gutgläubigkeit, wird von den verschiedensten Menschen und Institutionen ausgenutzt, selten gefördert. Verbitterung äußert sie auch über den Abbruch der einzigen engeren Beziehung außer der zu ihrem Vater (die zu dem Dirigenten Celibidache). Die Geigerin widmet ihr Buch programmatisch »To all parents who are ambitious for their children«.

Huberman, Bronislaw, Aus der Werkstatt des Virtuosen. Leipzig 1912, 61 Seiten (c; der autobiogr. Teil Tendenzautobiographie; MIB wird nicht behandelt).

Die aufgrund der Textsorte nur unter Bedenken aufgenommene Quelle enthält vier Vorträge des Geigers, die er im Rahmen eines Vortragszyklus im Wiener Volksbildungsverein gehalten hat. Der erste und teilweise der vierte sind stark autobiographisch ausgerichtet; Huberman beantwortet die selbstgestellte Frage: »Wie wurde aus mir ein Geiger?«, indem er hierzu eine These aufstellt, die er humorvoll und geistreich, wenn auch sehr knapp, allerdings immer wieder durch sprechende Beispiele angereichert, in seinem Beitrag illustriert und belegt.

Kremer, Gidon: Kindheitssplitter. München 1993, 231 Seiten (a und c; selbstvergewissernd; MIB als Nebenthema).

Vgl. die ausführliche Charakteristik des Buchs im Rahmen der Einzelfallstudien in Kapitel V.

Menuhin, Yehudi: Unvollendete Reise. München 1976, 475 Seiten (a; selbstvergewissernd; MIB als ein wichtiges Thema).

Menuhin widmet sein Buch seiner Frau Diana sowie den »einzigartigen, unvergleichlichen Vor- und Nachfahren, Eltern und Kindern, ohne die ich keine dieser

Seiten hätte füllen können«. Es sind die eindrucksvollen Lebenserinnerungen eines allseitig gebildeten, ehemaligen Wunderkindes und geistig-politisch tätigen Künstlers, einer absoluten Ausnahmeerscheinung. Seine Autobiographie stellt eine geglückte Mischung aus Erinnerung und Reflexion, aus differenzierter, auch Persönlich-Schwieriges nicht ausklammernder Innensicht und weiser Weltschau eines durch und durch geistigen Menschen dar, der sein Leben als Reise und Suche versteht und sein reiches Innenleben dem Leser nahezubringen vermag. Menuhins Nachdenken über die Wechselwirkungen zwischen Spieler und Instrument gehören zu den ergiebigsten Quellen dieser Arbeit.

Milstein, Nathan und Solomon Volkov, »Lassen Sie ihn doch Geige lernen«. München 1993, 368 Seiten (b; Erlebnisschilderung; MIB als wichtiges Thema).

Das dicke Buch wirkt streckenweise wie ein amüsantes Geplauder mit einigen ernsten Einsprengseln, aber mit wenig Bemühen, Entwicklungslinien aufzuzeigen, zu verfolgen, zu verstehen und erklären. »Wer spielte was wann mit wem zusammen, und was passierte so dabei« - das sind, kurzgefaßt, die Themen dieser Memoiren. Der Anteil Volkovs an dem Buch wird nicht deutlich. Milstein ist 88 Jahre alt, als er das Buch verfaßt; zur Zeit der amerikanischen Erstausgabe konzertiert er noch, im Vorwort zur deutschen spricht er dann von einschneidenden Veränderungen, die er seither erlebt hat, nämlich dem Tod seines langjährigen Freundes (»Bruders«) Horowitz, den politischen Veränderungen (Wiedervereinigung Deutschlands) und dem Umstand, daß er aufgrund eines Unfalls nicht mehr öffentlich auftreten kann. Möglicherweise, kann man zwischen den Zeilen lesen, wären manche Passagen seines für die vorliegende Arbeit recht aufschlußreichen Buches anders ausgefallen, hätte er es vor dem Hintergrund dieser Veränderungen umgearbeitet, doch wird man es dem alten Herrn nicht verdenken, wenn er stattdessen, wie er schreibt, als Lieblingsbeschäftigung nunmehr lieber Umarbeitungen für die Geige vornimmt!

Spalding, Albert: Rise to Follow. O. O., o. J., 351 Seiten (Kriegsausgabe; später erneut veröffentlicht unter dem Titel A Fiddle, A Sword, And a Lady. New York 1953; a; Erlebnisschilderung; MIB als Am-Rande-Aspekt).

Die erste Ausgabe der Autobiographie wurde für die Armed Forces vom US Verteidigungsministerium verlegt, wohl weil Spalding zur Zeit des Erscheinens im 2. Weltkrieg als Mitglied des psychologischen Kriegsführungsstabs in Italien Dienst tat. Lebendig, oft humorvoll mit viel understatement geschrieben, bilden den Schwerpunkt des Werks Reiseberichte mit ihren Erlebnissen und Eindrücken in fernen Ländern. Breiten Raum nehmen auch die Kriegsabenteuer aus dem 1. Weltkrieg ein. Es gibt eher wenig Innenschau, doch immer wieder ernste Passagen über Spaldings Sicht des Musizieren. Oft sieht sich der Geiger selbstironisch mit den Augen anderer - als »fiddler«.

Spalding wählt einen Beginn medias in res - ein Konzert mit Karl Muck löst seinen Erinnerungsstrom aus - , um dann der Chronologie seines Lebens zu folgen. Die Schlußszene knüpft wieder an das Muck-Konzert an, so daß insgesamt ein abgerundeter Leseeindruck entsteht.

Stern, Hellmut, Saitensprünge. Berlin 1990, 256 Seiten (a; Tendenzautobiographie; MIB als Am-Rande-Aspekt).

Stern, zuletzt Geiger bei den Berliner Philharmonikern, schildert sein ungemein abenteuerlich-entbehrungsreiches, schwieriges Leben als jüdischer Emigrant aus Berlin, den es bis nach China verschlägt. Dabei spielt die Entwicklung zum Musiker eine weniger wichtige Rolle als in den meisten anderen Autobiographien, einfach deshalb, weil die politischen Gegebenheiten so unabweisbar das Leben des Geigers bestimmten. Über die Identität eines Exilanten läßt sich dem Buch viel entnehmen, auch über Erlebnisse eines nach Deutschland zurückgekehrten Juden. Nicht zufällig ist das Buch auch in einem Exilliteraturverlag (Transit) erschienen.

Bratsche:

Primrose, William, Walk on the North Side. London 1978, 237 Seiten (a; Erlebnisschilderung; MIB als Am-Rande-Aspekt).

Der Mann, der nach Tertis die Viola zum anerkannten Soloinstrument machte und aus dem Schattendasein des »Pensionsinstruments« befreite (Bezeichnung für die Bratsche, die ausdrücken soll, daß Bratschespielen etwas für pensionierte Geiger ist), beschränkt sich in seiner Darstellung auf sein Leben als Musiker; alles Private wie beispielsweise seine beiden Ehen werden höchstens erwähnt. Seine Erkrankung (zunehmende Ertaubung) spielt offensichtlich nur deswegen eine gewisse Rolle, weil sie sein Leben als Musiker tangiert. Die Aussagen über seine Kindheit sind eher spärlich.

Insgesamt kommt der ganze emotional-subjektive Bereich sehr kurz; und warum er schließlich die Viola der Geige vorzieht, darüber bleibt man auf eigene Schlußfolgerungen und Vermutungen angewiesen. Worüber schreibt er? Über seine Lehrer, seine Orchestererfahrungen, über Dirigenten und wie er sie erlebt hat, über Sänger, deren Begleiter er war, über Kritiker, Kollegen, Konzertsäle, Kammermusikerfahrungen, Lampenfieber, Schallplattenaufnahmen etc. Dabei spart er mit Urteilen nicht, gleitet oft ins Anekdotische ab, manchmal mit trockenem Witz, immer aber mit dem Hang, seine Haltung als die richtige hinzustellen. Er geht oft ins Detail (beim Beschreiben gewisser Konzerterlebnisse), bleibt aber im Erzählen äußerer, oft skurriler, oft auch ernster oder schwieriger Begebenheiten verhaftet, mit wenig reflektierender Besinnung.

Tertis, Lionel: My Viola and I. London 1974, 141 Seiten (a; Erlebnisschilderung; MIB als Am-Rande-Aspekt).

Seiner Frau Lilian »without whom I could not have compiled this book« widmet der 95jährige Tertis seine Autobiographie, an der er zwei Jahre lang gearbeitet hat. Das Buch ist die erweiterte Fassung einer bereits 1955 veröffentlichten und seither vergriffenen Autobiographie, ergänzt um einige Essays von Tertis und eine Diskographie.

Im Vorwort betont Tertis, die einzige »Entschuldigung«, die er für die Publikation einer Autobiographie anführen könne, sei »... that I grasp any and every opportunity ... to sing the praises again and again of what has been the love and tyrant of my life - the viola.« Das Buch hält sich an den roten Faden chronologisch geordneter Entwicklungsetappen des langen Lebens, auf das Tertis oft humorvoll zurückblickt, ist dabei sehr auf die rein musikalische Entwicklung des Künstlers fokussiert, Persönliches bleibt eher »außen vor«. Ein besonderer Schwerpunkt der Darstellung sind die von Tertis initiierten technischen Verbesserungen am Bau der Bratsche. Der gesamte zweite Teil seines Lebens ist der Verbreitung dieses nach ihm benannten Viola-Typs gewidmet. Sachlichkeit mit einem Hang zum verknappenden understatement kennzeichnen neben dem humorvollen Unterton seine Schreibweise. Das introspektiv Element kommt recht kurz.

Cello:

Casals, Pablo: Licht und Schatten auf einem langen Weg. Erinnerungen, aufgezeichnet von Albert E. Kahn. Frankfurt 1971, 235 Seiten (b; selbstvergewissernd; MIB als Nebenthema).

Vgl. die ausführliche Charakteristik des Werks im Rahmen der Einzelfallstudien in Kapitel V.

Carol Easton, Jaqueline Du Pré. Musik war ihr Leben. Wien 1991, 331 Seiten (Biographie, MIB als ein Nebenthema).

Die Biographin hat Jaqueline Du Pré kennengelernt, als sie schon von der Multiple-Sklerose-Erkrankung gezeichnet war und nicht mehr Cello spielen konnte. Viele Gesprächspassagen mit ihr und Bekannten, Freunden, Ärzten etc. werden in der Biographie wörtlich wiedergegeben; einige enthalten Aussagen der Cellistin über ihr Verhältnis zum Cello. Nur diese Auszüge wurden für die vorliegende Arbeit verwandt.

Grümmer, Paul: Begegnungen. Aus dem Leben eines Violoncellisten. München 1963, 162 Seiten (a; Erlebnisschilderung; MIB als Am-Rande-Aspekt).

Der Titel gibt den Schwerpunkt der autobiographischen Schilderungen Grümmers an: Erlebnisse und Begegnungen mit anderen großen Musikern, Komponisten, Dirigenten und Instrumentalisten, denen er oft kleine Sonderkapitel widmet. Er beschränkt sich auf Darstellung, es finden sich wenig reflektierende Passagen. Ein Kapitel (»Wie ich ein Stradivarius-Cello erwarb«) gibt beispielsweise die komisch-schwierigen Verwicklungen wieder, zu denen es beim Kauf kommt, und erzählt den »Werdegang« des Instruments, d. h. es führt seine verschiedenen Vorbesitzer auf. Was ihm das Instrument persönlich bedeutet, wird im Nebensatz gestreift. Insgesamt eine spärlich fließende Quelle, was das Interesse dieser Untersuchung betrifft, sieht man von einem im Anhang abgedruckten lyrischen Streitgespräch zwischen dem Cello und einer Gambe ab, das allerdings nicht von Grümmer verfaßt worden ist, sondern aus der Feder einer Verehrerin stammt, aber so in seinem Geist abgehalten, daß der Cellist und Gambist es an den Schluß des Buches stellt. Es enthält in poetischer Form einige Aussagen über das »Wesen« dieser beiden Streichinstrumente.

Mainardi, Enrico, Bekenntnisse eines Künstlers. Wiesbaden 1977, 141 Seiten (c und d; MIB als Nebenthema); ergänzt durch: Enrico Mainardi, Das Wagnis, Solist zu sein. In: Das musikalische Selbstporträt, hrsg. v. Josef Müller-Marein u. Hannes Reichardt. Hamburg 1963, S. 371 - 378.

Das erste Buch enthält als Hauptstück Tagebuchnotizen Mainardis aus den Jahren 1956/57 -der Künstler ist zu der Zeit ca. 60 Jahre alt -, weiterhin eine biographische Einführung und Aufsätze von Musikern und Musikwissenschaftlern über Mainardi als Interpret, schließlich ein Gespräch zwischen Mainardi und Furtwängler u. a. Mit den Bildern zusammen ist das Bändchen als eine Art Erinnerungsbüchlein an den berühmten Cellisten zu verstehen.

Die Tagebuchaufzeichnungen sind von großer Bitterkeit geprägt über die »Kompromisse«, die ein Künstler durch das Zusammenwirken mit anderen einzugehen gezwungen ist, die er als mittelmäßig betrachtet. Es findet auch eine Reflexion dieser verletzbaren, aggressiven Verbitterung statt. Selbstbestätigenden Passagen stehen immer wieder Zweifel gegenüber, ob das Getane gut genug ist. Einen weiteren Schwerpunkt bildet das intensive Nachdenken über verbesserte Interpretationen, musikalische Auffassuungen und Veränderungen der Spieltechnik.

Das Selbstporträt Mainardis in dem von den beiden oben genannten Musikwissenschaftlern herausgegebenen Sammelband umfaßt nur wenige Seiten und konzentriert sich völlig auf die musikalische Entwicklung des Künstlers. Ich habe es hinzugezogen, weil aus den Tagebuchaufzeichnungen zuwenig über den Werdegang des Künstlers deutlich wurde.

Piatigorsky, Gregor, Mein Cello und ich und unsere Begegnungen. München 1975, 221 Seiten (a; Erfolgs- und Erlebnisschilderung; MIB als ein Hauptthema).

In kurzen, knappen, oft pointiert und humoristisch, meist aber realistisch gehaltenen Episoden blättert Piatigorsky wichtige Stationen seines Lebens auf. Dabei konzentriert er sich auf die äußere Entwicklung; die Innenschau kommt sehr kurz, scheint zum Teil bewußt ausgespart worden zu sein. Während er bei der sehr selektiv vorgehenden Beschreibung seiner schwierigen Kindheit einiges von den Eltern und der Familie erzählt, treten später private Beziehungen völlig in den Hintergrund. Er beschränkt sich mehr und mehr auf Anekdotisches aus seinem vor allem in den ersten Etappen äußerst abenteuerlichen Leben. Ein besonderer, umfänglicher Exkurs über das Cello als seinen lebenslangen Begleiter ist für die Zwecke dieser Arbeit als äußerst ergiebig einzustufen.

Rostropowitsch, Mstislaw und Galina, Die Musik und unser Leben. Aufgezeichnet von Claude Samuel. München (3. Aufl.) 1992, 223 Seiten (b; selbstvergewissernd; MIB als Nebenthema).

Das Buch des Cellisten Rostropowitsch und seiner Frau, einer Sängerin, ist nur mit Bedenken als Untersuchungsgegenstand aufgenommen worden, enthält es doch keine Autobiographie, sondern themenzentrierte Interviews, die der Musikwissenkritiker und Publizist mehrerer Künstlerbiographien, Samuel, mit dem Ehepaar über 2 1/2 Jahre hinweg in Paris und Washington durchführte, immer bemüht, in den verschiedenen, gefüllten Terminkalendern der beiden aus der damaligen Sowjetunion ausgebürgerten Künstler eine gemeinsame Pause zu finden. Da die Interviews jedoch sehr assoziativ gestaltet sind und der Cellist sie aus wahrhaft »autobiographischem Antrieb« heraus offen und eigenen Einfällen folgend gestaltet, da außerdem jeweils längere, zusammenhängende Passagen von jeweils nur einem der beiden Künstler getragen werden, so daß ihre Individualität und ihr innerer Reichtum sich entfalten und darstellen können, habe ich das Buch schließlich als eine durchaus ergiebige Quelle mit aufgenommen. Die Interviews behandeln alle für die musikalische Entwicklung wichtigen Themen, ohne das Persönliche auszusparen, in einer ausgewogenen Mischung von Introspektion und oft humorvoller, immer reflexionsdurchsetzter Schilderung.

Tortelier, Paul: A Self-Portrait in Conversation With David Blum. London 1984 (b; digressiv; MIB als ein wichtiges Thema).

Nur der erste Teil der Kooperationsarbeit zwischen Tortelier und dem Musikwissenschaftler Blum hat in den langen, wörtlich wiedergegebenen Passagen über Torteliers Kindheit und musikalische Entwicklung »Selbstporträt«-Charakter. Zunehmend nähert sich das autobiographische Selbstporträt der Interviewform an, und es dominiert eine sehr dialogische Ausprägung. Das Interview wird zunehmend immer systematischer, und verläßt die Chronologie als strukturgebendes Element schließlich ganz.

Zu den so entstandenen Kapiteln über Interpretation, kammermusikalisches Musizieren u.ä. gehört eines, das »My best friend« betitelt worden ist. Hier entwickelt Tortelier seine Auffassungen von den verschiedenen Bedeutungen, die das Cello für ihn im Laufe seines Lebens angenommen hat. Dieses Kapitel stellt eine wichtige Quelle dieser Arbeit für subjektive Theorien und Phantasien über die Musiker-Instrumenten-Beziehung dar.

Flöte:

Galway, James: An Autobiography. New York 1978, 202 Seiten (a; selbstvergewissernd; MIB als Nebenthema).

Vgl. die ausführliche Charakterisierung des Werks im Rahmen der Einzelfallstudien in Kapitel V.

Orgel:

Schweitzer, Albert: Aus meinem Leben und Denken. Hamburg 1980, 202 Seiten (a; teils digressiv, weitgehend Erlebnisschilderung, MIB als Am-Rande-Aspekt).

Die Autobiographie des berühmten Arztes, Theologen und Orgelvirtuosen Schweitzer umfaßt die Zeit bis zum Jahr 1931. In den an der Chronologie der Lebensabschnitte orientierten, »Privates« (die Eheschließung wird mit einem Satz erwähnt), nicht aber Innenschau auf anderen Gebieten aussparenden, fortlaufenden autobiographischen Text sind immer wieder themengebundene Exkurse eingeblendet (z. B. zur Leben-Jesu-Forschung; über Orgelbau etc.). Die Identität als Musiker ist nur eine Säule der Gesamtidentität des vielseitigen Mannes, wenn auch eine sehr wesentliche. U. a. verdient sich Schweitzer immer wieder in knappen Jahren Geld mit seinen Orgelkonzerten, für die er auf seinem tropentauglichen Klavier in Afrika neben seinem ärztlichen Dienst übte. Das Buch ist als Tendenz-Autobiographie klassifiziert worden, weil die Rechtfertigung des Entschlusses, sein Leben anderen zu widmen, im Vordergrund des autobiographischen Antriebs zu stehen scheint.

Cembalo:

Kirkpatrick, Ralph: Early Years. Frankfurt 1985, 128 Seiten (a und d; weitgehend selbstvergewissernd; MIB als Am-Rande-Aspekt).

Der Cembalist und Scarlattiforscher legt einen in seinem Bemühen um Detailgenauigkeit gelegentlich ein wenig zwanghaft wirkenden Lebensbericht vor, der jedoch darauf ausgerichtet ist, das Werden des Künstlers im Wechselspiel mit Einflußfaktoren der Außenwelt nachzuzeichnen. Es wird, um ein Beispiel zu geben, nicht versäumt, anzugeben, wo welcher Sessel im Elternhaus stand, wohl aber vieles für diese Arbeit Relevante, mehr Symbolische leider weitgehend mit Schweigen übergangen, z. B. fehlt eine Reflexion des Wechsels vom Klavier zum Cembalo. Die Bedeutung der Eltern und Geschwister für den eingeschlagenen Weg wird jedoch mit schonungsloser Offenheit in manchen Gegebenheiten erhellt. Privates wie Liebesbeziehungen werden nicht mit einem Wort erwähnt; der Bericht beschränkt sich völlig auf die musikalische und akademische Entwicklung; letztere spielte bei dem Harvard-Absolventen, der in den liberal arts eingeschrieben war und nicht in dem Hauptfach Musik, eine große Rolle. Der Bericht endet mit dem Beginn der eigentlichen Karriere und dem Erfolg, also mit dem Abschluß der »Entwicklung« und der gefundenen Prioritätensetzung.

Der zweite Teil des Buchs besteht aus gekürzten Tagebuchaufzeichnungen des Europa-Aufenthalts, während dessen der junge Musiker bei Wanda Landowska studiert. Abgeschlossen wird es durch einen biographischen Bericht eines Freundes von Kirkpatrick über das weitere Leben des später Erblindeten.

Schlagzeug/Pauke:

Thärichen, Werner, Immer wieder Babylon oder Musik als Sprache der Seele. Berlin 1991, 164 Seiten (c; MIB als Am-Rande-Aspekt).

Auch dieses Buch wurde nur unter großen Bedenken in die Gesamtheit der zu betrachtenden Quellen aufgenommen, da es keine Autobiographie darstellt - weder im engeren noch in weiteren Sinne -, sondern ein assoziatives, thematisch nur locker geliedertes Nachdenken über Musik und Erlebnisse mit Musik, das allerdings zum Teil autobiographische Zusammenhänge mitbedenkt. Die Gedanken Thärichens zielen darauf ab, dem - wie der Autor es sieht - selbstzerstörerischen Trend unserer Zeit etwas entgegenzusetzen, nämlich die Rückbesinnung auf die wahren kreativen Impulse im Menschen. Hätte der Verfasser eine anderen Instrumentengattung vertreten, wäre das Buch wohl nicht mit herangezogen worden, weil es sich zu weit vom autobiographischen Genre entfernt; doch das Bedürfnis, das Spektrum um ein ungewöhnliches Instrument zu erweitern, ließ die Aufnahme schließlich doch ratsam erscheinen.

Tabellarischer Überblick: Alter der Instrumentalisten bei Unterrichtsbeginn, musikalische Orientierung der Herkunftsfamilie, Modus der Instrumentenwahl

Pianisten:

Arrau (3): Mutter spielt Klavier, Vater, Augenarzt, kein Instr., wenig musikal. Neigungen, stirbt, als Arrau ein Jahr alt ist. »Übernahme«.
Ashkenazy (unter 6, mit 6 Klavierunt.): Vater, Berufsmusiker, spielt Klavier. Mutter studiert vor Verheiratung ebenfalls Musik. »Übernahme«.
Barenboim (4): Vater leidenschaftlicher Amateurpianist, der auch konzertiert. Mutter Klavierlehrerin. Auch Vater unterrichtet Klavier. »Übernahme«.
Bauer (4): Vater spielt Geige, gibt ihm Unterricht; nichts über Mutter; Tante Klavier. Bauer ist erst Geiger, wechselt später zum Klavier, was er als »zufällig« hinstellt (Einspringen für einen Begleiter). Keine Angabe.
Cohen (?): Vater Cellist, der nach Unfall aufhören muß zu spielen. Später Komponist. Mutter spielt Klavier, hat professionelle Pianistinnen-Ausbildung für Familie aufgegeben. »Übernahme«.
Estrella (5/6; regulärer Unt. ab 18): Vater, Lyriker, Arbeiter, singt viel; Mutter, Lehrerin, tanzt gern; eine für Estrella wichtige Tante spielt Gitarre, sein erstes Instrument. Estrella will schon als Kind Musiker werden, Sänger oder Tänzer. Klavier kennengelernt durch Pianistin, die im Haus wohnt. »Geglückte Suche«.
Foldes (unter 6, vor Schulbeginn): Großmutter (mü) sehr musikalisch, wollte armen Musiker heiraten, Eltern vereiteln das. Außer einem werden alle Geschwister der Mutter Musiker (Onkel Bratschist, Tante Mezzosopranistin, jüngster Onkel, ein Wunderkind, Geige. Der Wunderkind-Onkel stirbt mit 14). Foldes, einziges Kind, soll ihm nacheifern. Mutter: Pianistin. Über Vater nichts. »Übernahme«.
Friedheim (unter 6, vor Schulbeginn. Mit 9 erster Auftritt): Wohletablierte Nicht-Musiker Familie, Intelligentsia, den schönen Künsten zugeneigt, besonders Mutter. Nichts Genaues. Keine Angabe.
Gieseking (4): Vater, eigentlich Mediziner, lebt seiner Leidenschaft, der Entomologie. Den Künsten und der Wissenschaft sehr zugeneigte familiäre Atmosphäre. Vater spielt in Studienzeit ein wenig Flöte. Über Mutter nichts erwähnt. Vater hat eigentlich den Wunsch, den Jungen zum Komponisten heranzubilden. Keine Angabe.
Gulda (zum Alter keine Angaben, muß aber im Vorschulalter angefangen haben, da er erwähnt, schon als ganz kleiner Junge mit der Mutter vierhändig gespielt zu haben): Beide Eltern Lehrer. Vater spielt eher schlecht Klavier und Cello, liebt aber Musik über alles. Mutter talentierte Amateur-Pianistin. »Übernahme«.
Kempff (4): Vater und Großvater (vä) Organist; Mu spielt kein Instrument, soll aber sehr musikalisch gewesen sein. »Übernahme«.

Matthews (zw. 6 und 10): Vater, Ingenieur, spielt als Hobby Klavier; Mutter studiert vor der Ehe Gesang, spielt Klavier. »Übernahme«.
Moore (6): Vater Unternehmer; spielt kein Instrument; die schönen Künste sind ihm eher fremd. Mutter kein Instrument, aber sehr ehrgeizig für den Sohn. »Elterndiktat«.
Nat: keine Angaben.
Ney (?): Vater, Offizier, ehrgeizig, aber wenig musikalisch; Mutter und Großmutter (mü) ausgebildete Pianistinnen. *»Übernahme«.*
Paderewski (4): Vater, Gutsverwalter, künstlerisch sehr interessiert, spielt ein wenig Geige. Mutter stirbt kurz nach Paderewskis Geburt. Er weiß von ihr, daß sie sehr musikalisch u. musikliebend gewesen sein soll. 2 Jahre ältere Schwester P.s spielt ebenfalls schon als Kind Klavier; viel vierhändiges Spielen. »Übernahme«.
Rubinstein (2/3): Vater, wohlhabender Fabrikant, philosophisch interessiert. Beide Eltern nicht besonders musikliebend, spielen auch kein Instrument, kaufen aber Klavier für die typische höhere Töchter-Erziehung der älteren Schwestern Rubinsteins. Vater will, daß Rubinstein Geige lernt, die er für ein distinguierteres Instrument hält als das Klavier. »Geglückte Suche i. S. eines überraschenden Fundes«.
Sauer (3/5): Vater musikalisch wenig interessierter Kaufmann, Mutter Pianistin und Klavierlehrerin.

Geiger:

Auer (3): Vater Malermeister, musisch interessiert; keine Angaben über Mutter. Keine Angabe.
Burmester (3): Vater spielt viele Instrumente, Autodidakt; gibt Geigenunterricht. Über Mutter nichts erwähnt. »Übernahme«.
Flesch (ca. 6-8): Vater prakt. Arzt, Großvater(vä) Rabbiner. Über Mutter nichts erwähnt. Beide Eltern musikalisch nicht ambitioniert. Ältere Geschwister spielen Klavier; damit alle üben können, soll Flesch etwas anderes, Geige, lernen. »Zufall bzw. Elterndiktat«.
Haendel (3): Vater, Porträtmaler, will ursprünglich Geiger werden, was ihm seine Eltern nicht erlauben. Mutter singt viel. Ältere Schwester spielt Geige. »Übernahme«.
Huberman (6): Nichts über die Eltern erwähnt. Keine Angaben.
Kremer (4): Beide Eltern Berufsmusiker (Geiger; Orchestermusiker); Großvater (mü) ehemaliges Wunderkind (Geige), Professor am Konservatorium. »Übernahme«.
Menuhin (4): Vater Mathematiker, der gegen väterlichen Willen als junger Mensch Geigenstunden nimmt; als Erwachsener spielt er nicht mehr. Singt gerne. Mutter

Amateur-Pianistin, die Menuhin bei seinen ersten Auftritten begleitet. Eine Schwester wird Berufspianistin. »Übernahme«.

Milstein (ca. 7): Vater, Kaufmann, musisch eher wenig interessiert. Mutter musikbegeistert, ob Eltern Instrumente spielen, wird nicht erwähnt. Milstein spielt neben Geige Cello, ein Instrument, das er autodidaktisch erlernt; unterrichtet jüngeren Bruder im Cellospielen. »Elterndiktat«.

Spalding (ca. 5): Vater, wohlhabender Unternehmer, Mann der Tat, wenig musisch veranlagt, aber tolerant, offen für Schönes; Mutter Berufsmusikerin (Klavier), die aber nur im privaten Kreis konzertiert (Klavier, Gesang). Älterer Bruder lernt Cello, nachdem Spalding auf eigenen Wunsch mit der Geige angefangen hat. »Geglückte Suche i. S. eines überraschenden Fundes«.

Stern (9): Lernt mit 5 Klavier. Vater Bankangestellter, der lieber Musik studiert hätte, dies aber aus finanziellen Gründen nicht konnte. Studiert in Freizeit Gesang, lebt später von Gesangsunterricht. Mutter spielt gut, aber nicht professionell Klavier, gibt Klavierstunden. »Zufall«.

Bratschisten:

Primrose (beginnt Geige im Vorschulalter; Neigung zur Bratsche schon als Junge, doch Entscheidung für die Bratsche erst im jungen Erwachsenenalter): Vater Geigenlehrer, der gern Konzertgeiger hätte werden wollen, dies aber nicht konnte, weil er erst mit 17 anfängt, Geige zu lernen. Über Mutter erfährt man wenig; es scheint, als habe sie kein Instrument gespielt, sie entstammt jedoch einer sehr musikliebenden Familie: Ihr Bruder spielt diverse Instrumente, darunter auch Geige. »Übernahme« (Geige) bzw. »Geglückte Suche« (Bratsche).

Tertis (ab 3 Klavier, Geige ab ca. 12 - 14; Bratsche mit 20): Vater jüdischer Organist, ist für seinen schönen Gesang bekannt; leidenschaftlicher Musikliebhaber. Nichts über Mutter. »Geglückte Suche«.

Cellisten:

Casals (Klavier 4, Geige 7; mit 9 Orgel und celloähnliches selbstgebautes Instrument, mit 11 Beginn Cellountunterricht): Vater Organist (Klavier, Orgel, Gesang); Mutter spielt Klavier. »Geglückte Suche«.

Grümmer (ab ca. 6 Geige, mit 14 Cello): Vater professioneller Geiger, Konzertmeister, Großvater (vä) Kontrabassist; Mutter musisch interessiert, ob sie ein Instr. spielt, wird nicht gesagt. Alle Geschwister Grümmers spielen Instrumente: älterer Bruder Klavier u. Geige, Dirigent; jüngerer Bruder Geiger, Konzertmeister, verheiratet mit Opernsängerin, jüngere Schwester spielt gut, aber nicht professionell Klavier. »Geglückte Suche«.

Du Pré (4 KLavier, 5 Cello); Mutter Pianistin, die für Ehe Karriere aufgibt; ältere Schwester spielt Klavier, jüngerer Bruder Klarinette. »Geglückte Suche«.
Mainardi (3 1/2): Vater leidenschaftlicher Amateur-Cellist; Mutter musikalisch (erteilt Sohn Notenunterricht), doch erfährt man nicht, ob sie ein Instrument spielt, vermutlich Klavier. »Übernahme«.
Piatigorsky (7): Vater ohne festen Beruf, wäre gern Geiger geworden, scheitert am Konservatorium. Keine Angaben über Mutter. Älterer Bruder Piatigorskys wird Geiger. Keine Angaben.
Rostropowitsch (ca. 6, spielt auch Klavier, unklar, seit wann): Vater Cellist, der keine Karriere machen konnte. Schwester der Mutter ebenfalls Cellist. Keine Angaben über Mutter. »Übernahme«.
Tortelier (6): Keine musikalisch ausgebildeten Eltern, aber beide Eltern sehr musikliebend, Amateur-Mandolinisten in Arbeiter-Musikvereinigung. Vater Zimmermann. Mutter liebt Celloklang, »weiß« schon vor der Geburt, daß Sohn Cellist wird. »Übernahme«.

Paukist:

Thärichen (keine Angaben).

Orgelspieler:

Schweitzer (Klavier 5, Orgel 7): Vater Pfarrer, spielt Klavier, Großvater (vä) sowie drei Onkel Organisten; Großvater (mü) Orgelspieler. Keine Angaben über Mutter. »Übernahme«.

Cembalist:

Kirkpatrick (3 Klavierunt.; 19 Cembalo) Vater Psychologielehrer am College, unmusikalisch (»completely tone-deaf«); Mutter spielt Klavier; älteste Schwester Gesangsausbildung, nächstältere gute Amateur-Pianistin, anderer Bruder ebenso tone-deaf wie Vater. »Übernahme« (Geige) und »Geglückte Suche« (Cembalo).

Flötist:

Galway (6 penny-whistle, 9 Querflöte): beide Eltern begeisterte Amateurmusiker; Vater Flöte und Akkordeon, Mutter Klavier. Großvater(vä) bekannter Flötist. Galways Bruder spielt Jazz-Klarinette. »Übernahme«.

Psychosozial-Verlag

Sebastian Leikert
Den Spiegel durchqueren
Die kinetische Semantik
in Musik und Psychoanalyse

Sebastian Leikert (Hg.)
Der Tod und das Mädchen
Musikwissenschaft
und Psychoanalyse im Gespräch

2008 · 255 Seiten · Broschur
ISBN 978-3-89806-869-7

2011 · 178 Seiten · Broschur
ISBN 978-3-8379-2146-5

Musik ist Literatur in einer anderen Sprache – in der kinetischen Semantik. Im Gegensatz zur lexikalischen Semantik der Sprache wird in der Musik Bedeutung durch kunstvoll verflochtene Bewegungsfolgen erzeugt. Diese Bewegungsfolgen werden nicht, wie die Sprache, gedanklich dekodiert, sondern vom Hörer dadurch rezipiert, dass sie im Körpertonus nachgeahmt werden und auf diese Weise unmittelbar emotional wirken. Dieser archaische Modus der Aufnahme von Bedeutung ist bereits vorgeburtlich nachweisbar; er wird in der Musik kultiviert und spielt auch in der klinischen Arbeit eine bedeutsame Rolle.

»Leikert nennt seine Theorie der Musik ›sehr einfach‹. Der Grundgedanke ist es, die Ausführung weitreichend und die Verbindung zwischen Psychoanalyse und Musik endlich überzeugend. Hier wird Neuland betreten.«
Michael B. Buchholz

»Der Tod und das Mädchen« ist ein häufiges Motiv in Kunst, Literatur und besonders in der Musik. Was aber meinen wir, wenn wir nach dem Verhältnis von Tod und Musik fragen? Wie lässt sich dies aus psychologischer Perspektive interpretieren? Was stirbt, was lebt in der Musik? Die Beiträger des vorliegenden Bandes betrachten das Thema aus musikwissenschaftlicher und psychoanalytischer Sicht. Vom Orpheusmythos bis zur Gegenwartskomposition, von der bürgerlichen Oper bis zur Jazzimprovisation wird der Frage nachgegangen, wie Musik Traumatisierungen kompensiert, Destruktion kathartisch darstellt und es dem Rezipienten ermöglicht, tiefgreifende emotionale Prozesse des Verlustes und Wiedergewinns von Lebendigkeit zu durchleben.

Mit Beiträgen von Ulrich Deutschmann, Sabine Ehrmann-Herfort, Anja Guck-Nigrelli, Hannes König, Sebastian Leikert, Antje Niebuhr, Bernd Oberhoff und Thomas Seedorf

Psychosozial-Verlag

Manfred Clemenz
Affekt und Form
Ästhetische Erfahrung und künstlerische Kreativität

Kuff, Timon L.
Okkulte Ästhetik
Wunschfiguren des Unbewussten im Werk von Albert von Schrenck-Notzing

2011 · 191 Seiten · Broschur
ISBN 978-3-8379-2084-0

2011 · 545 Seiten · Broschur
ISBN 978-3-8379-2136-6

Kein Kunstwerk ist angemessen erfahrbar ohne Empfindung. In die Wahrnehmung der Form gehen notwendig Affekte ein, ebenso wie umgekehrt die Form zwangsläufig unsere Affekte beeinflusst und unter Umständen verändert. Affekte sind außerdem konstitutiver Bestandteil der Form selbst: Sie werden in die künstlerische Form eingeschmolzen und damit transformiert.

Anhand einer kritischen Analyse von Kants »Kritik der Urteilskraft«, einer Darstellung und Kritik der Freud'schen ästhetischen Theorie sowie einer Vorstellung neuerer Ansätze psychoanalytischer Kunstinterpretation wird der Zusammenhang von Affekt und Form sowohl für die Rezeption als auch für die Produktion von bildender Kunst gezeigt. Zugleich wird dies an Bildbeispielen, insbesondere an Dürers »Melencolia I«, veranschaulicht.

Die vorliegende Studie ist der erste umfassende Beitrag zu einer Neubewertung des Werkes von Albert von Schrenck-Notzing (1862–1929). Ausgehend von den frühen medizinischen Schriften des deutschen Suggestionstherapeuten, wird der Zusammenhang von Suggestion, Hypnotismus und Physikalischem Mediumismus unter bildwissenschaftlichen und sprachkritischen Aspekten untersucht.

Kuff deckt den komplizierten semantischen Status des Bildes in seiner Doppelfunktion als wissenschaftliches Dokument und Abbild eines performativen Ausdruckstheaters auf. In der Verknüpfung von intellektueller Biografie und historischer Diskursanalyse wird den ästhetischen Entgrenzungen der Bilder nachgespürt und eine exemplarische Analyse jener okkulten Ästhetik vorgenommen.

Psychosozial-Verlag

Bernd Oberhoff, Sebastian Leikert (Hg.)
Opernanalyse
Musikpsychoanalytische Beiträge

Mathias Hirsch
Die Matthäus-Passion Johann Sebastian Bachs
Ein psychoanalytischer Musikführer

2009 · 232 Seiten · Broschur
ISBN 978-3-8379-2024-6

2008 · 156 Seiten · Broschur
ISBN 978-3-89806-755-3

Oper ist Seelendrama und fordert die Psychoanalyse heraus, beim Verstehen jener vielschichtigen Vorgänge behilflich zu sein. Dieser Sammelband zeugt davon, dass das Operngeschehen eminent psychologisch ist und wie entwicklungs- und persönlichkeitspsychologische, ja, psychopathologische Phänomene in den Opern von Monteverdi bis Britten thematisiert werden. Die neuen und tiefgründigen Einsichten, die dieser Band vermittelt, machen klar, welche bislang noch unausgeschöpften Erkenntnismöglichkeiten die Musikpsychoanalyse bietet.

Bachs Matthäus-Passion wird musikwissenschaftlich, theologisch und v.a. psychoanalytisch als wundervolle musikalische Darstellung eines Dramas von Liebe, Verrat, Verlust und damit Schuld verstanden. Die Matthäus-Passion ist eine musikalische Trauerarbeit, die zur Versöhnung mit tragischen Aspekten des Menschseins führt. Die wenigen Monografien zur Matthäuspassion werden hier durch eine einzigartige Untersuchung ergänzt, die musikwissenschaftliche, theologische und psychoanalytische Aspekte vereinigt.

Walltorstr. 10 · 35390 Gießen · Tel. 0641-96 99 78-18 · Fax 0641-96 99 78-19
bestellung@psychosozial-verlag.de · www.psychosozial-verlag.de

www.ingramcontent.com/pod-product-compliance
Lightning Source LLC
LaVergne TN
LVHW041659060526
838201LV00043B/489